意向聚集与意义生成

冯文坤　著

科 学 出 版 社
北 京

内 容 简 介

对意义的觅取构成了人的超念性维度，但意义却永远被拘禁在物的躯壳内。思维从"无"意识向"有"意识的迈进，意味着"意识"被占有和被锚定在事物中，如一支玫瑰花，一座故乡的古宅，任何一件无生物，它们成为意义的停泊地。意识是携带感知的对象物，而"意义"同时被感知物所制造。意义是物质与精神的聚合。意义以有形、有声、有嗅、有感的方式蔓延在人的肢体所处的时空中。意义因表达而振荡，又因阅读而获得重构。

本书是以意义的生成为话题，以翻译、文学、诗歌等人文现象作为视点，立足于"不确定性"这一本体论范畴，结合蒯因、梅洛-庞蒂、加达默尔、德里达等人在意义生成观上的见解，从而系统地剖析原文（作者-世界）与译文（读者-世界）、表达者与被表达者、语言与言语之间的本体论关系。

本书可供从事文学、语言、翻译研究，以及意欲把自己安顿于人文对象之中以觅取意义的读者们提供有益的参考。

图书在版编目(CIP)数据

意向聚集与意义生成/冯文坤著. —北京：科学出版社，2017.6（2018.4 重印）
ISBN 978-7-03-051001-3

Ⅰ.①意… Ⅱ.①冯… Ⅲ.①阐释学 Ⅳ.①B089.2

中国版本图书馆 CIP 数据核字（2016）第 298163 号

责任编辑：张 展 于 楠/责任校对：彭 映
封面设计：墨创文化/责任印制：罗 科

科学出版社 出版

北京东黄城根北街16 号
邮政编码：100717
http://www.sciencep.com

四川煤田地质制图印刷厂印刷
科学出版社发行 各地新华书店经销

*

2017 年 6 月第 一 版 开本：1/32（889×1194）
2018 年 4 月第二次印刷 印张：16 3/4
字数：450 千字

定价：**118.00 元**
（如有印装质量问题，我社负责调换）

父兮生我，母兮鞠我，先生兮育我

——谨以此书缅怀孙师景尧先生

前　言

——意义在表达中涌现与生成

一

　　至今，我依然不明白自己的思考兴趣或自己的注意力，是如何跟翻译或者说跟翻译这种现象的思考联系在一起的。有人说思考可以解决生活中的矛盾，可以使注意力学术化、精神化，走向有限的、可以界定的形式化，并同时又让某种现象在思考中"祛魔化"。可实际情况是，人类就是四处蔓延生长的大树。思考越深入，树枝伸展得就越远，思考并不会减少生活中的矛盾，矛盾的数量反而还会增加。不过，这不要紧。我们可以划定界限，赋予这个界限中的行为以"价值"，我们为此付出而已。这就如羊可以敞养，也可以圈养。

　　我依然觉得文学、艺术，以及那些能将认知、想象、情绪和身体联系起来的活动，是我们人类永远的园林，里面储藏着我们人类的能量，驻守着我们人类的记忆与意识，在里面，"想象"与"拥抱"、"精神"与"身体"彼此粘贴在一起。孔颖达在《毛诗正义》中说："'兴'者，起也。取譬引类，起发己心。"我更把"兴"理解成人的意念之开启与意念之广延，而"取譬引类"则更是意念之储藏和蕴含，而不是表达与呈象，因为不存在一种没有呈现的意念。我突然想到《般若波罗蜜多心经》中的精华："色不异空，空不异色，色即是空，空即是色。"如果把"空"理解为理念或意识，那么，一切理念或意识都是关于事相的理念或意识。我有一种感慨：人的兴趣（从起兴中去发现兴趣）从结果上看似是一种自我选择，而实际上它是受影响于某种只有当你认真寻找时才能发现的偶然性。

2003年10月，我从浙江大学外语学院调到我现在工作了十三年的电子科技大学。初来乍到，学院没有其他的课让我来上，时任院长的张文鹏教授安排我在周末给"成教"学生上"汉英翻译基础"这门课程，应该说这是我与翻译的第一次亲密碰撞。之所以是亲密碰撞，这不是说我对翻译早有一种心仪已久的好奇感，而是说我开始把翻译作为一个对象，作为在空闲之时可以填充我部分思考的意识形态，因为那时我还一门心思做我的劳伦斯研究以及生态诗学研究。可是，我也自此开始窥视翻译之内里，去发现都布置了哪些"家什"，尤其关注国内外一批"大知闲闲"者们对这种与人类一起诞生的翻译现象和那些"能达异方"之言的"舌人"们都说了什么。

2005年5月，我以旁听者的身份参加了在成都附近乐山师范学院举办的"全国翻译理论与翻译教学研讨会"。会上有幸遇见后来成为我博士后流动站导师的北京师范大学外文学院教授郑海凌先生。就是这位关注新人、鼓励后学的郑师海凌先生把我引到了翻译这条路径之上。我放下手中原本已有充分准备的"生态诗学批评"研究和D. H. 劳伦斯及其作品研究，怯生生却义无反顾地关心起译语文化与译语世界、原语文化与原语世界、译者/作者与译文/原文等构成翻译的这些诸要素。我又从走进这片界域的门缝中看到了钱钟书、傅雷、谢天振、许均等一批译论者，突然增强了从中找到自我存在的意义的愿望，还不能说一种学术的意义。同年8月我进入北京师范大学博士后流动站，正式师从郑海凌先生研究翻译。2006年我的"翻译与翻译之存在"的题名课题获批教育部人文社科基金立项支持。2006年我以"翻译与翻译之存在"作为题名选题并以我的一系列已有研究成果作为支撑列入教育部新世纪优秀人才支持计划。2010年我又以"对翻译转换过程中意义变异的考察"为题名课题，获批四川省哲学社会科学规划研究项目支持。2011年我以"关于翻译与意义的生成本体论研究"作为题名课题，获批国家社会科学基金项目支持。尤其是这最后的一项，可以说，是直接地促成了我在上面的回顾之缘起以及我在下面即将给出的汇报和反思。这十年来，我置身于课程教学与学院管理之中，朝夕往返奔驰于家与校区之间三十余里。神经中的意识在多个事项之间活动，而翻译作为事项之一一直蔓延在我的阅读与思维之中。

二

　　吃鸡蛋的人不会因为没有先弄清楚鸡蛋是哪只鸡下的而拒绝吃鸡蛋。我记得自己当年阅读《荷马史诗》《哈姆雷特》《罗密欧与朱丽叶》《高老头》《欧也妮·葛朗台》《雾都孤儿》《呼啸山庄》《德伯家的苔丝》《道林·格雷的画像》《战争与和平》等文学名著时，几乎没有关心过它们是谁翻译的，我是后来才知道自己读的是杨宪益、朱生豪、傅雷、杨以、张谷若、荣如德等人的翻译。如果有一个英文很好的人问我是否读过，譬如说，《呼啸山庄》，我甚至会不假思索地回答"我读过"，尽管我知道他刻意要知道我是否读过该书的英语原文。我那时没有思考过读这些译文与读那些原文之间有什么区别，也不具有去思考这些译文"是否忠实于原文"这个问题的能力和学理装备。但我确实读了这些书以及许许多多的其他名著翻译，后来再读它们以及原文时，譬如其中的《呼啸山庄》，这时的我已经戴着聚焦的眼镜和一种明确的意向意识了，已经没有了一种漫步似地走过，一路风景尽入眼帘的那般感觉。但是，无论是读《呼啸山庄》的译文还是后来读它的原文，我都深深地震撼于小说中男女主人公希斯克利夫和凯瑟琳之间那种使人如饮冰水的凉意和恐惧。我的母语是汉语，我也懂英语，

可我不敢妄言自己是一个双语主体〔bilingual subject〕，也不敢自以为是地认为自己可以站在双语的立场上去"点评"它们，因为母语的具身性使我不能把自己还原到另一种语言的立场上，又用一种预设的分析假设去判断该书的母语读者的感受。

事实上，从语言工具论上讲，或许有一种双语主体，但从语言存在论上讲却不存在一种真正的双语主体，这是因为，用蒯因的话讲，"一个真正通晓双语的人能够在他所知的两种语言间确立一种唯一正确的普遍的语句对应关系。"① 我认为，一个譬如源于英语语境的人文作品（如一首诗、一部小说）被翻译成中文，他的接受主体是那些"在家"的人，而不是那些"不在家"的异乡人，对它们的一种基于体验的阅读、理解和评论只能来自那些讲汉语的"在家"人。对于英语语境中的人而言，汉语语境中的《呼啸山庄》就是一个异者。从 *Wuthering Heathcliff* 向他乡的《呼啸山庄》的漫游，就如行走在路途中的游子朝着与故乡相背的方向而行，故乡并不因此而湮遁，却在月朦胧的夜晚更加清晰，更加美丽。同时，我们认为，当某个原语读者——他可以是一个自称的双语读者——以"在家"存在的方式谈论某个译文对原文的"背叛"与"忠实"时——这种情况在本土文化外译的推论和假设中经常发生，他也同时以"不在家"的方式制造了译者的"不在家"，因为他以虚拟读者的立场取代了"在家者"的立场。我们这些汉语语境中的读者既不能以"在家"的方式去讨论葛浩文的翻译，亦不能以"不在家"的方式去讨论他。对前者而言，葛浩文的"家人"是那些伴随英语而成长的西方人。对后者而言，既然不在家，就少管别人家中的闲事，除非你是一个真正的双语主体。譬如莫言的作品，如《红高粱》《天堂蒜薹之歌》《酒国》《丰乳肥臀》和《生死疲劳》等，被葛浩文翻译成英文，它们就成为英语文学中的一部分，并以"在家"的存在方式〔existential modes〕，

---

① Willard Van Orman Quine. Word and Object. The Massachutes Institute Of Technology，1960：74.

分享着家庭成员的地位，英语读者亦以"在家"的方式去体验作品中的一切。

我们无法用自己"在家"的感受去体验远在异乡的"游子"的体验，我们亦无法以主人的感受去代替客人的感受。主人与客人的角色是相对的，但是主人与客人在空间位移上的变化却是绝对的，因为它会使主人与客人的角色发生逆转。譬如在英语世界里，"莫言"已经成为汉语世界中的异者或异乡人。若我们要对英语世界里的"莫言"作出整体评价，首先就需要把自己变成与葛浩文和他的读者同样"在家"的人，或相处于同一个屋檐之下。否则，我们对译文接受效果的认识就是基于分析性假设的、人为性的，缺乏本体性基础的。弄清楚这一点可以促使我们重新思考翻译效果之标准，促使我们有效地摸索人文对象在传播过程中的翻译限度与效度。

为此，本书十分推崇蒯因提出的"翻译的非确定性"这一命题以及他根据命题所作出的本体论承诺——翻译不是对原文关于"何物存在"的事实性承诺［factual commitment］，译文也不一定要作出对原文的"事实性承诺"。翻译是对原文表达"何物存在"的语言学承诺［linguistic commitment］。在小说中，语言不是事件，但语言参与了事件的出场——它不是对象性的出场，而是事实的"微观效果"的出场或是事实在语言中的微观分布，换言之，这种微观分布具有事实性，但它却不拥有——对应的对象性，不是对具体化的本体论承诺。

因此，我在第一章中力图阐明蒯因关于"何物存在"与"我们谈论何物存在"之间的区别，前者属于对象性承诺或没有被语言所谈论的"如其所是"的对象性，后者属于关于对象的语言学承诺［it is a talk about what there is or it is what there is in a talk.］。蒯因讲两个翻译手册之间的选择——作出好或不好的选择——不存在事实性差别，这是它们都能够被接受的本体论基础。譬如，莫言的原作《丰乳肥臀》与葛浩文的翻译之间，尽管因为后者对原文采取局部的改写和省译，导致两者之间存在一种形式上的差别，但是它们可能并不存在事实性的差异——即物理事实性、心理/生理事实性和历史性。如果我们把莫言的作品称为"何物存在"——尽管是一种人文性的事实性或是一种主题或创作意图突显的事实性，那么，葛浩文的翻译就是基于莫言作品这个"何物存在"的翻译，用蒯因的话讲，也可被称为对莫言之作品的语言学承诺。如莫言用"乳房"突显人类生命之绵延和源泉，又用含有醇、酯和水构成的"酒"乃至余占鳌、九儿这些人物来突显或唤起人类原本具有的生命力，以及余占鳌和九儿在红高粱地里的那些激情媾和的符号化行为等，这些都是对生命力这一主题的微观分享，亦可以说，是生命力在这些物质上的蔓延。这是一种由知觉感受到的事实性与主题突显的事实性的统一——如呈现为意象或意象群。前者是一种事实性承诺，而后者则是一种语言学承诺。意象群或人物群体因意向而聚集，意向又因它们而绵延和弥散开来。同样，在蒋捷之《虞美人·听雨》这首诗中："少年听雨歌楼上，红烛昏罗帐。壮年听雨客舟中，江阔云低，断雁叫西风。而今听雨僧庐下，鬓已星星也。"作者写了三种情怀，三种人生阶段，这是一种多么使人难以道说的承受之重，而此之"重"仅系于一"雨"字。诗中"雨"的物理事实一样，但却因意向不同而聚集而分解，却又在否定自身之同时而走向了一种超越，一种肯定——这是一种关于人生的三种维度的认知组合，集物理性、心理/生理和历史为一体。语言是一种聚集，是一种凸显，是一种主题的凝结，又似晨曦浓雾在密林之中，有如仰望星空的人把愿望寄托在群星上，书写和言说的人把愿望寄托在文字上。

　　蒯因提出一种开放的本体论，意味着一种开放的事实性存在，而不是具体的客体对象性存在。也就是说，蒯因的本体论是微观事实性而非具体的客观对象。总之，蒯因从事实出发，提出翻译的非确定性命题，或翻译不具有事实性命题，并指认出这是一种本体性缺失，或者是本体在翻译中或理论（语言）中的缺失：不存在意义之个性化（具体化、对象化、客体物、可量化）判准，其结果就只能是作为诸元实体［all entities］的意义。既然事实决定真值，当不存在事实的时候，也就不存在何为真何为假的问题。循此可以认为，当我们面对两个具有相同行为倾向的翻译手册时自然会出现：既不存在事实性，也不存在作为诸元实体的意义——因此使我们不能对两个手册作出带有偏爱的选择，也不存在可以判准哪个是真哪个是假的问题。同时，我们在详细审查蒯因的翻译的不确定性命题的本体论立场之后，很容易发现该命题与他的非限定性理论之间的区别。在蒯因那里，"理论的不可限定说"是一个有关观察与理论（语言）之间关系的认识论主张，而"翻译的不确定性命题"则是一个关于"何物存在"的本体论主张。翻译的不确定性在蒯因那里既不是指由 A 决定 B 的决定论，也不是指把 B 还原成 A 的还原主义，更不是指事实性的说明，而是指意义之同一性（具体化或对象化）的缺失。

三

在蒯因那里，"谈论'何物存在'"［a talk about what there is］不等于"何物存在"［what there is］，但是"谈论'何物存在'"却必须拥有对"何物存在"的微观分享，也就是蒯因所讲的"事实性"，只是我们务必明白这种事实性并不等于事实，因为它们无法与对象物一一对应而已。蒯因这是告诉我们：当我们翻译时，我们并没有涉及诸元实体之意义。"翻译的不确定性"与其说是关乎"何物存在"之主张，毋宁说是关乎何物不存在之主张，因为，无论是原文还是译文，我们对它们的理解都是基于它们在语言学之中的分布状态，即一种语言学上的承诺。事实上，原文是对事实或诸元事实的谈论或描写，而翻译则是对基于原文之事实或原文之诸元事实的谈论或描写之谈论或描写。如果说原文是一种弱化了的本体论，那么，翻译则是本体论之弱化的弱化。这种假设似乎并没有被蒯因否定，而是得到他的高度肯定。这是一种居间的本体论，是原文作者与译文译者之间的再次分配。我们知道，经过翻译的句子蕴含了事实的真实性，但却无法通过翻译或实现的译文去实现对事实的具体化或肯定性的判准。若我们硬要主张一种"翻译的不确定性"，是因为我们对翻译的使命作出了一种关乎"何物存在"或"何物不存在"的承诺。

我们十分有趣地发现，蒯因关于语言的事实性主张，在梅洛-庞蒂和加达默尔那里得到更系统的思考。梅洛-庞蒂提出表达是一种聚集[gathering]，是意义之开启和意义之完成。梅洛-庞蒂把意义（"senses"＝感觉＋意义，他更多时候使用复数）变成了人类生存得以显现的工具。意义是物质与精神的聚合。意义是一种不断裂变和持续聚集的统一。加达默尔认为，阐释何时开始，翻译就何时开始。同样，以语言进行的对话何时开始，语词的意义就何时开始。在文本之中话题何时开始，哲学阐释学的语言问题就在何处出现，或者，我们对文本语言问题的思考就何时开始。因此，这就意味着语言的功能性服务于交际之理解，其中，谁进行理解，谁就总是已经进入了一种事件之中，而意义通过事件实现自我主张①。加达默尔曾经写道：

> 可以肯定的是，固定在写作中的一切都重新回到最初所说的，但它必须同样地期待着未来；因为所有已言说的一切总是已经朝向理解以及把他者包含自身中②。

无论是梅洛-庞蒂，还是加达默尔，他们都认为语言在使用中既不是一个自然对象，也不是一个单纯由意识构成的问题。理解者是个体的，他是境遇之中的个体。理解者与被理解对象即使是同一的，但也需要获得具体的量化体现，即意义的具体化。理解

---

① Hans-Georg Gadamer. Truth and Method. Trans. loel Weinsheimer, Donald G Marshall. New York：Crossroad Publishing，1989：484.

② Gadamer-Derrida Encounter：Texts and Comments. ed. Diane Michelfelder, Richard Palmer. Albany：SUNY Press，1988：34.

者与对象物之间的对应关系，必须是他感觉到对象物是有意义的。言语一开始就是人对世界的语言学承诺及世界对人的语言学承诺，它也是对人在世界中必须获得其意义的承诺。对加达默尔而言，每一次对话都是一次离散，都是一次对中心的偏离，每一次真正的对话都撕裂了每个言说主体中那个不断聚集、又不断分解的中心。因此他提出了一种有限的历史存在与无限的表达之间的辩证关系：

> 人类言语具有偶然性，但这种偶然性不是语言表达力的随意的缺陷；相反，它是那种把意义之整体性带入游戏的言语之活生生的、虚拟性的逻辑表达，尽管无法对它作出整体表达。一切人类言说都是有限的，因此蛰伏于语言中的是渴求解释和表达的意义之无限性。这就是阐释现象学同样只有借助于存在之有限性，即本质上的语词之整体，才能得到彰显的原因。"①

四

对梅洛-庞蒂而言，对事相的理解就是悬置事相，因为天真的想象完全地占据了我，亦尤其是因为理解就是首先把囚禁于事物和世界本身中的意义翻译成具体的意指。梅洛-庞蒂以"翻译"为例，认为"翻译"就是理解，就是对意义的解放，是把世界中的意义诸元具体化，是对可见者的再次明晰化，是对野性事相或前述谓的逻辑处理。梅洛-庞蒂把言语与人面对世界的意识觉醒联系在一起。梅洛-庞蒂讲："因为我们在世界里，我们注定是有意义

---

① Gadamer. Truth and Method. Trans. loel Weinsheimer, Donald G Marshall. New York: Crossroad Publishing, 1989: 454.

的，若事物不能在历史中获取其名称，我们将一无所成。"① 可见，语言的事件性和事件的语言性是联袂而生，相拂跌宕，互为涵摄，彼此不二。梅洛-庞蒂同时认为："广义的言语是一种理性存在[rational existence]②。我们若为寻找一种意义之故而去搜索词语，表达一定是失败的。他认为，"在会说话的主体看来，表达就是意识。""每一种语言行为更多地是由一种使用价值、而不是由一种意义决定的。"③ 意义是在表达的行为中生成。若表达停止，这就意味着意义的具体化也将停止。"表达活动发生在能思维的言语和会说话的思维之间，而不是如同人们随便所说的，在思维和语言之间。不是因为思维和语言是平行的，我们才说话，而是因为我们说话，它们才是平行的。"④

　　作者从存在走向对存在本身的语言学承诺，而译者则从对作品的语言学承诺走向对存在的承诺。我们从对象物中所获得之意义只能是一种事实性意义，对这种事实性意义的承诺则必须是语言的，因此为我们所使用的语言本身也必定是事实性的。这里如同蒯因所提出的一种开放和宽容的事实性本体论而非具体的客观对象物一样，语言中分享的事实性往往似一种网，拨不开，折不断，涌向一个中心，却又让我们永远找不到中心。事件变成一种集体无意识蔓延在人物的肢体中，事件在无意识中变成片片碎末，在人物的周围飘扬或震荡，它更是粘连在作者语言的表达之中。在小说中，以及人文作品中，语言参与了事件的出场，但它不是对象性的出场，而是事实的"微观效果"的出场。诚如蒯因所言："如果我们专注于务实，我们就不可能发现一个对于真理论述的宇宙有偏爱的非常古怪的异乡文化，之所以如此，只是因为它的古

---

　　① Merleau-Ponty. Phenomenology of Perception. Trans. Colin Smith. London: Routledge and Kegan Paul Ltd, 1962: xviii.
　　② Merleau-Ponty. Phenomenology of Perception. Trans. Colin Smith. London: Routledge and Kegan Paul Ltd, 1962: 156.
　　③ 梅洛-庞蒂. 符号. 姜志辉译. 北京: 商务印书馆, 2003: 107.
　　④ 梅洛-庞蒂. 符号. 姜志辉译. 北京: 商务印书馆, 2003: 021.

怪性将对我们的翻译词典的适当性有所减损。"① 同样，在一个句子中，在一个段落中，乃至一个文本中，每一个词语参与了表达，但我们所感知到的意义却无法还原到每一个词语之中，这一点尤其体现在两种语言的转换之中。我们因此可以认为，蒯因所提出的"翻译的非确定性"这一命题，是他运用了翻译的现象学来解释他的微观本体论，或者说，微观本体论在意义或表达中的分布。

梅洛-庞蒂似乎力图把表达（沉默与姿势）引入语言，如此一来，他对传统智性主义语言观提出了质疑。表达的现象学始于人类觉醒之初，但我们人类却日益远离语言的现象学本身，这就如，蚕吐丝原本是一种劳动和行为的表达，其结果却成为茧，为茧所缚，难以破茧而出。所不同者，人在概念中储藏记忆，却难以重返会说话的主体，难以重返我与我正在使用的语言的原初本体联系。梅洛-庞蒂所提出的一种基于现象学的语言观，是一种化不开的、绝非透明的语言观。他所追求的"是把事物本身，把事物沉默的本质引向表达"的语言观。他认为，"没有任何分析能够把语言变成完全透明的，好像它是一个物体那样摆在我们面前"②。相反，他认为语言的明晰性建立在黑暗的背景上，正如声音是建立在沉默之中，比如在音乐之中，语词并不是预先假定的，意义是与声音的经验呈现联系在一起的，也是与听者的经验呈现联系在一起的。他因此建议我们不要关闭那道通往充满着野性存在的活生生之经验的大门，它们是表达的前逻辑和前语法，它们构成了表达的辩证法和背景：沉默是声音的表达，非反思是反思的表达，否定是肯定的表达，黑夜是白昼的表达③。梅洛-庞蒂试图建立一门表达的哲学。我们可以在他系列作品之中，如《知觉现象学》《符号》《行为的结构》《世界的散文》《可见的和不可见的》等，

① Quine W V. Word and Object. Cambridge，MA：MIT Press. 1960：280.

② Merleau-Ponty. The Phenomenology of Perception. trans. Colin Smith. New York：The Humanities Press，1962：391.

③ Merleau-Ponty. Phenomenology of Perception. trans. Donald A. Landes. New York：Routledge，2012：414.

不断地读到"表达的哲学"［expressive philosophy］这个一再被他使用的表述。他努力探索身体与世界、自然与文化、言语与姿势、沉默与声音之间的关系，以及如何理解心理学、知觉和社会结构之间的持续性的表达关系。这是一种让意义持续表达、持续涌现的哲学：

> 哲学的意义是一种发生的意义，因此，哲学的意义不可能在时间之外会集在一起，哲学的意义仍然是表达①。

因此，梅洛-庞蒂认为存在一种"始源的沉默"，这种沉默因代表整个世界的言语姿势的来临而被打破，这犹如一块石头投入湖泊中而引发整个湖面的震荡，犹如无限天边因一道彩虹的出现而引发地平线的震荡。一方面，言语是人与存在的一种最原初的联系，因为任何意义都肉身化于世界之中，而语言则在自身内部包含了更多超过观念意义的东西。另一方面，我们可以在言语中辨认出一种"姿势性的"或"存在主义的"内涵意义。"词语的意义最终应该由词语本身引起，更确切地说，词语的概念意义应该是通过对内在于言语的一种动作意义的提取形成的。正如当我身处异国他乡时，我通过词语在行为背景中的位置和参与公众生活，开始理解词语的意义。"②

梅洛-庞蒂把言语作为一种姿势来理解，意味着他将能言语的人定位于言说者的世界之中，定位于他在世界的存在之中。既然如此，言语无论是对说话主体还是听者主体来说都产生了一种经验上的和谐，一种存在上的协调，一种与世界整体的协调。一种始于我的身体的行为方式，只要是在世界之中发生，它总是把我周围的客体对象赋予了某种涵义。换句话说，言语是我们走向世界的向导和入口，同时也使我们向丰富的世界之蕴义敞开了胸怀。

① 梅洛-庞蒂. 符号. 姜志辉译. 北京：商务印书馆，2003：101.
② 梅洛-庞蒂. 知觉现象学. 姜志辉译. 北京：商务印书馆，2001：234.

当我的心胸向世界开放时，世界也同时向我打开了任由我接纳它的胸怀。当我（蕴含心理社会性的表述者）从事对话活动时，肢体是不可须臾或缺的；若他谈论的是四周的外部环境，身躯就是他衡量周围环境的尺度。言语作为一种真正的动作，它蕴涵自己的意义，就像动作蕴涵自己的意义一样：

> 我的身体存在—于—世界—中，我的身体被事物所包围，他同时拥有前面与后面，过去与未来①。

身体伴随周围事物，伴随周围事物表达。身体与周围事物共舞，身体内在地构成了吾体之所是。因此我们的身体在本质上是关系性存在（时间与空间的统一）。在梅洛-庞蒂看来，若我们承认具身化[embodiment]之本质，这就意味着我们的全部习惯和文化都是在我们的可能行为和姿势与这个世界的耳鬓厮磨之中被塑造的。表达不是语言与思想、大脑与思维之间的简单关系，而是对事实与意义之间的一个令人惊讶的联结的持续性肯定，是对我的身体与我的自我之间、我的自我与他者之间、我的思想与我的言语之间的持续性肯定。这些间际之间存在的各种"势力"处在震荡之中，但它们却不在我们的语法－逻辑里，因为只要我们的语法－逻辑一靠近，它们就隐匿起来。他指出，"我所谈的可感世界并不在可感世界之中，然而，除了谈它打算谈的东西外没有其他意义。表达把自己置于预先位置并要求存在来趋向它。过去与现在，物质与精神，沉默与言说，世界与我们的这种交流，彼此在对方中的这种变形"②。

梅洛-庞蒂甚至是从自然的态度中讨论他的自由观，换言之，他以前逻辑的方式向我们揭示自由产生之可能性。他认为自然的

---

① The Merleau-Ponty Aesthetics Reader, ed. Galen A. Johnson, trans. ed. Michael B. Smith. Illinois：Northwestern University Press，1996：124.

② 梅洛-庞蒂. 哲学赞词. 杨大春译. 北京：商务印书馆，2000：17.

态度其实是一种经验优越于观念和谓词的意识，甚至是一种极端形式的本质。我们的身体"从未完全地割裂于交互主体的世界。……我们的自由依靠我们在情境中的存在，自由本身是一种情境"①。一言以蔽之，存在－于－世界的模糊性是通过身体的模糊性得以翻译的，通过时间的模糊性而得以理解。譬如，诗歌中的意象物是具体的，那么，诗歌的作者就一定不是自由的，因为他必须从具体事相中使意义与意象变成整体融贯的直观关系。要实现整体直观的关系，就要对具体事相实行先立而后废的策略或先肯定后否定的策略：言在此而意在彼，或言在此而意亦在此亦不在此，亦即所谓"醉翁之意不在酒""项庄舞剑，其意常在沛公也！"

因此，我在第七章"想象的内容与想象的对象"中提出了如下系列质疑：我们能不能想象一种先于生命或没有生命之运动的意义？我们能不能想象一种排除了指号[indication]的表达？我们能不能想象一种不是来自身体或没有身体的意识或想象一种对象与意识可以分离的非对象化的意识？我们能不能想象一种没有身体作为指号的生命存在？我们能不能想象一种可以脱离海德格尔式的"乌有"与"世界"的构成而世界之显现依然可能？我们能不能想象一种没有原本的"镜中之月""水中之花""梦里人""杯里客"？我们能不能想象一种丝毫不偏离对象物的指号？我们能不能不从一次又一次言说"我"的过程之中确立自身的独特身份与他者的区别？我们能不能抛开对对象界的感觉[feeling]去获得知觉，抛开经验去构拟概念或观念，摆脱对自然的直接依附，以及过滤感觉和知觉现象中的异质多样性从而获得纯粹、又对人而言依然有意义的符号？我们能不能想象一种只有重复之同一性而没有保证日日新之活力的符号变异性？我们能不能因为自己见过一只具象的狗或只有单一颜色的狗，却无法理解文学中一只拥有赤、橙、黄、绿、青、蓝、紫等颜色构成的狗？我们能不能想象一个

---

① Merleau-Ponty. Phenomenology of Perception. trans. Colin Smith. London： Routledge and Kegan Paul Ltd，1962：146.

从不"走出"的存在，它的起点就是终点或没有起点和终点、没有空间、没有时间的绝对的同一、如同人的"身体"在死亡中回到原点变成"尸体"的"点"——一种"能指"与"所指"之间毫无缝隙的统一？

德里达认为，只要我们在语言中规定"生活"这个词，那么我们也在生活的源泉之中赋予了"生活"这个词的不安全感和非稳定性。语言是意义的中介，也是世界的中介。语言一开始就是一种争论——是意义的可能性和世界的可能性的争论。这种争论不会驻于世界之中，只能驻于语言之中。而差异又是语言的源泉和居所。因此，德里达写道："语言关注着差异，差异尾随语言而至。"① 生活从来不在"一个点上"保证语言或命名的可能性和严格性，它要求另外一个点并把自己置于"它的旁边"。语言的严格性并不意味着"生活"的严格性，语言的严格性甚至会扼杀本应该严格对待的"生活"。言语不仅仅是历史自下而上的载体，它也参与历史的生成与创造。梅洛-庞蒂认为，意义如此牢不可破地扎根于我们的境域，扎根于"世界之肉"中，因此"历史的意义只能是自由地航行于我们的历史境域和我们存在处境之间，即它是在一种可逆的、模棱两可的交流之间诞生的。历史拥有意义，但这种意义不是思想的纯粹发展。历史的意义是伴随着偶然性而诞生的"②。"在思想中或历史中，亦如在生活中，我们所知道的唯一的超越是具体的，局部的，塞满了残余物，托载了亏损；世界绝不存在超越，它绝不可能毫无遗漏地保留前面句子所获得的一切，它绝不可能机械性地增添更多的东西。"③

---

① Derrida J. Voice and phenomenon：introduction to the problem of the sign in Husserl's phenomenology. trans. Leonard Lawlor. Illinos：Northwestern University Press，2011：12.

② Merleau-Ponty. Adventures of the Dialectic. trans. Joseph Bien. Illinos：Northwestern University Press，1995：16.

③ 梅洛-庞蒂. 可见的与不可见的. 罗国祥译. 北京：商务印书馆，2008：91.

五

辩证性的思考是没有终结的，也是没有最后结论的，这对作者和读者而言不能不说令人颓丧而失望。尽管如此，我们还需要对这项思考的路径作出说明。我们以翻译为基本切入点，以意义的获取或生成为话题，围绕"不确定性"这一范畴本体论，结合蒯因、梅洛-庞蒂、卡尔纳普、普特南、海德格尔、德里达等人在现代语义学与意义生成观上所作出的一种演绎性思考。读者会发现，本书以较大篇幅讨论梅洛-庞蒂及他的现象学语言观，尤其着重于他的意义（主—客体）含混论，以及意义—关系论（人—人，人—物，共现观），以及人与世界的关系，人的理解与有限存在的关系，着力阐释并深入系统地剖析作者—世界与读者—世界、表达者—被表达者、语言与言语之间的本体论关系。

首先，本书的一个基本线索是对我"富有意义"的对象（语言—物—文本）不能被还原为"非我"的对象物。人总是生活在意义的不确定性之中。意义的不确定性是人类觅意、表达、创造的动力所在，更是人文学者意义觅踪的使命所在，也是个体赋予生活意义的微观基础。在本书的第四章"梅洛-庞蒂的意义生成观"中，我们将此观点放大到历史语境之中，进一步解释意义是如何在过去和现在、思想和制度、集体和个人、前定和自由的共舞中出现于历史境遇之中。需要指出的是，本书对"翻译"的思考，既从"翻译"实践出发，又从"翻译"现象所呈现出的方法论出发，重心尤其放在后者上。因此，贯穿全书的另一个显性诉求是不存在纯粹之翻译，不存在为了翻译而翻译，亦不存在把确定的已知意义仅仅从囚笼似的原语中解放出来的翻译。翻译之发生根源于自我需要和服务于自我文化——这是翻译行为的出发点与目标归属。原文因其本族性而发芽生长，译文则因其实现了原语的本土化和具体化而落地生根。这是译者的限制，但也是翻译行为和可译性的动力所在，从而为翻译现象与翻译实践观察中的意义转化和变异性，以及意义的觅取和生成，提供一种尝试性的理论思考和创新引发。

其二，本书开篇起于蒯因的"翻译的不确定性"命题的本体论承诺为题。本体论意味着关乎"何物存在"［what there is］。本书认为蒯因实现了从事实本体论向语言本体论的转变，即关乎"语言中的何物存在"［his concern about ontology experiences a shift from what there is to a talk about what there is］。这对于理解他的"翻译的不确定性"命题是十分关键的，这对推动本书中其他部分的议论和思考是十分关键的。本书明确地指出：蒯因基于"事实"出发的本体论承诺是一种被语言所分享的本体论［shared ontology or shared meaning within language］，不是事实本身，不是"非我"的客体对象，而是关乎"有"［what there is］的自我—为我的存在［shared being by me through language］。我们进而指出：翻译的不确定性命题在蒯因那里既不指决定论，也不是指还原主义，更不指事实在语言中的缺失，而是指意义之同一性的缺失。明白这一点，对于从认知上解决翻译中的忠实观具有建设意义。总之，一切富有意义的存在都是一种可以被分享的存在。这一前提的确立赋予了课题几个结构性的限制。

（1）推动我们去思考意义的生成过程，发现意义是一种会集（交叉，重叠，含混），人关乎对象物（事实、事件、文本、语言、翻译、绘画等）的赋意是一种境遇选择或存在遭遇。意义是同一性的阙如（"如"者，在也）；葛浩文相对于莫言的作品世界，就是一种阙如的存在或想象性存在，葛浩文自然有其存在，但他的存在是一种存在投影［existential projection］，是纯粹（单一）对象物的缺失。蒯因的"开放的或宽容的本体论"主张、梅洛-庞蒂的延伸到存在领域的开放的表达哲学，以及他关于表达是人的"一种在世存在场中活动的微震"的主张，对我们思考这种"恍兮惚兮，其中有象；恍兮惚兮，其中有物。窈兮冥兮，其中有信"的意义具有十分难得的启示价值。

（2）推动我们去思考事实性、事件性和意态性等范畴在人文对象中的有效性度。承认它们在人文对象中是一种弱化了具体化，即它们绝不一定是某个确定的对象，但这并不意味着否定它们的本体论存在。我们知道，人文对象之确定性只对观察者（读者或作者）的某种境遇来说才是有意义的。文化的神经生物条件、现代物理学的微观分布论、以及测不准定律可以为此提供科学依据。本书中推动和贯穿了对蒯因的事实性［factuality］假设的讨论，即，两个译文都遵循或分享原文（事实性），可是两译文本身是互相冲突的。再如，若干个理论（意义）针对同一对象现实，都声称自己正确，但理论之间却彼此矛盾。而这些则与梅洛-庞蒂有关"可见者"与"不可见者"、"声音"与"沉默"、"空间"与"行为"的论述紧密地联系在一起，如第五章的"前述谓和沉默的表达：梅洛-庞蒂的现象学意义观"和第六章的"基于振荡的意义涌现：梅洛-庞蒂与加达默尔的语言观与翻译观"。我十分推崇梅洛-庞蒂的话：我们处在"半沉默中"。

> 除非到了其极限，它们只能在习惯和已经构成的事物中产生错觉，这是一种我们无法无视的奇特性，那种不是用颜色而是只用黑白进行描绘的哲学就像铜板雕刻法那样无法让我们无视世界的奇特性，人能和哲学一样，甚至能比哲学更好地正视世界的奇特性，但是在半沉默中①。

本书因此认为，意义只有在两肢性结构（如原文与译文、人与世界、沉默与声音、身体与时空，乃至绝对性与语言）的共同关照下才能得以解释。当然我们不应该对这个断言作出简单化的理解。

（3）本书推动作者本人认知到或将会发现：在译语文本之中，原文这个基本事件不是译文整体得以构成的唯一原因。原文在向译文的运动中所实现的只是一种更加整合（或多元）的存在方式，

---

① 梅洛-庞蒂. 符号. 姜志辉译. 北京：商务印书馆，2003：26.

或以更有效的方式适应译文的世界——适应译文世界中的关乎人存在的种种亲属关系、文化、机构、景致、空间（译者处身）中并获得这个空间相关要素的支持。在对异质文本的理解过程中，这些要素是复杂的、微观的，也是非确定性的，这就是蒯因在《再论翻译的非确定性》这篇文章中对非确定性命题作出明确澄清的主要精神——"当我们认真对待一个意义的证实理论时，不确定性是无法规避的。相反，对于一个非批判的心灵主义者来说，则不会出现这样的不确定性"。

（4）本书还推动作者认识到，抓住翻译中多元构成关系的"间性意义"生存（含混的主客体），才能真正解释文本的"可再生性""可被消费性""不可逆性""差异性""可译性"、文本意义释放中的"被他化"，从而突出翻译的生存本体性维度以及翻译活动中主体因素和事物/人的翻译性存在。

最后，本书在结构上遵循了主题的起点，即命题提出，展开与演绎（第一章、第二章），命题的拓展和深化以及与梅洛-庞蒂/蒯因/加达默尔之间有关思想的平行研究与相互启发（第三章、第四章、第五章、第六章），并延至第七章、第八章、第九章、第十章、第十一章、第十二章、第十三章的深度引申、发挥和实证演习，包含了与现代学者进行"际性"对话的纵横向视野，其中有德里达的《声音与现象》中关于意义的意向生成，梅洛-庞蒂的身体—语言观对翻译研究的启示与讨论，以及诗人庞德的具体诗学与意向聚集的讨论等。总之，融贯于该研究的一个基本视点或被研究者存放于心底的，即意象聚集与意义生成。再具体言之如下：

（1）微观层面。言语的背后蕴含了整个世界。词的概念意义只不过是以原来内在于言词本身中的姿势意义为基础并经过扣除其存在意义而形成的。我们记忆库中的单词留给我们的，是该单词在与他人全身心的交流中所具有的或作为表达的价值以及因此而让人做什么的具体能力（外语、他者文化、翻译等）。

（2）宏观层面。历史中的意义和意义中的历史，或现实中的历史和历史中的现实，总是源于我们的在世行为或在世活动之中，我们不能像一个客体处于客观空间那样立于处境或历史之中，处境是我们的好奇和兴趣的来源；处境最终是我们与人类经验的整体连接，而不是使我们与之分离的东西，我们必须为"I"敞开一道门或若干道门，以便走进他者和世界之中。

（3）价值层面。从语言学上讲，因而也是从概念上看，只有那些可公开谈论、可经常谈论并可用名字标志和学习的事物才是处于中心或突显的事物——它们因此成为意义，而语词首先便是用之于这些事物。人们总是在一种引申的意义上谈论主观的感觉性质的，因此，表达中的被表达者是一种意义或价值存在。

（4）理念层面。该书中出现频率最多的词是"存在"。易而言之，"有"被"人"所关照就是"存在"。物、文本等莫不如此。本书的作者尤其推崇梅洛-庞蒂提出的"身体"范畴，因为它是决定人类认知的最原初的出发点：身体与环境构成一种协调性和相互性，身体在时间中持续展开，直接地推动和参与了意义之涌现，乃至历史意义之构建，有身体（人）的地方，就有景致。一切远离身体的关于人文对象物之再认识，要么是基于假设分析，要么基于自我的再创造。

冯文坤

2016 年冬季于蜀都成电花苑

目　　录

第一章　蒯因与他的"翻译的不确定性"命题[①]

蒯因坚持主张本体问题和语言问题各自处理不同的对象；前者与事实[fact of matter]相关联，后者则与语言[language]相关联[②]。诚如他所言："即使我们最关心的是判定究竟何物确实存在，即出于自身的考虑我们要允诺什么对象时，我们所谈论得更多的是语词而不是对象。"[③] 正是从这个前提出发，蒯因认为，翻译受到不确定性的支配。他的不确定性主张是指从两个在行为上等价的翻译手册中作出的选择，不具有事实性，是一个伪选择，不存在句子意义的实在性，也不存在表现实体的句子意义，两个中的任何一个翻译只能是既对又不对。本文通过考察蒯因对翻译之不确定性的不同表述模式和他对事实性概念的运用，着重关注他对物理(事实)与翻译之间关系主张所给出的辩护上，尤其是注重他所谓"物理学存在着事实性而翻译倒不存在着事实性"的说法。我们将由三个方面展开，即翻译的不确定性命题与内涵；蒯因对翻译的不确定性的辩护；翻译不确定性的本体论承诺：是物理主义？还是行为主义？

---

① 本章主体内容以"论蒯因'翻译的非确定性'的本体论承诺"为题目，署名冯文坤，发表于《外语教学》，2010年9月，第5期。

② Quine W V. On What There Is. In Ontological Relativity and Other Essays，15-16.

③ Quine W V. Word and Object. MA：MIT Press. 1960：271. 参考蒯因. 语词与对象. 陈启伟，等译. 北京：中国人民大学出版社，2005：306.

第一节　蒯因之"翻译的不确定性"命题的缘起

　　威拉德·冯·奥曼·蒯因提出"翻译的不确定性命题",其初衷是批判分析哲学家卡尔纳普在他的《世界的逻辑构造》一书中所主张的"还原主义",即"把有关外界的内容翻译成有关直接经验的内容的还原主义试图"①。蒯因自己明确表示,对他影响最深的是卡尔纳普②。分析哲学家帕特南把蒯因的"翻译的不确定性"命题誉为"自从康德以来最吸引人并引起广泛讨论的哲学论题"③。卡尔纳普力图证明"每个有意义的陈述都可以被翻译成一个关于直接经验的陈述"④,即"B对A的理解即是理解者从A的立场上对A作出的回应",这是一种还原为A之意义的同一性,或曰B所理解的A依然是A自身⑤。蒯因所以提出"翻译的不确定性"命题,就是为了挑战意义同一性。他主张考察一个语词的意义,如果脱离了对说话者行为环境的观察,我们就只能从他的心理或心理博物馆中推论出意义来,而这在实践上则是不可能的。他认为,既然是A与B具有同一性,我们就不能凭借分析假设来定义它,可即使是在完全彻底的翻译中分析假设也是不可或缺的,"我们唯有在一定的分析假设系统的词项范围内才能有意义地谈论语言间的同义性。"⑥ 蒯因的"翻译的不确定性命题"正是他对卡尔纳普还原主义在翻译上的流产所作出的回应。

---

　　① 丹治信春. 蒯因:整体论哲学. 合肥:河北教育出版社,2001:205.

　　② http://www.aisixiang.com/data/22791.html.

　　③ Putnam H. The refutation of conventionalism. ed. Munitz M. Semantics and Meaning,New York:New York University Press,1975:159.

　　④ 施泰格谬勒. 当代哲学主流(下). 北京:商务印书馆,1992:258.

　　⑤ 蒯因. 从逻辑的起点看. 上海:上海译文出版社,1987:36-45.

　　⑥ Quine W V. Word and Object. MA:MIT Press,1960:76.

蒯因的翻译的不确定性理论自提出以来就成为批评界诉讼的对象。该命题的真实内容如何、蒯因本人为之辩护的理由等，一直在批评家之间争辩不止。我们将通过考察蒯因对翻译不确定性的不同表述和他对事实性这一概念的使用，着重关注他对物理(事实)与翻译之间关系主张的辩护上，尤其关注他的"物理学存在着事实性而翻译倒不存在着事实性"这一谜语般的主张。我们将由三个方面展开，即翻译的不确定性命题的内涵，蒯因对翻译的不确定性的辩护，翻译不确定性的本体论承诺：物理主义还是行为主义。

第二节　蒯因之"翻译的不确定性"命题的内涵

"翻译的不确定"[indeterminacy of translation]是指在翻译同一外来语时，我们无法确定不同的翻译之间，哪一个才是最正确的。翻开两本不同版本、不同编著者的字典或同一原著的多个译者的多个译本，我们都能看到翻译差异的案例。为了探讨不确定性在多大程度上对意义产生影响和在何种程度上可以用纯经验的方式查明把一种语言译为另一种语言的可能性问题，蒯因提出了原始翻译的思想实验[radical translation]。该实验假设：当一位田野语言学家在原始森林中发现一个迄今不为人知的部落，并试图将他们的"丛林语言"译为他自己的语言时，就会出现终极翻译的情况。① 终极翻译的首要任务就是为第一次翻译编制一本翻译手册。蒯因通过该实验得出结论如下：

(1)两个语言学家各自编纂出相互冲突的翻译手册，但是两个手册都与可观察事实或言语倾向性相容[linguistic disposition]。

(2)使用其中任何一种手册进行翻译都不会和使用该语言的人

---

① Quine W V. Word and Object. MA：MIT Press，1960：29.

们的言语倾向性相冲突，但是却会因为使用哪一种翻译手册而出现完全不同的翻译。

（3）只要与言语倾向保持整体一致的翻译手册就是可以接受的，因此就不存在哪个对错的问题。

上述三个结论中，第一点涉及可观察事实性问题与手册间的冲突性，即与可观察事实相容却又彼此冲突；第二点显然涉及翻译的效果问题；重要的是第三点，即言语倾向性与事实性，它涉及该命题的本体论部分，也是让哲学家们尤为困扰纠结的问题。须指出，蒯因并未给翻译预设某种难以克服的障碍或是拒绝承认有正确翻译的可能性，他似乎完全忽略去讨论所谓"译不准"的问题，因为他明确指出："事实依然是，词典编撰学欣欣向荣，非常重要，往往是对错相间。不确定性命题只是想告诉我们即使是正确的翻译也往往存在尖锐的分歧。"①

蒯因显然不是提出语言意义的相对性问题，也不是关于原语与目标语之间是否有正确翻译的认识论问题。那么，"翻译的不确定性"到底是一个认识论问题，还是一个本体论问题？换言之，他采用的是事实性证明，还是演绎性说明？蒯因曾明确说道："单词句或单语句在翻译中的不确定性广泛依靠语言去接受一种关乎事实的解释。"②"我为翻译的不确定性作出的辩护或我在《经验主义的两个教条》中反对分析性假设都不是实证性的，它一点也不关乎证据。""我从来都是在逻辑范围介入证据，从不在经验范围介入证据。"③可见他的"翻译的不确定性"不是指事实上的不确定性，也不是指认识方法上的不确定性，而是基于语言或通过语言所接受的事实问题。便于进一步甄别这些问题，我们下面需要考察蒯因对"不确定性"作出的不同表述。

---

① Quine W V. Perspectives on Quine. Oxford：Basil Blackwell，1990：198-199.

② Quine W V. Pursuit of Truth. Cambridge，MA：Harvard University Press，1990：50.

③ Barrett R，Gibson R. Perspectives on Quine. Oxford：Basil Blackwell，1990：198.

　　首先，蒯因认为两个翻译手册同样遵循了言语倾向性
[linguistic disposition]。言语倾向性即人们的言语行为模式[mode
of linguistic behaviour]，它包含现实中表现出的行为，譬如假如
遭遇如此这般的状况，就会出现如此这般的言语行为。蒯因有关
翻译的非确定性命题中的若干表述都认为，假如两个或更多不相
容的翻译手册都遵循相同的话语倾向性，那么，我们就没有根据
去判准哪个正确，哪个错误。即是说，尽管多个翻译手册间不存
在一一对应的正确性，但每个翻译手册都同样与言语倾向性相容：

　　　　我提出翻译的不确定性理论，是说彼此不协调或冲突的
　　翻译手册都遵循了言语倾向性的均衡分布。但是对翻译正确
　　性施加影响的自然事实是言语倾向性。因为彼此不协调或冲
　　突的翻译手册都能遵循同样的自然整体状态，因此也遵循了
　　完全相同分布的微观物理状态。然而，由于存在相互冲突，
　　两个手册决不能都算对。如果其中一个对，那应该是哪个呢？
　　我的回答是不存在事实性。这说明了我将事实认同为微观物
　　理状态分布的观点。"①

　　蒯因承认两个手册都遵循了言语倾向性却又相互冲突，因此
都不算对或不存在哪个正确哪个错误的问题。但是蒯因又主张它
们都是有用的：

　　　　我的立场是：两个手册都可能是有用的，但是至于哪个
　　是正确的，哪个是错误的，却不存在任何事实问题。作为一
　　个物理主义者，我认为不存在事实。我的意思是说两个手册

　　① Hahn L E, Schilpp P A. The Philosophy of W. V. Quine. La Salle, IL: Open
Court, 1998: 429.

都与时空区域内所充满的相同基础物理状态相容①。

蒯因断言我们没有根据说哪个手册是正确的，哪个是错误的。因为：当不存在任何理由去认为两个选择中有一个更好地遵循了微观物理状态[micro-physical state]的任何分布时或当不存在任何理由去断定物理状态的任何分布使一个是真而另一个是假时，或当我们无法断定描写同样对象的两个手册如何在微观事实上符合对象时，那么选择中的任何一个均不存在事实根据。

其次，鉴于蒯因主张两个手册彼此不相容，我们似乎就可以断定遵循相同言语倾向性的两个不相容的翻译手册中有一个必定是错的。因为，当且仅当其中一个是错的，两个手册才会是不相容的。可是，我们觉得这显然不是他的命题所要得出的结论，但这却是他提出不确定性命题的最关键一步：

> 假定两个田野语言学家各自编撰了翻译手册，在把一些冗长的土著单语句翻译成连贯的英语时都被证明是成功的。然后假如交替地使用两个手册并对它进行一种字比句当的翻译，我们能得到连贯一致的结果吗？如果不会，并且又不存在说出哪个是错的根据来，我们便得到了我所说的翻译的不确定性②。

蒯因在以下的表述中坚定了他的这一主张，即两个遵循了相同言语倾向的手册不存在着一个比另一个好的事实性根据[foundation of factuality]：

---

① Shahan R W, Swoyer C. Essays on the Philosophy of W. V. Quine. Norman：University of Oklahoma Press，1979：167.

② Quine W V. From Stimulus to Science. Cambridge，MA：Harvard University Press，1998：82.

不确定性命题针对的是两个有待证实的翻译手册，彼此都遵循了全部行为。既然译者无法凭借神经学标准去对他们的行为标准加以补充，更不用说使用心灵感应了，我们还能有借口去假定一个手册可以比另一个手册更好地与基础物理状态的任何分布相一致吗？总之，我们有何借口可以假定存在着事实根据呢①？

蒯因在下面用更加微妙的口气表达了同样的意思，只是他在这里把实用而不是简单的对错作为判准手册好与不好的标准，从而摒除了心理主义对翻译的不确定性所产生的作用：

一个初始翻译手册能在与土著语社群的谈判中发挥其有效性。判断交流的成功依靠会话的流利性、语言和非语言反应的可预见度以及连贯性和值得信赖的土著人证词。但这事实上充其量是哪个手册更好或更差的问题，而不是简单的对与错问题②。

循此，如果不存在在两个手册之间作出选择的根据，那么，其原因只能是两个都是正确的。所以"不确定性命题所主张的不是指不存在可以接受的翻译，而是说存在多种翻译。一个好的翻译手册能通过所有言语行为的检查点，即使那些没有出现于任何检查点上的东西也不会带来任何危害。"③ 可见，蒯因的"不确定性理论"默许两个对立的手册都正确。简而言之，"不确定性命题

---

① Shahan R W，Swoyer C. Essays on the Philosophy of W. V. Quine. Norman：University of Oklahoma Press，1979：167.

② Hahn L E，Schilpp P A. The Philosophy of W. V. Quine. La Salle，IL：Open Court，1998：4.

③ Quine W V. Indeterminacy of Translation Again. Journal of Philosophy，1987，84：9.

告诉我们，两个都正确的翻译彼此是允许存在巨大分歧的"①，但是它们无疑也都是可以被接受的。

最后，我们亦绝不能把蒯因以下表述中的主张误读为是在两个对立手册中判准一个必定是正确的而另一个必定是错误的，也没有理由认为他是主张一个比另一个更好或是主张两个都正确。尽管蒯因不主张从事实性上对手册作出任何评价，但是以下他的这个表述却明显地给我们提供了一种源于译者自我的主观视角——在译者本人看来对方译者的翻译手册是否是可以接受的，以及主张两个终极翻译家可以彼此拒绝对方的翻译手册——从而将翻译的不确定性还原到译者身上。蒯因说道：

> 我们没有丝毫理由指望出自两个独立终极译者的翻译手册能够让对方接受。尽管两个手册在描述土著人的任何行为以及各自给出的理由方面是难以区分的，但每个手册给出的翻译却可能被另一个翻译家拒绝。这就是所谓翻译的不确定性理论②。

但须指出，两个译者彼此拒绝对方的翻译手册，这并不意味着这可以成为蒯因主张翻译手册间不相容的因果理由，而是说前者与翻译家个体对待翻译的实用主义态度有关，后者则涉及翻译的语义学主张。尽管译者可以求助于各自心理立场，但是翻译手册的效果却只能求助于事实或自然立场。

至此，上述各表述中的"不确定性命题"都涉及两个或更多具有相同言语行为、有待证实的翻译手册。在"翻译的不确定性"这个表述中所体现出的变化，是因为蒯因对事实观念预设了一种

---

① Hahn L E, Schilpp P A. The Philosophy of W. V. Quine. La Salle，IL：Open Court，1998：198.

② Quine W V. Indeterminacy of Translation Again. Journal of Philosophy，1987，84：4.

认识论的解读方式。在蒯因那里，以下四种变化是并存的：①至少其中一个手册是错的，因为它们不相容；②这不是一个对/错的问题而是更好[better]与更糟[worse]的问题；③尽管它们彼此冲突，两个手册都同样正确；④参与翻译的译者可以接受和认同自己的翻译却会拒绝他人的翻译。尽管表述方法之间存在不一致，但蒯因的"非确定性"这一核心命题却是贯穿始终的：即在两个翻译手册间不存在作出事实性选择的根据。不管任何情况，无论蒯因怎样界定和评价两种对立的翻译手册，两个手册间不存在作出选择的根据这一点却是不变的。因此，对该命题最好之表述就是：无论我们如何去判断手册，即从上面四种可能性之中作出何种选择，凡是不确定性的东西，就是我们在两个对立手册间表现出的偏爱或作出的选择使然。我们暂时以庞德之 *In a Station of the Metro* 这首意象诗的两个中文译文为例。原诗是：the apparition of these faces in the crowd/petals on a wet,/black bough.

> 地铁站里
> 出现在人群里这一张张面孔；
> 湿的黑树枝上的一片片花瓣。
> 　　　　　——张子清　译
>
> 在一个地铁车站
> 这些面孔似幻象在人群中显现；
> 一串花瓣在潮湿的黑色枝干上。
> 　　　　　——江枫　译

　　原诗之中出现的事实或物象在两个译文之中均被直观地译出，如"人群"、"面孔"、"潮湿"、"花瓣"、"黑色"、"树枝"等被两个译文一一译出。所不同者则是张译中没有出现对应的"幽灵"一词，江译则以"幻想"译出。按照蒯因的意思，我们不是要讨论两个译文的优劣或判准哪首译诗真实地忠实了原文，而是指出两种翻译都忠实了原诗的事实性，这里不涉及诗歌翻译的诗学标准问题或暂时不把诗歌的音、意、形等美学要素纳入考虑之中。原诗中"apparition"这一英文词指一种幽灵、幻影、鬼怪、离奇出现的东西，显然属于非事实性的心理主义承诺。除此以外，两首译文无疑都忠实了原文之事实性。

如果我们要对蒯因的"翻译的不确定性命题"表现出尽可能大的宽容，从而赋予其最大的稳定性和阐释力，那么，就得承认该命题主张，即"不确定性命题"不是关乎每个翻译手册的正确与否，也不是关乎单一个翻译手册的认识价值问题。它只关乎产生于具体环境中并具有指向相同行为的两个翻译手册以及在它们之间作出的选择是不确定的。蒯因清楚地说道："在把某种事实赋予语义学理论时不存在任何保证。相反，一个翻译手册与言语倾向性之间具有的一致性却是一个确定无疑的事实，它是难以从事实上在两个对立翻译手册间进行选择的唯一根据。"① 因为"当谈到制约于行为标准的心理状态或事件时，我们确信我们绝不是在漫不经心地运用语词 —— 因为存在着某种物理事实，一个终极的基本物理状态"② 总是在影响着我们。唯一可被视为显而易见的事实则是交流之流畅性和谈判之有效性，这才是任何一种翻译手册都希望产生的效果。换言之，蒯因之"翻译的不确定性"命题不是要对翻译这项事业或其效果制定出某种评估性要求。他的"翻译的不确定性命题"更多的是一种意义主张，它表达了一种基于语言的不可具体化的事实，而不是基于可被具体化的客观对象物。

通过分析蒯因该命题的不同表述及其变化，我们认为该命题的硬核绝不是指在面对手册时我们可能出现心理状态/或信仰上的不确定性，而是指在两个冲突的手册之间采取的偏好或作出的选

① Hahn L E, Schilpp P A. The Philosophy of W. V. Quine. La Salle, IL: Open Court, 1998: 459-460.

② Shahan R W, Swoyer C. Essays on the Philosophy of W. V. Quine. Norman: University of Oklahoma Press, 1979: 167.

择具有不确定性。这意味着自然（事实性）在手册间的判准上不起决定作用，意味着客观事实性并非意味着去赞成一个而反对另一个。更确切地说，它意味着实际的自然理论本体论并不是偏爱其中一个。直言之，在两个对立手册之间进行选择不是一个关于客体对象是什么的问题，不是一个关于何物存在[about what there is]的问题，不是一个本体论或事实性的问题。世界的状态对我们在两个对立手册间的选择是不感兴趣的。无论我们说世界中存在着什么样的客体对象，它们对我们在两个对立翻译手册间应该作出何种选择都是采取一种漠然的态度。

第三节　蒯因对"翻译的不确定性"命题的辩护

在对翻译不确定性的描述中，蒯因首先是指出了翻译手册与土著语之间的关系，其次是指出了两个翻译手册之间的关系，再其次是读者对两个翻译手册予以接受或拒绝的态度问题。从中我们注意到蒯因对命题的表述始终是围绕着事实、事实性和微观物理状态的分布等词来进行的。蒯因使用这些词的意图是什么呢？能否意味着在蒯因那里语言一定指向这些超语言的客观事物呢？能否意味着蒯因就是一个物体主义者呢？为了便于廓清这一命题，蒯因又为我们提供了怎样的辩护呢？为什么我们的自然理论不会在两个手册间表现出偏爱？为什么世界的存在状态对我们在对立翻译手册间作出某种选择会保持漠然的态度？自然理论为何不能为我们在两个手册间作出一种带有价值判断的选择提供依据？要在蒯因那里找到论点的硬核，我们有必要再次回到他关于"不确定性命题"的表述中。蒯因指出：

　　　　我提出翻译的不确定性理论，是说彼此不协调或冲突的翻译手册都遵循了言语倾向性的均衡分布。但是对翻译正确性施加影响的自然事实是言语倾向性。因为彼此不协调或冲突的翻译手册都能遵循同样的自然整体状态，因此也遵循了完全相同分布的微观物理状态。然而，由于存在相互冲突，两个手册决不能都算对。如果其中有一个是对的，那应该是哪个呢？我的回答是不存在事实性。这说明了我将事实认同为微观物理状态分布的观点[①]。

这段讨论"翻译的不确定性"的话特别令人迷惑。我们无数次在脑海中问道：蒯因为什么用事实性[factuality]来为"翻译的不确定性"命题进行辩护。他的观点是一种自然物理主义的认识论，还是一种语言行为主义的认识论？因此要充分理解蒯因的不确定性命题以及甄别出蒯因辩论的核心，我们首先要弄清楚他是一个物理主义者，还是一个行为主义者，或者两者都应该包含在他的不确定性命题之中。

我们注意到，蒯因在他初次讨论翻译的不确定性时，他运用事实物理主义概念为其不确定性命题进行辩护，指出在两个有待证实的手册之间不存在物理事实上的选择，也就是两个手册之间存在的差异无法依据事实性来为其提供根据。尽管他有些地方没有提到物理主义这个概念，亦没有提到事实这个概念，而是强调指出行为并不参与在两个手册间作出某种选择的决定施加影响。简言之，现在他开始重视语言的公共性、约定性以及译者自我输入，即"不确定性命题主张的是终极译者注定要把他自己所发现的东西尽可能充分地强加到翻译中去。"[②]

有人主张把蒯因在辩论中体现出的这种差异看成蒯因思想上的转变。我们对此有必要认真考虑他作出的下列让步：达格芬通过清除不相关的东西阐明了不确定性命题。唯一重要的是，语言

---

① Hahn L E, Schilpp P A. The Philosophy of W. V. Quine. La Salle, IL: Open Court, 1998: 429.

② Barrett R, Gibson R. Perspectives on Quine. Oxford: Basil Blackwell, 1990: 6.

学意义只是一种在观察环境中的可观察行为的功能。达格芬将其一分为二：①意义是证物的产物并通过证物习得；②证物是公共的①。它与宽泛的行为主义无关，也与物理主义和一元主义无关。人们即使沉迷于宽泛的心灵主义本体论中也不至对翻译的不确定性产生影响②。可见蒯因不认为物理主义与不确定性有关，那么不确定性争论的核心就有可能与他对待语言的行为主义方法有关。至此我们可以明白，蒯因何以在《再论翻译的不确定性》一文中须要对著作《语词与对象》自发表 25 年以来人们关于翻译的非确定性命题提出的各种批判作一个全面而扼要的澄清。蒯因在该文中直接诉求于行为主义。他写道：

> 批评家们指出我的命题源于我的行为主义观之结果。一些人指出它是一种对行为主义的归谬法。我不赞同第二种但赞同第一种。我还要继续坚持行为主义方法的必然性。我们在心理学中可以是也可以不是行为主义者，但是在语言学中我们别无选择。每个人学习语言都是靠观察他人言语行为并同时使自己的语言行为被他人所观察、强化和被校正。我们严格依赖于可观察情境中的公共行为。只要我们掌握的语言遵循了外部各个检查站点，并且在那里我们的语言或我们对他人的语言反应可以依靠某些共同分享的场合予以评估，那么一切都行得通。我们在各检查站点之间的心理生活对我们作为语言主人的评估是漠然的。在语言的意义中，没有任何意义可以逾越可观察环境中的明显行为，正是为了揭示这些局限性，我提出了终极翻译的思想实验③。

---

① Barrett R，Gibson R. Perspectives on Quine. Oxford：Basil Blackwell，1990：110.

② Barrett R，Gibson R. Perspectives on Quine. Oxford：Basil Blackwell，1990：110.

③ Quine W V. Indeterminacy of Translation Again. Journal of Philosophy：1987，84：5.

　　由此可见，为了揭示意义不是别的，而仅仅是聚集于可观察环境中的外显行为，为了批判意义（或心理诸元实体）同一性的观念，或换言之，为了指出我们根本无法拥有意义同一性标准的观念，蒯因提出了终极翻译的思想实验。诚如蒯因所说，"我在终极翻译的思想实验中的观点是哲学的，是对意义的非批判观念，并以此对蕴涵语义学的非批判观念提出了批判。"①这是蒯因在《再论翻译的非确定性》这篇文章中对非确定性命题作出明确澄清的主要精神——当我们认真对待一个意义的证实理论时，不确定性是无法规避的。相反，对于一个非批判的心灵主义者来说，则不会出现这样的不确定性。

　　同时，蒯因的思想实验还在于：当我们想象一个希望将土著语翻译为英语的译者时，只允许我们把土著语和它们的可观察环境作为他进行翻译的数据来源。就一个译者通常会得到一个说双语者（比如双语词典）的帮助而言，这是一个人为的场合，而非事实性环境。翻译手册是通过概念的外推法[Trend extrapolation]来完成的，因此证据往往很薄弱，因为在多数情况下一个可观察场合无法使译者推测出土著人将要说什么：因为我们要说的话与产生语言的可观察环境并无多大关联。譬如我们说的话更多是与我们过去的经验相关联，而与我们当下实际目的并无关联②。除了观察句，多数语言并不允许与可观察句之间存在一种相互关系，因此译者须要主动把他的句子置入场合中去验证是否获得土著人的反对或赞同，接着便是进行分析假设。译者通过收集信息和对它作出猜测将其翻译成英语词汇和语法结构，并在随后与土著人的交流中检验其有效性。译者为了使他的翻译顺利完成必须依赖其心理假设或分析性假设。譬如要使土著人相信或接受，他还须设想该语言应简单易懂，土著人容易学习和掌握，并且还假设土著

---

① Quine W V. Indeterminacy of Translation Again. Journal of Philosophy, 1987, 84：9.

② 蒯因. 从逻辑的起点看. 上海：上海译文出版社, 1987：41.

人有跟他一样的思维方式和理解能力。译者同时须尽可能设身处地把自己置入土著人的处境中。此外，译者还须对土著人的反应作出观察。对话非常顺利表明翻译得很好，土著人面露诧异则表明翻译出现错误，这些都是终极译者可以依赖的情况。蒯因认为必要信息的匮乏会使我们缺乏理由去相信各自对土著语进行独立翻译的两个译者能够拿出他们彼此接受的手册，哪怕"他们有理由期待在任何土著行为上"两个手册均无法明显区分。蒯因在《再论翻译的非确定性》中谈到翻译的非确定性命题时再次指出：

> 在他们所预期的土著人任何行为中，他们的手册都可能是毫无区分的。然而每个手册却可能各自记录了被另一个手册加以拒绝的翻译。这就是翻译的不确定性理论[①]。

以此可见，在《再论翻译的非确定性》这篇文章中，蒯因仅仅是从行为主义角度对非确定性命题进行了澄清。至少可以说，蒯因在为他的翻译非确定性辩护中把重点从物理主义转移到了行为主义。从一开始，他的自然物理主义观点似乎是作为论证中最重要的因素出现的，但是他随后似乎渐渐地偏离了它，行为主义方法逐渐取而代之成为他对翻译的不确定性进行辩护的充分理由（或者可以说，自然物理主义是他命题的隐性基础，而行为主义是他的显性根据，这值得我们另加论证）。

可这应该是一个巨大转变吗？不然。要知道，尽管蒯因从一开始并没有特别强调行为主义，但是行为主义从一开始就成为其主张中最内在的一部分，也正是其行为主义才真正带来了翻译的不确定性。简言之，即使不承认行为主义应该直接地为不确定性负责，但是被蒯因所采纳的语言行为主义方法却已经成为其不确定性的根源。事实上，当蒯因说两个手册间的选择不存在任何物

---

① Quine W V. Indeterminacy of Translation Again. Journal of Philosophy，1987，84：8-9.

理事实时，显然是由于他已经将语义学深植于行为的事实之中以及认同行为的事实性是唯一与语义学关联的事实性这个道理。

同时，我们不能因为其差异只存在于为其不确定性进行辩护的方法上而不是存在于命题的内容上就认为这种重心的变化无足轻重。不管是物理主义还是行为主义，蒯因提出的不确定性的内涵是不会改变的。该内涵就是：假如两个冲突中的翻译手册在与土著人的交流中都能产生流畅的效果（因为它们都遵循了话语倾向的相同分布），那么对它们作出非此即彼的选择就不存在任何根据（既无物理的事实根据也无行为的事实根据）。这样该命题的硬核就依然是不变的。因为作为一个物理主义者，他坚持物理（对自然采取现实主义态度）与该问题无关，而作为一个语义行为主义者，他则坚持只有行为才是与该问题相关联的。

我们因此可以断言，该命题意味着在两个对立手册间作出的选择既不存在物理事实，也不存在行为事实。当一个手册正确时，它肯定存在着一种与它密不可分的行为事实。假设两个手册都遵循了全部话语倾向性，那么它们都正确，且各自的正确性也同样具有行为上的事实性，因此，最终具有物理上的事实。缺乏事实性是指在两个事实上正确的手册间作出的选择是缺乏事实性的。不存在逾越行为事实性之上、我们借此可以在具有相同行为的两种手册间作出选择决定的其他事实性，因为其他任何种类的事实性都与语义学无关联，而语义学总是与分析性假设有关。

第四节　蒯因之"翻译的不确定性" 命题的本体论承诺

蒯因在命题的三个内涵中运用了事实概念：①讨论翻译的不确定性；②讨论指称的不可测度；③两个理论之间的互相冲突。一般地讲，我们可以说当蒯因说不存在事实根据时，他是在两个对立选择之间的比较语境中使用事实概念的：

哈曼对方法论的批评促使我关于两个手册中作出的选择不存在事实根据时所说的话作出解释……我只是在说，作为一个物理主义者，不存在物理状态空间上的任何分布会使其中一个真而另一个假。……那么，有何借口去说一个手册比另一个手册更好地遵循了基本物理状态的任何分布呢？总之，何以见得去认为存在某种事实上的借口呢？[①]

由此可以明确地认为，当不存在任何理由去认为两个选择中的一个比另一个更好地遵循了微观物理状态的任何分布时，或不存在任何理由去认为物理状态的任何分布使其中一个是真而另一个是假时，那么，选择中的任何一个均不存在事实根据。如果两个行为不存在差别，譬如不存在任何理由去认为两个行为在物理上是相同的，也就不存在任何理由去认为两者间存在着一种事实上的差异。简言之，假如在两个行为的集合间不存在任何差异，那么，也就没有任何根据去认为两者间在微观物理状态上存在分歧。

显然，蒯因是把整体事实与微观物理状态分布联系在一起，这就是他的物理主义观或整体主义观。物理主义是指：只要物理状态谓词被时空区域所填满时没有差异就不存在着任何事实上的差异。这样，对事实的正确构拟就既不是认识论也不是先验论而是物理主义。我们坚持蒯因的事实概念就是他的物理主义主张，这意味着我们必须要与他的物理主义联系起来去理解他的事实概念[②]。

我们若把蒯因的物理主义视为一种本体论立场，这意味着它是一种关于何物存在的立场[stance of what there is]，是一种关于

① Hahn L E, Schilpp P A. The Philosophy of W. V. Quine. La Salle. IL: Open Court, 1998: 147, 429.

② Shahan R W, Swoyer C. Essays on the Philosophy of W. V. Quine. Norman: University of Oklahoma Press, 1979: 146.

何为超语言现实的立场。更准确地讲，物理主义是唯物主义："物理主义……是唯物质主义，是纯粹的一元。"① 蒯因正是诉求于物理主义来反对心-身对立的二元主义，反对心灵主义语义学。以下引言足够说明这点：

> 正是在这点上我们或许必须默许谓词的心-物二元主义，尽管我们徒劳地抓住物质一元论。这就是戴维森所谓的反常一元论。思维状态的每一次发生仍然是身体的一次物理状态的发生，但是这些在心灵谓词之中发生的事件在很大程度上是无法翻译成为生理语言的。用行话来表述，即存在着符号同一性或类型差异性。反常一元论的意义仅仅在于，心灵主义谓词把无法用生理专业语言予以解释的集合强加给了身体状态和事件②。

蒯因在上述引言中对物理主义事实观的诉求，对于我们理解他的翻译不确定性命题具有十分重要的意义。我们须强调，当蒯因把事实概念当成物理主义时，他的意思是讲，该概念是指"物质一元主义"或指超语言之物理事实，而不是指用来谈论物质的谓词。物理状态在微观分布上是存在着差异的，尽管我们无法从微观物理状态中辨认出这种差异。例如，举起手臂是一次行为变化，可以肯定这种变化同时伴随着微观物理状态中的某种变化。那么存在或不存在选择的事实就与我们用来辨认物理事实的方法无关了。由此可见，尽管非物理谓词不可还原为物理谓词，却并不影响事实的存在或不存在：

---

① Quine W V. From Stimulus to Science. Cambridge, MA: Harvard University Press, 1998: 15.

② Quine W V. From Stimulus to Science. Cambridge: Harvard University Press, 1998: 87, 88.

我认为两个彼此冲突的翻译手册都遵循了行为的全部倾向，并且在这种情况下，不存在哪个手册是正确的事实根据。所谓事实观念不是超验的，也不是认识论的，甚至不是一个证据问题；它是本体论的，是一个现实问题，可以用自然主义的态度纳入我们关于世界的科学理论之中[1]。

蒯因说事实的观念是本体论的，这是什么意思呢？它是否是对一个具体本体论所作出的承诺呢？绝对不是。因为他的本体论是开放的事实性存在，而不是具体客体对象性存在，也就是说，他的本体论是微观事实性而非具体的客观对象。蒯因对此解释道：

> 我提出了一种用来决定一种理论的本体论承诺的显性标准。但是在实际中采取怎样的本体论这个问题却依然是开放的，并且建议采取一种宽容与实验性的精神[2]。

这意味着我们可以把本体论加以转换或是进行翻译而不会对任何证据造成破坏。但是在具体实施时我们的本体论的基本原子却向某种代理方式（语词、概念）转移了，并因此对那些我们视为事实的东西的标准给予新的解释。我们须指出，蒯因的事实性并不是指外在世界，因为外在世界不是内在于我们的理论之中。它是指事物按照我们的自然理论如何存在的可能性，也即某物在我们用语言谈论的方式中如何存在[3]。

承认变化的本体论并不意味着放弃物理主义，因为事实取决于微观物理状态这一事实是不会改变的。无论它们是什么，它们

---

① Quine W V. Theories and Things. MA：The Belknap Press of Harvard University Press，1981：23.

② Quine W V. From Stimulus to Science. MA：Harvard University Press，1998：19.

③ Quine W V. Theories and Things. Cambridge：The Belknap Press of Harvard University Press，1981：23.

总是由瞬间的物理所证实。同时，物理不会对它的本体论作出剧烈改变，因为"状态的任何最小元项将足够向我们证实，一切改变只是位置或状态上之改变"①。物理主义不是对某种确定本体论的承诺，不是对某个具体物质对象的承诺，而是对某种集合的可变本体论的承诺：即设法去"发现状态的最小元项——我们不妨称之为基本状态，以至于任何变化都是一种关于基本状态的变化。"② 为了更清楚地说明这点，蒯因提出了一种用物理词汇取代物理对象而不是用物理对象来解释它的修改模式：

> 我们首要的关心应该与句子的真理有关，与它们的真值条件有关，而不是与语词的指称（对象）有关。如果我们接受了这种态度，指称和本体论的问题就成为附带性的了。在理论句的真值条件中发挥作用的本体论约定也同样可以是若干可替代的本体论约定，那么日常语言在指称上的非确定性就更容易得到谅解③。

由词汇出发对物质主义的再表述不是一种立场改变。这不是说只要使用物质词汇，我们就能更好地辨认出事实差异。这只是蒯因提出物理本体论可以变化的一种方法，但是它依然并永远是物理本体论，是由瞬间的物理所确认的微观物理状态，并且组成事实的终极硬核。因为世界上若没有数量上或原子轨迹上或排列上的差异，也就不存在任何差异。但是如果我们采取激进的本体论步骤，那么所有物理对象都将落空。蒯因因此对物理主义的界定，不是由物理对象而是由物理词汇来界定的。所以，这不是一

---

① Shahan R W, Swoyer C. Essays on the Philosophy of W. V. Quine. Norman: University of Oklahoma Press, 1979: 164.

② Shahan R W, Swoyer C. Essays on the Philosophy of W. V. Quine. Norman: University of Oklahoma Press, 1979: 165, 166.

③ Shahan R W, Swoyer C. Essays on the Philosophy of W. V. Quine. Norman: University of Oklahoma Press, 1979: 165, 152.

种由具体事实对象决定的本体论选择，而是指出指称（对象）本体论即瞬间物理本体论这个事实。

物理本体论之所以拥有这种特殊本体论，是因为它是整体图式观念的本体论，它在最广泛的意义上更好地容纳了科学，是对科学标准，如简单性、精确、解释力等整体图式观念的最好选择，亦同时影响理论的局部选择。这样，蒯因偏好变化着的物理本体论的理由显然不同于那些引导科学家采取一种具体的科学理论的理由。换言之，蒯因对物理主义或反常一元论或物质一元论的承诺，不是一种形而上学的承诺，相反他把对物质主义的承诺建立在科学实践中实际发生的观察之上。

至此，与其说蒯因是针对两个田野语言学家的"终极翻译的实验"提出其命题，毋宁说他是从分析两个哲学家之间在本体论方面进行争论的意义上开始了其本体论研究。具体来说，就是当哲学家 A 断言有某物存在，而哲学家 B 则否认某物存在时，到底存在什么样的本体论判准？蒯因认为这个问题是可以在"翻译的不确定性命题"中得到解答的。"翻译的不确定性"主张在两个行为相同的翻译手册中作出的选择是非物质性的，因为它不具有事实根据。即使有选择，也是一个虚假的选择。它不存在句子意义的事实性基础，不存在作为诸元实体的句子意义，对它的翻译只能是要么对，要么错，或者亦对亦错。只要整体上相互联系的句子之集合遵循了事实，那么，实现单个理论句之间的配对或一一对应就可能发生变化。

进而言之，只要相互联系的句子之整个集合的经验内涵被保留，单个句子间实现配对是唯独正确的这个问题就变得毫无意义可言了。相反，在经验上相同的物理理论间作出的选择却是真实的、物质的。对于蒯因这样的实在论者来说，各种理论必然都遵循同一个世界或同一个实体。因此，蒯因的翻译不确定性就意味着：在两个经验上相同的翻译手册之中作出的选择不存在事实性，但是在两个经验上相同的物理理论间作出的选择却存在事实性。我们所讲的大部分语言其实并不存储着可以属于自身的经验内涵，与经验事实或对象并不保持确定的一致。蒯因在《自然化的认识论》[Naturalized epistemology]中说得更明确："翻译的不确定性"源于命题之集合，一个句子的意义就是作为其真理之证据的东西，其观点，即理论句，把它们的证据只是作为整体上相互联系的句子之集合，而非个别地独自的。这一组合促使我们放弃把每一个句子还原为一个用可观察的、逻辑-数学语言句子的企图。如果在整体上相互联系的句子集合之经验内涵保持不变，那么，把一个句子任意翻译成其他句子，都是彼此正确的①。既然事实决定真值，当不存在事实判准时，当然就不存在何为真的问题。循此可知，当面对两个具有相同行为的翻译手册时，自然会出现既不存在事实性，也不存在作为诸元实体的意义。

　　总而言之，蒯因从事实出发，提出翻译的不确定性命题，或翻译不具有事实性命题，并指认出这是一种本体性缺失，或者是本体在翻译中或理论中的缺失：不存在意义的个性化（具体化、对象化、客体物）判准，其结果也就只能是作为诸元实体的意义。既然事实决定真值，当不存在事实的时候，也就存在着何为真的问题。循此可以认为，当我们面对两个具有相同行为的翻译手册时自然会出现：既不存在事实性，也不存在作为诸元实体的意义，因此使我们不能对两个手册作出带有偏爱的选择，也不存在可以判准哪个是真哪个是假的问题。同时，我们详细审查蒯因的翻译的不确定性命题的本体论立场之后，我们很容易发现该命题与他的非限定性理论之间的区别。"理论的不可限定说"是一个有关观察与理论之间关系的认识论主张，而"翻译的不确定性命题"才是一个关于何物存在的本体论主张。翻译的不确定性在蒯因那里既不是指决定论，也不是指还原主义，更不是指事实性说明，而是指意义之同一性（具体化或对象化）的缺失。

---

　　① 蒯因. 自然化的认识论. 世界哲学. 2004(5)：83-84.

第二章　翻译与意义的生成
——蒯因与梅洛-庞蒂等

　　蒯因之所以提出"翻译的不确定性"命题，其核心和动机，是为了挑战意义的同义性。他在《语词和对象》中指出："关于土著人的场合句（即使是非观察性的）的主体内的刺激同义性问题，如果提出来，是可以解决的，但这些句子是不可翻译的。"① 蒯因在这里是说：意义的问题是可以通过分析假设［analytical hypotheses］推论出来，就是说，"我们可以把我们的语言类同感以无法验证的方式强加于土著人的思维"或"把我们自己乡土的语言行为方式强加于土著人的言语"② 之中。但是，翻译则是属于解决意义之同一性的问题。这个问题，虽然被赋予了翻译，可是在蒯因那里，则只具有假设性质和一种被期待的意义，因为翻译原本应该解决两种语言间或两个表达间的同一性/同义性问题，而翻译在蒯因看来在事实上却无法完成这一使命。

　　我们可以依循蒯因的思路继续推论——假如一位译者接受了两种语言是可以实现同一性的翻译，那么，我们还需要追问"翻译"意味着什么？他要获得一种"翻译"，他必须至少拥有两种富有蕴含的"语言"。按照形式主义语言观，每种"语言"都是一种"形式"语言，其本身是由毫无意义的符号组成。各种语言的符号是不同的。为了成为一种"有蕴含的"的语言，每一种"语言"

---

① 蒯因. 语词与对象. 陈启伟等译. 北京：中国人民大学出版社，2005：69.
② 蒯因. 语词与对象. 陈启伟等译. 北京：中国人民大学出版社，2005：73-77.

都必须予与一种"解释"，即在一套世界的集合理论模型中安排一套指涉系统与语言的符号。每一种形式语言——每一套无意义的符号——都赋予了一套不同的指涉功能，即一种不同的数学函数把无意义的符号与一套集合理论模型中的无意义元素配合。依照这种形式主义语言观，从形式语言 A 到形式语言 B 的一种正确的"翻译"，就是将语言 A 的每个符号分配给语言 B 中之中的每个符号，从而让语言 A 中的每个句子和每个符号的解释（即指涉分配）与语言 B 中相对应的句子和符号拥有相同的解释（即同义指涉分配）或翻译。由此，语言 A 中全部具有真值的句子将被翻译成语言 B 中对应的具有真值的句子。

这样的"翻译"会是确定的吗？就是说，你会认为这样的翻译是正确的翻译吗？蒯因给我们指出的答案是否定的。如果每次你只能从局部去翻译，那么你永远无法知道眼下你的翻译是否正确，因为后面接踵而至的翻译（指涉分配）会总是改变前面的翻译。翻译必须具有"同时性"，如此才能确保语言间以相同的方法"划分世界"或"分享世界"①。所谓"同时性"[all at once]，在蒯因那里意味着一门形式语言中的任意符号，只能作为一个"同时性"的整体，以一种最终固定的方式才能被有意义地翻译，而不是每一次进行单个或局部的翻译。这就是所谓的意义整体观，意义整体观是蒯因哲学思想的一个主要的支柱。蒯因指出：

> 如果两个分析假设在所有的言语行为倾向上都完全一致，而在某些句子的翻译却又冲突，那么这种冲突正是由于撇开整体而产生的诸部分间的冲突。翻译的不确定性原则之所以值得注意，是由于翻译是一点一点地进行的，而句子则被认为是各自分别表达意义的。不确定性原则之所以值得我们注意，从下面一点就显然可见：即人们几乎普遍认为在根本不

---

① George Lakoff, Mark Johnson. Philosophy in the Flesh—The Embodied Mind And Its Challenge To Western Thought. Basic Books, 1999: 409.

同的语言中词的客观指称是可以作客观比较的[①]。

蒯因认为翻译必须是在"同时性"中完成，可翻译实际上是在词与词之间、句子与句子之间分段隔离地进行的。这就是蒯因所谓"在根本不同的语言中词的客观指称是可以作客观比较的"理由。但是，蒯因本人并不接受这条理由，他认为这些词的语义关联系统尤其与翻译的不确定性相关，且必须引起人们的重视。他使用了双语主体[a bilingual]这个概念，但他却否认了"一个真正通晓双语的人能够在他所知的两种语言间确立一种唯一正确的普遍的语句对应关系。"[②] 每个双语主体都有他自己的语义关联系统，譬如双语主体甲与双语主体乙之间可能拥有相当不一致的语义系统，尽管他们在各自的语言内部的言语行为倾向则无差异，当然翻译的倾向除外。对于后者，蒯因多次提出了民族志方面的本体论缺失或文化经验缺失这一问题：

> 我们没有办法去判明一个分析假设的成功在多大程度上是得之于土著人和我们在观点上的相近，又在多大程度上得之于语言上的天才创造或偶然巧合。我不知道这个问题本身究竟有没有意义。我们可以一方面惊叹于土著人心灵之神秘不可解，另一方面又惊叹于土著人同我们是多么相像，在前一种情形下我们只是没有搞好翻译，而在后一种情形中是硬把我们自己乡土人的语言行为方式强加于土著人的言说[③]。

译者或民族志学者所理解的土著人语言或行为的办法，是一

---

① Quine. W. V. Word and Object. MA: The Massachusetts Institute Of Technology. 1960: 78-79.

② Quine W V. Word and Object. MA: The Massachusetts Institute Of Technology. 1960: 74.

③ Quine W V. Word and Object. MA: The Massachusetts Institute Of Technology. 1960: 77.

种距离化的祛距离化办法［distantiated a dedistantialization］，或者说，是拉近去远。蒯因认为译者或民族志学者靠好奇心的驱动走进土著人，再利用本国语言的动力把自己抛入丛林土著语言之中。当他们可以清楚地表达土著人的语言或行为时，他们的表达或翻译便"在于已经超出了土著人言语行为倾向所蕴含的任何东西。它们揭示了已然翻译的句子和其他句子的类似性，从而使翻译工作的限度超出了经验证据所能支撑的范围"①。由此可见，在蒯因那里，任何译者或民族志学者的表达或翻译具有与自己本国语言的所有言语倾向相一致，可是却与土著人的言语经验不一致，这就是他所说的"不确定性在于语言经验上的不可验证性"②。这种"不确定性"之不可避免，不仅对译者如此，对读者同样如此，因为蒯因的下面这句话显然是对读者而言的："我们离开作为非言语刺激的直接反应的句子愈远，离开家乡故土愈远，我们就愈缺乏进行比较的根据，说哪些翻译是好的，哪些翻译是坏的，就愈没有意义。"③

至此，我们可以暂时对蒯因提出的"翻译之不确定性"命题作出基本的归纳，从而推动这一命题所引发的相关讨论。

首先，蒯因是站在事实性或经验性上来看待语言的。蒯因主张语词的表达无法反映神秘的、蕴含意义的诸元实体。我们最好的作为便是去审查语言自身所提供的意义的蛛丝马迹。

其次，蒯因将自己置于一种与我们没有近亲关系的语言中，而"在理解和翻译这种陌生的句子的过程中，我们必须要使任何陌生的模式适应我们自己的模式"④。其实，如果我们注定要对一

---

① Quine W V. Word and Object. MA：The Massachusetts Institute Of Technology：1960：71.

② Quine W V. Word and Object. MA：The Massachusetts Institute Of Technology：1960：79.

③ Quine W V. Word and Object. MA：The Massachusetts Institute Of Technology：1960：78.

④ Quine W V. Ontological Relativity and Other Essays. New York：Columbia University Press，1960：1.

种陌生的语言进行理解，并完成对理解的表达，那一定是对自我主体的表达。事实上，如果主体要被考察，它就必须对自己进行表达，或用语言或用行为。每一次表达就是一次具体化，即，每当我们的意识要表达自己，它便把它自己的领域置于身后，并进入对象的领域，因此我们再一次失去吸引我们兴趣的对象。这正如早期现象学者耐托普[Natorp]所指出：

> 如果有人自己去尝试，如果可能的话，以某种方式去攫取一种如其所是的纯粹直接经验的内容——远离每一次表达，远离每一次判断，远离每一种意图——那么他就不会被迫去界定它，使它超脱出经验的网络，它将伴随着一次手指的指向，一次眨眼的瞬间；那么他就不会被迫人为地去停滞和打断那持续的生成之流，这当然是内在生命自我呈现之流，去阻隔那个体之发现，去将其固定于孤立的大脑之中，去对其杀菌消毒，就如同解剖学家处理自己的标本那样？但是，难道人们因此就不把它从经验中分离出来，从主观中分离出来？难道人们因此就不把它当成一个对象物吗？最后，人们显而易见从未如其所是地领会到主体这个东西。相反，为了科学地把握它，人们被迫剥去主体的主体性。人们扼杀主体性，只是为了解剖它，并认为有灵魂的生命是在解剖的结果中展示出来的！①

最后，译语不是对原文关于"何物存在"的事实性承诺[factual commitment]，译文——作为一种不"在家"的异者——也不一定要作出对原文的"事实性承诺"。译文是对原文表达"何物存在"的语言学承诺[linguistic commitment]。这里自然涉及原文本身对所表达对象的事实性承诺的问题，或换言之，原文之表达是关于被表达之对象的语言学承诺的问题。以此类推，译者则

---

① Natorp P. Allgemeine Psychologue. Tübingen: J. C. B. Mohr, 1912: 102, 103.

既要对译语与原文表达"何物存在"的关系作出语言学承诺，同时还要对译语在自我世界里是否接受或它的读者作出语言学承诺。美国学者伊娃·高歌德[Eve Gaudet]在其《蒯因论意义——翻译的非确定性》一文中认为，我们的日常语言并不主要关心"何物存在"，而是关心表达与"何物存在"之间的关系问题，而对"何物存在"的问题作出回答不是我们的日常语言的目的，因此她认为翻译的不确定性的来源则是由于人们试图要回答"何物存在"这个问题而引起的：

　　我们看到，翻译的不确定性是关于"何物存在"的断言，或者确切地说，是关于"何物不存在"的断言：不存在作为诸元实体的意义。另一种指出不确定性的翻译是一种本体论主张的方式，是指出翻译手册不拥有本体性。他们不对世界的装置作出任何假设。他们只需要在句子之间建立相关性。因此，世界的装置（本体论），不管它是什么，都不能对确定翻译手册的正确与错误作出判准。当然，这并不意味着一个单独的翻译手册不具有事实性。然而，这却意味着一个单独的翻译手册的正确性不是一个本体论的问题。换句话说，我们具有翻译的数据，但不具有诸元实体。翻译是基于在可观察环境之中对言语行为的观察，不是基于对一个命名者的指称，即译者的句子和土著人的句子所共同具有的，诸如一个实体、命题或意义。翻译不是基于关于翻译正确或错误的诸元实体（意义）的同一性。换言之，存在着意义[meaning]，但却不存在着意义多元[meanings]：我在此关于不确定性所作出的猜想之关键，不是对意义[meaning]的否定，而是对多元意义具体化[meanings]的否定，主要是对多元命题[propositions]的否定。"我就是通过挑战意义的同一性概念来挑战这一点的。"①

　　同时，蒯因关于"何物存在"的语言学追问还具有一种人类学文化的价值意义，认识到这一价值意义对理解语言是十分重要的。我们总是自以为是地认为自己是双语主体，而事实上则是我们确定性的是单语主体。既然我们不可能是一个真正的双语主体的读者或译者，我们就没有充分理由对译文和译文读者通过分析性假设而获得的译文效果表示确定性的怀疑。而这一点无疑对翻译的非确定性的永久性命题作出了承诺——翻译注定是非确定性的。我们还可以认为，当某个原语读者——这个原语读者也可以是一个自称的双语读者——以"在家"的感受方式谈论某个译文作者对原文的"背叛"时，他也同时以"不在家"的方式制造了译者的"不在家"。我们既不能以"在家"的方式去讨论葛浩文的翻译，亦不能以"不在家"的方式去讨论他。这就如同在不同的空间中"修行"：在家修行称"居士"，出家修行叫"和尚"。再打一个比喻，本来是一位客人，你却要把他变成自己人并以家中人的身份来接待他，这毫无疑问是一个双向的尴尬，即使这个客人是十分重要的并且与主人十分亲密，但是若我们否定了他的客人身份，他无疑被置于一个十分模糊的状态之中。利科在他的《论翻译》[Sur la traduction]这篇文章中就认为，在意义从一种语言向另一种语言转换的正常的角色中和属于同一种语言社区里的不同成员之间相互理解的更加特殊的角色中，"翻译需要遭遇一种异乡感[translation entails an exposure to strangeness]"。我们不得不既要与居住在家乡语言之外的一个他者打交道又同时要与一个居住在家乡之中的一个他者打交道。利科进一步写道：

　　　　就像在某个叙述中，故事总是可能使用不同的方式来讲

---

　　① Gaudet, Eve. Quine on Meaning: The Indeterminacy of Translation. London, GBR: Continuum International Publishing, 2006: 69.

述那样，在翻译中总是有可能使用不同的方式来翻译，不必奢望去填平等值和完美结合之间的那道鸿沟。因此，语言学的款待（待客之道）是这样一种行为，它既栖居于他者的语词之中，又同时接纳他者的语词进入自己的家中，自己的寓所之中①。

他在另一处又指出：

在语言的交流中，（人们）一次又一次地感受到一种假设性的完美语言和一种活生生的语言的具体性之间的鸿沟：（人们）总是有可能以不同的方式说同样的事情。（人们）时而用不同的方式说一件事，时而又使用其他的措辞来说它，这恰好如同译者将一种语言移译到另一种语言所做的一样。打个比喻，如同从两端输入，把一个问题掰成两半，互相阐明，并再一次呈现出与他者的关系中的魅力和丰富性②。

这或许就是蒯因所说的我们"缺乏进行比较的根据"的原因。语言是家，它就要供人于其中栖居，就要能够接待客人来栖居。客人是他者，他必须接受主人的家人所作的安顿。他既在家中，又不在家中。同样，宿语［host language］接纳了一位陌生的僭越者［guest language］，开始打量对方的话语方式，以致调整自己与话语方式对应的姿势和体态。宿语和客语都彼此在一种基于自我的假设中与对方交流，而这种自我的假设无疑就是对对方意图实施一种语言学的承诺。同时，我们还需要进一步假设双方同处于一个空间中，即使彼此接受的存在刺激［existential stimulus］是一

---

① Ricoeur, Paul. Sur La Traduction. trans. Eileen Brennan as On Translation. Paris: Bayard, 2004: 19-20.

② Jervolino, The hermeneutics of the self; see also Jervolino, Translation as paradigm for hermeneutics and its implications for an ethics of hospitality, ArsInterpretandi, 2000, 5: 57, 69.

样的，但是他们彼此感受到的言语刺激却不一致。蒯因写道：

> 我们常听人说，语言的深层差异代表思想或世界观的根本差异，而我则认为最棘手的问题是翻译中两种语言互相对应关联的不确定性。我们离开作为对言语刺激的直接反应的句子愈远，离开家乡故土愈远，我们就愈缺乏进行比较的根据，说哪些翻译是好的，哪些翻译是坏的，这就没有意义①。

一般而言，儿童学习语言的过程总是从言语开始的，它伴随着声音、姿势、场景和讲述该言语的一切存在氛围。原因是言语总是最直观地把说话者和听话者置于整体之中，置于讲述者的世界之中。在其中，言语表达总是源于对世界的表达，源于空间的表达和行为的表达。正如梅洛-庞蒂所言：

> 一个接一个的符号、词素和言语并不意指任何东西，它们只能够通过它们的结合才能够承载意义，交流最终由说出的语言之全体过度到了听到的语言之全体。……如果人们告诉我们的关于地球史的一切都是有根据的，那么言语就应该有其开始，而且它与每个儿童一道重新开始。儿童在语言方面从整体进展到部分（虽然为了开始，他本人只不过使用了其诸多可能性中的某一些），这并不让人觉得惊奇，因为成年人的言语功能作为模式提供给他。他首先把成人言语领会成模糊的整体，通过一场往复运动，出现在这一整体中的每一表达工具都引起了对全体的改动②。
> ……
> 当我说话或理解的时候，我体验到他人在我身上的出场

---

① 蒯因. 语词与对象. 陈启伟译. 北京：中国人民大学出版社，2005：78.
② Merleau-Ponty. The Prose of the World. trans. John O'Neill. Evanston：Northwestern University Press，1973：42.

或我在他人身上的出场，这种出场是主体际性理论的障碍物。我体验到那种时间理论的障碍物在表达中的出场，由此我终于明白了胡塞尔的那个不可捉摸的声明——"超念主体就是主体际性"——的含义了。在某种我言必有意的程度上而言，当我说话时，我是一个我自己的'他者'；在我理解的程度上而言，我不再知道谁在说、谁在听①。

在梅洛-庞蒂那里，表达总是一种自我即兴的行为，是我们从世界、从他者和从我们自己的既往中借来的。语言是依附于我们身上言说世界以便认识他是谁的儿童。通过语言，我发现我自己和他者在交流、在聆听、在阅读和写作。正是语言使我自己和世界之间的审美距离成为可能，通过语言，我能够谈论世界，世界亦因此通过我而言说。我们的思想和目的表现在身体的姿势中，它们通过表达的行为面向习惯和自发性建构自身，我们因此构成世界。梅洛-庞蒂把言语与人面对世界的意识觉醒联系在一起。言语一开始就是人对世界的语言学承诺及世界对人的语言学承诺，也是对人在世界中的意义的承诺。梅洛-庞蒂讲："因为我们在世界里，我们注定是有意义的，若事物不能在历史中获取其名称，我们将一无所成。"② 可见，语言的事件性和事件的语言性是联袂而生，相拂跌宕，互为彼此。就如梅洛-庞蒂所言："广义的言语是一种理性存在。"③

在学习一种外语的过程中，因为远离语言的经验性和事件性，我们总是习惯于"把语言当成思维面前的一个对象"④。我们远离

① Merleau-ponty. signs. trans. Richard C. Mc Cleary. Evanston：Northwestern University Press，1964：97.

② Merleau-Ponty. Phenomenology of Perception. trans. Colin Smith. Routledge and Kegan Paul Ltd：xviii.

③ Merleau-Ponty. Phenomenology of Perception. trans. Colin Smith. Routledge and Kegan Paul Ltd：156.

④ 梅洛-庞蒂. 符号. 姜志辉译. 北京：商务印书馆，2003：104.

语言的现象学本身，我们难以重返会说话的主体，难以重返我与我正在学习的语言的本体联系。如果言语使我们从存在的言语走向语言，那么语言则使我们从语言走向存在，结果我们与存在的言语距离却很遥远。梅洛-庞蒂认为："我说出的言语和我听到的言语有一种在语言行为的结构中是明显的意义……包含在语言行为中的任何表达始终作为一个痕迹呈现给我，任何观念只能明显地呈现给我，把握寓于言语中的思想的任何努力在我们的手指间只留下少量的言语材料"[①]。从某种意义上讲，梅洛-庞蒂言语观更倾向于一种语言的行为主义。他在《符号》一书中指出："之所以语言最终能表示和表达某种东西，不是因为每一个符号传递一种属于该符号的意义，而是因为当人们一个一个地考察符号时，所有符号都暗示一种始终延缓的意义。"[②] 而这一点在儿童那里同样是十分明确的："儿童在学习语言时获得的说话能力不是词语、句法和词汇意义的总和，对掌握一种语言来说，这些知识既不是必要的，也不是充分的，说话行为一旦获得，就不需要以我想表达的东西和我使用的表达方式的概念排列间的比较为前提。"[③] 梅洛-庞蒂似乎想对我们说，若我们为一种意义之故而去搜索词语，表达一定是失败的。他认为，"在会说话的主体看来，表达就是意识"，"每一种语言行为更多地是由一种使用价值、而不是由一种意义决定的"[④]。意义在表达的行为中建构着自己。表达停止，意味着意义的具体化也将停止。表达活动发生在能思维的言语和会说话的思维之间，而不是如同人们随便所说的，在思维和语言之间。不是因为思维和语言是平行的，是一对一的，我们才说话，而是因为我们说话，它们才是平行的。语言和言语相互依赖。它们不断地相互替代。它们互为接替物，互为刺激。"任何思维都来

---

① 梅洛-庞蒂. 符号. 姜志辉译. 北京：商务印书馆，2003：109.
② 梅洛-庞蒂. 符号. 姜志辉译. 北京：商务印书馆，2003：108.
③ 梅洛-庞蒂. 符号. 姜志辉译. 北京：商务印书馆，2003：108.
④ 梅洛-庞蒂. 符号. 姜志辉译. 北京：商务印书馆，2003：107.

自言语和重返言语，任何言语都在思想中产生和在思想中告终。"①
意义是以整体的方式，依靠一些不容置疑的动作来支撑的。"当我
对其他人（或对我自己）说话的时候，我不是谈论我的思想，我表
达出我的思想和我的思想之间的东西，我的内心思想、我的个人
思想。""事物是通过我们不拥有它、但它拥有我们的一种言语
[parole]和一种思维[pensée]被说出和被想到。"②

　　世界在运动中，存在在运动中。思维与言语一并给出，存在
与表达一并给出，真理与语言一并给出。"物体的力量成了符号，
思想成了力量，结论成了事件。"③ 无任何东西比通过存在之墙的
体验更深刻。声音与沉默的本体论一并给出。文学、艺术、生活
行为是和世界本身、感性事物本身、存在本身一起产生。梅洛-庞
蒂甚至指出："除非到了其极限，它们只能在习惯和已经构成的事
物中产生错觉，这是一种我们无法无视的奇特性，那种不是用颜
色而是只用黑白进行描绘的哲学就像铜板雕刻法那样无法让我们
无视世界的奇特性，人能和哲学一样，甚至能比哲学更好地正视
世界的奇特性，但是在半沉默中。"④ 饶有趣味的是，梅洛-庞蒂在
《可见的和不可见的》一书中把"翻译"理解为：它既遮蔽又释
放，既是可见的又是不可见的，既是发声又是沉默：

　　　　对事相的理解就是悬置事相，因为天真的想象完全地占
据了我，亦因为对被添加的想象的注意把某种事项从这个集
合的礼品中加以排除，亦尤其是因为理解就是首先把囚禁于
事物和世界本身中的一个意义翻译成具体的意指。但是这个
翻译旨在传达文本；或准确地讲，可见者和可见者的哲学明
晰化不是两套信号、文本和它的译本的并置排列。如果翻译

① 梅洛-庞蒂. 符号. 姜志辉译. 北京：商务印书馆，2003：20.
② 梅洛-庞蒂. 符号. 姜志辉译. 北京：商务印书馆，2003：23.
③ 梅洛-庞蒂. 符号. 姜志辉译. 北京：商务印书馆，2003：23.
④ 梅洛-庞蒂. 符号. 姜志辉译. 北京：商务印书馆，2003：26.

是一个文本，它将是直接针对我们所有人来说的一个奇怪的文本，所以，我们并不局限于哲学家的翻译，而是可以对两个进行比较。就其本身而言，哲学比一个翻译既多又少：多，因为它单独告诉了我们文本的意思；少，因为如果我们没有按照自己的方式对文本进行处理，它就是无用的。因此，哲学家对野性事相加以悬置，为的是让它进入被表达的序列之中：这一想象依然是他的模型或尺度，依靠这一想象，哲学家为了再次征服它而组织的意指网络必须敞开①。

梅洛-庞蒂以"翻译"为例，认为"翻译"就是理解，就是对意义的解放，是把世界中的意义诸元具体化，是对可见者的再次明晰化，是对野性事相或前述谓的逻辑处理和语法排列。从人类学意识来看，作者从存在走向对存在本身的语言学承诺，而译者则从对作品的语言学承诺走向作品背后的存在的承诺。作者和译者从各自的方向出发：作者以"在家"的体验去兑现对存在的语言学承诺，反之，译者则以"不在家"的方式去兑现对作品的语言学承诺。不仅如此，译者的语言学承诺是双向的：他需要承担对作品的语言学承诺，还需要对译文的可接受性作出语言学承诺。梅洛-庞蒂把翻译视为"直接针对我们所有人来说的一个奇怪的文本"的观点，与蒯因有关翻译的语言学承诺的表述具有高度的吻合性。

蒯因曾明确说道，"单词句或单语句在翻译中的不确定性广泛依靠语言去接受一种关乎事实的解释"，"我为翻译的不确定性作出的辩护或我在《经验主义的两个教条》中反对分析性假设都不是实证性的，它一点也不关乎证据。""我从来都是在逻辑范围介

---

① Merleau-Ponty. The Visible and the Invisible. trans. Alphonso Lingis. Evanston：Northwestern University Press，1968：36.

入证据，从不在经验范围介入证据。"① "'事实'这一语词那种消除疑虑的平凡外表甚至给这种二分法提供了一个虚假的可理解性：分析性句子（或命题）是缺乏事实性内涵的真正的分析性句子。"② 诺斯若普·弗莱在谈到散文的韵律形式（一种语言形式）与事实的关系时写道："一篇过分苛求风格的散文就会欠灵性，不足以完成纯散文描述工作，它不断过分简化和过分使材料对称，甚至吉本[Gibbon]也没有超越这一点，他宁可牺牲了对一个事实的必要的限定而去勉为其难地搞对称。"③ 事实上，在蒯因那里，"事实"[fact，fact of the matter or an objectifiable thing]和事实性[factuality]是被确定性区分开来了。这里关键是蒯因认为，识别真和假（即事实性）的语外决定因素无法使他对诸事实作出一种本体论的承诺[commit him to an ontology of facts]。蒯因承认事实性，不承认诸事实的对象性，就犹如我们可以承认我们能够代表某人讲话，却不代表我们相信或我们本人对"赞成"的承诺。蒯因相信一种事实性基础，却不假装能够把诸事实加以具体化。另一方面，诸事实能够被具体化，但却与诸事实相反，它们只是对描述世界而言是必不可少的。

　　　　一个更加灵巧的计划是假定诸事实与作为的真值句一一对应；但这仍然是一个捏造的做法。丰富的诸对象物，既具体又抽象，它们的确是描述这个世界所需要的；但是诸事实一旦超过一种符合论对它们似是而非的支持，便一无所是④。

────────────

① Quine W V. Pursuit of Truth. Cambridge：Harvard University Press，1990：50. And also see Barrett，R. and Gibson，R. ，Perspectives on Quine. Oxford：Basil Blackwell，1990：198.

② Quine W V. Word and Object. The Massachusetts of Technology. 1960：280.

③ Frye，Northrop. Anatomy of Criticism. Princeton：Princeton University Press，1957：265.诺斯洛普. 批判的剖析. 陈慧，袁宪军，吴伟仁译. 广州：百花艺术出版社，1998：340.

④ Quine W V. Quine. Pursuit of Truth. Cambridge：Harvard University Press，1990：80.

　　蒯因显然要在对象的本体论和事实性本体论之间加以区分。他认为语言是无法向一种对象化的本体论作出承诺的，但语言一定要向事实性的本体论作出承诺。语言是以事实性为导向的[factuality-oriented]，蒯因诉诸事实性[factuality]或诸对象物[ontology]讨论超语言事实性。同时，一种语言的事实性如何，是与该语言的本体论如何显现一起变化的，因为一种语言的事实性是与该事实被编织进入一种具有本体论显现的习语之中——即进入一个以对象为导向的习语之中——一起变化的。换言之，一种语言之事实性如何，依赖于我们如何在语言中给出事实性的归属。

　　而且，我们还发现，对蒯因而言，全部概念图式的本体论是物理的——首先是微观物理状态的分布——这意味着一个被编织的习语的事实性将随着该习语进一步靠近物理习语而增加。例如，化学比生物学更接近物理学，因此化学比生物学具有更多的事实性。这等于是告诉我们：what is said of the meaning of the object is a factual meaning or a factuality。我们从对象物中获得的意义只是一种事实性意义，对这种事实性意义的承诺必须是语言的，因此被我们所使用的语言本身是事实性的。语言的事实性往往似一种网，拨不开，折不断，涌向一个中心，却又让我们找不到中心。每一位优秀的作家往往会把他的读者卷入到这样的一张网络之中而不能自拔。

　　　　奶奶不管她的胡言乱语的爹，偏腿上了驴，把一张春风漫卷过的粉脸对着道路南侧的高粱地。她知道那年轻轿夫正在注视着自己。奶奶从撕肝裂胆的兴奋中挣扎出来，模模糊糊地看到了自己的眼前出现了一条崭新的、同时是陌生的、铺满了红高粱钻石般籽粒的宽广大道，道路两侧的沟渠里，蓄留着澄澈如气的高粱酒浆。路两边依旧是坦坦荡荡、大智若愚的红高粱集体，现实中的红高粱与奶奶幻觉中的红高粱融成一体，难辨真假①。

　　这段描写取自莫言的小说《红高粱》。它描写了人物九儿从迷狂和痛苦转向清醒、从个人世界转向外部世界的过程。文字将现实和幻觉、激情与回忆、阵痛与兴奋、行为与思想、感觉与历史、个体与世界、仇恨与爱恋高密度地融合在一起，以至于我们难以用一种符合论的、一一对应的方式来区分这些要素。它犹如"一张春风漫卷过的粉脸"，世界被这荡漾的粉脸涂染成一片绯红。这绯红由身体中涌出，漫过历史，漫过那片热气腾腾的高粱。莫言善于使用氛围概念隐喻[conceptual metaphor of mood]，把具体事件变成一种集体无意识蔓延在人物的肢体中，事件在无意识中变成片片碎末，飘扬在人物周围，它更是粘连在作者语言的表达之中。在小说中，语言不是事件，但语言参与了事件的出场——它不是对象性的出场，而是事实的"微观效果"的出场。诚如蒯因所言："如果我们专注于务实，我们就不可能发现一个对于真理论述的宇宙有偏爱的非常古怪的异乡文化，之所以如此，只是因为它的古怪性将对我们的翻译词典的适当性有所减损。"② 同样，在一个句子中，在一个段落中，乃至一个文本中，每一个词语参与了表达，但我们所感知到的意义却无法还原到每一个词语之中，这一点尤其体现在两种语言的转换之中。上段文字由《红高粱》的英文译者葛浩文翻译如下：

> Ignoring his mumbling, she swung her leg over the donkey's back and *turned her face*, *brushed by the winds of spring*, toward the sorghum field south of the road. She knew that the young sedan bearer was watching her. *Struggling to wrench free of this unknown passion*, she had

---

① 莫言. 红高粱. 广州：花城出版社，2014：190-191.
② Quine W V. Word and Object. Cambridge，MA：MIT Press，1960：280.

a dim vision of a new and unfamiliar broad road stretching out ahead of her, covered with sorghum seeds as red as rubies, the ditches on either side filled with crystal-clear sorghum wine. As she moved down the road, *her imagination colored the genuine article* until the she could not distinguish between reality and illusion. ①

　　在莫言的原文中，"一张春风漫卷过的粉脸"指示了人物九儿自我意识或性意识的觉醒，这一觉醒点燃了她置身于其中的世界，这个世界溢满了她的力量和满足或者说是她的力量和满足的表达——"红高粱钻石般籽粒"，"澄澈如气的高粱酒浆"，"坦坦荡荡、大智若愚的红高粱集体"。然而，作为对原文再次表达的译文却如"葡萄之被水"，译者似乎力图还原其原文中的事件，力图实现译者对原文的事实性承诺，却放弃了对原文的语言或表达力的承诺。而这种对原文语言的承诺却是译文的"不能承受之轻"。原文刻画了九儿的意识觉醒，这个觉醒来自她刚刚经历过的她与余占鳌之间的一场"撕心裂肺"的激情，此刻她的满眼的现实世界都是被激情燃烧后留下的火盆。相反，译文则更加重视对行为的表达，通过"swung"，"turned"，"knew"，"moved"等动词的使用，把原文充满诗性、富有张力和诱发历史-地域精神的表达力变成了貌似客观的描写。

　　翻译的宿命如此：译者总是理解了原文才予以表达，而理解犹如剪刀对布料的裁剪，剪掉的不一定是不好的，保留的不一定是好的。翻译是一种选择。若译者要对原文的事实作出承诺，他必丢掉其诗性；若译者要对原文的语言或诗学作出承诺，他必丢掉其事实性。恩斯特·卡西尔在其《人文科学的逻辑》中论及"事物之感知与表达之感知"时指出："我们一般而言都抱有一种

---

　　① Moyan. Red Sorghum: A Family Saga. trans. Howard Goldblatt. Viking Penguin, 1993: 100.

假定，这一假定几乎是理所当然地和以为再无须证明地认为，那大凡能直接地被吾人的认知所掌握的一切，皆是某些特定的物理性资料云云。而唯一能被直接地经验到的，乃是一些感性的被给予的内容：例如颜色和音响、触感和温感等。其他的存在，尤其是心灵方面的存在，它们虽然或自这些基本的给予内容推论而知，但终究而言，亦因此而为不确定的。"① 在翻译中，我们不仅无法经历到那些由表达所给予的物理事实，我们与作者的心理意图之间也是存在距离的，唯一可信的是原文语言给予我们的承诺，因此可以说，译文首先是对原文作出的一种语言学的承诺。

　　蒯因从事实的微观分布出发，判准语言微观事实上的真实性，而非具体对象物的确定性，而是变化的本体论。同时，蒯因使用"事实性"［factuality］这一概念，他并不是指示外部世界。当然，这也不是可以作为我们的理论之内在的东西。他是指外部世界之自然或事物如何按照我们关于自然的理论而成立。蒯因认为，我们的大多数话语都"不存在自己所声称拥有之的经验内涵的基金［no fund of experiential implications it can call its own］"。正如他在《自然化的认识论》一文中所描绘的那样，翻译的不确定性来自命题的组合，即一个句子的意义就是作为其真值的证据，其观点就是说，理论句子自身所拥有的证据只是在整体上相互关联的句子之更大的集合，而不是独自拥有②。换言之，凡任何把一个句子翻译成其他的句子，它们都是彼此正确的，只要该句子所属的那个在整体上彼此关联的句子之集合的经验内涵是一致的。显而易见，蒯因认为单独的句子唯有给整体句子之集合提供证据时才有"意义"，唯有参与到整体句子之集合中才有"意义"——最重要的是在整体上彼此关联的句子之集合的经验内涵保持不变。我

---

① 恩斯特·卡西尔. 人文科学的逻辑. 关子尹译. 上海：上海译文出版社，2004：73-74.

② Quine W V. Ontological Relativity and Other Essays. New York：Columbia University Press，1969：3.

们似乎可以说，蒯因关乎翻译的不确定性主张是只要句子彼此关联之整体集合的内涵保持不变，单个句子或单个词语的不确定性是允许存在的。

若将这一论断应用于两种语言间的转换中，就意味着我们不能够在两种语言的句子间进行字比句当的翻译或识别出它们之间同义关系，也就是说，我们无法为句子"诸意义"建立同一的标准。我们须要明白，蒯因对"意义"[meaning or meanings]一词的使用，是与他关乎对象的具体认识联系在一起的。他把该词用于"指示"意义，即指示语言表达中可还原为具体事物的语义证据。也正是这一理解促使他提出了基于两个翻译手册的译者尽管彼此冲突却都是对事实的承诺的这一似是而非的判断。

在此，我们有必要指出"涵义"[meaning or meanings]与"意义"[significance]之间的区别。在拉丁语中"意义"或"赋意"的动词是"significare"，其对应名词是"signification"。该语词经常被人们翻译成"to mean"或"meaning"。如果把限定性即确定性作为前提，"meaning"显然与汉语中的"涵义"更为接近。如："完成这一工作对于整个工程具有关键性意义"，句中"意义"不能以"涵义"替换。尤西林曾对"涵义"[meaning]和"意义"[significance]价值内涵作出如下区分。

尤西林首先指出"涵义"的本体层面：

(1)"涵义"所指称的对象是确定(特定、具体)的，从而是可以经验实证的。

(2)"涵义"所表达的总是确定的欲求，这种欲求受制于人的自然生存需要。

(3)"涵义"的欲求与指称对象构成功用技术性关系。

继而他提出了"涵义"的三层价值意义：

(1)"涵义"的价值是可交换的功利(手段)性价值，此种可交换性使涵义可归约计量化，从而与数学方法(含电脑类)构成算计。

(2)"涵义"性关系具有突出的手段性质。

(3)由于倚重实证性与对象性(指称性在分析哲学中传统的重

要地位），"涵义"规律又具有标榜客观性与科学性的特征。"涵义"不反馈主体的自我意识，不强调主体调节与评价自己的行为，主体在执行涵义系统操作时如机器人一样无动机，无意识，非理性，无目的性，它强调的是这一个或那一个的实在经验。

尤西林接着提出了"意义"的价值特征：

（1）"意义"所指称的并非实在对象，而是某种精神境界，即意境，它具有无限性指趋。

（2）"意义"所表达的不是人的自然生存需求，也不是基于自然欲求之上的任何具体特定的目的，而是人超越动物界、实现人性的升华需要，它同样具有无限性特征。它呈现为黑格尔所说的不断从对象化回返与充实主体自身的内在目的。"意义"是目的与价值的终极性之间的合一，并非指涵义层面功利目的和实用价值的量的无穷扩大，而是指人性的质的规定。

（3）意义对终极价值目的的追问，使意义与自我意识密切相关。意义总须对"我"而言，因此具有"为我"性；有了意义，意味着自我在一个更高更广阔的思维与价值体系中安顿了自我的位置、寻到了安身立命的根基[①]。

可见，意义是涵义的人性化、主体化，或者说，意义是对动物自我中心生存状态的超越，是人类价值之浓缩。如捧送茶水，其涵义是生理性的解渴，其意义却是友谊伦理，如在"夜莺在芳香的玫瑰枝头上歌唱，但可爱的玫瑰却无动于衷"这句普希金的诗句中，其意义却是喻指被男人"左右流之"的窈窕淑女。一种意义概念总要超越或"溢出"其宾词，无法成为语法－逻辑判断的对象。"解渴"是机体对水分的满足，但"友谊"却无相应的物理对象或生理科学经验承担宾格，而必须诉诸更加超越性的情意状态才能理解。由于意义对既定实在对象的超越性，对意义的把握则更加需要语境的整体性呈现。当我们说"意义是涵义的人性

---

① 尤西林. 有别于涵义（meaning）的意义（significance）的意义. 学术月刊，1996，10：20-26.

化和主体化"时，"人性/主体"与"意义"一样不是普通的专名，它仍然有待于进一步或持续阐释。因此，意义居于哲学本体论层面。海德格尔追究的"Sein"或印欧语系的系词"to be"的语言哲学特性，正是指其"意义"。"意义"是一种"可能性"，是伴随人之意识的介入而随之涌现的。意义的可能性之巨大空场激发与召唤着人承担自己的责任——对意义的持续寻觅和追问。意义整体境界所具有的无限可能性或开放性超出了逻辑概念和形式语法，但却呈现为审美直观的对象。在海德格尔揭示的通向存在意义的诗与思的表述中，意义的审美把握方式被一再突出强调。意义是无限的，客体对象的涵义是确定的有限的。意义是真正的"人学"。引用维克多·E. 弗兰科[Viktor E. Frankl]的话来讲"存在不仅是意向性的，也是超越的，自我超越是存在之本质。成为人就是走向自我之外"，"就是使存在的意义显现"①。"人类存在本质上的自我超念使人在自我之外成就存在。"人存在于"我是"[I am]和"我应该"[I ought]之间的张力中②。康德在谈到一种与旧本体论地位相仿的"理性直观"时就曾直截断言，"为了把对理性存在的概念置于直观之下，除了将他人化之外别无他法"③。但"只有作为一个道德的存在者，人才能是世界的最后目的"④。当胡塞尔为反抗现代科学实证主义潮流而重建形而上学本体论时，他把这种针对客体主义的"超验哲学"称作"人文科学"，它的目标正是"意义"。

　　它是一种在反对前科学的和科学的客观主义的斗争中回到作为一切客观意义的授予和对存有[Sein]的认定的最终所

———————

　　① Viktor E Frankl. The Will To Meaning-Foundation and Applications of Logotherapy. New York：the Penguin Group，1969：45.
　　② Viktor E Frankl. The Will To Meaning—Foundation and Applications of Logotherapy. New York：the Penguin Group，1969：71.
　　③ 康德. 实用人类学. 重庆：重庆出版社，1987：58.
　　④ 康德. 判断力批判(下卷). 北京：商务印书馆，1964：110.

在地的认知的主体中去的哲学……在这一基础上的哲学的说明将第一次揭示实证科学的成就的真正的意义，以及相应地揭示客观世界的真正的存有[Sein]意义，这也就是说，揭示作为超验的——主观的意义的客观世界之存有意义。①

然而，美国语言学家保罗·文森斯裴德[Paul Vincent Spade]却认为"meaning"这个语词在现代的哲学词汇中，尤其是在分析哲学的词汇中，早已臭名昭著，因为它几乎被变成了一个技术性的语词而被使用于所有的技术文本中。它使我们很容易把它与普通语言哲学家所推崇的"意义就是使用"那个教条联系在一起，或与弗雷格式的感官意义或与蒯因的"刺激-反应"联系在一起等。关于 meaning 的理论之多，乃至于它们中的任何一个理论本身都可能值得我们去肯定。然而，它们之中却没有一个是接近中世纪的"signification"或是今天"signification"的意思。保罗·文森斯裴德认为，"signification"在中世纪的意思十分清楚，今天若把这个清楚的概念翻译成模糊或至少有争议的现代"意义"，即"meaning"，我们将会一无所获。他指出：

> For "to signify" is described as being "to establish the understanding" of a thing. Hence a word is said to signify that the understanding of which it establishes in us. ②

保罗·文森斯裴德显然是说，"to signify"不是直指对象事物，而是指在认知者与某一事物之间确立的关系性，因此，一个语词被说出即意味着在我们内部确立了对该语词的理解。他在后面讨论该语词时继续指出："意指是一个彻底地基于语境的概念[a

---

① 胡塞尔. 欧洲科学危机和超验现象学. 上海：上海译文出版社，1988：120.

② Spade, Paul Vincent. Thoughts. Words and Things: An Introduction to Late Mediaeval Logic and Semantic Theory, 2002：63.

thoroughly context-dependent notion]。从偶发的意义上它取决于
称呼或命名的过程，即一个语词在一个特定场合中事实上被用作
称呼或命名。如果我们想要说一个内隐语词意指其所有的定义承
载，即该语词可被真实地用作称呼或命名所有的事物，那么我们
只能在非常弱的意向上来说它。事实上该语词并没有使我们在任
何意义上想到这些事物，除非当该语词在事实上被使用于命名这
些事物的特殊场合。"① 换言之，"meaning"（涵义）是对象性的，
是可以通过经验予以证实的，而"significance"是"涵义"的人
性化，它表示语词具有突出的人文意义，但却是无法通过实证予
以验证的。保罗·文森斯裴德在讨论这类语词的本体论涵义时，
他引用了中世纪圣·安塞姆［St. Anselm］《魔鬼之堕落》［*On the
Fall of the Devil*］中的一段话：

> 许多事物并不按照它们被言说的方式存在于现实中。譬
> 如根据该语词的形式，尽管"害怕"在现实中属于消极语词，
> 但却被称为"主动"语词。同样，根据言说的形式，尽管失
> 明在现实中无对应之物，但失明却被说成某物。正如我们说
> 某人"他有视力"和"他的视力正常"，因此我们可以说"他
> 患有盲目症"和"双目失明伴随他"——即使这里毫无事实
> 指涉，甚至无物存在——因此拥有却不占有某物。事实上，
> （盲目）就是缺少某物，就是无物存有。因为盲目就是原本应
> 该有视力的地方无视力或丧失视力。但是盲目或失明与其说
> 在原本有视力的地方一无所有，毋宁说盲目或失明就是在原
> 本应没有视力的地方有物存在。因此，盲目与其说是眼中无
> 物，因为那里本应有视力，毋宁说盲目或失明就如眼睛长在
> 原本没有视力的石头里，熟视无睹或有眼无珠。同样，若干
> 无法实体化的其他事物按照言说的形式被称为某物，因为我

---

① Spade, Paul Vincent. Thoughts, Words and Things: An Introduction to Late
Mediaeval Logic and Semantic Theory, 2002: 204.

们谈论它们就如同我们谈论存在物一样①。

在这里，我们有必需提到梅洛-庞蒂的意义观。梅洛-庞蒂把意义或主体性看成是意识与巨大的肉身"存在—于—世界—中"的一种效果。每一个个体拥有诸种经验是以一种集体的直接性与他人一起被感知到的，正是在这种直接性中我们分享一个世界，一种文化和一种社会生活。梅洛-庞蒂认为躯体是一种坐标性或感觉的聚集之源，它是以一种前语言的方式被给予我们的：

　　　在我的主体性和我向他人超越的根基方面，核心现象在于我把我的存在给予我自己。我被赋予，即我发现自己已经具身于和含化于一种自然的和社会的世界之中②。

我们的躯体所落之处，犹如种子落入土壤。种子发芽是土壤把自己给予了种子，土壤借助于种子实现自己的表达。种子之存在蕴含了它自己的话语和它自己的语词。梅洛-庞蒂似乎把"感觉"[sensing]视为"会通信息的具身办法"，我们的"感觉"非常深刻地与一个社会的认识论、该社会的文化身份演变以及它存在一于一世界一中的形式相关联③。正是"感觉"源于并构成族群的、民族的社会性差异。"感觉"是最直接的经验。只是当我们把握了一个文化群体是如何在第一时间与引起我们注意的一套感觉或直接躯体体验取得一致的时候，知觉和意义之涌现才得以发生。梅洛-庞蒂在论述个人与环境之关系时指出：

---

① Spade，Paul Vincent. Thoughts，Words and Things：An Introduction to Late Mediaeval Logic and Semantic Theory，2002：196

② Merleau-Ponty. The Visible And The Invisible. trans. Alphonso Lingis. Evanston：Northwestern University Press，1962：360.

③ Kathryn Linn Geurts. Culture and the Senses：Bodily Ways of Knowing in an African Community. Los Angeles：University of California Press Berkeley，2002：3.

　　在我的个人体验的周围，出现了可以说是理所当然的、差不多非个人的一种存在边缘，在这个存在边缘，我关注维持自己的生命——在由我们每一个人形成的人类世界周围，出现了一个为了能躲进一种爱情或一种抱负的特殊环境而应该归属于的一般世界①。

　　梅洛-庞蒂把躯体与环境之间的触觉称之为"我的存在的机体"。各种触觉其来源既清楚又模糊，躯体在其中既享受自由又遭遇奴役。躯体享受自由，是因为它的触觉可以像树之根须在它的世界里蔓延；躯体遭遇奴役，是因为它把自己从世界中获得的每一次感觉都变成理解世界的条件：我与世界的每次相遇构成了我与世界的临时性结构。

　　我在世界里无限地膨胀却又被无限地弱化和褪色。当我作出"决定"或采取行动时，我便把一种人为的意义强加于我的生活。"个人存在是间断的，个人存在的浪潮退却时，决定只能把一种强制的意义给予我的生活。"② 我们作出某一种决定，便把一种意义或者说"肯定性"给予了"对象"，"对象"因此变得更加清晰和为我所把握。于是，我们便从存在的含混状态中分离出来，从而拉开与它之间的距离，让我们安顿在稳定性中并得以安心。人生最大的自由，不是思想的自由，而是身体的自由。实现身体的自由，这是人之最大的自由。正是在最后一点上，人才能真正地拥有天人合一的境界。思想之自由，可以在虚拟中实现或在幻觉中实现。身体之羁绊和约束，来自物质的、空间的和伦理的约束，无处不在。实际上，正是因为身体的绝对的具体性和羁旅性，才促使人不得不超越躯体而诉求于虚无的精神或意义——人之存在

---

　　① Merleau-Ponty. Phenomenology of Perception. trans. Colin Smith. Routledge and Kegan Paul Ltd, 1962：72-73.

　　② Merleau-Ponty. Phenomenology of Perception. trans. Colin Smith. Routledge and Kegan Paul Ltd, 1962：73.

是虚无和物质的统一。

　　20 世纪初，法国神父和太平洋土著民族学家莫里斯·林哈特[Maurice Leenhardt，1878-1954]在《美拉尼西亚世界中的人和神话》[*Do Kamo：Person and Myth in a Melanesian World*]这部于 1947 年出版的关于新喀里多尼亚的民族志著作中向人们讲述了一件逸闻趣事。① 林哈特是一位人类学家和基督教传教士，他报道了自己与一位土著老人之间的对话。当对话涉及欧洲文明对土著居民的以宇宙为中心的世界观的影响时，林哈德指出是欧洲人给土著居民带来了"精神"这一观念。令他没有想到的，他的对话者却回答道：我们"一直依循精神做事，而你们带给我们的东西才只是身体。"林哈德对这一回答感到十分诧异。之所以感到诧异，是因为这一表述颠覆了这样的一种陈词滥调——认为是身体靠近自然而精神则靠近文化。林哈德对那位老年土著哲学家的话作出了如下的解释：

　　　　（身体）没有自身存在，亦没有具体的名称把它与其他事物相区分。身体无非就是一座支架。但当他们接受西方特有的个人概念，从而意识到活着就是拥有一个身体，如同拥有一件物品、一类财产或一种属性一般，身体才成为他们审视的对象，人拥有"身体"的概念开始变得清晰。这一发现从此拉开了身体与神秘世界之间的距离②。

　　林哈德这段话十分生动地向我们指出，我们所理解的那些构成欧洲文化中意识形态之核心概念，譬如个性化之可能性，个体之创造等，无非意味着人作为一种身体之存在而栖居于世界的独

---

　　① Maurice Leenhardt. Do Kamo：Person and Myth in a Melanesian World. trans. Basia Miller Gulati. Chicago：University of Chicago Press，1947/1979；102.

　　② Maurice Leenhardt. Do Kamo：Person and Myth in a Melanesian World. trans. Basia Miller Gulati. Chicago：University of Chicago Press，1947/1979；102.

有方式。那位老年土著哲学家向我们指出，在欧洲文化渗透前的土著经验之中，身体对本土人而言，既不是一个体验的主题，也不是话语的一个客体对象，他们所感知到的存在总是与身体在一起，犹如每个人是作为一个群体的成员的存在一样。就像河里的水滴，虽有生命，却从未想过与波浪分离。梅洛-庞蒂在"身体的体验和传统心理学"一文讨论了两种身体观：

> 之所以身体是在我们面前的一个物体，只是因为身体是可观察到的，即处在我们的手指或我们的目光的可及范围内，我们的手指和目光的每一次运动既能扰乱它，也能恢复它。否者，身体作为一个观念可能是真的，但不能作为一个物体存在。尤其是只有当物体能远离和最终从我的视觉场中消失，物体才是物体。物体的呈现就是这样，如果没有明确的不在，也就没有它的呈现。然而，身体本身的不变性则完全不同：它不出现在无边际的探索范围内，它拒绝探索，始终以同一个角度向我呈现。说身体始终贴近我，始终为我而存在，就是说它不是真正地在我们面前，我不能在我的注视下展开它，它留在我的所有知觉的边缘，它和我在一起。①

梅洛-庞蒂在这里区分了两种身体：作为"对象"或对象物的身体与存在—于—世界-中并与世界浑然一体的身体。前者应该可以说属于一种典型的欧洲文化范畴内的身体观或身体自我观，而后者则属于我与世界浑然一体的整体存在观。用梅洛-庞蒂的话讲，前者是用自我或关于自我的知识取代身体，是一种凌驾于身体之上的身体认识观，"我"或"自我"是绝对的起源，"是通过科学所知道的关于世界的一切，是根据我对世界的看法或体验才

---

① 梅洛-庞蒂. 知觉现象学. 姜志辉译. 北京：商务印书馆，2001：118-119.

被我了解的……整个科学世界是在主观世界之上构成的。"① 相反，人是"投身于世界的一个主体"，是一个前话语或前语言的存在，是身体在世界之中，世界因为身体而得以表达。② 而这在林哈德看来，后者对理解土著文化中的人之本质具有非常深远的意义。再进而言之，它挑战了传统欧美人关于人的一般性理解，这些理解体现为"拥有一个身体"，"成为一个身体"，"身体与大脑"或"成为身体中的大脑"，等等。

人与身体之间存在着如此不稳定的和文化变异的关系，向我们提出了两个普遍却又十分重要的可能性：首先，身体不仅仅是一个生物学的和物质的现象，它还是一个文化的、历史的、精神的现象（我们将在"唐·伊德'两个身体'及文化具身"的文章中对此进行具体的分析）。这一主张由被众多学者所论及并为大家所熟悉：从福柯[Foucault]关于话语形成的历史和卡洛琳·沃克拜·纳姆[Carolyn Walker Bynum]关于宗教的历史等论述之中，人文社会科学中所理解的身体作为知识的一个客体对象早已变得越来越不稳定。譬如在《虚拟的具身：出场·实践·技术》[*The Virtual Embodied：Presence · Practice · Technology*]一书中，丽莎·M. 布莱克曼对福柯作出如下评论：

　　我们既被人变成又自动成为各种人类类型。他拒绝了由笛卡尔式理性所界定的那类预设的人类本性观念，而是对在不同的空间和地点里我们如何与具体的知识相联系来接受解释和自我解释的方式进行分析。对福柯而言，乃至对许多禀赋后结构主义和后现代思想的作家们而言，知识不是客观地描述或捕捉任何预先实在。具体到"自我"而言，与其说，

---

① Merleau-Ponty. Phenomenology of Perception. trans. Colin Smith. Routledge and Kegan Paul Ltd, 1962：89.

② Merleau-Ponty. Phenomenology of Perception. trans. Colin Smith. Routledge and Kegan Paul Ltd, 1962：viii.

知识无法表现我们存在的真理，不如说，知识之部分作用，恰恰是在建构术语，我们通过这些术语来理解我们自己并对我们自己产生影响。福柯把这个过程叫作"主体化"过程；这就是我们通过具体话语成为或被转变为主体的方法①。

作为人类学家的林哈德与那位土著哲人之间的对话，十分明确地向我们提出了某些日益重要的基本问题：身体是不是一个确定性的对象或身体同时必须被视为主体吗？生物学本身是不是确定的或生物学会伴随着我们对它的日益了解而变化吗？如果我们反对这样一种观念：身体是一张白板，是文化在其上书写下意义，那么，我们反对的理由：是生物学先于文化给予了人的某种倾向性和气质，还是身体从来就不是一张白板，因为它总是既是生物学的存在又是文化的存在？如果我们愿意接受第二种可能性，那么这就意味着：文化和历史不仅是观念、符号和物质环境之产物，文化本身也是身体现象。这就如林哈德所举之例子，如果人作为一种文化范畴，取决于他/她的身体栖居之方式或人的群体身体栖居之方式，那么，文化之领域同样扎根于身体性。我们认为，要有效地考察这种可能性，就需要一种方法论上的区分，以便允许我们对作为知识的对象之身体之不稳定性加以利用。在此，我们需要对林哈德关于土著人言语的解释略作反思，因为我们所采取的办法将依靠对两种意义作出区分——新喀里多尼亚人在欧美人到来之前"没有身体"，可"他们事实上拥有身体"。对新喀里多尼亚人而言，或对新喀里多尼亚人的信念体系而言，身体"仅仅是一个支撑架"，那么，欧洲人在自己的信念体系中却可能"把它变成一种对象化的存在"。问题之关键是身体作为生命的一种存在条件的方式，文化因此而诞生于这种存在的条件之上。毋庸置疑，

---

① The Virtual Embodied：Presence · Practice · Technology. ed. John Wood. Routledge，New York，1998. Here cited from the Taylor & Francis e-Library，2002：134-135.

我们拥有身体，是身体设置了我们接触世界的界限。诚如康德告诉我们，人类理性的一大任务便是为其自身划定界限，以免陷入一种"先验幻象"之中，①而具身化的多种模式与身体之对象化的形态才是我们借此理解文化及信念体系的关键。

现在，我们重新回到蒯因那里。蒯因认为，"恰恰是在相同意义上我讲用一种方式或通过代理功能或任何其他的方式，我们对任何人的本体论所作出的解释不存在事实性——任何人的本体论，即除我们以外任何人的本体论。我们还可以对我们自己的本体论加以转换而不至于对任何证据施加暴力，但是当我们如此去做时，我们就可能会从我们的基本粒子转换到某种代理方式上去，并因此对关于一件事实的标准作出再解释。就如万有引力和电荷那样，事实性为我们的自然理论所固有"②。蒯因一方面指出我们关于事实本体论的表达是一种代理，但他又认为这丝毫不会影响作为本体论之证据。另一方面我们对他人的本体论所作出的再解释，除了关乎事实的标准发生变化，本体论却没有发生变化。就如他所言：

> 当我说譬如关于两个彼此不相容的翻译手册之间不存在事实，我是指两个手册在基本粒子上具有相同分布状态和关系，并且彼此相容。总之，它们在物理上相同。毋庸赘言，无须任何假设，我们便能够甄别出微观物理状态和关系的合适分布。我谈的是一种物理状态而不是一种经验的准则。③

蒯因因此提出了"翻译的非确定性"这一命题，或者亦可以说，他运用翻译的现象学解释他的微观本体论，及微观本体论在意义或表达中的分布。我们甚至认为，蒯因思想之重要特征之一的

① 施怀泽. 康德和维特根斯坦的形而上学. 上海：华东师范大学出版社，2005.

② Quine W V. Theories and Things. Cambridge, MA：The Belknap Press of Harvard University Press，1981：23.

③ Quine W V. Theories and Things. Cambridge, MA：The Belknap Press of Harvard University Press，1981：23.

"整体主义"[holism]，其基础本体论来源于他关于事实的微观分布的分析和假设。以此可见，他的"翻译的不确定性"不是指事实上的不确定性，也不是指认识方法上的不确定性，而是基于（事实的）语言表达或人们通过语言所接受的事实问题或基于事实的语言表达的再解释的不确定性。换言之，对事实的承诺是在时空中，对语言的承诺——对一种语言的解释或另一种语言的翻译的承诺——则不在时空中。对此，蒯因在《本体论的判定》[Ontic Decision]一文中指出："在前面说过表示物理对象的语词与感官刺激有相当直接的关联，现在我们也许可以这样说，与感官刺激有相当直接关联的语词，在所有各种词项位置上，而不是仅仅在特定的位置上，都体现出表示物理对象的语词。依这样的标准，说表示物理对象的普通语词比抽象语词更容易被理解，似乎更合理。"① 蒯因在回答本体论的承诺时继续指出："抽象对象不是以物理对象存在的方式存在的。这两种对象的差别不仅仅是两个种类的对象的差别，一类在时空中，一类不在时空中，而且是两种不同意义上的'存在'[a difference in two senses of 'there is']的差别，因此就具体对象存在的意义上看，便不存在抽象对象。"② 蒯因似乎主张一切抽象语词尽管可以不具体化到时空中的具体点状和位置，但它也可以是具体事物在抽象语词上的投射。这就是他主张事实的概念是本体论的，但却不是对具体本体论的承诺，绝不是！它是一种变化的本体论，也被蒯因称之为"开放的或松散的本体论"。

　　我提出了一个明确的标准，以此决定一个理论的本体论承诺是什么。但事实上采纳什么样的本体论仍然是开放的，而且显而易见的建议是宽容和一种实验的精神③。

---

① Quine W V. Word and Object. Cambridge，MA：MIT Press，1960：237.

② Quine W V. Word and Object. Cambridge，MA：MIT Press，1960：241.

③ Quine W V. From a Logical Point of View. Logico-Philosophical Essays. revised edn. Cambridge，MA：Harvard University Press，1980：19.

对此我们给出的理解是，真实性是相似的（与指涉的问题相似）或者是"相"与"不相"之间的关系。普通语言只是一种松散的事实性，当我们的目的是获得科学的理解时它就需要进行编制。同样，编制不是关乎抽取潜在内容的问题。它是再一次的自由创造，如果通过语言的编码没有这种特征，我们就难以把握事物多样性的事实性分布。

同样，蒯因的"松散的或开放的本体论"与他的"我们可以提出本体论"却无法"拥有某种本体论"的主张是一致的：普通语言是关乎事实性的，但只是关乎松散的事实性。即普通语言只具有松散的事实，就正如它只是松散的本体论一样。为了成为严格的事实，为了获得严格意义上所讲的事实性，就得把一种语言编制成为规范的符号，从而使说话者的本体明确。R. W. 谢安[Shahan，R. W]和 C. 索亚[Swoyer，C]指出：

> 这样一种语言（命题态度的熟语）的本体论问题，就像通常的普通语言一样，只有相对于从变成具有本体论的编制符号而共同达成的翻译才是有意义的。不能因为一种语言具有本体的非确定性就说它是有缺陷的；这仅仅是说它不是一种面向对象型的语言[a language of the object-oriented type]。[①]

我们从中再次看到蒯因关于语言具有本体论上的非确定性、但语言却具有事实性的这一主张，是十分清楚的。语言是微观事实在其中的分布，因此语言表达了一种"松散的或开放的本体论"，或者说，语言因此成为可以让人从中获得一种开放和联想的本体论。而我们对语言中"确定性"的本体论之获得则取决于我们采纳证据的目的或赋予证据之重心何在，"一般说来，证据是一个关于重心在哪儿的问题。通常起决定作用的证据是各种势力的

---

① Shahan R W, Swoyer C. Essays on the Philosophy of W. V. Quine. Norman: University of Oklahoma Press, 1979: 161-162.

一种微妙的平衡，这些力从远不相干的刺激传送到语句结构。"①
重心在语句中是一种会集，一种力场，一种引力场。证据不是关
乎事实上"何物存在"的问题，而是我们的谈论中或理论中关乎
"何物存在"的问题，也就是说，我们关乎"何物存在"的问题是
一个我们关乎"何物存在"的语言学承诺的问题。

至此，蒯因关乎语言的事实性承诺而非对象承诺的主张成为
他的"翻译的非确定性"的基本前提。他关乎事实性在语言中的
微观分布和关乎阐释或表达是对语言或表达的承诺无疑为翻译和
广义的表达以及诗学开辟了一条意义生成之路，乃至开辟意义与
想象的浪漫之旅，如他本人所言，语言的本体论承诺"是一种宽
容和实验的精神"。蒯因似乎在逐步远离他的"物理主义"
[physicalism]，因为他的"物理主义不是对某种对象的承诺，即
对某种给定的本体论的承诺，而是对某种事业之变异本体论的承
诺"②。他本人更是明确地指出："关乎自然主义或物理主义，我没
有从中看出什么神圣不可侵犯的东西，两者都是不可靠的，除非
被救赎的一些模糊边缘。"③ 蒯因无疑允许和看到这些模糊之边界：

> 总的来说，我倾向于对寻求学科和思想流派之名称的精
> 确性持不耐烦之态度，在询问诸如"自然主义""认识论"
> "物理现象"这些名称实际意味着什么的时候。与我们的日常
> 语词一样，这些语词即使在最佳时也无非是有用的权宜之计，
> 其边界模糊，不过这又如何呢④。

---

① Quine W V. Word and Object Cambridge，MA：MIT Press，1960：18.

② Eve Gaudet. Quine On Meaning. New York：Continuum International Publishing Group，2006：14.

③ Orenstein A，Kotatko. Knowledge，Language，and Logic：Questions for Quine. The Netherlands：Kluwer Academic Publishers，2000：411.

④ Orenstein A Kotatko P. Knowledge，Language，and Logic：Questions for Quine. The Netherlands：Kluwer Academic Publishers，2000：411.

蒯因的本体论承诺是从内在而非从超验上作出的这一事实意味着：当蒯因谈论"何物存在"时，他实际是关乎我们的表达（语言）与"何物存在"之间的关系，关乎对我们的瞬间的理论的本体论承诺。事实性即超语言的，但是它依然是我们安置于我们的瞬间的理论之内的某种东西。假如蒯因把一种基本的本体论作用赋予了微观物理学之分布态，假如他自己对瞬间之物理学的微观物理状态作出承诺，这是因为他已经把设想这些微观物理状态之存在的物理学理论作为其世界观来接受。这让我们想到《老子》云："道之为物，惟恍惟惚。惚兮恍兮，其中有象；恍兮惚兮，其中有物；窈兮冥兮，其中有精。其精甚真，其中有信。"可以说，在这些话中提出了同样的本体论命题①。《老子》一书中虽反复言"道"，但只是用"似万物之宗"、"似或存"、"象帝之先"、"绵绵若存"、"其犹存乎"、"譬道之在天下，犹川谷之于江海"、"强为容曰大、曰逝、曰远、曰反"等不得已的语句对"道"进行一些形容。或使用"恍兮惚兮"、"窈兮冥兮"、"寂兮寥兮"、"渊兮湛兮"等含糊的词语对"道"进行描述。而始终未明言道是什么。老子所言之"道"或是主观的，或是客观的，或是主客观合一的。

---

① 《老子》第一章中提出的本体论命题。"道"的原始涵义是指道路。《说文解字》云："道，所行道也。达谓之道。"《周易》有"所复其道，七日来复（《复》）；"履道坦坦"（《履》）；"复自道，何其咎"（《小畜》）等，皆取"道"之原义。后引申为人或物行为的轨迹或所遵循的轨道。《左传·昭公·昭公二十八年》载子产"天道远，人道迩"的议论，其"天道"即指日月星辰所运行的轨迹，"人道"指人的行为的轨迹。《老子》最先把"道"这一概念同宇宙万物的本原联系在一起。《老子》说："道冲而用之或不盈。渊兮，似万物之宗。……湛兮，似或存。吾不知其谁之子，象帝之先。"又说："有物混成，先天地生，寂兮寥兮，独立而不改，周行而不殆……之曰道。"宇宙万物本原的"道"是一种实在。"道之为物，惟恍惟惚。惚兮恍兮，其中有象；恍兮惚兮，其中有物；窈兮冥兮，其中有精。其精甚真，其中有信。"但"道"的实在又不同于具体存在物，它"视之不见"、"听之不闻"、"搏之不得"、"其上不皦，其下不昧，绳绳不可名，复归于无物。是谓无状之状，无物之象，是谓惚恍，迎之不见其首，随之不见其后。"故而"道"又是"虚"、是"冲"、是不可致诘的惚恍。所以《老子》说："道可道，非常道；名可名，非常名。"可道之道，可名之名只能言说具体存在物，对于"恍兮惚兮""窈兮冥兮""寂兮寥兮""渊兮湛兮"的"常道"来说，"名号则大失其旨，称谓则示尽其极"。（王弼《老子指略》）

道，"视之不见"，"听之不闻"，"搏之不得"。道与语言之关系，是"可道"与"非常道"、"可名与非常名"之关系。用英语言之，即"*Dao is speakable，but not always speakable*；*Dao is namable，but not always namable*"。借用蒯因的话来说，"*dao*"是一种"变化的本体论"，是一种"松散""宽容""开放"的本体论。

蒯因屡屡讲"倾向性的本体论状态或谈论倾向性的哲学状态"，"'何物存在'是在一种特殊意义而言的，微观本体[ontic]超越实体本体论[ontological]"，"本体相对论[ontological relativity]不会被各种普遍谓词的任何区别给予澄清和解决——非事实的与事实的，外在的与内在的。这不是一个关乎普遍述谓的问题。当涉及某种理论之本体论的问题是绝对没有意义而相对于某种背景理论而言却意蕴丰满之时，这一般而言不是因为背景理论拥有一个更广泛的宇宙，"而是"因为我们如果不知道如何将此事物与其他事物区分出来便不能知道此事实是什么。同一性因此是蕴含本体论的碎片而已"。"同一性只是相对于背景理论之同一性，唯有在其中才能告知我们更多。"①

循此可见，蒯因的本体论主张的确具有双重的相对性。唯有相对于某种背景理论，而且唯有相对于人们选择把某种理论的翻译手册变成另一种理论，才能确定某种理论的宇宙是有意义的。诚如维特根斯坦在《论确实性》中说："我的世界图景，是我的所有探究和断言的基础"；它并不是我们基于什么理由而确信其正确性的信念，而是"我用来区分真伪对错的传统背景"。更直白的表述是"当两个无法相互调和的原则真正相遇时，每个人都会把对方叫做白痴或异教徒。"② 通常而论，该背景理论必须具有包含该

---

① Quine W V. Ontological Relativity and Other Essays. New York：Columbia University Press：53，55.

② Ocludwig Wittgensein. On Certainty. Eds. Anscombe Gem，Von Wright G H. trans. Pauld. Oxford：Blackwell，1975：162，94，611.

理论的元素，并且确保翻译手册不出现任何问题。但这毕竟依然只是一个退化的翻译——因为在其中翻译之原则不过是形似而实异罢了。"我们通常之归化翻译原则实际就是形似而实异的原则，它仅仅把每串音素变成其本身而已；但是我们总是随时准备着把同音异义与尼尔·威尔逊所说的'宽容原则'加以协调。我们偶尔还会用异形异义的方法去翻译邻居的一个语词，如果我们因此使他的信息显得不至于太荒唐。"①

　　凡是一种有意义的表述，或是有意义的建构都是相对于"原始"的翻译或是退化。这种退化蕴含于我们与对象存在的多样化变异之中。胡塞尔在《经验与判断》中写道："构形的［konfigurative］单一性都是以作为多数方式存在着的统一性、作为诸对象的多数性而被统觉起来的，并且这种统觉是被'实现'出来的。这就是说，多数性的存在者的突变并不导致一种单一的(统一的)对象的关注，毋宁说，多数性的单个环节从一开始就激起了兴趣，并马上以别的方式成为主题；虽以个别的方式但又不只是个别化的，而是与主题自身胶合在一起的；即是说，只要这兴趣去追随那已在背景中联想着的、与其他形象化联想因素的相同性或相似性，只要任何个别兴趣通过某种兴趣吻合不仅有利于每个新的个别之物，即感染着它，而且也有利于任何先前已被把握之物，即铭记着它，情况就会是这样。"② 胡塞尔同时还在《逻辑研究》中指出："我们经常使用若干单词去表达一种'陈述'——人们以为，这取决于他的语言的某些偶然特点。他的表达之完成可能与意义之表达毫无关系。那些协助完成这种表达的虚词，严格地讲，则毫无意义可言，只有那个整体之表达才具有意义。"③

---

　　① Quine W V. Ontological Relativity and Other Essays. New York：Columbia University Press：46.

　　② 胡塞尔. 经验与判断. 邓晓芒，等译. 北京：生活·读书·新知三联书店，1999：143-144.

　　③ Edmund Husserl. Logical Investigations，Volume II. trans. J N. Findlay，Routeldges：London and New York：2001：54.

这与蒯因的"背景理论必须具有包含该理论的元素"是一致的。整体玉成赋意，而由个体完成表达。这也是蒯因的"同一性只是相对于背景理论之同一性，唯有在其中才能告知我们更多"所要告诉我们的意思。这也是胡塞尔之"构形的单一性都是以作为多数方式存在着的统一性、作为诸对象的多数性而被统觉起来的，并且这种统觉是被'实现'出来的"表达之凸显。胡塞尔把这种"凸显"视为主题之聚集，它是"以个别的方式但又不只是个别化的对象，而是与主题自身胶合在一起的。"

美国哲学家怀特海[Alfred North Whitehead]亦持同样的主张：他把意义视为经验或事实之"凸显"。他指出"我们因为意识到凸显而施以专注"，同时"凸显自有限中之无限的内在中产生"，而"表达则是建立在有限的场合之中。它是将自己胶着于其环境之中的有限活动。因此它在有限中拥有自己的源泉；它在除自身之外的无数近邻中代表着无所不在之有限"。而我们一般关于"凸显的观念以表达为前提"。可见，怀特海同样把意义视为"一"与"多"的统一①。表达是一种聚集，是意义之开启和意义之完成。意欲表达[will to expression]即是对于意义之发现和完成。恩斯特·卡西尔指出：

> 无论从功能上去观察抑或自一起源的角度去观察，我们都无法提出合理的依据去把感性之知觉安置在一个比表达之知觉为优越的地位上去。而在纯粹之起源观点之下，个体发生理论[ontogeny]和系统发生理论[phylogeny]，以及个体意识之发展和种类意义之发生均同样显示出：那些被认为是一切实有知识之起点的数据其实都是一些相对地较为晚出的产品，而且，吾人必须经历一艰苦而漫长的抽象过程，方能成功地自人类经验之整体中获取这些数据。所有不涉及成见的心理学观察都指出，儿童最初出现的一些生命经历乃是一些

---

① Alfred North Whitehead. Modes of Thought. New York: The Macmillan Company, 1966: 4, 20.

对表达方式之经历。对"事物"和对"事物之性质"之感知是相当晚期才出现的。此中，语言特别地起了决定性的作用。当我们经历世界的时候，我们并不单纯地只透过印象去经历之，而却为此一经历赋予一些语言层面上之"表达"；由此之故，吾人的对象表象之能力亦随而增长。但是，这一种对象表象之能力即使在语言的领域中亦不足以掌握决定一切：一切语言表达之皆为"比喻性的"表达[all linguistic expression is and remains "metaphorical" expression]，而且皆将只能是比喻性表达这一项事实便可得到证明。比喻乃是语言这一有机整体中的一种不可或缺的元素；如果没有了比喻，则语言便将要丧失其生命，而僵化为一约定的符号系统了①。

表达是及物的[expressions thing-related]，而且是以个体的主题化胶着的方式发生的。在这种主题胶着中，个体之对象既是个别的又是多数性的。表达是个体与多数之间的综合。明白这一点殊为重要，是决定一切表达皆为事实性的关键。恩斯特·卡西尔敏锐地意识到，正是语言推进人们对"事物"[things]之歌唱向"事物之性质"[things qualities]的集合综悟，即使是在后者那里，语言是事实性的这个事实依然是无法动摇的。这就是卡西尔所言"一切语言表达之皆为'比喻性的'表达"的道理。乔治·莱可夫和马克·约翰逊在他们合著之《涉身哲学：具身思维及其对西方思想的挑战》[*Philosophy in the Flesh: the Embodied Mind and Its Challenge To Western Thought*]一书中明确主张"抽象概念大都是隐喻性的"以及"大凡可能存在（之物）皆是对语言的隐喻性使用[All there can be are metaphorical use of language]"。同样，"抽象思想大都是隐喻性的这一事实告诉了我们凡对诸哲学问题之

---

① Ernst Cassirer. The logic of the Humanities. trans. Clarence Smith Howe. New Haven: Yale University Press, 1961: 101-102. 恩斯特·卡西尔. 人类科学的逻辑. 关子尹译. 上海：上海译文出版社，2004：74-75.

回答大都总是或总将是隐喻性的"①。除此以外，饶有趣味的是，乔治·莱可夫和马克·约翰逊还敏锐地意识到了隐喻之多元性[Metaphorical Pluralism]这个现象，即同一个概念可以由多个隐喻来表达之。这就意味着对象之单一性或事实性与其在背景中或文本之文脉中接受统觉而被"实现"之意义，既是对对象之事实性承诺，又是对比如"I see what it means"这类主体性赋义之变异性的承诺。乔治·莱可夫和马克·约翰逊以人们对"爱"之体验的不同描写为据向我们指出隐喻系统"可以赋予我们更多的内容。""隐喻多元化是一种常态"，"认知之真谛在于我们的概念是蕴含了多层隐喻的构型。""当我们推理和讨论'爱'时，我们从若干其他的概念域中引入推论性结构和语言。我们所使用之认知机制是跨域的概念映射[mapping of cross-domain]。"② 根据乔治·莱可夫和马克·约翰逊两人之看法，"我们对自我之体验始于我们能够独立地加以控制的诸部分（手、臂、腿等）。与此相同，我们对物理对象之体验，要么始于它们自然地所拥有的诸部分，

---

①　George Lakoff，Mark Johnson. Philosophy in the Flesh：the Embodied Mind and Its Challenge To Western Thought. New York：Basic Books，1999：2. 118.

②　George Lakoff，Mark Johnson. Philosophy in the Flesh：the Embodied Mind and Its Challenge To Western Thought. New York：Basic Books，1999，pp. 2. 118. Here below cited is the description of the experiences of love used by George Lakoff and Mark Johnson：Let us look at how the concept of love is structured by multiple metaphors. Gibbs（A2，1994）gives a protocol taken from his research on the conceptualization of love. Here a young woman describes，first，her definition of love and，second，her description of her first love experience：The overall concern for another person. Sharing of yourself but not giving yourself away. Feeling like you are both one，willing to compromise，knowing the other person well with excitement and electrical sparks to keep you going. It kicked nein the head when I first realized it. My body was filled with a current of energy. Sparks filled through my pores when I thought of him or things we'd done together. Though I could not keep a grin off my face，I was scared of what this really meant. I was afraid of giving myself to someone else. I got that feeling in my stomach that you get the first time you make eye contact with someone you like. I enjoyed being with him，never got tired of him. I felt really over whelmed，excited，comfortable，and anxious. I felt warm when I heard his voice，the movements of his body，his smell. When we were together，we fit like a puzzle，sharing，doing things for each other，knowing each other，feeling each other breathe.

要么始于我们强加于它们的诸部分，要么通过我们的知觉与它们之间的交互作用，要么始于我们对它们的使用"①。因此，怀特海无不非常正确地认为作为意义之"凸显"的表达是"那最初蕴含于表达者之体验中的某种东西在环境中的弥散"②。无论是个人的，还是初始的人类之意识觉醒，无不是对象化的，无不是在对象物中寻求安顿和驻守的——对象物是意识的媒介和载体或表达，因为意识不能单独出场。我们可以说表达是物质的，而物质的表达一定是隐喻性的。之所以说物质的表达是隐喻性的，这是说物质的表达是非个体的，它体现为一具体的普遍性［concrete universality］。一切语言的表达既是一种事实性［factual］的承诺，又是对一种事实性［factuality］具有共同认知（情感、魔力及非理性的层次）倾向性的承诺。

弗雷德里克·詹姆逊指出："语言是一种很特别的对象，它从来不会在任何地方同时全部用上，也从来没有在任何地方见诸实物或实体。然而，又使我们觉得它无时无刻不存在于我们的思想和我们每一具体的言语行为中。"③ 我们认为这其中的根本原因在于：语言既是事实承诺，又是对事实的语言承诺，既是个体承诺又是普遍承诺。语言中有一个世界，但我的言语中除了一个共有的世界还有一个我的世界。费希特认为，人的感知不但不会欺骗我们，而且，它甚至基本上是吾人得以自抽象思维之影响中解放出来和是吾人得以接近实在性的唯一媒介。在《娜娜——或论植物的灵性生命》［Nanna：Or on the Psychic Life of Plants］这一著述中，费希特把植物世界中的一切现象尽都视为表达之现象，并从此一角度对它们加以解释［as expression-phenomena and

---

① George Lakoff, Mark Johnson. Metaphors we live by. Chicago：The University of Chicago Press，1980：82.

② Alfred North Whitehead. Modes of Thought. New York：The Macmillan Company，1966：21.

③ Jameson F. The Prison-House of Language. A Critical Account of Structuralism and Russian Formalism. Princeton：Princeton University Press，1972：24.

explained as such]。对费希特而言，一切植物都是一些"灵魂"——"这一些灵魂于静止时绽放其花朵，散发其香气，借着萌芽去发泄去冲动，而且借着对阳光的朝向去满足其更高的欲望"①。恩斯特·卡西尔更是指出一切人类文化之作品或成果都具有三个层次：物理存在之层次，对象表现之层次和位格表达之层次[the physical thereness (*Dosein*)，the object-presentation，and the evidence of a unique personality]。"这三个层次乃是'作品'得以成为'作品'而不只是单纯的'结果'所必须具备的，也使得这意义的艺术作品不单只属于'自然'，而更属于'人文'的必要条件。这三个层次中任何一层次一旦缺如，或者吾人的观察于任何一层面一旦被封固，则吾人只能显示文化的一个平面像，而皆不足于透显人类文化之真正深层向度。"②　他同时指出，严格的实在论却因为怕陷入晦暗而习惯于否定这一深层向度。"证明的程序是不能无穷地继续的，我们最终必定站在一些论点之上，而这些论点是不能被证明，而只能被指出。"③　在此基础上，恩斯特·卡西尔提出了一种批判性的文化哲学观，这是一种融合的、你中有我的相互构成的文化观：

> "我"和"你"都不是即成的被给予的事实，并由它们彼此施加影响而被创造出来的文化形式。相反，所谓"我"的世界和所谓"你"的世界，都是在这些文化形式之中和借着这些之力而被建构出来的。事实上，根本没有一个固定的和内在地自为封闭的"自我"去与一个同样的"你"去产生关联，再复意图自外面跻身进入此一"你"的领域这样的一回

① G. T. Fedhner. Nanna：Or on the Psychic Life of Plants，4ᵗʰ ed. Hambmg und Leipzig：L. Voss，1908：10.

② Ernst Cassirer. The Logic of Humanities. trans. Clarence Smith Howe. New Haven：Yale University Press，1961：99-100.

③ Ernst Cassirer. The Logic of Humanities. trans. Clarence Smith Howe. New Haven：Yale University Press，1961：101.

事。……然而，只要我们不再把"我"和"你"视为两个本质上为分离的存在，而把我们自己设想为"我"和"你"在处于一种语言或于任何其他一种文化形式中展开的交互沟通之中的话，则上述疑虑便立即消失。这是一项最原始的基本活动：语言之使用，艺术的构作中，设想与研究的过程，它们都分别表达出一种独特的活动，而所谓"我"和"你"，都是在这些活动中借着同时互相区别而产生的。因此，由于所谓"我"和"你"都处于言说活动，思想活动和其他各种艺术表达活动的统一性之中，它们乃是彼此交融、彼此共存的①。

表达是一种聚集，是意义之开启和意义之完成。表达是一种承诺，按照蒯因的观点，是对事实性的承诺，更准确地讲，表达是语言的事实性承诺。既然表达是事实性承诺，则其中必然有物。既然表达是语言的[linguistic)，关于某物之存在(question about what there is in expression]的问题就是某物在人们的谈论中[talk about what there is in expression]的存在。表达是语言的事实性承诺[linguistic commitment to factuality]，而非具体对象的承诺[commitment to non-specific object-orientation]，这就必然地意味着每一次由语言所"实现"的表达是单一性与多义性的统一，以及是多义性透过单一性的聚集而凸显。

有一首诗叫《我怕》，署名为"非-莎士比亚"。该诗以爱情为显性主题，诗的阅读视点是一种双性视角，对话被放在"你"、"我"之间，吟诵人可以是男人，亦可以是女人。

You say that you love the rain, but you open your

---

① Ernst Cassirer. The Logic of Humanities. trans. Clarence Smith Howe. New Haven: Yale University Press, 1961: 109. 恩斯特·卡西尔. 人类科学的逻辑. 关子尹译. 上海：上海译文出版社，2004：82.

umbrella when it rains.

You say that you love the sun，but you find a shadow spot when the sun shines.

You say that you love the wind，but you close your windows when wind blows.

This is why I am afraid，Because you say that you love me too.

——not-by- William Shakespeare：*I am afraid*[①].

该诗之主旨可以借"口是而心非"、"阳奉阴违"、"言不由衷"、"口蜜腹剑"等汉语成语来表达。中国东汉哲学家桓谭在其《新论·辨惑》就有"如非其人，口是而心非者，虽寸断支解，而道犹不出也"的感叹。诗人在诗中以"雨"与"雨伞"、"阳光"与"阴影"、"风"与"窗户"这些物象语词作对偶，诗人使用以"此"言"彼"这种比喻性的表达，以"雨"、"阳光"、"风"指所爱之对象[object of desire or to be desired]，继而以雨与伞、阳光与阴影、风与窗户之间的因果关系进行颠覆。人们从对"口是心非，背向异辞"(《抱朴子·微旨》)的抽象认识变成了一种真正的、自发的、感性的体验性认识。问题之关键在于雨、阳光和风不仅是自然的，也是人文的，正是通过它们，物理之存在，对象表达之存在和人格表达之存在瞬间被聚集一起。恩斯特·卡西尔在谈到对人文概念之理解时提出了参与人文对象之描述的三层维度：物理性、历史性与心理性。他指出三者可各自卓然成立而不会被敌方的任何论据所击倒，因为三者其实都必然地参与人文对象的构拟之中。而理解者亦可从三者之中任一面切入而理解之。因此，恩斯特·卡西尔指出："虽然每一人文对象无疑问地具有物理性的、心理性的和历史性的面相，然而，只要这成素一朝尚仍是从孤立割裂一面而不是从其彼此之交互关系或交互渗透一面被了解

---

① http：//www.notbyshakespeare.com/

的话，则这一对象之独特涵意便一朝不能显出。因此，物理学之观点、心理性之观点和历史学之观点都是必须的；然而，它们之中没有任何一个单独的观点可以把吾人于人文科学之在努力寻求的那一全相掌握和显示。"① 此乃类似于《老子》说："道可道，非常道；名可名，非常名。"可道之道，可名之名，只能言说具体之存在物，对于物理的、心理的与历史的携手参与构建之人文对象的理解，则如"恍兮惚兮"、"窈兮冥兮"、"寂兮寥兮"、"渊兮湛兮"之"常道"，相反，则如王弼在《老子指略》中所言："名号则大失其旨，称谓则未尽其极"。

　　既然，一切人文对象不能尽其所言，不能尽其极，而且根据卡西尔的参与人文对象构拟之三原则——自然科学、历史学和心理学(包括生理学)在其中的相互角逐，它们中的每一个都作出了一些十分有根据的诉求，而且这些诉求都是值得我们听取的，乃至于我们不能借着诉诸于一些教条式的命令来解决之。人文对象中有对物质的承诺，但并不与事实保持相同的步伐，对象中有对历史的承诺，却不与历史保持相同的步伐，对象中有对心理的承诺，却不与心理保持相同的步伐。物理、历史可以是缄默的，也可以是人们须要填充的空隙，唯有心理是须臾而不得离其人文对象之构拟和意义与价值生成之中。

　　凡任何文学表述，而且尤其是文学表述，都同时将物理的、心理的与历史的要素纳入语言之中，语言是一种聚集，是一种凸显，是一种主题的凝结，又似晨曦浓雾在密林之中，有如仰望星空的人把愿望寄托在群星上，书写和言说的人把愿望寄托在文字上。一切人文对象具有特定的、个别性的、历史性的和开放性的存在。用恩斯特·卡西尔的观点讲，一切人文对象是无法用一严

① Ernst Cassirer. The Logic of Humanities. trans. Clarence Smith Howe. New Haven: Yale University Press, 1961: 119.

格的意义去给予所谓"知识的批评"["critique of knowledge"]的①。这一严格性往往以压抑和奴役人类的所有其他心灵上的与精神上的能力作为代价。一切极度的严格性往往以牺牲人类天性中的乐园为代价——这个充满和谐的乐园之记忆唯有保留在最原始形式的诗歌之中——唯有在这个乐园之中——人们可以把语言与神话、历史之叙述与诗歌之创作、个体之生命与整体之生命加以结合建构而为一真正的与无间的统一之全体。而这一统一之全体唯有在当下实现。无论此全体之构拟要素如何,它们的意义之凸显都无法脱离语言之凸显来加以实现。语言这一变化之中的确定性"绝对不止于是一些人们借感觉而直接获取的内容与关系的一些单纯的模印而已。其观念也绝对不是有如那感官主义之论断所宣称一般只纯然地为印象的一些翻版而已。语言其实乃是精神活动的一种基本方向:乃是心灵与精神的行动之聚集,在这些行动之实在性——事实之实在性——的一个新的面相方显露出来"②。人类不能从自然中获得圆满,人们在自然中所能真正理解体会的,并不是事物之本性,因为事物是永远无法为人类所穷尽的;人类所真正理解的,乃是他自己的构作(语言)的结构与特色。如果说人是理解自然的尺度,语言则是体现人理解自身的尺度,正是语言愈来愈清楚确定地为人类勾勒出他的所谓的"世界"之轮廓。人们感受到世界或事物之意义显现,借凝聚于表达,唯有表达实现意义之凸显。人们阅读一部作品或一首诗歌,与其说是对原作作者之确定的意义之承诺,毋宁说是对透过原作对读者自己之世界的承诺。因此,阅读是人类之镜。

　　凡是一对象,尤其是一人文对象,一旦它是有意义的,离不开各种需要之直接影响之层面,而终于踏入赋义者意图之"意义"

---

　　① Ernst Cassirer. The Logic of Humanities. trans. Clarence Smith Howe. New Haven: Yale University Press, 1961: 54.

　　② Ernst Cassirer. The Logic of Humanities. trans. Clarence Smith Howe. New Haven: Yale University Press, 1961: 59.

层面。一人文对象之意义总是可以重复的并且是不断重返的；它们是各要素在当下之聚集，但却又不限囿于单纯的当前和当下。人文对象之意义乃是众多不同的主体于其种种生命场合和于学习与使用中所意指为同一与理解为同一的。同时，我们亦须明白，我们一般所谓的某一种语言之"学习"，绝对不只是一纯然为接受性的或重现性的过程，而是一高度生产性的过程，而是连同接受者自己一起参与了语言的生产。每一个个体都在为他自己去获取这一秩序，而在获取这一秩序之过程中，每一个体都参与了这秩序之存在。凡黏着于语言的对象一方面与个体关联，一方面又黏着于人类之"共同世界"。黏着于语言的人文对象给予我们的是一个与语言一同生产着、变化着的世界。人文对象世界里找不到须由人类给予单纯认同的事实承诺，除了把事实关联于一定的概念假设之上和让这些事实借着这些概念之假设而得以被确定之外，根本上是没有所谓"赤裸"的事实。

　　"赤裸"之事实必是外在于"我"与"你"之间，或无"我"与"你"蕴含于其间而彼此有别样的理解。此种之事实诉诸于语言将不会留下语言之剩余。此乃卡尔纳普之一普遍的、严格的科学语言。此种语言不仅是交互主体性的，而且也是普遍的。换言之，它的每一个句子都能够由其他语言对等翻译的，而凡一切无法被翻译之剩余都无一例外地与客观事实无涉。再易言之，凡不能从语言中确定精确的物理事实皆为空话与废话"[①]。这种语言表达一种普遍的、永不断裂的独断意义，其中不存在人类不断变化的那些从历史、心理和生理中留下的印模。在这种语言观中，历史从属于人类之心理的接受与理解，被认为是变化之中的一个永恒的现在，历史之意义于任何一个别的瞬间都不是孤立的——而另一方面，历史之意义却是完整而不断裂地存在于这些瞬间的每一个之中，以及每一个人毫无觉知的日用之中。

---

① Rudolf Carnap. Physicalische Sprache als Universal sprache der Wissenschaft. Erkenntnis. n (19；32)，441ff.

　　人们感受到世界或事物之意义显现，皆凝聚于表达，唯有表达实现意义之凸显。人们唯有感知到意义所迎来之表达促使人身不由己地走进他者，身不由己地转身、驻足流连和在四处张望中寻找——寻找表达。人们很多时候并不知道把自己视为一个可以反观之对象——其实，在很多时候，当人们无人对白，自己跟自己说话，这是人们在语言之中实现了自我的对象化。人们有时在窃窃私语、与空无的言说中实现表达。人们有时甚至在莫名地想哭、莫名地嚎叫、莫名地痴笑之中实现表达。人在孤寂之中最大之伤害莫过于言谈的虚无。"因此，语言不仅仅是我们自我的一种外化。"① 语言绝非单纯地是模仿性的[imitative]，而是生成性的[productive]。语言的言谈之中储藏着难以抑制的能量和动力。我与你在语言之中获得一种真正的联系，并透过对这一语言世界的不断的参与，"我"和"你"的关系得以建立。言谈从来都不只是单方向的宣告，即使是独白，也是在"the presence of absent listener"之间进行的，而即便这个缺席的听者也会以他言谈者自己的实际在场而代替分离的伪装化的人格。福斯·勒尔[Karl Vossler]就这一问题有如下的一番话：

> If human beings were nothing but individuals and not persons also, conversation would be unintelligible, for it consists in splitting and reunifying the soul.... In the final analysis, i. e., when considered philosophically, the real vehicle and creator of conversation is always a single person, who can divide into at least two and finally into any number of characters or sub-persons. ②

---

　　① Ernst Cassirer. The Logic of Humanities. trans. Clarence Smith Howe. New Haven: Yale University Press, 1961: 113.

　　② Karl Vossler. The Spirit of Language in Civilization. trans. Oscar Oeser London: Kegan Paul, Trench, Trubner and Co. Ltd, 1932: 12.

　　因此，歌德说："人类要逃避世界，最好莫过于透过艺术，人类要使其自身与世界连接，最好莫过于透过艺术。"① 人类的生命不单只需要在物理对象世界之中展示，更是需要以"移位"[displacement]的方式在这些艺术形式之中展开。这也正如恩斯特·卡西尔谈到人文对象于多样性之中实现统一性时所言：

　　　　它所希望认识的，乃是形式的整体[the totality of the forms]，而人类的生命即是在这些形式之中展开的。这些形式是无限地分殊的[one and the same]，然而却不因此而失去其统一的结构。因为，归根结底而言，这都是文化的发展过程里以千般彰显方式和千般面目展现出来的"同样"的一人类而已。这一同一性是不能被吾人透过观察、衡量与量度而获得的；同样地，也不能由心理学上的归纳方法而获得。除了透过行动之外，此一同一性实无其他证立之途。我们必须要主动地进入一文化之殿堂，此一文化方会为吾人开启；而这一迈进是并不单限于当下。在此一场合里，所谓时间上之分别，或那"较早"的与那较迟之间的分别，也都一样地成为彼此相对了，这正有如在物理学与天文学的观念中，那些空间上的分别，或曰，那"这里"与"那里"之间之分别是彼此相对的一般②。

　　人文对象是无限的，正如人类的生命是无限的。生命之统一性总是以千般彰显方式和面相展现出来，生命之呈现既是统一的又是分殊的，其中无时无刻不点缀着惊喜和惊奇。而生命之符号，包括既往之符号，不单只是告诉我们关于生命的讯息，也告诉了

---

　　① 恩斯特·卡西尔. 人文科学的逻辑. 关子尹译. 上海：上海译文出版社，2004：89.

　　② 恩斯特·卡西尔. 人文科学的逻辑. 关子尹译. 上海：上海译文出版社，2004：123.

我们在感受生命形式之同时参与了对这些生命的缔造。人文对象从来不外在于自然科学之上，因为它从未离开过对物理之事实性的承诺。但人文对象从来或而今以后亦绝不会如泰纳在他的《艺术哲学》中所陈述的那样："今日科学研究之趋向，是要让精神人文科学向自然科学看齐，并且借着后者之原则与评判方式赋予前者，使前者获得同样的稳固性，以及确保前者将能享有同样程度的进步。"①

　　实际上，在科学主义开始支配一切并让人们享受到它的实惠和感受到它的力量的时代，泰纳所发出的"要让精神人文科学向自然科学看齐"的声音似乎回荡在更大的市场上空。问题是：我们或许可以借助于科学把世界统一在一起，并把这个世界的物理特征（看得见的与看不见的）全部"赤裸裸"地揭示出来，可是科学无法回答山水风景有时被称为阴暗或明朗，有时被称为严峻或明媚，有时又被称为细致或超逸，以及如诗句"人面桃花相映红"所引起的心理感应现象。凡此种种，显然都不能透过工程预设和实验观察的途径而决定，它们都是一些纯粹的表达性特征，但这些特征却可以使我们通向文学和诗歌，通往心里所期待那些无数的惊喜和惊叹。每个族群都有一些晦涩的逻辑图式或认知图式——那些种族、社会环境、决定要素等之图式，个体或潜意识地通过它们而能够获得色彩与生命。

　　个体是一切人文历史反思之重心所在。一切事物莫不透过个体而存在，我们所要认识的，实际乃是个体本身。而这种个体是一种交互之间的个体，语言就是从这一交互之中产生的。赫尔曼·保罗［Hermann Paul］指出："事情完全环绕着如何自个体彼此间之相互施加影响中导生出语言之发展。"② 人类的言说使自己

　　① Hippolyte Taine. The Philosophy of Art. New York：Bailliere Brothers，1865.

　　② Ernst Cassirer. The Logic of Humanities. trans. Clarence Smith Howe. New Haven：Yale University Press，1961：129.

从个体投入整体之中，从分离走向聚集，又从聚集走向分离。一位族群中的人一开始感觉发出声音之必需，他同时也把他自己写进了自我族群的历史之中。族群之整体中有语言，语言之整体中包含了族群。一种族群之语言乃该族群之最大之"原型"。该"原型"聚集着原始之物质、族群之原始生命活动面相以及丝丝叩响族人心扉之惊叹和惊喜。这些惊叹与惊喜化作有声或无声之言语，呈现为或终将呈现为一种不可化约的事实，并以不断复返却又难以重复的方式持恒地响应着那些聚散两依依的原型。此乃歌德在《致艾克曼书简》所言："人类之最高满足便是惊叹；而如果人之惊叹的对象达致一始源之目标，那他便已获得了宁静，并于其中自我安顿而无须寄托于外物了。然而，此乃一绝对之极限。对一般人类而言，对始源之沉思是远远不够的，他们认为须进一步迈进，有如孩子们照镜子那般，在照见镜子时又立刻要看一看到底镜子的背后有什么东西。"①

从广义上讲，人类之一切行为都在实现着自我表达，都在推动着自我向对象化转化，而发声或言说则是人类走向对象化的第一次无意识之觉醒。世界之整体表象皆是人类意识的符号化体现，而不单只是语言与文字。柏拉图这样说道人类是"于存在中趋向于生成变化的[becoming within being]"。② 我在这里要对柏拉图的话略加补充：人类于存在中、也于存在之外趋向于生成变化的[becoming within or without being]。也就是说，人之本质是在存在之中和在存在之边界上生成与变化。人总是趋向"To be"的存在，这是一个不断生成的[becoming]过程，但这个生成之变化依然浸淫于存在之确定性框架中，亦浸淫于语言的"构拟"之中。亦可以说呈现人之变化的语言，其本质就是变化。语言的变化是

---

① J. P. Eckermann. Gespräche mit Goethe, 6th ed. Leipzig: F. A. Brockhaus, 1885: 50 f.

② Ernst Cassirer. The Logic of Humanities. trans. Clarence Smith Howe. New Haven: Yale University Press, 1961: 178.

与人类之存在携手共进的，即使语言对物理事实作出了承诺，语言决然不能作为对某一个物理事件之承诺而存在，并因此可以保持不变并持续地表达一种恒定之"属性"。言语从来只是存在于言说之行为之中，而这"从来"绝不会以完全相同之条件和完全相同之方式来发生。虽然语言只凭借代代相传这一事实维系其存在，但这个传递之发生从来都不会以抹除代际之间的自发性和印模为代价。语言的接受者不会如接受印戳中的一枚硬币一样去接受前人的这一赋赐，因为他只有在使用中接受它，而要使用它就必须在其上烙上他自己的痕迹。同样，老师和学生，父母和孩子，从不说"相同"的语言。我们因此可以理解赫尔曼·保罗何以将语言的这一构拟和转变之过程视为语言最为重要的特征之一①。

可见，语言有一种"任意性"的理性以及一种"无目的性"的目的。语言之变化把对语言的创造性承诺赋予了每一代人，同时，把自由和尊严赋予了使用语言的每一个个体。如果真如泰纳所言"要让精神人文科学向自然科学看齐"以及如卡尔纳普所言"实行表达的零剩余"，那么，这个世界就将有百分之九十九的人沉默，而让百分之一的人发声。这个世界将因其沉默而变得十分可怕，因为一种无剩余的表达意味着表达即绝对完成，此乃一种无声的、无缝隙的、无分殊的自我之同一性。存在是生成变化的，生命是生成变化的，存在和生命将永远是一个未完成式。怀特海在《思维方式》中指出"人之生命的价值、它的重要性是通过未实现的理想借以使其目的具体化并使其行动具有色彩的那种方式取得的"，"完成的事实只有处于形成未来的那种活动材料中才能得到理解"，表达就是这样一种承诺。它是物理性的，但却不是对象性的，它是事实性的，但却不是可量化的事实："表达是弥散在

---

① Herman Paul. Principles of the History of Language. trans. Strong H A. London：Longmans，Green and Co.，1891：15.

环境中的情感材料。"① 表达有物质之重，更有情感之不能承受之轻，表达是有限和无限之间的合一，它因此可以向无限和多元作出承诺：

> 表达是以有限的情境为基础的。它是有限性将自身印记于其环境之上的那种活动。因此它起源于有限的东西；它还将有限的东西的内蕴体现于处于其自身之外的其众多同类者之中。这二者(即重要性与表达)一起，既是宇宙的一元方面的见证，也是它的多元特性的见证。重要性由作为一的世界通向作为多的世界，表达则是由作为多的世界给予作为一的世界的礼物②。

怀特海的这种认为表达集有限与无限之间的统一，集一与多之间的统一，以及表达是意义瞬间之凸显，维护了语言的诗学特质与语言的开放性，维护了语言的一种松散的本体论观。要记住：语言不仅可以关注山楂树之果实的口味，它还可以抓住阳光照在山楂树叶子上的光彩。我们还必须记住：我们不是上帝，我们不能使用唯一的语言来讲出一种赤裸的真理，我们亦同样不能使用不带辅助物的语言讲出不留下剩余的思想。我们还要记住詹姆逊给我们的提醒："一旦一种不带剩余的语言来临，诗歌便不复存在。但是以其智慧弥补语言缺陷的诗歌，必然挺身前来营救。"③因此，前面提到的那首署名"非-莎士比亚"创作的诗歌正是以它无穷的剩余向持续的表达、向"诗性"允下了承诺，而这种承诺在翻译之中获得实现：

---

① Alfred North Whitehead. Modes of Thought. New York: The Macmillan Company, 1966: 24, 112, 22.

② 怀特海. 思维方式. 刘放桐译. 北京：商务印书馆，2004：20.

③ Jameson F. The Prison-House of Language. A Critical Account of Structuralism and Russian Formalism. Princeton: Princeton University Press，1972：31.

译文之一

你说烟雨微芒，兰亭远望；后来轻揽婆娑，深遮霓裳。

你说春光烂漫，绿袖红香；后来内掩西楼，静立卿旁。

你说软风轻拂，醉卧思量；后来紧掩门窗，漫帐成殇。

你说情丝柔肠，如何相忘；我却眼波微转，兀自成霜。

译文之二

子言暮雨，启伞避之。

子言好阳，寻荫拒之。

子言喜风，阖户离之。

子言偕老，吾所畏之。

译文之三

君乐雨兮启伞枝，

君乐昼兮林蔽日，

君乐风兮栏帐起，

君乐吾兮吾心噬。

译文之四

恋雨偏打伞，爱阳却蔽凉。

风来掩窗扉，叶公惊龙王。

片言只语短，相思缱绻长。

郎君说爱我，不敢细思量。

译文之五

恋雨却怕绣衣湿，喜日偏向树下倚。

欲风总把绮窗关，叫奴如何心付伊。

译文之六

江南三月雨微茫，罗伞叠烟湿幽香。

夏日微醺正可人，却傍佳木趁荫凉。

霜风清和更初霁，轻飔蛾眉锁朱窗。

怜卿一片相思意，犹恐流年折鸳鸯。①

上述这六种表达（我称之为表达），与其说是译者们对原文的移译，毋宁说是他们围绕爱情中"口是心非"这一现象的主题聚集。这是由文字实现的——是物理的、历史经验的与心理/生理的聚集。译文中，若干物理意象，不断围绕着主题而聚集，把读者直观地浸淫于汉语文字之美与诗学世界之中。这使我们想到蒯因所言：表达是"对事实的语言性承诺"，因此语言具有"一种开放而松散的本体论"。亦因这样"一种开放而松散的本体论"，我们的文化、美学、快乐、宗教、仪式、仪式性器物、音乐、艺术、诗歌和官能享受成为我们普遍人性中不可或缺之部分。亦缘于凡一切语言之表达皆为浸淫于物象性的表达，我们因此可以感受到语言如花之绽放，这即是蒯因所谓"两个彼此冲突之翻译手册却可能都遵循了事实或行为之倾向性"② 这个道理。一种"松散的本体论"是一种言说的本体论，也因此是一种多元本体论或微观分布之本体论：当蒯因谈论何物存在时，他实际在谈论我们关于何物存在之道说或表达，关于我们的理论对重要时刻的本体论承诺。事实性是超语言的，但是它依然是某种东西被置于我们关乎重要时刻的理论之中。可以说，我们只要承认语言之物象性或曰隐喻性特征，我们承认了语言自身的事实性。但是语言之事实性不是指"由语词实现的逐字与世界对应的事实"，不是经得起量化的对象性存在，因为在语言中根本不存在这样的事实或这样的语言对象。大凡具可译性[translatable]的文本皆不具备这样的事实性或这样可被对象化的语言。尤其是，在从一种语言向另一种语言移译之过程中，翻译之表达体现为一种围绕主题自身之胶合的聚集

---

① 有关原诗 *I am Afraid* 的出处，见网页：http：//www. notbyshakespeare. com/。有关它的几种译文见网页：http：//www. 360doc. com/content/13/1228/12/7421456＿340741926. shtml。遗憾的是，无法确定它们的译者是谁。——作者注。

② Quine W V. Theories and Things. Cambridge，MA：The Belknap Press of Harvard University Press，1981：23.

和离散，因为这是一种聚集和离散的统一①。

我们以下举唐代诗人崔护的《题都城南庄》一首诗与它的 5
个英译为例。

（唐代）崔护：《题都城南庄》

---

① Max Black. Models and Metaphors: Studies in Language and Philosophy. Ithaca, New York: Cornell University Press, 1962: 44. (1) A metaphorical statement has two distinct subjects—a "principal" subject and a "subsidiary" one. (2) These subjects are often best regarded as "systems of things" rather than "things". The view is labeled interactive because neither subject remains unchanged. Black observed, "If to call a man a wolf is to put him in a special light, we must not forget that the metaphor makes the wolf seem more human than he otherwise would. " (Ibid. 44.)Suppose we try to state the cognitive content of an interaction-metaphor in "plain language". Up to a point, we may succeed in stating a number of the relevant relations between the two subjects (though in view of the extension of meaning accompanying; the shift in the subsidiary subjects implication system, too much must not be expected of the literal paraphrase). But the set of literal statements so obtained will not have the same power to inform and enlighten as the original. For one thing, the implications, previously left for a suitable reader to educe for himself, with a nice feeling for their relative priorities and degrees of importance, are now presented explicitly as though having equal weight. The literal paraphrase inevitably says too much—and with the wrong emphasis. One of the points I most wish to stress is that the loss in such cases is a loss in cognitive content: the relevant weakness of the literal paraphrase is not that it may be tiresomely prolix or boringly explicit (or deficient in qualities of style); it fails to be a translation because it fails to give the insight that the metaphor did: 46. Were we able, as we are not, to infer from a given vocabulary to corresponding cognitive capacities, a further inferential leap would be needed to show that different languages incorporate different conceptual systems. The admitted possibility of translation from any language into any other renders the supposed relativity of such systems highly dubious: 249. In the light of the foregoing considerations, the prospects for a universal philosophical grammar seem most unpromising. I believe the hope of finding the essential grammar to be as illusory as that of finding the single true co-ordinate system for the representation of space. We can pass from one systematic mode of spatial representation to another by means of rules for transforming co-ordinates, and we can pass from one language to another having the same fact-stating resources by means of rules of translation. But rules for transformation of co-ordinates yield no information about space; and translation rules for sets of languages tell us nothing about the ultimate nature of reality: 15.

去年今日此门中,

人面桃花相映红;

人面不知何处去,

桃花依旧笑春风。

译文之一

On this day last year what a party were we!

<u>Pink</u> <u>cheeks</u> and <u>pink peach-blossoms</u> smiled upon me;

But alas <u>the pink cheeks</u> are now far away,

Though <u>the peach-blossoms</u> smile as they smiled on that

day. ——Giles

译文之二

In this house on this day last year, <u>a pink face</u> vied,

In beauty with the pink peach blossom side by side.

I do not know today where <u>the pink face</u> has gone,

In vernal wind still smile pink peach blossoms full-

blown. ——许渊冲

译文之三

This very day last year, oh, at this very place,

<u>A pretty face</u> outshone the flowers of peach trees.

I do not know today where shines the pretty face,

Only the <u>pretty flowers</u> still smile in vernal breeze. ——

许渊冲

译文之四

On this same day last year within this door,

A comely face and peach blooms together did grow.

She I've admired has gone I know not where,

Th, peach blooms are smiling still in th, breeze to

blow. ——孙大雨

译文之五

Within this gate on this same day last year,

> Cheeks and peach-flowers outbloomed each other here;
> Her very cheeks can now be found no more,
> Tho, peach-flowers smile in spring winds as before. ——
马红军

　　四位译者对原文的五个翻译，其共同特点有：①以诗译诗；②因韵害义；③译字损义；④显译以减义（平淡）。这里所指出的四个特点，我虽然表示赞同，却不是由我直接提出的。这是作为上述几种译文译者之一的马红军教授的看法①。我这里只是想提出这样的问题：我们是否可以脱离原文来阅读这些译文？原文诗歌是否已构拟了我们的阅读和理解时空？我们对两种诗歌——原文与译文——的书写语言采取字比句当的分析方式，作为译文读者（英语读者）的立场是否恰当？

　　根据恩斯特·卡西尔提出的构拟人文对象之"物理层面、历史层面、心理/生理层面"三要素，诗歌无疑是极具人文性的，是"三要素"之高度统一。我们无法从译诗那里获得这样的"统一"，或者，应该由谁从译诗那里获得这样的"统一"，我们不是说译诗没有这三要素，而是说这里针对的读者对象，比如英语读者，对这三要素的心理积淀与汉语语境中的读者可能完全不同。我们似乎缺乏充分的理由去认为许渊冲先生的译文"a pretty face outshone the flowers of peach trees"，会比贾尔斯[Giles]的译文"Pink cheeks and pink peach-blossoms smiled upon me"更贴近原文的"人面桃花相映红"。原诗极其简约，时空极其具体，物象极其鲜明，但内蕴极其丰赡。一、二两句用"桃花"写"人面"，用"人面"点燃春色，"人面"是春色中的凸显，又是"人面"将春天抹上意义的记忆之结。这是一幅色彩浓丽、青春焕发、两美相辉的人面桃花图，诗人和佳人的心态、情态、记忆、愿望皆在其中。三、四两句看似该诗之突变，可实际上不是。因为原诗中的

---

① 马红军. 翻译批评散论. 北京：中国对外翻译出版公司，2002：157-160.

"去年今日此门中"告诉我们，作者是以"今日"之当下写起，继而以桃花依旧，人去楼空结束，从而在愈见其同、愈感其异、愈觉其续、愈伤其断的情态之中凸显诗人眼前的惆怅与寂寞。可见，对人文对象之理解，离不开各种需要之直接影响之层面，而终于踏入赋义者意图之"意义"层面，它们是各要素在当下之聚集，但却又不囿于单纯的当前和当下。该诗向读者呈现了一个高密度的张力网，其中隐藏了秘密，在追问之中演出故事。若翻译该诗，其难点无疑在"相"、"红"和"笑"这三个字上面。而"笑"则无疑是在"哭"，又岂止一个"哭"字了得，一切美好都落在了一种"生命不能承受之轻"的情感之上。

蒯因认为语言承诺了"一种松散的本体论"，以及他认为语言只是对事物作出的一种"语言学承诺"。以此观之，蒯因端端正正地走上了一条人文语言学之路，让语言之花迎面对着诗学开放。语言这样的"一种松散的本体论"意味着它不是对单一事实的承诺，而是指语言是具有事实性的微观聚集。怀特海在《思维方式》谈到"事实"这一概念时指出：

　　　　让我们从另一种意义上来研究实事和重要性这两个论题。单纯实事这个概念乃是单纯存在的特性浮现于思维中，以便使其本身与外部活动的必然之物相协调。它是对我们以及其他一切类型的事物都淹没于其中的自然界的事态的认识。它起源于作为过程的我们自己的思维之中，而这种过程又淹没于我们自己之外的过程中。对事实性的这种掌握是思维的一个极端。这也就是说，它是振动的事物的单纯振动概念。①

我想这样来认识怀特海的这一段话：他的事实概念不是一个对

---

① 怀特海. 思维方式. 刘放桐译. 北京：商务印书馆，2004：9. 原文见 Alfred North Whitehead. Modes of Thought. New York：The Macmillan Company，1966：20.

象性概念，而是一个环境概念，是一个"或多或少"的概念和多样
性的概念，是一个参与我的思维之过程和与认识者"我"相互关联
的概念。因此，他非常有意思地使用了"受到振荡之事物的振荡"
来表述他的事实概念。这与蒯因所主张的"一种松散的本体论"中
所蕴含的整体观以及梅洛-庞蒂所谓"意义之明证性来源于持续振荡
之中"的认识构成了吻合。问题是这样的一种杂多而又主客彼此浸
淫的本体论如何表达？而实现了的表达又该如何选择和如何理解？
怀特海在其《思维方式》中提出了"凸显"这一概念。"凸显"是一
种聚集，又是一种主题性点亮。环境（包括语境）向着凸显聚集，因
聚集而点亮。怀特海是这样解释这一聚集的：

> 　　每一充分实现了的事实在历史世界中以及在形式领域中，
> 即在宇宙的视域中，都有无限多的关系。我们只能从对这些
> 关系中选择极少数关系来对之加以思考。为了充分理解这些
> 如此抽象过的关系，需要有我们从中抽象出这些关系的无限
> 性。我们的经验的东西比我们能够分析的东西要多。因为我
> 们经验着宇宙，而我们在我们的意识中分析的只是从宇宙的
> 细节中选出的一小部分①。

聚集是有限中之无限，又是无限中之有限。怀特海认为"凸
显"以有限的情景为基础的、一种向无限持续敞开的聚集。同时，
无限将自身印模在有限之环境中。犹如在上述这篇"*I am
afraid*"的诗歌中作者把"love"模印在"雨"、"窗户"、"雨伞"
这些与人类生活和情感环境息息相关的物理之上。又如崔护在
《题都城南庄》中把佳人之"美丽"写在"桃花"之上，亦一同写
进了春风之中。"我们的经验的东西比我们能够分析的东西要多。
因为我们经验着宇宙，而我们的意识中分析的只是从宇宙的细节

---

① Alfred North Whitehead. Modes of Thought. New York：The Macmillan
Company，1966：89.

中选出的一小部分。"表达是由这个"小部分"向整体的突破，是由有限向无限的突破。"表达是最初包含在表达者的经验里的某种东西在环境之中的弥散。没有任何有意识的决定性包含其中，唯有弥散之冲动和渴求。"这是一种诗意的弥散，犹如"人面"在大地和春风中弥散，并因这种"人面"而改变了大地的结构——这乃是"人面"的意义和美。

因此，表达是去平均化——"表达与平均没有任何关系。表达在本质上是个体的与个性化的。一旦平均处于支配地位，表达便黯然失色"①。翻译是一种表达或再表达。在翻译中，译文与原文之间不存在平均和同一的对等。译者向作者仅仅是作出一种基于形式伦理的忠实承诺，更主要的是译者须围绕原语之主题所聚集的那些物理的、历史的和心理/生理要素，以及这些要素在语言之中的弥散与聚集。下面选取何华德·葛浩文［Howard Goldblatt］所翻译的莫言小说《丰乳肥臀》为例：

> 原文：我的眼前，只有两只宝葫芦一样饱满油滑、小鸽子一样活泼丰满、瓷花瓶一样润泽光洁的乳房。她们芬芳，她们美丽，她们自动地喷射着淡蓝色的甜蜜浆汁，灌满了我的肚腹，并把我的全身都浸泡起来。我搂抱着乳房，在乳汁里游泳……头上，是几百万、几千亿、几亿兆颗飞快旋转着的星斗，转啊转，都转成了乳房。天狼星的乳房，北斗星的乳房，猎户星的乳房，织女的乳房，牛郎的乳房，月中嫦娥的乳房，母亲的乳房……②

> 译文：In front of my eyes were two gourd-sized breasts, overflowing with rich liquid, lively as a pair of doves and sleek as porcelain bowls. They smelled wonderful and looked beautiful; slightly

---

① Alfred North Whitehead. Modes of Thought. New York：The Macmillan Company，1966：21.

② 莫言. 丰乳肥臀. 北京：中国工人出版社，2001：88.

blue-tinged liquid, sweet as honey, gushed from them, filling my belly and drenching me from head to toe. I wrapped my arms around the breasts and swam in their fountains of liquid… overhead, millions and billions of stars swirled through the sky, round and round to form gigantic breasts: breasts on Sirius, the Dog Star; breasts on the Big Dipper; breasts on Orion the Hunter; breasts on Vega, the Girl Weaver; breasts on Altair, the Cowherd; breasts on Chang'e, the Beauty in the Moon, Mother's breasts…[①]

　　莫言在原文中把母亲的乳房与人类的生存愿望联系在一起，因这一愿望之满足而使乳房成为人类之大美的象征，因这一愿望之满足而使"我"进入了生命的美学世界之中，这是一个乳房的世界："我在乳汁里游泳……头上，是几百万、几千亿、几亿兆颗飞快旋转着的星斗，转啊转，都转成了乳房。"作者用单一之乳房写出了一个满满的生命世界。作者在叙事中抓住"乳房"这一"凸显"点亮了一个无限的世界。乳房在其中振荡。这就如"桃花"、"水仙花"、"美丽的倩影"瞬间可以美化一个世界。有限的单一之"实有"以及它的"态势"制约着环境，并以自己特有的视域，推动着语词向着它聚集而来。这是有限与无限之间、弥散与聚集之间的博弈。人文对象的构拟是对一种主题的构拟，是在无限中寻找有限，让有限浸淫于无限。这就是怀特海所谓"有限的事物的态势制约着无限"的道理所在。

　　在翻译之中，一旦译者把握了对原文的主题或主旨或一种主题性聚集[thematic gathering]，剩下的便是译者对原文的一种语言学承诺。在此，我们不打算对莫言的原文与葛浩文的译文做字比句当的分析。为了说明一种围绕主题之聚集对于表达之凸显，以及那些尾随而至的语词如何参与主题之强化，以及较为间接地指出主题或

----

　　① Mo Y. Big Breasts and Wide Hips. trans. Goldblatt H. New York: Arcade Publishing, 1993: 48.

主题赋义如何把不确定性的语词引入到确定性之主题上去，我们且看下面来自英国著名讽刺作家乔纳森·斯威夫特著名的《格列佛游记》(1726)中的一段关于乳房的描写或关于乳房的想象：

> I must confessno Object that ever disgusted me so much as the Shift of her monstrous Breast，which I cannot tell what to compare with，so as to give the curious reader an idea of its bulk，shape and colour. It stood prominent six feet，and could not be less than sixteen in circumference. The nipple was about half the bigness of my head，and the hue both of that and the dug，so varied with spots，pimples，and freckles，that nothing could appear more nauseous；for I had a near sight of her，she sitting down，the more conveniently to give suck，and I standing on the table. This made me reflect upon the fair skins of our English ladies，who appear so beautiful to us，only because they are of our own size，and their defects not to be seen but through a magnifying glass；where we find by experiment that the smoothest and whitest skins look rough，and coarse，and ill-coloured. [①]

---

① Jonathan Swift，Gulliver's Travels，Part 11. A Voyage To Brobdingnag in Selected Prose Works London，1949：189-190. 在此，一并将汉语译文引录如下：我（矮小的格列佛）得承认，还没有哪样东西像见到她那个硕大的乳房那样让我感到厌恶。它长得特别奇怪，我真不知道用什么东西来比喻这东西，好给好奇的读者详细地说明这乳房的大小、形状与颜色。那东西挺起来大约有六英尺高，乳围不会少于十六英尺，乳头大概有我半个头那么大。乳房与乳头上布满了黑点、丘疹和雀斑而混杂不一，再没有什么东西比这更叫人作呕的了。因为她坐着喂奶比较方便，而我是站在桌上，离得近，所以这一切我看得清清楚楚。这使我回想起我们英国太太们的细腻的肌肤来。她们在我们的眼中是如此迷人，只是因为她们和我们是一般大小罢了，她们的缺陷只有通过放大镜才能看得清。我们做过试验，从放大镜里看，最光滑洁白的皮肤也是粗糙不平，颜色丑陋。——作者译。

　　这是被置于巨人之中的矮人格列佛眼里所看到的乳房这样的东西。同样是关注人类生活与人的肉体有关的那些问题，或者说，莫言和斯威夫特描写中的或其语言学承诺的物质本体论或感知对象是同一的：自然状态中的乳房。但是，前者使人置于乳房这一自然物面前，关注的却是生命与满足、美与期待的主题，其隐喻语词围绕这一主题而聚集和储存能力，推动读者对乳房激发出美的想象力。后者使人置于同样的乳房这一自然物面前，让读者关注的却是它那令人作呕的斑斑点点和丑陋。两人对描写对象的主题承诺不同，围绕各自主题而引发的语言聚集也就不同了。莫言《丰乳肥臀》的译者葛浩文只要认识到了莫言笔下的乳房是美丽的，只要他能够确保这一美的主题能够得到传达，他又何必把这美丽的乳房仅仅局限于中国之"织女的乳房"、"嫦娥的乳房"等，而不延伸到西方世界中那些诸如"盖亚的乳房"、"赫拉的乳房"、"海伦的乳房"？同样，我们在翻译斯威夫特这段话时只要能够强化乳房的"负值"，我们就可以使语词围绕"乳房与乳头上布满了黑点、丘疹和雀斑"适度地延伸下去，就可以实现一种不会变化的、持续的主题化聚集。因此，我们认为表达是一种聚集，是意义或主题之凸显，而且一旦这种"凸显"之重心确定了，语词以及语词意象之使用便只需遵循文类范畴原则，比如诗学范畴，而无须有其他顾虑了。

　　索绪尔曾经说过这样一句话："从某种程度上讲，任何东西只要是有意义的，它就必定是共时的。"[1] 换而言之，只要实施赋义行为的人感觉一事物对他是有意义的，他与这一事物之间就存在一种哪怕是错位的共时关系：这一事物必定是他眼中的事物。表达者自身的意愿必定跟随他的表达物（语词、意象）一同进入这一事物之中。而这一"共时性"往往在翻译中是难以实现的，也被认为是译者需加以回避的：译者不能用自己的时代去代替作者的

　　① Jameson F. The Prison-House of Language. A Critical Account of Structuralism and Russian Formalism. Princeton：Princeton University Press，1972：5.

时代，因为作者以共时的方式去写现在，而译者则是在错位的时空里去翻译。更进一步讲，共时性和历史性两者给出的本体论承诺是不一样的，前者的基础在本族语使用者的切身体验之中，后者则是基于一种分析假设之产物，是一个超越时间的局外人，因而也是一个用纯粹是想象出来的连续性代替实际的连续性的人对一个又一个的时刻进行比较分析的结果。前者是靠本族语使用者的直觉来确定，而后者则只能靠译者的分析假设来确立。但实际上，两者之间并非如此界限轩轾分明，而无法跨越之。人们对诸如文学、诗歌等这些人文对象的理解，只要对象一旦发生，它就一定是历史性的。对对象之表达则是由一片一片的碎片组成。而把这些碎片加以组合，除了语法和逻辑这些东西，便是那个发挥支配和引导作用的主题聚集。而那些由碎片构成的模糊证据便会像金属碎片围绕吸铁石那样环绕着主题而聚集。

弗雷德里克·詹姆逊谈到语言中的认知过程时，他认为语言认知遵循了一种黑格尔式的肯定即否定的法则："语言知觉在其发生之中遵循了黑格尔的肯定即否定的法则，但最能说明这种法则的也许是萨特在内在否定与外在否定之间进行的区分。外在否定主要存在于分析思维中，存在于一件件并置的物体构成的物质世界中。因此，说桌子不是长颈鹿，虽然是事实，但并不重要，因为这既不影响桌子之存在也不影响长颈鹿之存在，也就是说它对两者性质的界定都不起作用。但是人类现实是由内在否定决定的；因此，我不是工程师，不是中国人，不是六十岁的人，这些实话说的却是与我本人的真实存在关系很大的事。语言也是这样：每一个音和它所在的系统中的其他成分之间的关系是一种内在否定的关系。"① 准确地讲，语言是以局部否定或局部肯定来确定某种存在的真实性，或者说语言以否定或肯定来确立某一件事物的对立面。莫言把乳房比喻为"小葫芦"和"白鸽"，他肯定了乳房那

---

① Jameson F. The Prison-House of Language. A Critical Account of Structuralism and Russian Formalism. Princeton: Princeton University Press, 1972: 34.

种生动而富有生命力的美感与满足能力。相反，在斯威夫特的笔下，矮人眼里那布满"布满了黑点、丘疹和雀斑"的乳房则否定了乳房的美丽和赐予人类生命的一面。因此，我们可以这样来描述语言：语言不是一种客观存在，不是一个实体对象，而是一种价值，因此语言就是发现个性，或者语言就是赋予对象物以价值。在语言中发现个体就是发现对立面。语言是外在否定，内在赋义。而内在赋义虽说是主观的，却是书写者把存在的真实情态[mood of real existence]赋予外在的语言。下面这段令人毛骨悚然的文字是近代法国作家让·拉布吕耶尔[Jean de La Bruyere，1645—1696]所写，读起来使人觉得晦暗和沉重：

> One sees certain ferocious animals, male and female, scattered over the countryside, black, livid, and burned by the sun, bound to the soil which they dig and turn over with unconquerable stubbornness; they have a sort of articulate voice, and when they stand up they exhibit a human face, and in fact they are men. They retire at night into dens, where they live on black bread, water, and roots. They spare other men the toil of sowing, tilling, and harvesting in order to live, and thus deserve not to be without the bread which they have sown. [1]

看到"certain ferocious animals"（某些凶猛的动物）这样的文字，读者以为这是一段关于某种凶残的动物的描写。可是你很快就会发现这种"以为"遭到否定。事实上，这是一段关于那时法国农民生活状态的直接描写。文字给出的否定性描写，以强有力的方式，指向了人类生活的不合理性，以及导致这种不合理性的

---

[1] Erich Aureback. Mimesis. trans. Willard Trask: Princeton. New Jersey: Princeton University Press，1968：366.

社会结构。实话实说，该段文字初看上去，甚至给人混乱的感觉，如像"male and female"，与前面的"animals"相联系时，它们是符合逻辑的，但却并非可以被理解为或翻译为"男人和女人"，适当的翻译是"雄性与雌性"。但是这种理解很快被后面出现的"a human face"、"they are men"所否定。作者在这种巨大的文字张力之中寻求人类的尊严——动物与人类之间，或者以否定的描写来寻找对人类之尊严的肯定。美国人类学家克利福德·格尔茨在考察巴厘人对表达形式与意义之间关系的认识时说过这样的话：

> 任何表达形式都是在混乱的语义背景之中运作的（当它运作时）。其方式是这样的：那些原先被约定俗成地归因于某些事物的属性，现在被异乎寻常地归之于另外的事物，由此那些事物被认为实际地具有了这些特征。如史蒂文斯所做的那样，他把风叫做跛足者[The wind moves like a cripple among the leaves]，或如勋伯格所做的那样，他确定音调和调整音色，使之更加靠近我们，或如贺加斯那样把一个艺术家描述成一个放荡不羁的家伙，这些都是跨越了概念界限的做法；对象及其性质之间业已建立的关系被改变了，各种现象——秋季的气候、旋律的形式或文化的记述——被平时意指其他对象的表意符号所覆盖。同样，把雄鸡的争斗与地位划分一层层不断地加以连接，从而导致感知从前者向后者转移，这一转移既是一种描述又是一种判断（从逻辑上讲，这个转移当然也可以另外的方式进行；但是就像我们大多数的人一样，巴厘人对理解人的兴趣比理解公鸡的兴趣大得多。）①

与此相同，让·拉布吕耶尔把动物的属性赋予人的时候，那么，人的属性也同时赋予了动物。从某种意义上讲，人与动物的

---

① Clifford Geertz. The Interpretation of Cultures—Selected Essays. New York: Basic Books, Inc. 1973: 447-448.

属性都同时被扩大化了或同时遭遇了否定：说人具有了动物属性是从人的价值和尊严上来讲，而说动物具有了人的属性则是从自然属性和拟人手法来讲的。但是，我们还要承认这种动物和人的双重属性扩大化，也同时是对人和动物两者的否定。让·拉布吕耶尔把一系列原本属于动物的语词意象转移到法兰西农民身上，如这群"一群黑色的、青灰色的动物，他们散居于乡村田野之中，暴晒于热日之下，紧贴在潮湿的土地上，顽强地、固执地挖掘着，翻刨着……一到夜晚，他们就回到洞穴之中。"这些语词都自然地围绕着"凶狠的动物"这一形象而涌现和聚集。但是，我们很快就会发现，作者是采用了"明修栈道，暗度陈仓"的描写手法，把业已在我们心中建立起的一种对动物形象和行为的感知中心引向了人类，或者引向了对一种否定性的人类生活的形而上学和社会学批判。也许，作者对一群动物作如此的描写，意味着是对动物本质主义属性的一种颠覆——这在很大程度上是生态主义者们的看法，但是一旦动物的生存方式与人类的生活境遇发生了联系，作者的文字模仿就成了一种具有反观力量，并构成了一种对法兰西农民生活方式的诠释形式。我们在前面曾经讲到意义是一种凸显，一种瞬间的顿悟，甚至可以说，意义是在想象中实现的超越本身。再换而言之，意义何尝不是一种分离和融合呢？何尝不是一次居间的媾和或嫁接呢？

同样是这一位克利福德·格尔茨指出："意义问题〔the problem of meaning〕在其互相融合的任何一个方面……是要确认，或者至少是承认在人类这个层面上的无知、痛苦和不公正是不可逃脱的，同时否认这种不合理性是世界的整体特征。正是通过宗教符号系统，人的生存空间与一个被认为是符号体现存在于其中的更广泛的空间联系起来，从而作出肯定或否定。"① 意义问题是诸事物之间的融合，但更是事物相互联系间的消损，犹如灯泡的

---

① Clifford Geertz. The Interpretation of Cultures—Selected Essays. New York： Basic Books，Inc.，1973：108.

发光是以电能消损为前提的一样。人与动物之间的类比或真实存在状态的比较，更由于受到一种意向性的驱动，或者作者的意向性驱动，而使彼此变得更加真实。在这种意向性的驱动过程中，语言的作用是决定性的：它既不是一种行为也不是一种事物，而是有组织的倾向体系[an organized system of dispositions]。那么，语言所写下的，总是对我们意味着什么的事物或意义：To say something is to say something of something. 在"to say something of something"之中，第一个"something"是中介化的事实性，第二个是对象化的。我们甚至可将这一短语持续地延续下去：如 to say something is to say something of something of something of and of. 靠近"道说"的东西，它(们)愈加接近分析假设，它(们)愈加远离事物本身。通过语言去获取一种意义，或通过语言去对其背后的文化分析，是对意义或是对"多于事物本身"的东西的假设性推测，对这些推测的估价，而后只有从较好的推测之中得出解释性结论，而非去发现那呈现出意义的唯一大陆，然而再标画出没有实体的景观。法国哲学家保罗·利科[Paul Ricoeur]如此写道：

> Not the event of speaking, but the "said" of speaking, where we understand by the "said" of speaking that intentional exteriorization constitutive of the aim of discourse thanks to which the *sagen*-the saying-wants to become *Aussage*-the enunciation, the enunciated. In short, what we write is the *noema* ("thought", "content", "gist") of the speaking. It is the meaning of the speech event, not the event as event. ①

----

① Clifford Geertz. The Interpretation of Cultures—Selected Essays. New York: Basic Books, Inc., 1973: 19.

凡一种好的解释或是翻译或是赋义意向总是要把我们带入它所解释的事物的本质深处。一切文字的描写是作者在对象和内在心灵之间实现的融贯，而对它们的理解则是我们在文字和心灵之间实现的融贯。我们指出这一点乃是要说明，在文本分析方法中，不可能在再现方式和实在内容之间划出一条界线，如哪些是忠实于已说的，哪些不是忠实于已说的，哪些是客观的，哪些是主观的，如同在绘画中不可能划出一条这样的线一样。并且，这一事实反过来却又威胁着我们关于那个主张知识具有客观地位的认识，因为它暗示着知识的源泉不是社会实在而是学者们的构造这样的认识。这种威胁也许是存在的，但是在实际中它却是虚构空洞的。吃鸡蛋的人不会因为没有弄清楚鸡蛋是哪只鸡下的而拒绝吃鸡蛋。我们也从来没有因为在弄清楚莎士比亚的《我怎能把你和夏天相比拟》[*Shall I compare thee to a summer's day?*]是写给谁的之前而拒绝欣赏它。我们在前面谈论蒯因时已经说过，表达对事物的承诺是一种语言学的承诺，而这是一种"松散的本体论"承诺，这是一种整体聚集，局部凸显的本体论。对这样一种本体论的寻找是一种非对象化的发现或称之为本体论围绕着证据之重心而聚集、却又在环境中弥散、绵延和振荡，因为这种本体论是微观的。克利福德·格尔茨谈及如何对待文化的符号系统运作之方式时写道：

> 只有把文化当做纯粹的符号系统（其口号是："按它自己的说法"）来对待，通过分析其要素，确定各要素间的内在联系，然后，按照某种一般的方式，如整个系统围绕其而组织起来的核心符号，整个系统只是其表层表现的内在结构，或作为整个系统基础的意识形态原作等，描述整个系统的特征，只有这样，文化才能受到最为有力的处理①。

① Clifford Geertz. The Interpretation of Cultures—Selected Essays. New York: Basic Books, Inc., 1973: 18.

　　文化是围绕核心符号而聚集，我们也是围绕核心符号而感知文化的。在这里，怀特海的话再次发挥作用："凸显自有限中之无限的内在中产生"，而"表达则是建立在有限的场合之中"。用"桃花"写佳人，用"春风"写"得意"和"激情"以及用"白鸽"写"乳房"，将两类事物贯通在一起，原本平等的范畴或类概念，其中一个却转变成为另一概念的属性概念。这一属性概念却帮助我们接近其中一个概念世界，从而使我们能够与它们在某种扩展的意义上交谈。因此，进入一个陌生的符号语言世界的需要与符号或表达意象的要求之间，领会的需要和分析的需要之间，必然存在着巨大而又本质上无法排除的张力——这是一种储藏着能量的张力。

　　如果语言是对人类行为的符号学承诺，那么，我们就文本与描写对象（实体、事件、情感、情态等）之间的关系所发出的问题，就不是它们的本体论地位如何（因为桃花的本体论地位，一方面与岩石的地位一样，另一方面又和梦幻的地位一样，它们都是存在-于-世界中的事物），所应发出问题的是，它们的含义是什么：在它们发生之时，通过它们的媒介（语言、绘画、雕塑、音符）作用，所要说的是什么，是嘲笑还是挑战，是讽刺还是愤怒，是献媚还是自豪，是倾诉还是恳求，是批评还是褒奖。事实上，克利福德·格尔茨所说的"任何表达形式都是在混乱的语义背景之中运作的（当它运作时）"话是十分有道理的，因为任何表达一旦脱离了阅读者情感的输入都将是毫无意义的。苏珊·兰格指出：

　　　　正是感觉，诸如被人怀念和期待，遭受恐惧和追寻，甚至出自想象和躲避，才是人类生活中最重要的。这种感觉是由想象力形成的，而这种想象力建立于我们所知道的外部世界之上。正是思维的连续性将我们的情感反应系统化地转化为富有情感色彩的各种态度，并为个人情感划出了一个确定性的范围。换言之，凭借我们的思维和想象，我们不仅有了感情而且有了富有感情的生活①。

以语言为媒介的文本，既画出了我们的感知范围，又引导着我们围绕这个范围去收集外部世界本身的信息。我们关注的不是去解决问题，而是澄清感情，往往以一种扩展的方式去澄清感情。人们说人性或人之本质隐藏于事物背后、后面或下面，我们并不相信这种"大写的人"的观念：人不是大写的，人应该写在人们"中间"，写在人与事物与世界的中间，写在人之身体与身体所处场域的空间，人总是被不留残余地融进他的时间和地点之中，成为一个儿童和他的年龄的完美囚徒，人也写在语言之中——或成为莎士比亚笔下的哈姆雷特和索菲娅，或成为托马斯·哈代笔下的苔丝，或成为莫言笔下的余占鳌和九儿。即使语言的表达形式是"混乱的"，但贯穿在语言中的一种意向性或作者的意向性或读者所赋予的文本意向性却推动着一种人文对象向着确定之方向而聚集。克利福德·格尔茨在探讨情绪和动机之间的区别时，他关于动机的向量性质的说明，可以帮助我们理解这种意向性，他写道：

> 动机具有指向性质，它们记录下某种过程之全体，它们引向特定的、通常是暂时的结果。情绪仅仅是在强度上变化：它们不指向任何地方。它们来自环境，但缺乏反应的目的性。像雾，它们只是沉下和升起；像气味，它们到处弥漫和消散。它们一旦呈现就是整体性的；假如一个受难，每件事和每个人都让人不痛快；如果一个人高兴，每件事和每个人都让人振奋。因为，虽然一个人可能同时是虚荣的、勇敢的、任性的和独立的，但是他不可能同时是顽皮与平和的、狂喜的忧郁的②。

---

① Langer S K. Feeling and Form: A Theory of Art. New York, Charles Scribner's Sons, 1953: 372.

② Ryle G. The Concept of Mind. Chicago, The University of Chicago Press, 1949: 99.

　　可见，动机是绵延不断地向目的地迈进，而情绪则犹如高速路上的拥堵与畅通，漂浮不定，难以解释，但情绪却因为围绕动机的聚集而变得有意义，动机则因为这样一种向量性质的情绪弥漫而提前释放了自己的意义与价值。这个围绕动机而聚集的情绪或由感觉诱发的情绪则涵盖了听、看、闻、触，或来自眼、耳、鼻、舌、身等"五根"以及从"心"而生"意"的情感的感觉。写一句话，写一首诗，写一篇短文，写一段话，写一部小说，如果动机或意图十分明确，它们都可以简约成"S is p"这样的判断句形式模式。而其中那些像雾像气味一样的感知不仅拉开了 S 与 P 之间的张力，而且把 P 增量为 P^1，P^2，P^3，……，P^m，最后将预先给予者主题或主词重新置于问题与选择之中，或者说，是 P 的那个 S 可能变成 Q 甚至变成 R 或同时变成 Q 和 R。胡塞尔认为谓词判断的明证性要取决于经验的生活世界的明证性。如果脱离了生活世界的明证性，谓词判断就会成为无水之源：

　　　　对象是作为从背景中进入我们意识阈的对象而发出刺激的，或者也可以说：它已经在前台了，甚至它已经被把握了，但只是在此之后它才唤起了与生活实践的一切其他兴趣不同的独特的"认识的兴趣"。但在这种把握之前总是先有情趣，这种情趣并不是一个孤立的单个对象的刺激作用。所谓刺激就是从向来同在的周围环境中突现出来，就是把兴趣、或许是认识兴趣吸引到自己身上。周围环境作为预先被给定性领域，作为一种被动的预先被给定性领域而在此同在，它是指这样一个领域，即在没有任何添加、没有借助任何把握的眼光、没有唤起任何兴趣的情况下，它就一直已经在此了。这个被动的预先被给定性关注的领域是一切认识活动、一切对于某个单个对象的把握性关注的前提；对象是从它自己的领域向外发出刺激的，它是其他对象中的对象，是其他存在物中的存在物，它已经被预先给定在某种被动的意见中，给定在某种本身体现为被动性意见之统一体的领域中①。

　　胡塞尔认为，凡是作为认识活动的对象（含一切人文对象）总是从背景中进入我们的意识。对象浸淫于背景或环境之中，对象与环境一起进入我们的意识之中。两者所不同的是：认识的对象是主动给予物，而背景或环境是被动给予物。如同莫言笔下对那个"乳房"与"我"以及在我眼中"几百万、几千亿、几亿兆颗飞快旋转着的星斗，转啊转，都转成了乳房"的描写，其中"乳房"是一种预先的给定物，而那些转动的无数乳房般的星体则成为被动给予者。但是一旦后者围绕"预先给定者"的意识而活动起来，便也同时进入预先给定者的确定性中或者说预先给予者自己的经验视阈之中，这也就意味着被经验之物或被动给予者都是"指向可能性的"存在，并且是从自我出发指向某种"使其可能"的存在②。同样，在"人面桃花相映红"这一诗句中，"桃花"是作为意识的内容（美丽的、可爱的、女人的乃至春天的符号）被提前给予的。"桃花"是一种经验之物，但在该诗句中之"桃花"却不是在该经验物的最初的意义中给出的，而是建立在已知的认识即"美丽"之上。"桃花"是被动地给予，它既从其本身出发又同时偏离其本身，但最终作为"人面"的意识内含获得其确定性。

　　现在，我们读一首唐代诗人韦应物创作的一首五言律诗《赋得暮雨送李曹》。我们不会对原诗的形式作谈论。鉴于该诗很出名，我们也不对该诗的原文作讨论，而只是讨论该诗的英语译文，并从中发现细节性物象如何参与对主题的构拟。原诗如下：

　　　　赋得暮雨送李曹 A FAREWELL IN THE EVENING RAIN

---

　　①　胡塞尔. 经验与判断. 邓晓芒，张廷国译. 北京：生活·读书·新知三联书店，1999：5-45.

　　②　胡塞尔. 经验与判断. 邓晓芒，张廷国译. 北京：生活·读书·新知三联书店，1999：49.

To Li Tsao

楚江微雨里，Is it raining on the river all the way to Ch'u?

建业暮钟时。The evening bell comes to us from Nanjing.

漠漠帆来重，Your wet sail drags and is loath to be going

冥冥鸟去迟。And shadowy birds are flying slow.

海门深不见，We cannot see the deep ocean-gate，

浦树远含滋。Only the boughs of Pukou, newly dripping.

相送情无限，Likewise, because of our great love，

沾襟比散丝。There are threads of water on our faces. ①

若要问该诗的主题是什么这样的问题，可用"离别"或"离别之情"回答之。"离别"是人类情感中的已知或已被体验的现象，它一旦进入我们的意识之中，它就会把自己变成一个刺激源，从而把兴趣或许是认识兴趣吸引到自己身上，既把自己置于其他对象之中，又把自己变成其他对象的前提。"离别"这一意向性情感，以一种具有内在驱动力的能量，使环境或背景中的物象活动起来，如暮雨、江水、钟声、远去的鸟儿、遥远的海门、浦口之树以及送行的时间。而这些只是作为词语写入诗歌之中的诗学元素，并非是作为实体指涉，它们只是具有指向可能性，而非单一的实体性存在，甚至是诗歌中的"李曹"这个人物也一样是一个虚拟的人物。但是，只要一旦脱离"离别"这一意向性运动，它们便返回了一种自为的单一存在物，而归于沉默之中。这就是我们常说的该诗虽是"送别"，全诗却紧扣"暮雨"着墨。景的设置总是以情感为转移的。此乃清代词话论家吴乔所谓"情哀则景哀，情乐则景乐"（吴乔《围炉诗话》)的道理所在。

---

① translated by Witter Bynner. The Jade Mountain. New York：Alfred A. Knopf, Inc. , 1929：207.

就译诗而言，英文译者特·宾纳以一种相对比较逻辑的形式去对该诗进行还原，如他把暮雨中的"楚江"理解成目的地"all the way to Chu"，又把"浦口"译得太实。同时，从整体上讲，原诗第一、二句以"楚江"点"雨"，又以"建业"点"时"，表明诗人此时此刻正伫立江边，目送已经或正在离去的友人。后面的"浦树远含滋"一句也证明了这一点。但译者将"建业暮钟时"译成"The evening bell comes to us from Nanjing"，其中使用的人称代词"us"则向读者暗示出"我"与"友人"尚未分开，离别尚未发生，这与"漠漠帆来重"这句中那艘于江面暮雨中渐渐远去的帆船形成矛盾。又，特·宾纳将"浦树远含滋"，抑或是"水雾缭绕"的意思，译为"Only the boughs of Pukou, newly dripping"，似乎脱离了原诗中"暮雨"这一整体氛围。尤其需要点出的是，特·宾纳将"冥冥鸟去迟"译成"And shadowy birds are flying slow"，其中以"shadowy birds"译"冥冥鸟"这一原本指在昏暗的太空中那些依稀难辨的飞鸟，将飞鸟与环境整合，可谓译出了效果，堪称妙译。

我们一直主张，对译诗的效果作出评价，最好是由目标语的读者来完成。一首诗歌，包括一首译诗，只要是反映了人类的共同情感，如围绕离别、痛苦、喜悦、爱情、牺牲等这些范畴而建立起来的已知的"知识"与"感知"，读者就能够围绕主题以及诗歌的兴趣点来重新建构由诗歌语言提供的单一的对象物。非常有意思的是，《情感与形式》一书的作者苏姗·朗格正是从主题或主题凸显的角度对该译诗作出了讨论："洒落在江上、帆上和遮挡视线的树上的微雨，最后化作流淌的泪珠。雨水淋浴着整首诗，几乎每一行都染上了雨意，结果其他细节如钟声、依稀难辨的飞鸟、视野之外的海门，均溶入雨中，最后又一并凝成全诗为之泪下的深情厚谊。而且那些显然为局部性的偶发事件——它们星散于雨意隆重的诗行之间——是使离别成为伤心事的友谊的象征。"① 苏珊·朗格特别提到"局部的偶然事件",我想她应该是指那些鸣响的钟声、江面的征帆、暮雨中的鸟儿以及浦口的树木等,它们参与了主题的聚集和离别之意的凸显。同时,我们发现在她评论该译诗的后面有一段话向我们指出了诗歌结构上的意向性或倾向性指向:"虚拟事件的经验性质赋予诗歌中的'世界'以比现实的世界更深刻的意义,——在现实世界中,非关乎个人经验的间接事实总是建筑其构架——因此通向世界的指向性是诗的主要问题。文学作品中的人物可以倾向不明,但读者不能如此。甚至艾略特笔下的那种虚假、无实用价值的世界,——它尽管使阿尔弗雷德·普鲁弗洛克十分难堪——对于读者来说,也有一个完全明确的观点:是痛苦忧伤,却不是迷惘无从。如果读者不能把握描绘出的'世界',那就或者是诗歌有问题,或者是读者的理解有问题。"②

语言是经验的形式化,语言同时具有经验性和事件性,但它们不是可以直接对象化的事件和具体经验。局部偶然事件一旦与诗歌中的指向性联系在一起,就会很快扬弃自己的为我性,向着中心聚集:"一个名称一旦成为人们注意的中心,一件事或一种存在(在思考伊始,两者尚不明显)就出现了,而围绕着它,眼前那些'恍兮惚兮之物'也就自行到位。"③ 诗歌之中不存在真实的逻辑推理,亦不存在一对一的事实对应。我们不会去做那些诸如友人所往、行程几何、何以成行以及追问李曹是谁等这样的实证考证,就如我不会在吃鸡蛋前先弄清楚那只我要吃的蛋是哪只鸡下的那样的确定性问题。

---

① Langer S K. Feeling and Form: A Theory of Art. New York: Charles Scribner's Sons, 1953: 216.

② Langer S K. Feeling and Form: A Theory of Art. New York: Charles Scribner's Sons. 1953: 216-217.

③ Langer S K. Feeling and Form: A Theory of Art. New York: Charles Scribner's Sons. 1953: 236.

人类的感觉源自细微的触觉和眼前之具体事相，是因为人的生命从来就没有离开过它们。"feeling" 和 "meaning" 是人类最大的真实。"Whatever lives has meaning and whatever has meaning lives."[①] 有了生命就有意义，有了意义就有了生命。苏珊·朗格对该译诗的理解是建立在"离别"这一人类的共性情感上的。离开了"离别"这一中心，她对诗中其他物象如何理解，我们便不得而知。对此，我们可以通过如下改写实验对译诗进行重新组合：

赋得暮雨送李曹 A FAREWELL IN THE EVENING RAIN To Li Tsao

楚江微雨里，Is it raining on the river all the way to Ch'u?

建业暮钟时。The evening bell comes to us from Nanjing.

漠漠帆来重，Your wet sail drags and is loath to be going,

冥冥鸟去迟。And shadowy birds are flying slow.

海门深不见，We cannot see the deep ocean-gate,

浦树远含滋。Only the boughs of Pukou, newly dripping.

相送情无限，Likewise, because of our great love,

沾襟比散丝。There are threads of water on our faces.

如此一来，该诗歌便失去了原有的那种聚集于"送"与"离别"的情感指向性或意向性，而成为一首体现中国传统诗歌特色的纯粹的写景诗，而且同样十分精彩可读。而一旦将"暮雨送李曹"和"相送情无限，沾襟比散丝"放入，其中的景物便成为"送"与"离别"的巨大表现力，当然是以一种可爱的扬弃自我的

---

① Clifford Geertz. The Interpretation of Cultures—Selected Essays. New York: Basic Books, Inc. , 1973: 135.

方式来实现的。一个用语言表达世界的人，他一定是一个看到微观世界的人。一个看到微观世界意义的人，他一定是一个形而上者，是一定给人希望和无限可能性的人。

　　翻译的不确定性之主张不是放弃考虑我们的翻译能力或放弃考虑我们富有意涵的说话方式。它并不是告诉我们"我们不能行翻译之事"。它是告诉我们：当我们翻译时，我们不是哲学家，也不是一些哲学家们所认为的那样去寻找确定的意义，而是说，我们从事的翻译之结果并不是基于对诸元实体意义之发现。换言之，当我们翻译时，我们并没有涉及诸元实体意义。因此，我们看到，翻译的不确定性关乎"何物存在"之主张，或更确切地说，是关乎何物不存在之主张：不存在作为诸元实体的多元意义。再言之，经过翻译的句子蕴含了事实的真实性，但却无法通过翻译的句子去实现对事实的具体化或肯定性的判准。若我们硬要主张一种"翻译的不确定性"，是因为我们对翻译的使命作出了一种关乎"何物存在"或"何物不存在"的承诺。我们让翻译对我们如何忠实于在原语之中的何物存在或何物不存在作出一种承诺。

　　事实上，理解者是个体的，他也是境遇之中的个体。理解者与被理解对象即使是同一的，但也需要获得具体的量化体现，即意义的具体化。理解者与对象物之间的对应关系，必须是他感觉到对象物是有意义的。在蒯因那里，他用"sense"这个词来表达这种尚未具体化的意义。"sense"是来自知觉的感觉，是一种意识觉醒，或一种被具体化之前意义，它直观地来自 sight，smell，hearing，touching，taste 等感觉功能。蒯因看待意义的方式显然不是超念的，也不是形而上学的，因此他才会讲"唯有当我们尽力将我们拥有同一性和量化的国内方言进行翻译，并以一种看上去简单自然的对应关系带给我们鼓励时，它才是有意义的"。可见，蒯因提出的地域性的意义观，是一种具身性的意义观（这与梅洛-庞蒂的主张是一致的），或者说，是以理解者"处身"为基础本体论的整体意义观。他因此认为，从这种基础本体论的立场出发，我们才能实现对异乡文化的理解。最后，我们还是以蒯因的话来结束这种永远无法结束的思辨与讨论吧：

当我们因为把其中某些对象物叫成什么而对诸理论、诸学说、诸观点和诸文化进行比较时，我们只是从某一个具有地域性意义的角度对它们进行比较。唯有当我们尽力将我们拥有同一性和量化的国内方言进行翻译，并以一种看上去简单自然的对应关系带给我们鼓励时，它才是有意义的。如果我们专注于务实，我们就不可能发现一个对于真理论述的宇宙有偏爱的非常古怪的异乡文化，之所以如此，只是因为它的古怪性将对我们的翻译词典的适当性有所减损。还有一种观点认为，我们用以假设物体和思考自然，以便最佳地理解何物存在的一种地域性方式，是通过站在远处，在异乡文化的一种宇宙背景之中去审视它们。但是这种观点等于什么也没说，因为根本不存在这样一种宇宙背景①。

---

① Quine W V. Ontological Relativity and Other Essays. New York：Columbia University Press，1969：6.

第三章 梅洛-庞蒂——现象语言学及其内涵

梅洛-庞蒂[Maurice Merleau-Ponty，1908—1961]，法国著名哲学家，存在主义的代表人物，知觉现象学的创始人。他在其短暂的一生中出版了《行为的结构》（1942）、《知觉现象学》（1945）、《人道主义与恐怖》（1947）、《意义与无意义》（1948）、《辩证法的探险》（1955）、《符号》（1960）、《眼与心》（1964）、《可见的与不可见的》（1964）和《自然》（1995）等作品。他被称为"法国最伟大的现象学家""无可争议的一代哲学宗师"。①总体而言，贯穿其作品之中的，是他励志要为哲学赋予一种全新的使命：

> 哲学……对"语词的意义"不关心，它不为我们所看见的世界找一个语词替代品，它不把世界转变成言说之物，它不把自己置身于说出的或写出的范畴内，就像逻辑学家不把自己置身于陈述中，诗人不把自己置身于诗句中，音乐家不把自己置身于音乐中那样。它要的是把事物本身，把事物沉默的本质引向表达。①

根据这种哲学观，他认为人类是在"与事物的原始联系中获取知识"，并"把我们那些无声的存在与揭示出的存在联系在一

---

① 梅洛-庞蒂. 可见的与不可见的. 罗国祥译. 北京：商务印书馆，2008：13.

起。"他要求我们对存在进行质疑，去倾听寂静、深渊，通过它们去为本体论寻求一种圆满而统一的起点。梅洛-庞蒂本人把哲学称为一种由哲学的直觉走向哲学表达的运动。那么，哲学之谜，就是表达之谜。研究和质疑哲学，就是研究和质疑表达。他把接近表达发生前的那个瞬间称之为"始源"，它以裂开、突破、脱位或开放的方式发生。我们考察梅洛-庞蒂的哲学观或者说他的现象学语言观，不仅将有助于我们对人类语言符号性质的理解，而且我们还会发现梅洛-庞蒂的语言观与索绪尔的语言理论、美国哲学家阿尔佛烈特·科斯基[Alfred Korzybski，1879—1950]的科学主义语言观之间的鲜明对立。换而言之，如果用现象学方法对语言现象进行观察，那么，言语行为和姿势或语言与言语就具有比结构语言学和普通语义学所研究的语言具有更大的重要性和启示性。梅洛-庞蒂重视语言的"意义"或"蕴含"的形成性生成，并在他自己的语言符号理论的基础上提出了"语言是姿势"的观念，以及他关于"思想是与自我（身体）与世界，以及与他者的联系，思想因此是同时建立在三个维度上的"[①]。三个维度彼此重叠/纠缠/饱含，并且与同时存在于现在、过去和未来的三个维度之中。[②] 梅洛-庞蒂在研究方法上使基于交际行为上的表达变得更加透明化，因为这种方法把非言语交际和言语交际[spoken speech/speaking speech，sound/silence]同时纳入考虑之中。以此而论，梅洛-庞蒂的存在现象学就有望对语言的研究作出许多启示性的贡献。

---

① English version of the cited words is put here for reference: Thought is a relationship with oneself and with the world as well as a relationship with the other; hence it is established in the three dimensions at the same time. And it must be brought to appear directly in the infrastructure of vision. Brought to appear, we say, and not brought to birth: for we are leaving in suspense for the moment the question whether it would not be already implicated there. Merleau-Ponty. The Visible And The Invisible. trans. Alphonso Lingis. Evanstn: Northwestern University Press，1962：145.

② Merleau-Ponty. The Visible And The Invisible, trans. Alphonso Lingis. Evanston: Northwestern University Press，1962：xvi.

第一节　语言与思想及世界中的身体

在梅洛-庞蒂的语言观之中，最为核心的观念是他意识到各种语言理论中所存在的不充分性或"非确定性"。这些理论都秉持一个共同的愿望：它们把语言视为科学研究的对象，用科学方法去寻找一个纯粹的语言[a pure language]，寻找"一个生活的科学"[a science of life]，把语言视为一种客观存在或思维对象的语言。这些语言理论与在本质上把思想、意义与话语主体含混地置于一起来理解的语言观形成鲜明对立。语言学家们一直试图把得之于物理科学和心理科学研究的科学严格性[rigidity]引入语言研究中。他们的方法是对"意义"加以严格限制，把由语言带出的那些旁枝逸出一起剪裁掉，也就是说，他们尽可能排除涉身于世界之中的语言使用者，即言说主体。他们试图"游离于世界之外来操纵事物"，作为一个超验的旁观者去审视语言，割断自我与那个我生活其中并不断向我涌现的真实世界之间的联系①。这种操控型思维是对人性的一种真正威胁，因为人类天赋是在生存上被给予的，科学却偏偏要摧毁这种富有表现力的寓于世界之中的存在和我们在本质上是其所是的肉身际性存在，把我们转换成"人类机器"。这无异于一种"不会觉醒过来的噩梦。"② 梅洛-庞蒂相信一切反思都是基于知觉信念的反思，而不是其他。他说道：

> 我们的经验先于一切意见，并通过我们的身体而驻于世界之中，通过我们整体之自我驻于世界之中，因此没有必要

---

① Johnson G A. The Merleau-Ponty Aesthetics Reader. trans. ed. Smith M B. Evanston: Northwestern University Press, 1996: 121.

② Johnson G A. The Merleau-Ponty Aesthetics Reader. trans. ed. Smith M B. Evanston: Northwestern University Press, 1996: 122.

去选择甚至区分观看的确信与观看到真实之间的区别——因此，是信念而不是知识，因为存在的世界不是与我们对它的把握相向而行的；因为世界不是被断定如其所是，而更多是自然而言的；世界不是被揭示如此这般，而更多地是非藏匿非拒斥的①。

因此，梅洛-庞蒂认为一种真正的哲学必须开始于布满事物的现象学世界，不是那个一般意义上事物被科学化了的世界。在观念上守住这个世界，我们就应该辨别和拒绝超验之思，回到作为我们生活之故园的具体世界的"存在"上。确切地讲，回到这个现象世界不是要发现宇宙之中一块孤立之地，而是要通过体验与姿势的富有蕴含的构架寻找与世界纠缠在一起的意识，即始源于活生生之体验的"意识之前科学生命"。换言之，现象学之目的就是要回到先于科学描述中的那个世界之前的活生生的世界。因此，梅洛-庞蒂主张：通过或依靠"可见者"之行为去占有（身体与空间的统一）世界，去"确认土壤在我们脚下的滑动"，这应该成为艺术，乃至一切文化的根本。梅洛-庞蒂认为，真的艺术之所以能呈现给人们的是一个全新的世界，就在于艺术家能聆听脚下大地发出的声音，以及他瞬间发现自己"拥有即兴创作、坚信、创造的能力"，而且依靠写作，他了解到思想与言语、生命与表达之间的融合和统一，他从其中领悟到了"一个全新的艺术"。他在《眼与心》中写道：

> 画家拥有的或正在找寻的这种窃窃私语的、这种秘密的科学到底是什么呢？梵高想凭借着它走得更远的这一维度又是什么呢？绘画的这一基础，或许还有全部文化的这一基础又是什么呢？……理性的最高点就在于确认土壤在我们脚下

---

① Merleau-Ponty. The Visible And The Invisible. trans. Alphonso Lingis Evanston：Northwestern University Press，1962：28.

的滑动，就在于夸张地把持续的惊愕命名为拷问，把圆圈内的缓慢进展命名为探求，把那种从来都不完全的东西命名为存在？[①]

可见，梅洛-庞蒂提出的一种基于现象学的语言观，则是一种化不开的、含混的、绝非透明的语言观。他所追求的，是一种能够"把事物本身，把事物沉默的本质引向表达"的语言观。他认为，"没有任何分析能够把语言变成完全透明的，好像它是一个物体那样摆在我们面前"[②]。在梅洛-庞蒂那里，语言远远不只是一个思维之对象，或者是协助我们思维的廉价工具，而且他对语言的科学主义态度提出了许多批评，甚至直接批评了对他的语言思想具有一定影响的索绪尔的结构主义语言学理论，尽管他对结构主义的理解是基于他对格式塔心理学结构的欣赏密切联系在一起的。[③] 索绪尔[Ferdinand de Saussure, 1857—1913]的语言观以社会心理学为基础，对语言研究作出了两个重要的决定，借此对他思考语言的研究范围进行了限定。在《世界的散文》和《间接的语言和沉默的声音》之中，梅洛-庞蒂批评之矛头所指向的也正是这两个决定。索绪尔首先区分了语言和言语；其次他指出语言学的首要研究对象是语言而非言语，同时他认为言语须服从于语言。他认为"语言的语言学"跟"言语的语言学"是"两条不可能一脚同时踏上的道路"。他本人只对研究"严格意义上的语言学，即以语言为对象的语言学"感兴趣[④]。索绪尔的做法是亲近"语言的语言学"，疏远"言语的语言学"，对本来略加区别即可的两个相

---

① 梅洛-庞蒂. 眼与心. 刘韵涵译. 北京：商务印书馆，2007：34-92.

② Merleau-Ponty. The Phenomenology of Perception. trans. Colin Smith. New York：The Humanities Press，1962：391.

③ Merleau-Ponty. Signs, trans. Richard C. Mcleary. Evanston：North western University Press，1964：39-41，81，89，etc.

④ 海然热. 语言人. 张组建译. 北京：生活·读书·新知三联书店，1999：299.

互关联的研究角度给予截然割裂。不仅如此，他只愿意留意来源
于语言系统的价值，从而造成结构主义者长期拿单义性当作借口，
将歧义性排除在认知领域之外。同时，结构主义者对从现实的言
语活动所建立起来的语义学也长期怀有不信任感。索绪尔认为，
"语言学研究的唯一和真正的对象在于语言本身"①，主张去掉发生
在使用者身上或话语主体身上的语言变异性，只保留为同一语言
群体的全体成员所共有的语言代码。可是，语言的变异现象本身
是一种现实存在，任何忽略这一点的简单化的理论都无疑会造成
去掉其社会内容的空头语言学。把话语主体排除在外，因而也就
忽略了话语主体双方(听者与说者)的互动。循此方法，语言成为
对象化的或科学的东西，某种由逻辑构成的东西，某种自为存在
的、独立于我们经验领域的、人们借此来实现表达的语言铸造
模型。

　　与之相反，梅洛-庞蒂认为言语则完全地受到我们的自身环境
的支配，受到人们的主观因素的持续调整和修正，如我们的意向
性、心理情绪/身体反应、身体场域。历时性包含共时性，语言包
含偶然性，共时性系统在任何时候都保留着初始事件得以进入其
中的裂缝。研究言语就意味着研究现实中说话的人，而不是研究
被语言学家搞乱了的语言。从现象学的观点看，"语言不再是独立
的语言事实的一个混沌的过去之结果，而是其所有成分都致力于
转向现在或将来、因而受到当前的存在-逻辑支配的一种能力的
效果"②。法国学者杜夫海纳对语言和言语之间的区别做过这样的
描述："言语是一种个别的和偶然的事件，它必定要受到个体生命
之影响。它的意义依赖于具有意向性的个人意识。另一方面，确
定的语言是一个积极的对象，具有相对稳定性，它独立于具体的

————————
　　①　海然热. 语言人. 张组建译. 北京：生活·读书·新知三联书店，1999：
301.
　　②　梅洛-庞蒂. 符号. 姜志辉译. 北京：商务印书馆，2003：107.

环境，即我们可以在词典和文法中查找到的那种。"①

在索绪尔那里，语言是一种观念客体，它与主体相对立，并且受到实证主义研究方法的制约。索绪尔认为，若要确定某个语言要素之价值，我们并不需要考虑它的历史来源，我们需要在理论方法上把语言研究确定为一个相对封闭、静止、具有结构系统性的研究对象。而言语是我们的整体经验与之不可分割地联系在一起的一个一个具体事件，语言则是完全独立于我们言语行为的一个抽象系统。"这就是索绪尔所做的事情，他区分了言语的共时语言学和语言的历时语言学，认为这两种语言学是不能相互还原的，因为演变的观点必然使现在的独特性变得模糊。"② 正是因为这样，梅洛-庞蒂想用一种人类言语的现象学去代替结构主义的语言学，强调语义学的重要性，也就是说，他要强调语言和意义之间的重大关系。因为从群体的角度来看，语言行为大概来源于实际需要和群体价值，然而在人类改善它的同时，它也改造了人类。它传达的不仅仅是人类的感情，而且包括最细腻的人类思维活动。因文化而异的语言描述不仅表达了社会实践，而且融汇了每个人类群体所独具的语言的想象世界的实际话语，所以对语义的确定实际上就意味着对语言的多样性和常量两个方面的互动作出评估。

梅洛-庞蒂认为，尽管表达科学技术的语言完全适合其对象，尤其以所谓精密科学为甚。后者总是能够得到精确的界定。学术性话语倾向于摆脱或减少内涵意义，或至少在内涵意义方面变得较为贫乏（因为内涵意义不可能绝对没有）。这类话语适合于可以测定和用实验来检验的事物。但是，我们却不能像科学家们所希望的那样去理解语言或寻找语言之中被视为本质性的东西，去确立一种严格地受到句法规则支配的、具有普遍性的和永恒性的语言符号结构，即"在一种普遍的和无时间的，有构成能力的意识

---

① Dufrene, Mikel. Language and Philosophy. trans. Veatch. Bloomington: Indiana University Press, 1963: 21.

② 梅洛-庞蒂. 符号. 姜志辉译. 北京：商务印书馆，2003：105.

面前使现存的语言客观化的一种努力", 而是要"重返会说话的主体, 重返我与我说的语言的联系"①。索绪尔为了提倡他的语言观, 他在研究方法中把一切可能或事实上会影响我们说话的非语言因素予以排除。然而, 梅洛-庞蒂却认为, 确切地说, 正是各种具体的言语行为才把我们带到了问题的中心。因此, 我们必须由一种静态的、封闭的、客体的语言回归到一种被说言语之经验中。"我们应该找到在语言的变化中的一种意义, 需要把语言的变化设想为一种动态的平衡。"② 任何在共时性中实现的系统表达始终行进在进行之中, 始终包含潜在的变化或始终处在酝酿之中。

　　梅洛-庞蒂作为一个存在主义现象学家, 他把思维和语言当作人得以投射到"世界"的基本活动的两种表现③。被梅洛-庞蒂视为基本要素给予强调的, 是他认为语言涵摄了我们的整体—存在—于—世界, 即基于我们的生动的生活和具身的体验。具体言之, 他的语言观是一种具身的语言观[embodied expression], 这种语言扎根于世界之中, 而非单向地始于心智和大脑。语言不能简单地压缩为某种依附于思想而存在的东西。"思想不是自为存在的", 因为不存在一种局限于自为存在、不受言语和沟通束缚的一种思想。思想是永远在表达中发生的。"思想是瞬间形成的, 就像闪光一样, 但随后有待于我们把它占为己有, 思维经过表达后成了我们的思想。"④ 人是语言的存在, 或人是语言性的存在。"儿童之所以在知道自己是一种自然[nature]思维之前已经知道自己是一个语言团体的成员, 只是因为主体不把自己理解为普遍的思维, 而是把自己理解为言语, 因为词语不是物体和意义单纯符号, 词语寓于物体中和传递意义。因此, 说话人的言语不表达一种既定

---

　　① 梅洛-庞蒂. 符号. 姜志辉译. 北京: 商务印书馆, 2003: 106.

　　② 梅洛-庞蒂. 符号. 姜志辉译. 北京: 商务印书馆, 2003: 106.

　　③ Merleau-Ponty. The Phenomenology of Perception. trans. Colin Smith. New York: The Humanities Press, 1962: 391.

　　④ 梅洛-庞蒂. 知觉现象学. 姜志辉译. 北京: 商务印书馆, 2001: 231-232.

的思想，而是实现这种思想。"① 思想只存在于它施加于事物的结构当中，光秃秃的思想是没有的。在谈到我—物体—意识之间的关系时，梅洛-庞蒂认为"词语带有意义，当我把意义给予物体时，我意识到我到达了物体"②。"名称是物体的本质，如同颜色和形状那样寓于物体中。对前科学思维来说，说出一个物体的名称就是使之存在或改变它。"③ 梅洛-庞蒂反驳了传统的语言与思维关系："词语缺少自己的作用，这是因为词语只是一种内部认识的外部符号，外部符号对内部认识不起作用，如果没有外部符号，内部认识照样能产生。词语不缺少意义，因为在词语后面有一种范畴活动，但词语没有这种意义，不拥有这种意义，思维有一种意义，词语是一个外壳。语言只不过是一种发音的。有声的现象，或关于这种现象的意识，在所有情况下，语言只不过是一种思维的外部伴随物。"④

梅洛-庞蒂在语言和思想之间建立的这种辩证关系对他的语言现象学具有极其重要的意义。他对语言和思想之关系的本质思考无疑构成了他语言哲学观的中心，他正是以此为契机提出了自己的语言具体化思想观或存在主义语言观："思想不是内部的东西，思想不在世界和词语之外存在。"⑤ 他写道："词与它的活生生的意义之间的关联，不是一种依靠联想的外部关联，意义居于词之中，语言也不是思维过程的一种外部伴随物。""一旦人使用语言来建立和他人、和他的同类的一种活生生关系，语言就不再是一种工具，不再是一种手段，而是内在的存在以及把我们和世界、我们的同类连接在一起的精神联系的一种表现，一种体现。""人首先不是与表达或一种思想建立联系，而是与会说话的主体，与某种存在方式，与会说话的主体指向的世界建立联系。正如他人的言

---

① 梅洛-庞蒂. 知觉现象学. 姜志辉译. 北京：商务印书馆，2001：233.
② 梅洛-庞蒂. 知觉现象学. 姜志辉译. 北京：商务印书馆，2001：231-231.
③ 梅洛-庞蒂. 知觉现象学. 姜志辉译. 北京：商务印书馆，2001：232.
④ 梅洛-庞蒂. 知觉现象学. 姜志辉译. 北京：商务印书馆，2001：231.
⑤ 梅洛-庞蒂. 知觉现象学. 姜志辉译. 北京：商务印书馆，2001：239.

语进入运动的意义意向不是一种明确的思想，而是某种需要被填补的空白，同样，这种意向被我再现也不是我的思想活动，而是我自己的生存的一种同时变化，我的存在的一种转变。我们生活在言语已经建立的一个世界中。"①言语的经验总是"在这里"或"从这里"形成的，世界，或者来说对象事物，只是在这限定于局部的特定视点，即一定的地平线、一定的透视中获得。

　　因此，梅洛-庞蒂认为，言语是人与存在的一种最原初的联系，因为任何意义都肉身化于世界之中，而语言则在自身内部包含了更多超过观念意义的东西。在另一方面，梅洛-庞蒂认为，我们可以在言语中辨认出一种"姿势性的"或"存在主义的"内涵意义。"词语的意义最终应该由词语本身引起，更确切地说，词语的概念意义应该通过对内在于言语的一种动作意义的提取而形成。正如当我身处异国他乡时，我通过词语在行为背景中的位置和我所参与的公众生活，开始理解词语的意义。"② 我们总是会在言语的概念意义之下去发现一种存在意义，这种存在意义不仅由言语表达，而且也寓于言语中，与言语不可分离。"表达的最大益处不是把可能消失的思想放在一部著作中，一位作家从来不重新阅读他自己的作品，在第一次阅读名著时，名著就把我们后来从中汲取的一个物体存放在我们心中。"③ 语言无疑拥有一种内在的内容或内涵意义，而这种内涵意义是一部记载共享意义的语言学词典所无法提供的。但这绝不是语言的自我维系和自我意识的思想。那么，如果语言不表达思想，它表达什么呢？它表达，或更确切地说，它是主体在他的意义世界中所占据的一个位置。这个位置是主体与语言一同给予的，是声音与沉默一起给予的，不与沉默接壤的声音是不存在的④。结构主义语言学把语言变成了某种意义

　　① 梅洛-庞蒂. 知觉现象学. 姜志辉译. 北京：商务印书馆，2001：251-239.

　　② 梅洛-庞蒂. 知觉现象学. 姜志辉译. 北京：商务印书馆，2001：234.

　　③ 梅洛-庞蒂. 知觉现象学. 姜志辉译. 北京：商务印书馆，2001：238.

　　④ Merleau-Ponty. The Phenomenology of Perception. trans. Colinsmith. New York：The Humanities Press，1962：193.

的模型，它对说话者共同拥有的代码强调得过多，忘记了我们仅仅依靠这个代码是不够的。在日常会话中，我们的许多信息的解译都必须依靠非语言沟通手段，如肢体动作、姿势、行为等。再者，意义还和交流双方的相知相识程度有很大关系。这一知识涉及双方所有的对彼此的了解，包括行为、意识形态、常常处于何种精神状态状态、生活方式以及在不同场合下的习惯与反应。

第二节　姿势与言语及姿势中的表达

梅洛-庞蒂认为"人类存在是通过对行为的占有实现从偶然向必然的转化"。一个具有语言或"象征行为"的主体能引入新的先天的结构①。把言语作为一种姿势来理解，意味着将言说的人定位于他的世界之中，定位于他在世界的存在之中。既然如此，言语无论是对说话主体还是听者主体来说都产生了一种经验上的和谐，一种存在上的协调，一种与世界整体的协调。我的身体的一种行为方式，只要是在世界之中发生，它总是把我周围的客体对象，既为我自己也为他人赋予了某种涵义。换句话说，言语是我们走向世界的向导和入口，同时也使我们向丰富的世界之蕴含敞开了胸怀。当我的心胸向世界开放时，世界也就同时向我打开了任由我接纳它的胸怀。当我（心理社会性表述者）从事对话活动时，肢体是不可须臾或缺的；若他谈论的是四周的外部环境，身躯就是他衡量周围环境的尺度。言语是一种真正的动作，它含有自己的意义，就像动作含有自己的意义。这就是使沟通成为可能的原因。梅洛-庞蒂指出，"正如使他人的言语进入运动的意义意向不是一种明确的思想，而是某种需要被填补的空白，同样，这种意向一旦被我再现也不是我的思想活动，而是我自己的生存的一种同时

---

① Merleau-Ponty. The Phenomenology of Perception. trans. Colin smith. New York：The Humanities Press，1962：174，121.

变化，我的存在的一种转化"①。语言和主体间世界不再使我们感到惊奇，我们不再把语言和主体间世界本身区分开来。我们是在一个被谈论的会说话的世界里进行反省，而且这个世界和我们一同把意义提供出来。因此，梅洛-庞蒂认为，"我们把产生出意义的这种开放而无限展开的力量作为一种终极事实来承认——即理解意义和传达意义的力量——人通过他的身体和他的言语超越自我，走向一种性的行为形式，或走向他人，或走向他自己的思想。"② 梅洛-庞蒂在《行为的结构》一书中指出："任何生命活动都具有一种意义，它们在科学本身中不能被定义为某些彼此外在的过程的总和，而应被定义为某些思想的统一在时间和空间中的展开。"③

真正的言语不仅形成一种与世界与他者的真正的关系，还揭示了言语者作为一种公开的经验的存在，以及言谈者同时是意义的给予者和意义接收者的存在。一切意义必定都是外在的，那种传统的、属于内在性的意义是不存在的，因为我们的知觉是一种宇宙知觉，一种自然环境知觉，借助他者而发生的自我知觉。语言是通过言语者在被知觉世界的构造关系而起作用的。语言之所以有助于集体劳动和分析客观对象世界就在于语言是这个结构的混合产物。王蒙讲，汉语在动词的"时"时间上不那么讲究得分明，有很大的弹性，所以特别长于追求和产生这样的效果，讲的就是这个语言和这个民族之间的结构性关系④。各种思维活动不会是纯粹内在的，不可能独自拥有一种意义，不可能在它们自身中就已经包含对它们所寻求的东西的预见；一定还存在着欲望对所欲对象、意愿对象的某种盲目承认。"我们的意向在运动中找到了它们的自然外表或者说它们的具体化，在这些运动中获得表达，

---

①　梅洛-庞蒂. 知觉现象学. 姜志辉译. 北京：商务印书馆，2001：239.

②　Merleau-Ponty. The Phenomenology of Perception，trans. Colin Smith. New York：The Humanities Press，1962：194.

③　梅洛-庞蒂. 行为的结构. 杨大春，等译. 北京：商务印书馆，2005：239.

④　王蒙. 红楼梦启示录. 北京：生活·读书·新知三联书店，1991：306.

就像事物在它们的透视的外表中获得表达一样。"① 身体是现象场中的身体，因此，一切姿势都是意向中的姿势。"在现象场中使意向扩张为一个有意义的身体圈，或者使意向与事物结合在一起（在这些事物中，它经历到了它们通过吸引而引起的那些作用，这是一种可以与不动的第一推动者的吸引相比较的吸引）。""你可以这么说，被知觉的事物与知觉，或者说意向与实现意向的身体之间的关系在素朴意识中是一种魔术般的关系。""主体并不生活在由意识状态或者表象构成的世界中，他生活在一个经验的宇宙中，生活在相对于机体、思想和广延的实质性区分而言的中性环境中，生活在各种存在、各种事物以及他自己的身体的直接交往中。作为他的意向由以扩散的中心之自我，负载这些意向的身体，这些意向所指向的各种存在及各种事物这三者不能被混淆。"② 总之，诚如梅洛-庞蒂本人在《知觉现象学》序言所说："没有不包含一种意义的习惯的漫不经心的人类话语和一种行为。"③

在《知觉现象学》序言当中，梅洛-庞蒂说："因为我们在世界上存在，我们注定是有意义的。"④ 对梅洛·庞蒂而言，人之所以要活着，就必须给自己寻找意义；人的生存从本质上说充满了意义，人的生存本质上就是表达。表达和意义不是构造出来的，而是原本就存在的。他在这点上与萨特的观点是一致的："我们都是意义的追踪者。假如有真理存在，那么，必定有人上下求索之。每一件社会产品和每一种社会态度——最公开和最隐秘的——都是其幻影般体现。"⑤ 胡塞尔曾经认为"什么都可以不存在，但意义不可以不存在"。他还讲道："认识论的问题最终是什么问

---

① 梅洛-庞蒂. 行为的结构. 杨大春, 等译. 北京：商务印书馆，2005：278.
② 梅洛-庞蒂. 行为的结构. 杨大春, 等译. 北京：商务印书馆，2005：279.
③ 梅洛-庞蒂. 知觉现象学. 姜志辉译. 北京：商务印书馆，2001：15.
④ 梅洛-庞蒂. 知觉现象学. 姜志辉译. 北京：商务印书馆，2001：16.
⑤ Merleau-Ponty. Sense and Non-Sense. Evanston：Northwestern University Press，1964：ix.

题，……讲得更痛切一点，是意义如何可能"的问题①。所以梅洛·庞蒂认为"知觉"实际上是一种旨在追寻实际上先于人们的解释而早已存在于世界之中的根本意义的活动。知觉是产生一个有意义世界的条件，当"具体的主体彼此感知到对方"，他者的在场就得以确立，我也同时进入他者之中。他强调意义是被发现的，而不是被建构的。我的生活和我从生活中领会到的意义都通过"一个存在场域的厚度"显示出来，意义总是显示于"实践的景观之中"②。

梅洛-庞蒂在《知觉现象学》中通过对姿势-意义的思考，确立了他关于言语和身体之间的关系，语言被他描述为一种"姿势或存在的意义"的体现。梅洛-庞蒂进一步把这种观念扩展到"讲出的话"[spoken speech]，并把后者与身体姿势相认同，接着在更抽象的层面上把姿势与表达相认同，认为前者不仅仅只是后者的一种偶然性符号。他说得十分明确："我们生活在言语已经建立的一个世界之中。对于所有这些平庸的言语，我们生活在自己的心中一种已经形成的意义之中。"③ 我们不能从认知上全面地理解姿势的含义，或者准确地讲，姿势的含义是以一种前反思方式或以一种前逻辑的方式抵达我们。梅洛-庞蒂想要强调的是，我们不需要对一个不令人满意的符号作出反思性的阐释，比如如何去理解该符号的意义或是该符号的所指。我们根本无法注意到隐匿于一个不令人满意的姿势后面的那个不满意。相反，"姿势却不会使我们想到不满，只能是对身体的不满"④，这是对姿势被注视时的人际生活的不满。我们构想出了一个不令人满意的行为的意义，但这不是通过一种认知性的操作和逻辑推理来感受到的。在人际生活的具体场合中，我们完全可以不假思索地认为一个姿势可能被

①　张祥龙. 朝向事情本身. 北京：团结出版社，2003：103.

②　Donald A, Landes. The Merleau-Ponty Dictionary. London：British Library Cataloguing-in-Publication Data，2013：17.

③　梅洛-庞蒂. 知觉现象学. 姜志辉译. 北京：商务印书馆，2001：239.

④　梅洛-庞蒂. 知觉现象学. 姜志辉译. 北京：商务印书馆，2001：202.

认为是"煽情的"，另一个姿势可能是"犹抱琵琶半遮面"，后者的表现显然带有生理反应和文化伦理的特征。"表达活动构成了一个语言世界和一个文化世界，它使趋向远方的东西重新回到存在之中，由此形成了就像拥有获得的财富那样拥有可支配意义的被表达的言语。"正是这种"可支配的意义"在会说话的主体中间建立了一个共同世界，它之所以使"我在极其短暂的共有行为中把握言语的意义"，是因为"言语的意义不是别的，它是言语支配这个语言世界的方式或在获得的意义这个范围内变化的方式"①。注视者"不需要通过一种理智解释活动去理解他人的姿势，意识间的沟通不是建立在其体验的共同意义的基础上，而是沟通产生了共同意义；应该认为我作出的某种适合的动作是不可还原的，我在一种先于意义的定义和通过理智加工的盲目认识中和场景联系在一起"。② 语言是言谈，而言谈是"共在"（主体间性）的所在："把言谈道说出来即成为语言……言谈是一种存在论上的语言。""共在本质上已经在共同现身和共同领会中公开了。在言谈中，共在'明言地'被分享着，也就是说，共在已经存在，只不过它作为未被把捉未被占有的共在而未被分享罢了。"③ 加达默尔也是这样看待语言的。他在考察了"从古希腊时期对语言的完全无意识一直走到了近代把语言贬低为一种工具"的历史过程之后，认为"语言按其本质乃是谈话的语言。它只有通过相互理解的过程才能构成自己的现实性"④。哈贝马斯认为通过语言进行的社会交往之可能性基于语言的主体间性："通过语言建立的主体间性结构——该结构能在与基本语言行为的关联中，接受标准化检验——乃是社会系统与个体系统的条件。"⑤ "言语不是服务于一个外在目的的

① 梅洛-庞蒂. 知觉现象学. 姜志辉译. 北京：商务印书馆，2001：255.

② 梅洛-庞蒂. 知觉现象学. 姜志辉译. 北京：商务印书馆，2001：242，243.

③ 海德格尔. 存在与时间. 陈嘉映，王庆节译. 北京：生活·读书·新知三联书店，1987，197-198.

④ 加达默尔. 真理与方法（下卷）. 上海：上海译文出版社，1999：570.

⑤ 哈贝马斯. 交往与社会进化. 重庆：重庆出版社，1989：101-102.

手段，言语本身有自己的使用规则，自己的精神，自己的世界观，正如一种行为有时带着一个人的全部真实性。"①

　　同时，语言的符号形式一旦进入谈话之中，它就不再是孤立的客体符号，而是成为另一个主体即作为谈话对象的主体。我们从语言的主体间性出发，才能揭示身体主体与世界主体的同一性。中国传统文化中有关男女关系的伦理说法，比如触摸、轻慢不羁、戏谑等行为被视为"授受不亲"，这显然不是基于理智的解释，而是基于看者自身预先身体行为的场景性投入。我带着我的身体置身于被注视者之中，在被注视者与作为具体化主体我之间的一种共存。可见，譬如性行为的理智意义已经被注视者的身体表达了——那就是（我的）身体置身于（对象的）身体之中，或注视者置于被注视者的身体之中，身体只能维持在身体的快乐之中。这种非反思性的行为使注视者预先给出了触摸的理智解释。其实，这种所谓的理智解释不过是初始性的行为在身体的直观之中已经被把握，即"我通过我的身体理解他人，就像我通过我的身体感知物体"。所以，"授受不亲"的否定性解读或"呢喃融情"的肯定性解读都不会逾越理解者或注视者自身的知觉体验或知觉表达之外。著名人类学家布迪厄指出："当场域的现实境遇与行动者的习惯倾向性［disposition］偶然相逢，行动者生成于当下具体的实践行为之中。"② 此乃王国维《人间词话》之"自然中之物，互相关系，互相限制"之故也。此乃梅洛-庞蒂所说的："以这种方式'理解'的动作的意义不是在动作的后面，它与动作描述的和我接受的世界结构融合在一起。意义在动作本身中展开。"③

　　正如姿势不需要通过语言再现或翻译，就可以直接传达自身或"抵达我们"一样，我的"说出的意图"同样可以自我传达，

---

　　① 梅洛-庞蒂. 符号. 姜志辉译. 北京：商务印书馆，2003：94.

　　② Thompson, John B. "Editor's Introduction", in Bourdieu, P. Language and Symbolic Power, trans：Ramond G and Adamson M. London：Polity Press，1991：14.

　　③ 梅洛-庞蒂. 知觉现象学. 姜志辉译. 北京：商务印书馆，2001：242.

并且被捕捉到或碰巧被听到它的另一个人所理解。我们很容易接受这样的事实——情感在显示它的姿势之中是可以直接理解的。许多认知理论都认为，在情感发生过程中，身体的相应部位会迅速作出反应①，譬如我们在快乐时释怀微笑，愤怒时紧捏拳头，悲剧发生时扼腕顿足，等等：

> 我在他人的行为中，在他人的脸上，在他人的手里感知到他的悲伤或愤怒，不必援引痛苦或愤怒的"内部"体验，因为悲伤和愤怒是身体和意识之间共有的在世界中存在的变化，这些变化既表现在他人的现象身体的行为中，也表现在呈现给我的我自己的行为中。但最终说来，他人的行为和他人的话语不是他人。他人的悲伤和愤怒对于他和对于我没有完全相同的意义。对于他人，它们是体验到的处境，对于我，它们是呈现的处境②。

但是，一旦这些姿势变成一种情感的"自然的"符号时，那么该语词就在根本上应被我们视为一种思想的"约定俗成"和任意的符号。语言的存在本身事实上支持了这种观点。然而，梅洛-庞蒂出于他对自然和人类的理解而拒绝了自然语言和约定语言之间的区分。他认为，"约定是人与人之间较晚些时候才出现的一种关系，约定必须以预先决定之沟通为前提，我们应该把语言放回到这种沟通的过程之中去认识"③。若从一种起源的角度去回答这个问题，我们"应该在情绪动作中寻找语言的最初形态，人是通过情绪动作把符合人的世界重叠在已经给出的世界之中"，并按照人的尺度去影响世界。"人造符号不能归结为自然符号，因为在人

---

① Raymond W G JR Embodiment and Cognitive Science. Cambridge：Cambridge University Press，2005：240.

② 梅洛-庞蒂. 知觉现象学. 姜志辉译. 北京：商务印书馆，2001：448.

③ 梅洛-庞蒂. 知觉现象学. 姜志辉译. 北京：商务印书馆，2001：243.

那里没有自然符号，如果作为我们在世界上存在的变化的情绪确实对包含在我们身体中的机械装置来说是偶然的，并且表示使刺激和情绪成形、处在语言顶点的同一种能力，那么，人们把语言和情绪表达联系起来时，不会牵涉到语言的特殊之处。"[①] 梅洛-庞蒂觉得，这种追求将把隐藏于习惯、语音机械规律背后的世界带近一种始源里———一种简化了的表达系统之中。语言的明晰性建立在黑暗的背景上，正如声音是建立在沉默之中。比如在音乐中，语词不是预先假定的，意义是和声音的经验呈现联系一起的，自然是与听者的经验呈现联系在一起的。音乐本身不说话，而是倾听者自己在诉说。又比如，假如我们使用词语"nuit"表示 night，使用"lumier"表示"light"，我们并没有使语词完全任意化——"一种语言里元音占主导地位，另一种语言里辅音占主导地位，结构和句法系统，都不代表为了表示同一种思想的各种约定俗成，而是表示人类团体歌颂世界的方式，归根结底，是表示人类体验世界的各种方式。

　　由此可见，一种语言的完整意义不可能用另一种语言来表达。我们能讲好几种语言，但只有一种语言是我们在日常生活中使用的语言，这就是我们的存在语言或称之为方言。为了全面掌握一种语言，必须接受该语言表达的世界，我们必须与这个世界共在，我们不能同时属于两个世界。一种语言的意义是一种存在论上的意义，这意味着只有从我们的—存在—于—世界—之中来把握它。我们对一种语言的理解是一种发生，甚至是一种持续的涌现：即发生或涌现于"We are physically and psychologically and historically situated to understand it."梅洛-庞蒂出于他对智性主义认知观的质疑，他指出了源于我们存在—于—世界—之—中的一种活生生的、涉身的体验而形成的基本而又不可划开的含混性存在。这种方法论重新调整了哲学，向我们揭示了对语言进行生存论分析和重新建立某种表达哲学的必要性。梅洛-庞蒂的"世

---

　　① 梅洛-庞蒂. 知觉现象学. 姜志辉译. 北京：商务印书馆，2001：245.

界"一词不是一种说法：它意味着"精神的"或文化的生活是从自然的生活之中获得其结构，意味着有思维能力的主体必须建立在具体化的主体之上。梅洛-庞蒂强调了"体认"知觉的知觉方式，并且提出了"具身的主体性[embodied subjectivity]"的概念，具身主体性为改变人们固有的身心二元论思想创造了一种可能性，就是它既不将人当做是一个复杂的机器也不将人看做离身的心智[disembodied mind]，而是把人视为一个具有积极的和创造性的主体，其主体性也正是通过人的身体与世界中的其他物体发生互动而实现的。梅洛-庞蒂用诗歌来举例说道："诗的意义不是自由的，它并非是处在观念的天堂：诗的意义包含在词语之中，而词语是写在容易发黄变脆的纸上。在这个意义上的，诗和一切艺术作品一样，以物体的方式存在，不是以真理的方式永存。"①我们在这里非常有趣地发现，梅洛-庞蒂给自由戴上了一种境遇的枷锁："我们的自由依靠我们在情境中的存在，自由本身是一种情境。"② 无论我们对自由有多么奢侈和崇高的期望，自由都是与我们的身体处境联系在一起的，我们的自由束缚于我们在某种境遇之中的存在，自由本身就是境遇化或语境化的存在："身体的统一性始终是不明确的和含糊的。身体始终有别于它之所是，始终是性欲，同时是自由，（身体）在被文化转换的瞬间之前扎根于自然，从不自我封闭和被超越。"③ 他甚至指出，自由是靠身体来表达的，而身体是自由与奴役之间的统一："存在于世界之中的含混性是由身体的含混性进行翻译的。"④ 如果有一种普遍的思想，要得到这种思想，我们应该重新用一种语言进行表达和沟通，接受该语言的所有双关语，所有构成传统、准确地体现语言表达力的转义。

---

① 梅洛-庞蒂. 知觉现象学. 姜志辉译. 北京：商务印书馆，2001：199.

② 梅洛-庞蒂. 知觉现象学. 姜志辉译. 北京：商务印书馆，2001：216.

③ Merleau-Ponty. Phenomenology of Perception. trans. Donald A. Landes. New York：Routledge，2012：146，205.

④ Merleau-Ponty. Phenomenology of Perception. trans. Donald A Landes. New York：Routledge，2012：74.

一种约定的规则系统——它只有与语言有关的意义——仅仅表达没有人的自然①。梅洛-庞蒂由此总结出，我们必须将意识的范畴扩大至包括我们对世界的活生生的和涉身体认的层面，而这种知觉意识不承认智性主义传统之中的纯粹自由和自我—透明，因为"诸念皆知觉的"[all consciousness is perceptual]②。

此外，假如语言看似任意性的特点其实并非真正的任意性，那么，情感的自然特征也就并非必然具有一贯性。许多认知理论都认为，理解情感体认的核心是其体现。在情感发生过程中，身体的对应部分会即时作出反应。这种即时的反应来自肌体感觉，它促成了人的行为——靠近某人，击打物体或某人，逃避某物或某人，等等。情感不同于简单的动作，如踢打、拥抱、奔跑等，但情感反映了姿势态度之变化，或者，反映了该行为的一种情感意义③。梅洛-庞蒂认为，"表达动作的不同包含了情绪本身的不同。对身体结构来说，不仅动作是偶然的，而且适应情境和体验情境的方式也是偶然的"④。例如，愤怒的日本人面带笑容，而愤怒中的西方人则面红耳赤、跺脚，或脸色发白，说话带尖叫声。可见，在这种"情感姿势"里，存在着多种语言"风格"，即语言多样性的基础。"两个有意识的主体有同样的器官和同样的神经系统，但不足以保证同样的情绪能在他们身上以同样的方式表现出来。重要的是他们运用其身体的方式，重要的是他们的身体和他们的世界在情感中同时成形。"⑤梅洛-庞蒂由此指出"行为产生意义"⑥——一个生物的存在就已经改变了物质世界，使食物在这里出现，使藏身处在那里出现，是刺激给予一种它们所没有的意义。

---

① 梅洛-庞蒂. 知觉现象学. 姜志辉译. 北京：商务印书馆，2001：244.

② James M E. The Primacy of Perception. Evanston：Northwestern University Press，1964：13.

③ Raymond W G JR. Embodiment and Cognitive Science. Cambridge：Cambridge University Press，2005：242.

④ 梅洛-庞蒂. 知觉现象学. 姜志辉译. 北京：商务印书馆，2001：245.

⑤ 梅洛-庞蒂. 知觉现象学. 姜志辉译. 北京：商务印书馆，2001：246.

⑥ 梅洛-庞蒂. 知觉现象学. 姜志辉译. 北京：商务印书馆，2001：246.

更何况一个人存在于动物世界中，行走在大道之上，划桨漂流在激流之中，有人或有人的行为就一定有一种意义的存在。行为创造了超越解剖结构和内在于行为的意义，因为行为能自我教授和自我理解。

　　通过对语言和表达之关系的研究，梅洛-庞蒂揭示自然表达与文化表达之间的关系。根据他的看法，我的身体不只是存在一—于—世界—之中的一件物理对象或只是充当我的意识的简单容器，而是"我就是我的身体"①，而我的身体扎根于我的世界之中，而我正是通过知觉和语言走进我的世界以及与这个世界之中的他者建立联系。我们记得，法国精神分析家拉康提出了"无意识就是非我的话语"或"无意识具有语言的结构"这一口号②。他认为人是意识与无意识的统一，无意识包括语言与表达（指号）。语言既是主体从中产生的本能冲动或无意识，同时也是他最后用来确定自己的地位和作用的那个象征领域。易而言之，拉康这是要说，一旦人诉诸语言或发出声音，他就成为一个他者或被聆听者而接受他者的反观，或成为一个被阐释的他者。无论人们会对拉康的这谜一般的断言作出哪种理解，但是，把他与梅洛-庞蒂放在一起将有助于理解语言引导人走进世界和他者之中的存在论意义。存在-于-世界-之中意味着我的物理（身体）、生理/心理与历史之间的和合为一体。被感知的自然世界与文化世界是作为表达之结果而出现的。在表达之中，身体和被感知的世界这两个对象已经纠缠在一起，这正是因为"一切都驻留在世界"③。在梅洛-庞蒂那里，似乎自然世界和文化世界通过人的身体被涵摄在一起："正如自然深入我的个人生活的中心，并与之交织在一起，同样，行为也进入自然，并以文化世界的形式沉淀在自然中。"而语言则是"在对

① Merleau-Ponty. Phenomenology of Perception. trans. Donald A Landes. New York：Routledge，2012：151.
② Jacques Lacan. Ecrits. Paris：Seuil，1966：814-815.
③ Merleau-Ponty. Phenomenology of Perception. trans. Donald A Landes. New York：Routledge，2012：204.

他人的知觉中起重要作用的文化物体"，是我的"无意识他者"，通过语言，我走入他者，进入世界之中①。这个过程标志着孩子背离借助知觉与自然所建立的联系，而趋向借助语言建立与他人的联系："父母、兄弟和姊妹，其他儿童，直至与他的校园环境、他的社会阶层，最后建立他与文化的联系。"②一言以蔽之，孩子在人类世界中与他者和他的/她的情感境遇的关系深刻地影响了他们的知觉体认和语言发展。

在梅洛-庞蒂那里，语言、词汇、思维是自发地组织起来的。如他所言："我思是一种文化的存在，我的思维以此为目的，更确切地说，我的思维要理解它，就像我的身体朝向一个熟悉的环境和进入物体中，而不必明确地回忆起它们。"③ 思维是具体的，言语不是思维的单纯外壳，言语是"思维得以在真理中永存的活动"。表达不能被当作一种自明的意义在一种随意的符号系统中的表达。梅洛-庞蒂十分迷人地告诉我们："我们的意识在语言中只能找到它放入其中的东西。但由此或许能得出，语言不能告诉我们任何东西，至多只能在我们身上引起我们已有的意义的重新组合。"④

语言并非可以是按照一种线性的、因果的系列展开：它们总是与人生活其中的事项联系在一起。语言本身是虚构，是梦，是想象，是主动性与被动性的统一，正如梦中有创造性，语言之中

---

①　Here is cited the English version："Just as nature finds its way to the core of my personal life and becomes inextricably linked with it，so behaviour patterns settle into that nature，being deposited in the form of a cultural world." Merleau-Ponty. Phenomenology of Perception. trans. Donald A Landes. New York：Routledge，2012：311.

②　James M E. The Primacy of Perception. Evanston：Northwestern University Press，1964：97，100.

③　Merleau-Ponty. Phenomenology of Perception. trans. Donald A Landes. New York：Routledge，2012：329.

④　梅洛-庞蒂. 知觉现象学. 姜志辉译. 北京：商务印书馆，2001：487.

蕴含丰富的象征意义，它们形成表达又被表达所塑造①。表达在梅洛-庞蒂的作品之中一直是他关注的中心。古典哲学认为思想自我存在，语言仅仅是思想被表达的选择性方式，就此而言，表达就是翻译成可感知的符号以实现交流。因此，语言被理解成思想的一种外部伴随物，交流则理解成翻译。在《知觉现象学》这部作品中，梅洛-庞蒂更多是抓住"sense"（眼、耳、鼻、舌、身＝意）这一范畴并由此入手去理解表达，即把意义理解为一种感觉或一种被感觉的意义。他认为所有的人类经验的丰富性和维度都始源于这一事实，即"身体是表达的一种天然能力"②。身体为全部人类经验提供了一种根本性的描述，他甚至认为人类历史可以归结为一部身体史。他写到："所有知觉，所有的行为都是以它（身体）为前提，总之，身体使用之于每个人已经是原始的表达。"③ 他因此建议我们不要关闭那道通往充满着野性存在的活生生的经验的大门，它们是表达的前逻辑和前语法，它们构成了表达的辩证法和背景：沉默是声音的表达，非反思是反思的表达，否定是肯定的表达，黑夜是白昼的表达④。

从某种意义上讲，梅洛-庞蒂试图建立一门表达的哲学。在他的《知觉现象学》《符号》《行为的结构》《世界的散文》《可见的和不可见的》等系列作品之中，我们不断地读到"表达的哲学"[expressive philosophy]这一被他反复使用的短语。他所坚持的现象学之使命，就是让本质的哲学重新回归存在或生命的哲学，回归布满事实性[factuality]的世界之中，由此，他指出了采取一种存在分析方法和建立一种表达哲学之必要性——这种哲学将帮助

---

① Donald A. Landes. The Merleau-Ponty Dictionary. London：British Library Cataloguing-in-Publication Data，2013：54.

② Merleau-Ponty. Phenomenology of Perception. trans. Donald A Landes. New York：Routledge，2012：187.

③ Galen A. Johnson. The Merleau-Ponty Aesthetics Reader. trans. Michael B Smith. Evanston：Northwestern University Press，1996：104.

④ Merleau-Ponty. Phenomenology of Perception. trans. Donald A Landes. New York：Routledge，2012：414.

我们理解我们于世界之中的含混性存在：理解身体与世界、自然与文化、言语与姿势、沉默与声音之间的关系，以及如何理解心理学、知觉和社会结构之间的持续性的表达关系。因此，梅洛-庞蒂把他的哲学称为持续表达、持续涌现的哲学：

> 哲学的意义是一种发生的意义，因此，哲学的意义不可能在时间之外汇集，哲学的意义仍然是表达。更何况在哲学以外，作家只能通过语言的运用而不是在语言之外才觉得到达事物本身。马拉梅清楚地知道，如果他绝对地忠实于无遗漏地说出一切的愿望，那么，他就写不出任何东西，只有当他放弃包括所有其他书的大书，他才能写出一些小书。无符号的意义，事物本身，这种清晰的极点可能是清晰的消失，以及我们能拥有的清晰的东西，不是在作为黄金时代的语言的开端，而是在语言努力的结束。如果语言和真理体系移动我们的生活的重心，建议我们一个一个地证实和重新开始我们的活动，以使每一个活动转变成所有的活动，以使所有的活动独立于我们最初给出的一对一的表达方式，如果语言和真理体系由此把其他表达活动降低为"无声的"和从属的，那么，语言和真理体系就不是毫无保留的，意义与其说是由词语指出的，还不如说是由词语的结构蕴含的[①]。

第三节 姿势与意义及沉默中的言语

梅洛-庞蒂在《知觉现象学》中提出他的言语和意义理论，这是一种意义的知觉现象学理论。按照他的观点，言语并非仅仅是思想之外部伴随物，而恰恰是言语在完成思想，语言本身在它的姿势风格中或在它的姿势的痕迹中携带意义[sense]。在《知觉现

---

① 梅洛-庞蒂. 符号. 姜志辉译. 北京：商务印书馆，2003：101.

象学》之中，梅洛-庞蒂提出了一种意义［sense］的知觉现象学。根据这种知觉现象学，言语不是思想的纯粹的外部伴随物，而是言语完成思想，语言本身在言语里留下了它的动作或手势的痕迹。姿势的"意义"写入姿势之中，因为言语是一个"真正的姿势"，它必然包含"自己的意义"［its own sense］①。梅洛-庞蒂在他的意义理论中把言语看做姿势之一，也同时把姿势作为一种初始的表达对待。当然这种理论主要集中于口头语言。他试图从姿势、表达出发来理解语言。他给出的明确理由是：要与那种把言语看做思想、感情或印象的传播工具或履行翻译的媒介的观点一刀两断。他认为每一次交流都伴随着一次具身性的占用［embodied possession］，并非言说者头脑中首先有一个纯粹的意义，然后在听者的头脑之中被判断为一次完整而成功的交流。他认为存在一种"始源的沉默"，这种沉默因代表整个世界的言语姿势的来临而被打破，这犹如一块石头投入湖泊中而引发整个湖面的振荡，犹如无限天边因一道彩虹的出现而引发地平线的振荡。在梅洛-庞蒂那里，说和写是一次经验的翻译，但是这个经验只有因为它引起的言语行为本身才能成为原文。没有言语行为，经验只能是沉默的。语言通过打破沉默而获得沉默期盼获得而未能如愿的东西。沉默一直包围着语言，沉默总是与言语一起给出的。"词岂止只是客体与意义的单纯符号，它还必须存在于事物之中，传输意义。因此，对于讲话人来说，言语并不是翻译已经形成的思想，而是完成思想。"② 梅洛-庞蒂通过言语的姿势不仅要把言语还原为经验的事实，他还把表达言语行为的语词理解为一种"思维的躯体"。语言是以"一种包含有说话能力的世界且词语首先能在那里获得形状和意义的意识沉默为前提"③。沉默是语词的缺席却又被语词

---

① Merleau-Ponty. Phenomenology of Perception. trans. Donald A Landes. New York：Routledge，2012：189.

② 鹫田清一. 梅洛-庞蒂：认识论的割断. 石家庄：河北教育出版社，2001：154.

③ 梅洛-庞蒂. 知觉现象学. 姜志辉译. 北京：商务印书馆，2001：505.

的声音所引发。沉默是表达的否定却又是表达的强化。沉默是一个真实的和确实的世界之涌现。一种表达的哲学把事物沉默的本质引向表达，并邀请我们将经验从其根深蒂固的沉默中解放出来。言语作为打破沉默的姿势，其来临，不是意指一个思想或意义，而是唤醒一个全部之世界。①

可见，梅洛-庞蒂对姿势的意义采取了一种前反思的理解方式。他的基本主张是：言语是一种动作，言语的姿势给我们画出了我们在世界结构中的位置，言语的意义是一个世界，这个世界的整体或最初的沉默因言语声音的振荡[reverberations]而兴起微澜。②或者说，言语的背后蕴含了整个世界，或整个世界因言语的声音而生意。词的概念意义只不过是以原来内在于言词本身中的姿势意义为基础并经过扣除其存在意义而形成的。我们记忆库中的单词留给我们的，是该单词在与他人全身心的交流中所具有的或作为表达的价值以及因此而让人做什么的具体能力，换言之，我们记忆中的单词就是一个多项意义的集合。人与语言之间的关系就如手与蚊子的关系——当身体的某个部位被蚊子叮时，手便随意伸向被叮处一样。一听到某个词，即使我们无法充分理解它，但我们身不由己地靠近这个词。

梅洛-庞蒂主张我们应该恢复被理智主义阉割了的真相："应该恢复被理智主义所歪曲的他人体验的真相，就像我们应该恢复关于物体的知觉体验的真相一样。"③他提醒我们注意这样的一个事实——"当哲学家在定义性交行为的这种理智意义之前，人们已一代一代地在理解和完成性行为，比如爱抚行为"④，以及发怒的行为举止，不是发怒的符号，而是发怒本身。当你看见一个人哭泣时而使用"悲哀"这一词语，它所表示的其实就是代替了哭

---

① Donald A Landes. The Merleau-Ponty Dictionary. British Library Cataloguing-in-Publication Data，2013：89.

② 梅洛-庞蒂. 知觉现象学. 姜志辉译，北京：商务印书馆，2001：240.

③ 梅洛-庞蒂. 知觉现象学. 姜志辉译. 北京：商务印书馆，2001：241.

④ 梅洛-庞蒂. 知觉现象学. 姜志辉译. 北京：商务印书馆，2001：242.

泣的声音。梅洛-庞蒂如是说："事物的命名并不是在认识之后带来的，它就是认识本身。……词语本身带有意义，我们通过把它运用于对象而意识到抓住了对象。"①"姿势不是让我们想到愤怒，它就是愤怒本身。"② 梅洛-庞蒂甚至认为，词语之中有一种"剩余"[sediment]，因为所有受到词语和其他侵入的景象仅仅是言语的一个变种，谈论词语的"风格"，就是进行隐喻。我们用词语命名事物就是将存在引入语言：

> 整个哲学都在于恢复意指的力量，就在于恢复意义或原初意义[a wild meaning]的诞生，就在于恢复通过经验表达经验，这种表达尤其阐明了语言之特殊领域。在某种意义上，就像瓦雷里说的那样，语言就是一切，因为它不是任何个人的声音，因为它是事物的声音本身，是水波的声音，是树林的声音③。

梅洛-庞蒂谈到理解的发生时，认为意义围绕行为或姿势的发生而聚集："动作的沟通或理解是通过我的意向和他人的动作、我的动作和在他人行为中显现的意向的相互关系中实现的。所发生的一切像是他人的意向寓于我的身体中，或我的意向寓于他人的身体中。"④ 简言之，我的意义或从我的意向所生成的意义不在我，在于我的意向所指向的对象那里，这就如他说"谈论词语的风格"而意义不在词语，而在词语的隐喻或者是在词语之姿势或行为或沉默之中。姿势和姿势的意义绝对不是两个对立的实体。它们彼

---

① 鹫田清一. 梅洛-庞蒂：认识论的割断. 石家庄：河北教育出版社，2001：156.

② Merleau-Ponty. Phenomenology of Perception. trans. Donald A Landes. New York：Routledge，2012：190.

③ Merleau-Ponty. The Visible and The Invisible. trans. Alphonso Lingis. Evanston：Northwestern University Press，1962：155.

④ 梅洛-庞蒂. 知觉现象学. 姜志辉译. 北京：商务印书馆，2001：242.

此纠缠在一起，彼此不可缺少，我们通过"我"的身体理解他人，就像我们通过"我"的身体感知物体。同样，"我"通过看见的一切表达看见者，而不可见者则向着可见者聚集。梅洛-庞蒂如此描述这种辩证关系："动作（姿势或行为或可见者）的意义不是在动作的后面，它与动作描述的和我接受的世界结构融合在一起。意义在动作本身中展开，正如在知觉体验中，壁炉的意义不在感性景象之外，不在我的目光和我的运动在世界中发现的壁炉本身之外。"①

英国诗人华兹华斯在《水仙花》一诗中写他对大自然的热爱和他与大自然之间那种美好的协调一致。他内心的欢乐，与河岸边上的一片水仙一起，在风中摇曳、摆动、舞动着，就像是迎着从水面上吹来的风在微笑。他在诗的第 3 节中写到：

> 粼粼湖波也在近旁欢跳，
> 却不如这水仙舞得轻俏；
> 诗人遇见这快乐的旅伴，
> 又怎能不感到欢欣雀跃；
> 我久久凝视——却未领悟
> 这景象所给的精神至宝。
> ——（顾子欣 译）

欢快的意义，如同风的意义一样，在湖光中蔓延开来，在水仙花的迎风舞动的摇曳婉转之中显现。欢快写进了风之中，写进了湖光之中，写进了水仙花的舞动之中。欢快的意义在"表达者"中间聚集。这也是传统诗学所讲的"寓情于景，情景交融"。

华兹华斯讲："一切好诗都是强热情感的自然流露。"② 表达者和被表达者取得了一致，没有主客之间的离异，没有先于表达者

---

① 梅洛-庞蒂. 知觉现象学. 姜志辉译. 北京：商务印书馆，2001：240.
② 刘若端. 十九世纪英国诗人论诗. 北京：人民文学出版社，1984.

的意义。也就是说，我带着我的身体置于物体之中，物体与作为
具体化主体的我共存。物体和它的意义之间没有等值关系，就如
词语符号和它的意义之间没有等值关系一样，否则前者变成了后
者的工具。恰恰相反，是情绪和情绪的表达之间享受了共同的东
西，比如微笑、放松的脸、动作的轻快，它们实际上包含了作为
快乐本身的行为节奏和在世界上存在的方式。这就如同一种语言
与世界上多种语言的存在之间的关系一样，前者可以被后者全体
所分享，却永远无法被后者全体所穷尽。

　　梅洛-庞蒂在《眼与心》这部作品里指出：科学摆布事物，并
拒绝栖居其中。艺术家则应该把他的身体提供给世界："瓦雷利说
画家'提供他的身体'，事实上我们也看不见一个心灵何以能作
画，正是在把他的身体借用给世界的时候，画家才把世界变成绘
画。"① 在画家也包括在诗人那里，他们必须混淆本质与存在，想
象与现实，可见与不可见这些范畴，从而展现其物质本质与无声
意蕴的有效相似与梦幻般的宇宙。他们必须同意让事物从他身子
里穿透，让灵魂从他眼睛里走出来，到那些事物上面游荡。

　　一切表达都是意义的表达，一切意义都是表达的意义，一切
意义都伴随表达而发生和涌现。表达伴随着行为或行为体验出场，
表达不会被一种自明和自反性的思想所超越。一切表达都是经验
性的、事件性的，甚至都是故事性的。梅洛-庞蒂认为，"言语的
唯一作用是找到由事物本身的语言事先为每一个思想规定的正确
表达"。因此，他主张应该力图使语言和文学回到其任务范围内，
使语言和文学"摆脱有才华者的雕虫小艺"，"世界的表达应该是
诗歌"，唯有诗歌让语言回归存在。"任何文学的或哲学的表达活
动都有助于实现与一种语言，即原则上能接受一切呈现的存在的
有限符号系统一起形成的恢复世界的愿望。"② 由此我们可以理解
华兹华斯为何在感到百无聊赖心灵空漠之时，他的心要回到那些

---

①　梅洛-庞蒂. 眼与心. 刘韵涵译. 北京：商务印书馆，2007：31-35，49-43.
②　梅洛-庞蒂. 符号. 姜志辉译. 北京：商务印书馆，2003：56-117，293.

起舞的水仙之中，让它又重新充满了欢乐：

> 感到百无聊赖心灵空漠；
>
> 这景象便在脑海中闪现，
>
> 多少次安慰过我的寂寞；
>
> 我的心又随水仙跳起舞来，
>
> 我的心又重新充满了欢乐。
>
> ——（顾子欣 译）

　　表达不是一开始就给予词语和动作一种内在的意义，在很多时候往往是表达在表达发生时给予了词语以意义。词语和动作永远不可能拥有内在的意义，词在词典中的意义只是意义的导向[direction]。词语的意义永远都是外在的、与世界相联系的。言语的意义不是别的，就是言语支配这个语言世界的方式或在获得的意义这个范围内变化的方式——"语言被言语的运用超越"，人是在言语中进入世界，"只是在其他人的心目中，表达才呈现出它的生动和成为意义"①。我们往往能在极其短暂的共有行为中把握言语的意义——"那些可支配的意义，即以前的表达行为，在会说话的主体中间建立了一个共同世界，当前的和新出现的言语和这个共同世界有关联，就像动作和感性世界有关联"②。语言和意义，一个包含在另一个之中。"成功的表达活动不仅为读者和作家本人提供一种记忆辅助物，而且使意义作为一个物体在作品的中心存在，使意义在词语的结构中永存，使意义作为一种新的感官置于作家或读者中，并向我们的体验开辟出一个新的场或一个新的领域。"③ 这就是梅洛-庞蒂所强调的，我们在言语的概念意义下发现了一种存在意义，这种存在意义不仅由言语表达，而且也寓于言语中。

---

① 梅洛-庞蒂. 符号. 姜志辉译. 商务印书馆，2003：49-62.

② 梅洛-庞蒂. 知觉现象学. 姜志辉译. 北京：商务印书馆，2001：243.

③ 梅洛-庞蒂. 知觉现象学. 姜志辉译. 北京：商务印书馆，2001：238.

　　梅洛-庞蒂在《知觉现象学》《符号》《眼与心》《世界的散文》
《可见的与不可见的》等作品中阐述了音乐和艺术的表达力。如他
说词语是句子的居民，意识是身体的居民，意义是绘画的居民，
人是存在—于—世界之—中的居民①。在音乐中，是音乐把事物本
身，把事物沉默的本质引向表达。我们不能在听演奏前去谈论一
个奏鸣曲的意义，因为奏鸣曲的音乐意义不可能与支撑它的声音
分离："我们在听到奏鸣曲之前，无任何分析能使我们猜想到它；
一旦演奏结束，在我们对音乐作理智分析时，我们只能回想起体
验的那些瞬间；在演奏的时候，音乐不仅是奏鸣曲的'符号'，而
且奏鸣曲通过声音存在，并且深入声音。……意义吞噬了符号。"②

　　同样，在文学和诗歌语言中情况还是如此。其中充满了语言
对可见的和体验的缠绕，其中是沉默的意象与其言语关联之间的
交流。梅洛-庞蒂认为诗歌是无法翻译的，因为诗歌的意义是在听
者与其中物语一起生成的体验之间的深层联系中绽放出来——这
是生命与行动的语言，是文学与诗的语言③。英国诗人济慈在其著
名的《夜莺颂》这首诗歌中以夜莺的歌唱为意象，夜莺的歌唱(振
荡)把诗人带入了一个原本对诗人沉默的瑰丽的幻想境界：

　　　　But being too happy in thine happiness，/That thou，
　　　　light-wingèd Dryad of the trees，/In some melodious plot /Of
　　　　beechen green, and shadows numberless，/Singest of
　　　　summer in full-throated ease。屠岸先生的译文是：是你的欢
　　　　乐使我过分地欣喜——/想到你呀，轻翼的林中天仙，/你让
　　　　悠扬的乐音/充盈在山毛榉的一片葱茏和浓荫里，/你放开嗓
　　　　门，尽情地歌唱着夏天④。

　　①　梅洛-庞蒂. 可见的与不可见的. 罗国祥译. 北京：商务印书馆，2008：267.
　　②　梅洛-庞蒂. 知觉现象学. 姜志辉译. 北京：商务印书馆，2001：238.
　　③　梅洛-庞蒂. 可见的与不可见的. 罗国祥译. 北京：商务印书馆，2008：156.
　　④　济慈诗选. 屠岸译. 北京：人民文学出版社，1997：11-15.

诗人的世界因为这夜莺的鸣叫声被瞬间改变了：夜莺的声音切入了沉默的深度里，切入了使诗人看不见的那个处在沉默之中的瑰丽的世界——天空、林木、骄阳、田野、泉水、春天、青春、舞蹈（身体）、自由、永恒、平静、无限，它们因夜莺的歌唱而聚集、振动、唤醒。夜莺的声音并不为这一切充当中介，这里没有中介，它除了把听者拽入存在之深渊并为此敞开其进入的缝隙之外不会是别的——它用声音打开沉默之门，即死亡之门。梅洛-庞蒂在谈到音乐时指出："音乐处在世界及可被指明的事物之外以至于只能形象地表现存在的各种样式，它的涨落，它的不断涌现，它的迸裂，它的旋转，而非别的东西。"① 诗中夜莺的声音如果如评论家所言象征大自然中永恒的欢乐，那么，它唤醒的，却是现实中存在的各种喧嚣、各种感觉、现在和世界的重量、厚度与深渊。世界的意义和世界的表达，听到的声音与环绕声音的沉默，被表达的沉默与通往深渊的死亡之间的区别，就像梅洛-庞蒂的身体和精神的界限那样变得模糊。如果结合诗人济慈本人痛苦不堪的身世来理解这首诗，那么，夜莺的声音为诗人本人所撕开的那道通往沉默的裂口，不能不让我此刻啼血流泪："Fade far away, dissolve, and quite forget / What thou amongst the leaves hast never known（屠岸先生的译文是：远远地隐去，消失，完全忘掉/你在绿叶里永不知晓的事情）。"夜莺快乐的歌声并不与诗人所感受到的快乐同质，而是它敞开了那道对诗人或许永远沉默或许永远关闭了大门的世界。夜莺的自由的歌唱如一把锋利的匕首插入了诗人于世界的存在之中：Where palsy shakes a few, sad, / last grey hairs, /Where youth grows pale, and spectre-thin, and dies；/Where but to think is to be full of sorrow；/And leaden-eyed despairs；/Where beauty cannot keep her lustrous eyes, /Or new Love pine at them beyond to-morrow（屠岸先生译文是：这里，人们对坐着互相听呻吟，/瘫痪者颤动着几根灰白的发丝，/

---

① 梅洛-庞蒂. 眼与心. 刘韵涵译. 北京：商务印书馆，2007：33.

青春渐渐地苍白，瘦削，死亡；/这里，只要想一想就发愁，伤悲，/绝望中两眼呆滞；/这里，美人保不住慧眼的光芒，/新生的爱情顷刻间就为之憔悴）。因此，我实在无法仅仅由于诗人使用了奇妙的夜莺这一意象，就认为此诗具有浪漫主义的抒情。

声音变成了存在，美感的表达把自在存在给了它所表达的东西，把自在存在变成了为他-为我的存在。声音的自为存在犹如意义总是在表达发生时才能存在。这让我们再次想到拉康的"无意识具有语言结构"的表述。人注定要从声音中倾听沉默，从语言中撕裂进入他者的入口，从语言的进入先语言的存在——一个沉默与死亡的存在。梅洛-庞蒂曾经说："我说过经验趋向被言说之事物的运动是不可避免的。但是，这意味着某种意义上哲学是在自我构成之中否定自己。"[①] 同样，海德格尔以否定的性质谈论诗人的品质，诗人的自我从不在自我而在他者中：

> 如果"诗"——而不是诗人——是真正的"作者"，那么诗人就会自己将自己抹去。"…… 为了聆听/理解他者，人们必须从不再聆听/了解自身开始。我们必须保持沉默，抹掉"自我"。[②]

梅洛-庞蒂似乎鼓励我们从沉默中去感受音乐的存在领域。他认为，不是我们拥有音乐，而是音乐支配和占有我们。这与他一贯的言语与"存在意义"一起涌现的观点是一致的，即使是思想性很强的哲学表达："一种哲学就像一件艺术作品，是一种更能引发思想而非思想本身。"[③] 他还指出，在视觉艺术中，女演员本身是看不见的，是隐匿的，女演员把自在存在给予了她所扮演的角

① Mauro Carbone. The Thinking of the Sensible: Merleau-Ponty's A-Philosophy. Evanston: Northwestern University Press, 2004: 25.

② 马克·弗罗芒-梅里斯. 海德格尔诗学. 冯尚等译. 上海: 上海译文出版社, 2005: 92-230.

③ 梅洛-庞蒂. 可见的与不可见的. 罗国祥译. 北京: 商务印书馆, 2008: 253.

色，成为为他的存在。女演员与她自己存在的世界分开了，自己变成了虚无的存在[nothingness]，但这个虚无却是角色成功的前提——即演员本身消失了，角色才开始存在①。比如在《山楂树之恋》(2010年)这部电影中的女演员周冬雨是看不见的[invisible]，出现的是静秋[visible]。表达或表演变成了意义，意义吞没了符号，静秋吞没了周冬雨，以至眼神如山泉水般纯净的静秋达到了纯洁和天性的顶点。此所谓梅洛-庞蒂的"美感的表达把自己的存在给了它所表达的东西，把自在存在作为人人都能理解的被感知物体置于自然之中，或者相反，夺走其作为经验存在的符号本身。没有人会怀疑此处的表达活动实现或完成了表达的意义，已经远远超出了把意义表达出来"②。如此而言，表达则不只是指示意义；表达就是意义。演员的姿势或身体不只是一个赋义的符号；姿势更是这种意义的肉身，姿势本身是表达者。导演在寻找演员时，寻找的正是一个赋意的姿势。"我的躯体超出了我，在自然中铺展开来，客观对象起了变化，实实在在地浸入了我，主体迷失了，然后只是作为意义才找回了自己，正如华兹华斯在水仙的起舞中找回了意义。人是活在'一个经验的世界里的，在一个相对物性区分来说当属于中性的环境中，在有机组织、思想与广延空间之间，他与万物、与物体和他自己的身体进行着直接的交流'。"③ 在这个经验的世界中，行动，或者说灵魂相对于躯体的因果关系，是在一个高一级的层次上所描述的存在。"意义"不再喻指一些"潜力"，而是在表述对行为理解的不同程度。知觉经验的契合性就是指这个，它允许我们说知觉是达到了事物本身的，因为它"给出"了一个相当有组织结构性的世界。

---

① Eero Tarasti. Existential Semiotics. Bloomington: Indiana University Press, 2000: 12-13.

② 梅洛-庞蒂. 知觉现象学. 姜志辉译. 北京: 商务印书馆, 2001: 238.

③ 安德烈·罗宾耐. 模糊暧昧的哲学——梅洛-庞蒂传. 宋刚译. 北京: 北京大学出版社, 2005: 10.

第四节　语言与言语及思想的终极

　　梅洛-庞蒂对姿势型意义的理解，是源于他关于语言和思想之间关系的基本命题。语言首先是一个姿势，就如所有身体的其他姿势一样，语言也勾画出了它自身的内在意义。每个单词在自身内部就包含了意义，就此而言，这就是思想，而不是充当思想的外衣，语言并不在言语之外自为地存在，语言不外在于思想而存在。一般而言，语言不应该被视为对思想的一种镜式反映、一种偶然的翻译或一件思维的外部伴随物和一个惰性的外壳。语言被思想所决定，正如思想也被语言所决定。言语并非是思想的工具，它就是思想本身。言语也不是认识可以加以利用的工具，它就是认识本身。我们引用梅洛-庞蒂在《知觉现象学》中的两个说法，言语"不是思想的外衣，而是它的象征或身体"。"我们生活在一个由言语组织起来的世界中。"[①]梅洛-庞蒂反对那种承认语词和它的意义之间的关系是一种偶然或任意关系的哲学立场。这种立场预先假设充当符号功能的语词对思想的依附是一种约定的任意性。在梅洛-庞蒂看来，在语言使用上，约定是"人与人之间较晚出现的一种关系；约定必须以先行的沟通为前提，我们应该把语言放回到这种沟通交流过程之中"[②]。在语词确定的概念意义和最后意义之下，还有一个姿势含义或情绪意义在制约着语词，比如在诗歌中占有重要地位的东西："真正地说，一部文学作品的意义与其说是由词语的普通意义构成的，还不如说是在改变词语的普通意义。因此，在听或读的人、说或写的人的心目中，在言语中，有

---

　　① Merleau-Ponty. The Phenomenology of Perception. trans. Colin Smith. New York: The Humanities Press，1962：182，184.
　　② 梅洛-庞蒂. 知觉现象学. 姜志辉译. 北京：商务印书馆，2001：243.

一种理智主义想象不到的思想。"①

　　换言之，我们在言语的概念意义之下发现了概念意义由之而来的姿势意义或存在意义，这是一种以（世界）存在的含义为前提的赋义，但它却不是由语词直接指示的，而是寓于语词之中，与语词不可割裂，比如音乐意义不能脱离其声音，绘画意义不能脱离其颜色和线条，任何二元论的两项只有在对话结束后才有意义，也就是说，任何意义都是对话结束后的产物或副产物［by-product］——而这却是被一般语义学所忽视了的。梅洛-庞蒂强调要回到人与他的世界的原初关系之中，那里才是他在世界之中的本质居住，即现实人的生活世界，那种在我们的日常存在中被你、我所体验到的生活的终极视域。而这种视域决定了人既不是事物，也不是纯粹的意识，而是二者含混而成的第三者。他永远是他自己与世界结合后的次生产物——纯粹的人是不存在的，纯粹的物也是不存在的，即使存在，也是无意义的。

　　人进入世界的途径和他与世界之间的初始关系是由他的姿势引入的。姿势就是身体在世界中"摆姿势"，为生存画出方向（意义），赋予了言语经验性和世界性意义。姿势不传递现成的意义，姿势在世界中与他人（物）一起生成意义。把言语赋予姿势（运动），也就因此把言语还原到了世界性场域之中，我们也因此无法在多种语言中发现一个普遍的、一成不变的思维模式或唯一的翻译模式，更无法为它找到一个从一种语言到另一种语言的完美翻译。梅洛-庞蒂认为语言间无法彼此翻译："一种语言的完整意义不可能用另一种语言来表达。我们能讲好几种语言，但只有一种语言是我们在日常生活中使用的语言。为了全面掌握一种语言，必须

———————

　　①　梅洛-庞蒂. 知觉现象学. 姜志辉译. 北京：商务印书馆，2001：234.

接受该语言表达的世界，我们不能同时属于两个世界。"① 我们的语言本身可以使思想变得确定而具体化，同时语言又在思想中保持其确定性和具体化。没有思想的语言是不存在的，没有语言的思想也是不存在的。

　　我的语言构成了我生活的界域。梅洛-庞蒂把优先权赋予了我们与所说语言间的那种体验性［lived］的联系上。在下列文字中，他为我们在自己的语言中生活和陶醉于其中的意义提供一个卓越而简洁的描述：

　　　　一种语言里元音占主导地位，另一种语言里辅音占主导地位，结构和句法系统，都不代表为了表示同一种思想的各种随意约定，而是表示人类团体歌唱世界的方式，归根结底，世界的各种方式。由此可以得出，一种语言的完整意义不可能用另一种语言来表达。我们能讲好几种语言，但只有一种语言是我们在日常生活中使用的语言。为了全面掌握一种语言，必须接受该语言表达的世界，我们不能同时属于两个世界。如果有一种普遍的思想，那么要得到这种思想，应该重新用一种语言进行表达和沟通，接受该语言的所有双关语，所有构成语言传统、准确地体验语言表达力的转义。一种约

　　① 梅洛-庞蒂. 知觉现象学. 北京：商务印书馆，2001：244. 同时，我们还有必要将梅洛-庞蒂在该页的注释中引入劳伦斯的话再次引入在此："……为了入乡随俗，我身穿阿拉伯人的服装，服从他们的心理模式，持续多年的不懈努力使我抛掉了我的英国人的个性。我因此能以新的眼光来看待西方国家及其习俗——事实上，我不再对西方的东西深信不疑。但如何才能成为阿拉伯人呢？从我这方面讲，这纯粹是一种感情，使一个人失去信仰是容易的，但要使他转向另一种信仰则是困难的。抛弃了一种生活方式，但又没有获得一种新的生活方式，我成了传奇般的穆罕默德棺材的类似物。长时间的孤独和持之以恒使人身心交瘁，一个人体验到了这种极度的分离。当他的身体像一架机器在移动时，他的有理性的灵魂却抛弃了身体，投之以批判的目光，询问这一团东西存在目的和理由。有时，这些角色在进行没有对象的交谈：精神错乱即将来临。我相信，精神错乱正在逼近能通过两种习俗、两种教育、两种社会环境的面纱观察世界的人。" T.—E. 劳伦斯，《七根智慧之柱》，43 页。转引自《知觉现象学》第244.

定的规则系统——它只有与语言有关的意义——仅仅表达没有人的自然［nature］。因此，严格地说，没有约定的符号，没有纯粹的和自明的思想的一种单纯符号系统，仅仅有在难以置信的语言偶然事件性中无保证地实现沟通的言语，一种语言整个历史就包含在言语中①。

这样，语言不会说出本身以外的任何东西或传达逾越自身以外的任何意义，因为语言的意义是不会与自身分割的，不会与该言语的世界分割的。一种语言的完整意义不可能用另一种语言来翻译，每一种言语都有它自己的表达力，每一种语言都是歌唱世界的一种方式，因为人是在与世界的结构中完成给自己赋义的，正如左手和右手是在彼此触摸的结构中完成触摸这一体验的赋义的。因此，梅洛-庞蒂说："在愤怒中喊叫或在恋爱中亲吻不比把一张桌子叫做桌子更自然或有更少的约定。"② 准确地说，言语的意义是在被说出的话中实现它的肉身具体化，其结果是，思想不能被理解为一个完全独立于说话行为的自我存在实体。语言与思想之间彼此内在的关系，是我们在阅读外语文本时感到空洞的重要原因——尽管我们都可以读出单词，我们却无法赋予单词与之发生关系的世界以意义，单词如此空洞，缺乏感性、形态与表达力，成为无生命的外壳，这是我们依靠词典来背诵单词而掌握外语的人经常遇到的尴尬。此时的语言是一种与世界脱离了联系的语言，是一种缺乏活生生的人际存在的语言，是一种彼此外在的语言。梅洛—庞蒂引用戈尔德斯坦的话说："一旦人用语言来建立和自己以及和他人的活生生的关系，语言就不再是一个工具，不再是一种手段，而是内在存在以及我们与世界和他人之间的精神联系的体现和揭示。"③

---

① 梅洛-庞蒂. 知觉现象学. 姜志辉译. 北京：商务印书馆，2001：244-245.
② 梅洛-庞蒂. 知觉现象学. 姜志辉译. 北京：商务印书馆，2001：189.
③ 梅洛-庞蒂. 知觉现象学. 姜志辉译. 北京：商务印书馆，2001：196.

　　因此，梅洛-庞蒂由此出发更加准确地勾勒出语言与思想之间的关系，也正是在这点上发现自己与传统语言理论之间的分歧。按照他的主张，所谓话语只反映思想，话语所具有的存在形式是由一个绝对独立的思想自我赋予的这个观点，是不能再坚持了。传统的心理学和哲学把话语当成一种外部伴随物或当成一种对思想的简单翻译来认识，也就是说，话语无非是一个工具而已，它的意义只是相对于一种无言语的思想而言才是有用的，它是帮助内在的思想发声的外在物，这就如同主张一种无声音的音乐的观念，是极其荒谬的。"任何范畴活动在成为一种思维或成为一种认识之前，首先是与世界建立联系的某种方式，相当于体验的一种方式或形式。"① 梅洛-庞蒂的现象学分析通过赋予属于话语自身存在之重要性而彻底地改变了语言的观念。所指和能指之间存在裂痕和断裂的观点现在必须抛弃，从而主张所指是与能指的表达行为同时发生的。

　　语言不仅仅是思想的外套，它是思想的肉身或具体化的思想[incarnated thought]。思想没有了肉身或具体化是不可能存在的。思想在语言中的完成，是对自身的肉身化与具体化的实现。所谓内在的或心灵的语词正是产生于外在的语词之中。"理性只有通过人的感觉之途实现具体化才能将人引向理性。"② 我们必须抛弃笛卡尔式的幻想——思想在本质上是内在的和不可接近的，通过语词的沟通是次等的和偶然的现象。约翰·杜威[Johan Dewey]清楚地看到心灵事件总是把语言作为心灵的构成条件。他不仅认为语言表征经验的过程具有自然主义和行为主义的特征，他还认为语言首要地表征为人的心理性存在："不妨说，心理的事情并不仅仅是动物所做的一种可以感受痛苦和散布安乐的各种反应而已，它

---

① 梅洛-庞蒂. 知觉现象学. 姜志辉译. 北京：商务印书馆，2001：248.

② Traite de morale, 1, II, xⅲinO. C, t. XI：35；cited in Spinoza et ses contermporains：336. Treatise on Ethics：57.

们还须有语言来作为它们存在的条件之一。"① 休姆则发现，一旦他向内看，处在不断流动之中的观念几乎就是一连串默默地说出的单词。休姆曾提出过"象征语言之前的状态"这一观念②，其实这是指人和物彼此涵摄、彼此进入的共情状态[state of co-existence]，这是一个人与存在直接交往的状态。应该说，这正是梅洛-庞蒂在《行为的结构》《知觉现象学》和《意义与无意义》三部作品中从不同层次加以捍卫的根本主题。他在《意义与无意义》[*Sense and Non-Sense*]中指出："人并非一开始就是某种明晰地拥有自己的思想的意识，而是一种被提供给它自身、寻求理解它自身的生命。在这种意义上，存在着一种黑格尔的存在主义。整个《精神现象学》描述的都是人为了自我重获自身而作出的努力。"③ 人是物质的存在，同时也是精神的存在，或于世界中寻觅自我意义的存在。人总是首先在物质世界中确立自己的精神目标，"人必须使存在之意义敞亮起来"④。这正如梅洛-庞蒂在《行为的结构》中所坚持的那样，"人的自然经验确实一下子就将人置于种种事物的世界中，并且于他而言就在于在它们之中选择方向，就在于参与其间，那么描述人的行为和他对于事物的知觉就是致力于同样的目标"⑤。在谈到直觉与思的关系时，梅洛-庞蒂说得更清楚："直觉是我思的'生动的环节'，……它不仅在严格的意义上向我提供一些我的思想，而且还提供一些在每一事物的独特方面相应思想的东西。这是对昏睡在事物中的思想的经验，只有当我

①　杜威. 经验与自然. 傅统先译. 南京：江苏教育出版社，2005：110.

②　Flew A. David Hume：Philosopher of Moral Science. Oxford：Basil Blackwell，1986：167.

③　Maurice Merleau-Ponty. Sense and Non-Sense，trans. Hubert L. Drey Fus，Patricia Allen Dreyfus. Evanston：Northwestern University Press，1964：63-70.

④　Viktor E. Frankl. The Will To Meaning—Foundation and Applications of Logotherapy. New York：the Penguin Group USA，1969：9.

⑤　梅洛-庞蒂. 行为的结构. 杨大春，张尧均译. 北京：商务印书馆，2005：10-11.

的思想靠近它时才苏醒过来。"① 人的存在来源于存在的揭示或表达。人们只有在面对一个个生动的形象时，才会使自己的存在变得澄明起来，使实在的事物因我而闪现并获得被揭示的存在。同时，"直接处理'事物'"意味着把物我、他人与自我之间都视为一种结构关系。关系中的各项只有在一方之当下与之相遇的正在"构成"的对象中时才能获得其意义和价值。由于这种"构成"关系重视人与物之间意义的自显性，使大地和物象能"各其性"、"自陈其意"，从而避免以主客二元对立的方式来观物、应物、感物。因此，梅洛-庞蒂指出："不存在任何可以摆脱呈现场，可以摆脱某种处境和某种结构的界限而被独自设想的真理。"②

　　在梅洛-庞蒂看来，语言保留了一种更加原初的经验痕迹。这并不是说语言完全构成了思想。相反，语言决定了思想，同时思想也决定了语言。言语的艺术不是反映一种已经明确的思想——没有一种表达之前的思想，凡需要表达之思想都是有待明确的，言语是要给无定性的、流动的思想赋予一种清楚的躯体轮廓；它帮助组织思想的形成，因此也帮助言说主体更加充分地理解它。思想是流动的，是看不见的符号，或者说思想是在形成之中的符号。正如符号学家塔拉斯蒂[Eero Tarasti]在他的《存在符号学》中所言："符号存在的无数瞬间是前后居间的瞬间相遇，因为符号的生命不会停下来，当然，它们也不会固定于对象中。无论如何，只要有存在意义上的符号，它们总会处在变化和流动之中。"③ 存在的符号永远处于运动之中，思想永远处于形成之中，我们总是在言语的应用中学会理解，我们总是从意义的持续涌现中把握意义。梅洛-庞蒂写道："不过，在我现在的中心，我发现了先于我的现在的诸现在的意义，我发现了能理解他人在同一个世界中呈

　　① 梅洛-庞蒂. 哲学赞词. 杨大春译. 北京：商务印书馆，2000：13.
　　② 梅洛-庞蒂. 世界的散文. 杨大春译. 北京：商务印书馆，2005：123.
　　③ Eero Tarasti. Existential Semiotics. Bloomington：Indiana University Press，2000：7.

现的手段，我在言语的运用过程中学会理解。"① 我们绝不能充分地知道一种思想，除非"我们都经历了思想在言语的肉身中的出场"②。因此，言语必须发展思想；言语必须是思想的表达；它必须通过组织和再组织这种意义从而又把新的意义带入自身之中："当一种言语组织力量在我之中确立并使连续不断的意蕴集聚在语言周围时，我便可以说我拥有了一种思想；这种力量本身并不依靠我所习得的某种思维风格。当我成功地使思想蛰居于一种并非原初注定为之设立的言语装置之中时，我便可以说一种赋义得以实现并产生了效果。"在他的《符号》这部后期作品中，梅洛-庞蒂甚至明确地提出了思想与言语的一种互摄共融观。他形象地指出，思想与言语各自"把枝桠延伸到对方之中"——"思想与言语相互依赖。它们不断地相互替代。它们互为接替物，互为刺激。任何思想都来自言语和重返言语，任何言语都在思想中产生和在思想中告别。在人与人之间和每一个人中，有一种难以置信的'思想'是其叶脉的言语植物。"③

　　语言和意义的关系又是怎样的呢？"如果是符号与符号的边音关系使每一个符号具有意义，那么，意义仅仅出现在词语的相交中和词语之间。"④ 意义并不超越语言之上，意义也不是符号所固有的。因为，如果意义是符号固有的属性，那么，语言就是透明的。在梅洛-庞蒂看来，语言绝对是不透明的，符号并不传达意义，符号是人类存在的构造者：

　　　　意义是言语的整体运动，这就是为什么我们的思想在语言中延伸。这也就是为什么我们的思想也穿过语言，就像动作运动超越它的经过点。……无疑，衣服和房屋可以帮助我

① 梅洛-庞蒂. 符号. 姜志辉译. 北京：商务印书馆，2003：119.
② Merleau-Ponty. Signs. trans. Richard C Mcleary. Evanston：Northwestern University Press，1964：91
③ 梅洛-庞蒂. 符号. 姜志辉译. 北京：商务印书馆，2003：20.
④ 梅洛-庞蒂. 符号. 姜志辉译. 北京：商务印书馆，2003：50.

们抵御寒冷，语言有助于集体劳动和分析"无机的实在物"。但穿戴行为可以变成装饰行为，或者羞耻行为，并因此对本人和对他人表现为一种新的姿态。只有人才明白他们自己是赤裸的。在为自己建的房子里，人可以投射并实现他所喜好的价值。最后，言谈行为表明：人不再直接黏附在环境中，他把它提升到景观的地位，并通过严格意义上的认识从心理上拥有它①。

我们所生活于其中的环境总是一个场景性存在：其中世界、意识、语言、意义构造出一个实在世界的场景。我们确实难以区分其中的哪一样是介入性的，哪一样是始源性，哪一样是思维的某种运动伴随物。如果说，语言的运动形成了思想，那么语言既是一种奴役原则，因为它通过耕耘而介入到事物的土壤与思想的阳光之间，又是一种自由原则，因为人们通过给予事物以名称而将存在之属性引入了文化之中。意义在这种言语中第一次获得表达，一种在生存的偶然中被说出，由此作为意义被确立，并且对于后来的活动而言成为可以自由使用的。

梅洛-庞蒂认为"思想寻求语词来完成自身"②。他主张思想在言语中具体化从而实现与人存在的深度一致。人［capable of consciousness］是肉身化的意识。意识通过肉身化实现自己［body and consciousness are intertwining and intertwined］。身体对独立自居的精神而言并不是活生生的部分，因为人必须依靠肉身化和具象化才能变成充分的存在，同样，思想必须存在于语词之中。所以梅洛-庞蒂说："对事物的支配不是伴随承认而来，而是承认本身……对小孩而言，事物是在被命名后被认知到的，名称是事物的本质，名称居于事物之中，正如颜色和形式那样寓于物体之

---

① 梅洛-庞蒂. 符号. 姜志辉译. 北京：商务印书馆，2003：51-259.
② 梅洛-庞蒂. 知觉现象学. 姜志辉译. 北京：商务印书馆，2001：279.

中。"① 只要我们在寻求某人或事物的名称，我们就在寻找实体本身。只要我们喊出了名称，我们就靠近了事物。"语词"不是指向一个对我们而言已经存在但却未命名的实体，相反，它使这个实体为我而存在。言说，命名，即把事物带入光亮之中，把事物带入存在之中，也把人类带入了世界的景观之中。《创世纪》中讲：

> Now the earth was formless and empty，darkness was over the surface of the deep，and the Spirit of God was hovering over the waters. And God said， "Let there be light"，and there was light. God saw that the light was good，and he separated the light from the darkness. ②

命名可以把混沌变成有序，语词可以在沉默和黑暗中画出一道光亮和响声。在梅洛-庞蒂看来，"说出一个物体的名称就是使之存在或改变它：上帝在命名生物的时候创造了生物，巫术在谈论生物的时候对生物产生作用"①。因此，思维总是以表达和表达的完成为目的——"为什么只要我们找不到物体的名称，连最熟悉的物体在我们看来也是不确定的，为什么只要有思维能力的主体不是为自己表达口头的或书面的思维，他就对他的思想一无所知。"③

梅洛-庞蒂否认思想可以独立于话语的存在形式，他提出了话语是所有思想的最高形式这一命题——思想在表达之中完成自身。事实上，如果话语以思想为前提，我们将不可能去理解"为何只要我们没有回忆起它的名称，即使是最熟悉的事物看上去也不是确定的，为何只要思想主体本身没有把自己明确地予以表达，甚至说出或写出，那么，它本身对它的思想就处在一种无知的状态，就如许多作家打算写一本书却不确切地知道他们把什么放进书中

---

① ④ 梅洛-庞蒂. 知觉现象学. 姜志辉译. 北京：商务印书馆，2001：232.
② Genesis：1：1-4.
③ 梅洛-庞蒂. 知觉现象学. 姜志辉译. 北京：商务印书馆，2001：231-332.

那样。一种限于自身存在，独立于话语和交流之限制的思想，一出现，即沉默于无意识之中，这本身就意味着它本身不存在"①。

因此而言，话语[discourse]被我们理解为思想的形成和孕育。一个事物直到被命名或一个观点直到被说出，事物或观点才会对我们显现，即是说，直到我们的思想被表达出，我们才能声称拥有它。因此，思想和话语是相同体验的各部分而已；我们只有在命名了一个对象时才能认识它。至此，我们已经明白了梅洛-庞蒂坚持认为对象的名称并不依靠我们的承认，而它本身就是承认。"语词带有意义，当我通过它把意义赋予物体时，我意识到我到达了该物体。"② 语词"带有"它的意义，就如同情绪、姿势和音乐奏鸣曲带有它们的独特的赋义一样。语词不是指向自身之外的一个符号或是标识，语词本身就是现实思想的化身。梅洛-庞蒂指出：语词"绝不仅仅是对象和意义的符号，绝不仅仅是担当约束事物或充当意义的容器。在说话者那里，话语不是为了翻译既定之思想，而是完成思想，让思想在话语的运动之中涌现。不用说，我们必须承认听话人正是从话语本身那里接受思想的。…… 因此，在听或读的人、说或写的人的心目中，有一种理智主义想象不到的在言语中的思想"③。

思想栖居语言之中，话语促使思想的完成。质疑在思想与言语之间只有外部关系的这一意图，引导着梅洛-庞蒂去思考一个演讲者和他的听众之间的关系。他认为，（即兴）演讲者并非是在一个先已形成的思想引导下去发表演说的："他不在演说之前，甚至在演说的时候进行思维；他的言语就是他的思维。……我们不能

---

① Merleau-Ponty. The Phenomenology of Perception. trans. Colin Smith. New York：The Humanities Press，1962：177.

② 梅洛-庞蒂. 知觉现象学. 姜志辉译. 北京：商务印书馆，2001：232.

③ Merleau-Ponty. The Phenomenology of Perception. trans. Colin Smith. New York：The Humanities Press，1962：207，208.

预期演说，我们受演说的支配。"① 言语与意义之间没有彼此被规定，意义到处呈现，言语也不是为了意义本身被规定，一切都在流动与变异之中。演说或文本的结束往往是一种魅力或"势"的结束和形成②。同样，听众也不是在话语说出的过程中去实现演讲内容的概念化，只有当话语完成了，听众才能把概念性范畴运用于已经被说出的内容。听众把词语本身变成了事件与事实，他们用身势、手势、呼声、肌肉的振动等这些身体的体验为演讲赋义，听众是演讲者的躯体和象征，听众之于演讲者犹如音符之于器乐，演员之于角色。语词完全占据着我们的灵魂，完全满足我们的期待，我们处在语词的运动漩涡之中③。我们不拥有没有语言的思想，我们总是拥有由语言表达出来的思想。"成功的演讲或表达活动不仅为读者和作家本人提供一种记忆辅助物，而且还使意义在词语的结构中永存，使意义作为一种新的感官置于作家或读者中，并向我们的体验开辟一个新的场或一个新的领域。"④

　　梅洛-庞蒂在他的《间接的语言和沉默的声音》这篇文章中提出了他对于语言的存在论理解，其中他从存在的现象学角度对话语现象作出了描述：

　　　　在说话者中，在听话者中，问题都不在于对现成意义进

①　Merleau-Ponty. The Phenomenology of Perception. trans. Colin Smith. New York：The Humanities Press，1962：209.

②　Merleau Ponty says：The obvious fact is，however，that the colours of the palette or the crude sounds of instruments，as presented to us in natural perception，are insufficient to provide the musical sense of music，or the pictorial sense of a painting. But，in fact，it is less the case that the sense of a literary work is provided by the common property meaning of words，than that it contributes to changing that accepted meaning. There is thus，either in the man who listens or reads，or in the one who speaks or writes，a thought in speech the existence of which is unsuspected by intellectualism. Merleau-Ponty，Maurice. The Phenomenology of Perception. trans. Colin Smith. New York：The Humanities Press，1962：208，209.

③　梅洛-庞蒂. 知觉现象学. 姜志辉译. 北京：商务印书馆，2001：235.

④　梅洛-庞蒂. 知觉现象学. 姜志辉译. 北京：商务印书馆，2001：238.

行编码或解码的技术：他们首先应该使意义作为可确定的实体存在，把意义当作语言动作一致表明的东西置于语言动作的交织中。我们分析思想，好像在找出表达思想的词语之前，思想已经是我们的句子试图去翻译的一种理想的原文。但是，作者本人并没有他能与其著作进行对照的原文，也没有在语言之前的语言①。

语言不是对原创文本的编码或镜式反映，原创文本也不是对物体对象的编码或镜式反映，一种语言不可能对另一种语言所构拟的世界进行翻译，至少是不能进行符合原创者心中当时那种意义诉求的翻译。如果说梅洛—庞蒂接受了索绪尔的部分语言观，认为"语言只能通过符号的相互作用被理解，如果单独考察符号，每一个符号则是模棱两可的或无新意的，只有符号的结合才能产生意义"②，也就是说，某一单独的言语行为并不自在地成为能指，它只是作为表达的一般系统中的变化，只是由于它与构成语言的其他语言姿势表达相区别才成为能指。梅洛-庞蒂则进一步由符号的间际关系走进了符号与世界、符号与人的间际关系，即从对语言的内部系统考察转向对语言的存在现象学考察。对于前者而言，"符号的意义完全寓于语言中，言语总是在言语的背景中起作用"，而对于后者而言，"只需我们顺从言语的生命，言语的分化和发音运动，言语的表现动作"③，就能把我们置于语言与世界的关系之中。意义是言语的整体运动，更是言语与世界之间的互动。一旦我们投入语言中，语言也同时超越"符号"走向意义。这就是梅洛-庞蒂所言：语言"成为某东西和一个世界，把事物放入这个世

---

① 梅洛-庞蒂. 符号. 姜志辉译. 北京：商务印书馆，2003：50. 参阅 Merleau-Ponty, Signs, trans. Richard C. Mcleary. Evanston：Northwestern University Press，1964：42-43.

② 梅洛-庞蒂. 符号. 姜志辉译. 北京：商务印书馆，2003：50.

③ 梅洛-庞蒂. 符号. 姜志辉译. 北京：商务印书馆，2003：50.

界之中——在改变了事物的意义之后"①。从上述分析可见，演讲者的思想采取的一种确定性形式，恰恰因为它是由语言赋予并通过语言被人理解，演讲者本人处在他的语词表达之中，并通过他的语词表达获得对他本人思想更清晰的理解，或者说意义就是演说者运用语言进行表达的结果②。同时，听众不可能根据演讲者的演说去搜寻其"原文"之意，他必须"把意义当作语言动作一致表明的东西置于语言动作的交织与变化中"。这种意义不存在于演讲或文本之前，也不是使用语言对它们的翻译。听众生活在一个经验的宇宙中，生活在相对于世界、思想和广延的实质性区分而言的中性环境中，而此刻他置身于声音的振动之中，他的生活与各种存在、各种事物以及他自己的身体在与演讲的直接交往中使意义不断地涌现。

　　梅洛-庞蒂在语言现象学中一直把有关语言、言说以及它们跟思想、意义之间的相互关联和不可分割性置于他思考的核心。语言问题在他的作品中被给予中心地位，恰恰是因为他主张语言是人与世界和其他存在物之间最基本的沟通方式。言说把世界给予人，人也同时给予了世界。梅洛-庞蒂持续地对传统语言观中有关人类言说现象的本质、功能和存在等观点提出质疑：

　　　　语言远不止一种方式，它是如同一个存在那样的某个东西，这就是为什么语言能向我们呈现某个人：在电话里的一位朋友的言语能把他自己呈现给我们，好像他就在招呼，告别，在开始和结束他的话语，通过非约定的东西前进的方式中。意义是言说的整体运动，这就是为什么我们的思想在语言中延伸。这也就是为什么我们的思想也贯穿语言，就像动作超越它的经过点。当语言完全占据我们的灵魂，不为处在

---

　　① 梅洛-庞蒂. 符号. 姜志辉译. 北京：商务印书馆，2003：51.

　　② Kwant, Robert C. The Phenomenological Philosophy of Merleau-Ponty. Pittsburgh, Pennsylvania：Duquesne University Press，1963：51.

　　运动中的一种思想留出一点位置时，随着我们投入语言中，语言超越"符号"走向意义。此后，无任何东西能把我们与这种意义分开：语言不以它的对应表［table of correspondence］为前提，语言显示本身的秘密，把它的秘密告诉给每一个来到世上的儿童，完全是一种指示。它的不透明性，它对自己的参照，它重返自己和反省，是使它成为一种精神力量的原因：因为它也成为某种东西和一个世界，把事物放入这个世界中——在改变了事物的意义之后①。

　　由于语言与存在不可分割的关系，语言总是能瞬间把我们带入世界里，一种被纳入了语言的意义首先是缘起于读者、听众与世界的关系，因为我们（读者、听众）正是从我们自己的处身处来聆听语言，来进入语言与世界间的边际。梅洛-庞蒂反对词语的意义来自它的外部，反对把词语变成透明的意义的外部工具或意义的外壳。他认为言语的意义是"由内在于言语的一种动作意义的出现而形成的"。他直接把意义赋予了运动和在运动中生成和涌现的流动意义观。

　　我们非常有意思地发现，梅洛-庞蒂在其作品较为频繁地使用"运动"、"涌现"、"均衡"等词语。如他在讨论一种新的"表达"之形成时，他认为这应该是一种伴随祛均衡性后的新均衡性［a new equilibrium of disequilibrium］。② 如果我们想一想，当我们面对一个文本时，我们对文本产生的理解，正是在意义凸显之时发生的一种聚集现象，也就会明白均衡的破坏与均衡的恢复之间的关系。梅洛-庞蒂对"涌现"一词语的使用之频繁，甚而构成了他几乎所有作品中的一个"语词意象"——如"意义通过一种纠缠、一种持续、在既是差异又是同一的双轨之中向着一种永远不可预测的、绝非仅仅

---

① 梅洛-庞蒂. 符号. 姜志辉译. 北京：商务印书馆，2003：51.
② Merleau-Ponty, The Prose of the World. trans. John O'Neill. Evanston：Northwestern University Press, 1973：34.

诸事件之结果的圆满运动而涌现"①。从某种程度上讲，梅洛-庞蒂
的表述方式与他的认知立场是一致的，即梅洛-庞蒂把意义运动的起
点设置在身体之中，这是他所持的关于身体与环境之间特有的一种
辩证法。那么，他的意义观在根底处就是经验性和世界性的，甚至
也是物象性的，是从自然、生理/心理和历史之中涌现的。他所理
解的意义，概而言之，是我们的"自然的"身体与我们的"文化的"
身体之间的划不开的统一。对此，他在《行为的结构》中指出了行
为结构中蕴含"物质、生命和精神"的三重维度：

> 在结构哲学维持三种秩序的原初特征，及承认表现在所
> 有形式的世界中的数量、秩序和意义分别属于物质、生命和
> 精神的"支配性"特征这一范围内，我们依然必须借助于结
> 构差异来确定这三者的区别。换言之，物质、生命和精神必
> 须非均衡地参与到形式的本质中，必须代表整合的不同层次，
> 最后，应该构成一个个个体性在其中始终都能够获得进一步
> 实现的等级②。

由此，我们可以明白，任何一种语言的使用者，若没有在该
语言中保留下他自己或他从他的世界中吸收和注入其中的东西③，
他永远是一个外国人讲外语，他虽可以借外语传达信息
[message]，他却无法做到有意义的[significant]表达。他可以用
物理学/生理学的原子主义语言来翻译这个世界，他却远离这个世
界之事件在微观上不断向他涌现、因此向他敞开的那个缺口。他
对这个世界或文本中的世界的翻译，只能是"言而无信"。原因是

---

① Donald A. Landes. The Merleau-Ponty Dictionary. London：British Library
Cataloguing-in-Publication Data，2013：31，139.

② 梅洛-庞蒂. 行为的结构. 杨大春，张尧均译. 北京：商务印书馆，2005：202.

③ 梅洛-庞蒂. 知觉现象学. 姜志辉译. 北京：商务印书馆，2001：442. 其中也
把世界称为"地点性"。他认为一切意识都是一个知觉的意识，因此一切意识都具有
"地点性"。

讲外语的人没有与该语言诞生其中的世界建立起联系，或与该世界（氛围、环境、周围世界、记忆世界、亚文化世界）可支配的意义或文化建立起联系。就此而言，讲外语的人永远是该语言诞生地的异乡人和流浪汉，因为他无法真正体验到由诞生地所支配的言语意义①。就此我们当然可以作出一种有实用性的基本假设：任何重要文化的语言都能表达另一个文化的文本的内容。我们依然相信，各种文化都有无限的适应能力。中国能够变成法兰西，但是这样中国就不再是中国了。语言可以获得其可支配的意义，就如中国人可以支配筷子的使用一样。梅洛-庞蒂所讲的"语言超越'符号'走向意义"的话，就是指语言进入其自身可支配的意义或可支配的世界。他以身处异国为例："正如我身处异国时，我通过词语在行为背景中的位置和参与公众生活，开始理解词语的意义。"②

梅洛-庞蒂之所以以外语为例，是因为外语特别能唤起人在异域他乡的存在感或不在场的陌生感或存在虚无感。用存在符号学家塔拉斯蒂的话讲，就是"他在存在的意义上是缺席的"[he is absent in the existential sense]③。那些处于自己母语的日常性和习惯性之中的人，在读到一首外语诗歌时，哪怕他自命为一个双语读者，他依然会充分感觉到这种存在的陌生性。或者，我们可以说，在一个需要自己讲外语的环境中，我们淡出了自己的世界里那些可支配的意义之"此在"——即构成一个人身份的基本特质，空气中的气味，光，语言的音调，姿势，那些留在记忆中的无处不在的符号，那些日渐荒芜却在忧伤中显出山水画般诗意的乡村与小镇，而此时身处异国的"此在"却全没了这些熟悉的东西，"此在"变成了"缺失"[lacking]，一种存在的缺失[being of

---

① 梅洛-庞蒂. 知觉现象学. 姜志辉译. 北京：商务印书馆，2001：243-492.
② 梅洛-庞蒂. 知觉现象学. 姜志辉译. 北京：商务印书馆，2001：234.
③ Eero Tarasti. Existential Semiotics. Bloomington：Indiana Univestity Press，2000：11.

lacking]，一种"非本己性"的存在。用海德格尔的话讲，就是"语言绝不制造之前不在那里的任何东西，这仅仅因为存在不是被制造的"①。这时我们必须把"有意义的体验"变成首要的任务，即在自己与这个"世界"之间建立起某种存在的关系。②

存在主义符号学者塔拉斯蒂认为，理解或赋义，只有在某一瞬间才是可能的，在某一居间的瞬间才是可能的，意义的获取，只有处于"此在"的世界之内，才是可能的，但同时必须超越"此在"。在《生存符号学》一书中，他在海德格尔和萨特的理论基础之上，提出了超越"此在"的两种模式——即否定和肯定的模式。"此在"是缺席的主体对"此在"不满意，于是就产生了对意义的寻求，这种寻求主要通过两项超越的行为进行：否定和肯定。首先，主体处于客观性的符号之中，这个客观性的符号世界即是"此在"。这个"此在"在此已经不同于海德格尔意义上的"此在"。因为，主体认识到了它之由来的"此在"周围的空虚和虚无，主体必须朝向"虚无"作出一次飞跃，这就构成了超越的第一个行为——否定，即对"此在"的否定，并超越"此在"而跃向"虚无"。当主体实现从他对"此在"的超越——否定之中返回时，他拥有了新的观点。这个"此在"世界的许多对象失去了含义，却只是显得有意义。但是，只有当主体新的生存体验为那些保留它们意义的对象提供了新的充实的内容的时候，主体才能获得"符号的自我。"③

可见，主体要完成对象的赋义行为，他必须既在世界之中，又在世界之外，或者他必须既在文本之内，又在文本之外，这也就是

---

① 马克·弗罗芒-莫里斯. 海德格尔诗学. 冯尚译. 上海：上海译文出版社，2005：16.

② 梅洛-庞蒂. 知觉现象学. 姜志辉译. 北京：商务印书馆，2001：251. 梅洛-庞蒂认为，"世界一词不是一种说法；而是意味着'精神的'或文化的生活从自然的生活中获得了其结构，意味着思维能力的主体必须建立在具体化的主体之上。"

③ Eero Tarasti. Existential Semiotics. Bloomington：Indiana Univestity Press，2000. 11.

塔拉斯蒂所提出的由"超越"所产生的"存在"和"不存在"（虚无)之间的辩证法①。这与梅洛-庞蒂所主张的由"语言超越'符号'走向意义"的意义运动观应该是一致的。不同之处在于塔拉斯蒂明显地受到了萨特的影响——即他的否定和肯定二元模式与萨特的存在向存在之虚无的超越是异曲同工的，只是塔拉斯蒂主张这种虚无是必需的，其功能是为此在赋予新的含义和增加存在的丰富性。梅洛-庞蒂则更靠近海德格尔将一切存在转化为"存在—于—世界中"的存在现象学，只有在这个世界之中，言语才能获得其存在意义。总之，"我们生活在言语已经建立的一个世界中"②。

第五节　语言与言语及思想的终极

现在，我们将把梅洛-庞蒂处理语言和思想的现象学方法与智性语言观或普通语义学方法做一个简明扼要的对比。除了少许几个表面或谓之偶然的相同之外，两种方法之间存在的差异是显而易知的，因为两者源于完全不同的语言认知前提。两者除了所体现出的主要理论直觉不同外，它们在思维"风格"上也存在着巨大差异。还有，普通语义学与新实证主义语言观存在某些契合之

---

① Eero Tarasti. Existential Semiotics. Bloomington：Indiana Univestity Press，2000：11.
② 梅洛-庞蒂. 知觉现象学. 姜志辉译. 北京：商务印书馆，2001：239.

处，① 但这些契合之处不是就其具体原则而言，而是就其基本观点和主张而言，然而，存在现象学却把一切形式的实证主义都加以拒绝。

对梅洛-庞蒂而言，语言拥有把被表达出的事物再次带入存在的能量——这是一种"向思想打开新的渠道，新的维度和新的风景的能量"②。但是，这种能量在最后的分析中无论对成年人还是儿童们而言都是模棱两可的，因为"儿童一开始就生活在他以为在他周围的所有人都能理解的一个世界中，他没有意识到他自己，也没有意识到作为个人的主体性的其他人，他没有意识到我们都受到、他自己也受到对世界的某个观看点的限制。"③ 也正是这个观看点把我们放入世界之中。这个"我的"观看点构成了我在世界之中的结构性存在或关系。一旦我的观看点构成，我与世界或与他者的关系就已获得搭建。梅洛-庞蒂在《知觉现象学》这本书的《空间》一节中这样写道："正是通过个人视觉视角，经由个人视觉角度，我们才得以进入一个世界，因此我们首先应该描述个人视觉角度。"④ 这种结构性的视角认识论，同时把一种语义学理论提供了我们。一旦我们使用语词表达，我们便获得了意义（形象、符号、隐喻和情感象征都从属于这些概念）——作为一种"结构"或"语境"，含义在其中无限延伸。语言是我们的存在和生存

---

① 20 世纪 40～50 年代的语言分析学派及其学者（P. 诺维尔-斯密特、S. 托尔明、P. M. 黑尔、H. 艾肯、P. 爱德华兹）企图从分析日常道德语言入手，揭示道德语言本身的特点，以克服感情主义（罗素、A. J. 艾耶尔、R. 卡尔纳普、H. 赖兴巴赫、C. 斯蒂文森）严重脱离现实生活的现象，从而解决道德意识与道德哲学分离的问题。该派的代表人物认为，道德判断不只表达情感，更重要的是表达所采取的决定等。如：诺维尔-斯密特指出道德判断的主要职能是表达自己偏重于某种行动方式或自己对某一客体的态度。因此，道德概念或判断不只是感情的符号，而且是应当做什么和不应当做什么的命令。所谓"命令"就是专门用来肯定行为方式的语言。——C. Stevenson. Ethics and Language. New Haven：Yale University Press，1960.

② Merleau-Ponty M. The Phenomenology of Perception. trans. Colin Smith. New York：The Humanities Press，1962：401.

③ 梅洛-庞蒂. 知觉现象学. 姜志辉译. 北京：商务印书馆，2001：446.

④ 梅洛-庞蒂. 知觉现象学. 姜志辉译. 北京：商务印书馆，2001：326.

的启示。如果我们要充分理解语言之意义，我们就必须渗透到语言经验性的根基之处，渗透到被感知的身体周围以及由围绕身体所形成的漩涡之中，在其间，"我的世界不再仅仅是我的世界，它不再仅仅向我呈现，它也呈现给其他某个人"①。

我们的身体在某种程度上是四处移动的，也就是说它与一种世界畛域或一种世界视角是不可分割的，它也因此构成了所有表达行为和这个文化世界之所有习得观点之可能性的条件。"我们在我们的身体和我们感官的活动——因为它们把我们置于世界——中找到了得以理解我们的文化活动——因为它把我们置于历史——的东西。"② 身体既是意义表达者又是意义之构成者，身体的行为为我和为他人把某种意义赋义在我周围的物体上。

　　　　儿童把他周围新出现的文化物体当作来自另一个行星的陨石。他占有它们，仿效其他人使用它们，学习使用它们，正是因为身体图式保证儿童看到别人的所为和他自己的所为的直接对应，因为通过这种方式，用具被确定为一定的被操作物，他人被确定为人的活动的中心③。

我们是否可以忽略个体事物通过语词而发生并变得有意义这个事实吗？语词是存在之光，使存在进入敞亮之中，把人再次带入世界之中。在梅洛-庞蒂看来，理解这个世界，意味着在语词的旋律之中唱出这个世界。我们通过交互主体间的交流学会如何使用代表事物的语词。在这个过程中，我们以一种新的方式接近事物，事物也开始以一种新的明亮为我们而存在。语词以事物为前提，但是我们说命名一件事物并不是完全不打扰该事物。

在梅洛-庞蒂看来，"言语就是这种自相矛盾的活动，在这种

---

① 梅洛-庞蒂. 知觉现象学. 姜志辉译. 北京：商务印书馆，2001：445.
② 梅洛-庞蒂. 符号. 姜志辉译. 北京：商务印书馆，2003：85.
③ 梅洛-庞蒂. 知觉现象学. 姜志辉译. 北京：商务印书馆，2001：446.

活动中，我们试图通过意义已确定的词语和可自由支配的意义，到达一种原则上超过它，并最终改变和规定词语的意义的一种意向。言语即是那种"似是而非的运作，即通过使用一个具有确定含义和已有既成意义的词语，我们设法伴随一种继之而起的意图去超越、修正和固定该意图在词语中的意义。已构成的语言在表达活动中的作用如同颜色在绘画中的作用：如果我们没有眼睛，或一般地讲，如果我们没有感官，那么对我们来说就没有绘画，不过，绘画说出的东西多于我们的感官的单纯活动告诉我们的东西。绘画超越感觉，言说超越语言材料，因此，在看者或听者的大脑里，它们本身必须拥有一种能指的功效，一种独立于自身而存在的任何意义的功效"①。"人们不可能彻底弄清楚一幅画——说出在绘画中存在的东西和在绘画中不存在的东西。"② 在画家或言说主体那里，图画和话语各自都不解释归于其自身的某种现成的思想。"在任何情况下，语言都不能完全摆脱无声的表达形式，不能消除其自身的偶然性，不能最终显示事物本身，在这个意义上，语言对绘画或对生活习惯的优点仍然是相对的，最终，表达不是精神能加以检查的兴趣之一，表达是其实现的存在。"③ 这就是为什么"每一个哲学家都在考虑能把所有的话概括为一句话，而画家或音乐家则不希望概括一幅可能的绘画或一支可能的乐曲。因此，尽管我们有理性的特权，但为了弄清这一点，应该首先把思想放回到表达现象中"④。任何范畴活动或类的思维在成为一种思维或一种认识之前，首先是与世界建立联系的某种方式，相当于体验的一种方式或形式。

　　这就是为什么梅洛-庞蒂不得不区分对于表达之表达的二级言语和使这种二级言语首先为我们和为他人存在的最初言语。在他

---

①　梅洛-庞蒂. 知觉现象学. 姜志辉译. 北京：商务印书馆，2001：488.

②　梅洛-庞蒂. 符号. 姜志辉译. 北京：商务印书馆，2003：71.

③　梅洛-庞蒂. 符号. 姜志辉译. 北京：商务印书馆，2003：97.

④　梅洛-庞蒂. 知觉现象学. 姜志辉译. 北京：商务印书馆，2001：247.

看来，已成为一种单义思想的所有词语能起到这样的作用，仅仅是因为它们首先是作为最初言语起作用的。"这是因为言语或词语有附在其上的第一次意义，它能产生风格、作为情感、作为存在的模仿，而不是作为概念陈述的思想。"① 语言携带存在的原初信息，而这种信息是与民族或群体一起诞生的，是与民族的地域中出现的第一个人一起诞生的，这就如画布上出现一只飞鸟而赋予画布以意义，又如一堵白色的墙壁上飞来一只苍蝇贴在上面而瞬间改变了墙壁的结构。飞鸟是该画布中的飞鸟，苍蝇是该墙壁上的苍蝇。对语言而言，我们是在已习得的思想下面去识别语言，并且在不断展开的表达过程之中去获得一个短暂的休息之所，但一种新的思想也在持续不断地确立自己，但它只能在使已经构成的语言之源泉屈服于某些新的运用中才能获得成功的表达。在梅洛-庞蒂看来，这种运用必须被视为一种终极的事实，因为表达行为一旦发生，即使是一位循规蹈矩的传教士在引入一种新的表达方式时，也会导致对既有意义的否定和一种新的意义的肯定。这也是词语不能当做思维的单纯外壳的原因所在——"语言不能告诉我们任何东西，至多只能在我们身上引起我们已有的意义的重新组合"②。可见，语词在各种场合中逐渐具有一种不可能绝对加以规定的意义，至于说话的主体，表达活动也应该能使他超越他以前思考的东西，他在自己的话语中找到的东西应多于他说话时想放入其中的东西。

语词是一个具有二元基本维度的现象。首先，语词作为机制，它既是在个体过去经验累积之中确立的，又是在一种文化积淀的过去经验之中确立的。言语向我们提供过去的真理。言语的存在始终承受着它的过去。我们无法记住这一点，是因为我们无法摆脱客观思维——因为我们总是重视语言呈现出的眼前事物，我们相信我们的过去是沉思时的回忆。殊不知，言语不仅在世界中占

① 梅洛-庞蒂. 知觉现象学. 姜志辉译. 北京：商务印书馆，2001：238.
② 梅洛-庞蒂. 知觉现象学. 姜志辉译. 北京：商务印书馆，2001：487-488.

有其位置，它也同时扩展它的过去，把过去保存在现在时间之中。言语努力把过去保存在它的精神或它的意义之中。因此，言语能实现自我连结和自我恢复①。其二，也是尤其重要的，是表达活动，言语本身即表达活动。梅洛-庞蒂在此尤其是指那种第一次给意义赋形的表达行为，如"儿童说出第一个单词的表达活动，恋人吐露自己情感的表达活动，……作家和哲学家重新唤醒自己初始体验的表达活动"②。梅洛-庞蒂通过从这些结构关系出发去理解词语行为，提出了他的遗传学视角，并且把语词意义之完成放在了表达者与事物和与其他人的关系之中。可是，词语这个第二纬度似乎长期被一般语义学所忽略掉了。

　　波兰-美国哲学家和语义学家柯兹布斯基［Alfred Korzybski，1879—1950］的基本理论是：科学为我们提供了一种"存在"定势，并向我们揭示出"真实"世界的结构。他在其巨著《科学与精神健全——非亚里士多德体系和普通语义学导论》中提出：人类对世界的认识受限于其神经系统和语言结构；人们运用的日常语言与科学和生活事实不一致，容易引起误解，因而自然语言存在严重的缺陷③。一般而言，语词和符号的意义是在人的神经系统的反应中发现的，即所谓的"语义反应"。按照柯兹布斯基的理论，各种语义反应具有典型的"抽象性"［abstraction］。与微观层面的"真实"事件相比，由常识对象构成的世界是一个"抽象"物④。只要我们还经历由常识对象物向它的名称过渡，那么，这个抽象的过程就会持续着。所以，任何抽象的意义都须要通过回溯到"科学"事实的前符号层面才能被人们发现，这样人们就形成了把一种特权位置赋予时空之"事实"的倾向。正如拜伦所言，

---

① 梅洛-庞蒂. 符号. 姜志辉译. 北京：商务印书馆，2003：97.

② 梅洛-庞蒂. 知觉现象学. 姜志辉译. 北京：商务印书馆，2001：432.

③ Alfred Korzybski. Science and Sanity：An Introduction To Non-Aristotelian Systems and General Semantics. Brooklyn，New York，USA，2000：68.

④ Alfred Korzybski. Science and Sanity：An Introduction To Non-Aristotelian Systems and General Semantics. Brooklyn，New York，USA，2000：371，386.

如果给予时空"事实"在决定语言意义上的优先地位，其结果是，在澄清意义的讨论中，人们既不能得出结论性的定义，又对科学的伪装产生了厌恶①。

柯兹布斯基以及普通语义学学者都接受现象学缔造者胡塞尔所谓的"自然态度"，都肯定知识只是"现实"的消极镜像，同时也肯定自然科学是客观的镜像系统。但是，存在现象学则拒绝了这种自然态度②。因为这种拒绝，从而导致了人们认为存在现象学家们是"反对"科学的种种指责。真实的情况是：梅洛-庞蒂并非对科学持怀疑态度，他是怀疑那些常常掩藏在科学背后的本质。他所攻击的不是科学而是科学主义，即把科学变成知识和生活终极源泉和目标的非科学态度。如果他反对使用科学方法对知识和生活的终极源泉作出哲学解释，那么，他更反对所谓科学的发现，他把科学与哲学的关系视为"彼此互惠"、"彼此涵摄"的关系：

> 全部科学都被置于一个"完全"而实在的世界中，却没有意识到，就这一世界而言，知觉经验是其构成要素。我们因此面对着一个实际经验的知觉场，它先于数字、尺度、空间、因果性，然而只能作为某些具有稳定属性的客体、某个客观世界和某个客观空间的一种透视视界[vue perspective]被

---

① Hayden, Donald E., E. P. Alworth. Classics In Semantics. New York: Philosophical Library, 1965: 385.

② 所有的自然主义都具有两个特征：一方面是将意识自然化，包括将所有意向——内在的意识自然化；另一方面是将观念自然化，并因此而将所有绝对的理想和规范自然化。在施特洛克[E. Stroker]看来，自然主义"依靠一种外在于人类本性的物体和过程的科学理论，按照对象性的知识对人类主体进行处理，并对所有主体性的混杂物予以纯化。在这种思想的影响下，客体主义为了让人类主体在其客观真理中得到理解，按照同一个知识标准和科学方法规范，使得人类主体——不仅在其躯体性质的方面，而且在其心理行为方面——就像可测量的自然一样成为研究对象。因此，人类精神必须像自然之物一样被科学地处理，而且心理学也必须变成一种同物理科学相仿的科学。"胡塞尔. 哲学作为严格的科学. 倪梁康译. 北京：商务印书馆, 1999. 另见, Stroker E. *The Husserlian Foundations of Science*. Dordercht/Boston /London: Kluwer Academic Publishers, 1997: 201.

提供出来。知觉问题就在于研究科学逐步阐明了其规定性的主体间世界是如何透过这一知觉场而被把握的[1]。

梅洛-庞蒂越来越感觉到，我们应该从科学工具主义或实证主义的假设中走出来。尽管我们一开始受益于这些假设，但是今天我们却受到这些假设的钳制，这些假设的预设前提限制了我们的知觉与感悟的发展。在梅洛-庞蒂的主要著作之中，如《可见的与不可见的》《行为的结构》《知觉现象学》《心与眼》《符号》《世界的散文》以及《哲学赞词》中，他用大部分篇幅与描述构成各类科学之基础的传统哲学之不足。正如他在《可见的与不可见的》中所言："哲学不是一个词，它对'语词的意义'不感兴趣，它不为我们所看见的世界找一个语词代用品，它不把世界转变成言说之物，它不置身于说出的或写出的范畴内，就像逻辑学家不置身于陈述中，诗人不置身于诗句中，音乐家不置身于音乐中那样。它要的是把事物本身，把事物沉默的本质引向表达。"[2]

梅洛-庞蒂对柯兹布斯基和其他普通语义学家及其观点进行批判，是因为在他看来，那些"自然主义"理论总是无条件地接受物理现象或物理世界的优越性，接受它们对"心理"或心灵现象实施单方面支配，以及为人们所肯定的那些因果关系，如刺激与反应。在自然主义那里，物理世界的理想化，就是实现超越和忽略对知觉的信念。事实上，只要自然主义还没有消除掉知觉信念的矛盾，没有消灭知觉信念的模糊，那么，我们就远远无法从其自身来看待物理世界。对梅洛-庞蒂而言，这种让心灵现象单方面依赖于物理原因的企图是一种非哲学的实证主义残余，其结果必然是导致主观与客观、人与自然、心理与对象、知觉与意义的二

---

① 梅洛-庞蒂. 行为的结构. 杨大春，张尧均译. 北京：商务印书馆，2005：318. 另见：Merleau-Ponty. Signs. trans. Richard C Mcleary. Evanston：Northwestern University Press，1964：102.

② 梅洛-庞蒂. 可见的与不可见的. 罗国祥译. 北京：商务印书馆，2008：13.

元对立。于是，科学家和心理学家彼此都站到了为自我确立的绝对者的观察位置之上：科学家称他所看见的是绝对的"确定性"，心理学家称他所分析的对象是对象自身之所是。他们在远离自我的、单单从对象本质的属性中认识了它们，他们从不承认他们也在对象中认识了他们自己——即科学家发现的"确定性"只对自己的某种境遇而言才是有意义的，心理学家分析的心理现象也只是心理学家自己的心理存在。

梅洛-庞蒂因此坚持认为："在设法描述言语现象和意义的具体行为时，我们应该将传统的主客二元对立永远地置于我们身后，永远摒除它们。"① 须要我们铭记在心的只能是——我们在世界之中存在，因此世界也在我们之中存在。虽然离开我们，世界依然存在，但那是一个对我而言毫无意义的世界。如果说没有任何人能肯定人们可以根据道德原则去爱一个人，那么同样没有人可以根据科学原则去爱这个世界。

最后，对智性语义学家来说，"真实"的世界即科学所构想的物理世界，而语言的世界是物理世界的镜像。我们只有对语言的世界实施祛魅，才能接近这个真实的世界。但是，这永远是一种反人文、反文化、反人类的语言观。梅洛-庞蒂主张，我们应该建立一种能够感受到语言之偶然性、具体性的语言现象学——这是一种"在我之中的语言学家的语言，以及我放入其中的特殊性，——而且也是语言存在的一种新概念，语言现在成了偶然性中的逻辑，有向系统，但始终产生偶然的东西，是在有一种意义的整体中的偶然性的继续，具体化的逻辑"②。

---

① Merleau-Ponty. Signs. trans. Richard C Mcleary. Evanston：Northwestern University Press，1964：102.

② 梅洛-庞蒂. 符号. 姜志辉译. 北京：商务印书馆，2003：107.

第四章　梅洛-庞蒂的意义生成观

我们将考察梅洛-庞蒂的知觉意义是如何在主体和客体、知觉者与被知觉者、可见与不可见者之间的交流中诞生的。其次，我们将通过考察被说语词和言说语词、共时语域和历时语域之间的交流，揭示表达意义是如何产生的。同时我们亦将指出，具有"完满互摄性"特征的双向对话，如何一开始就在意义矩阵之间变成一种含混交互的共舞。梅洛-庞蒂后期的"不可见性、可逆性和肉身化"的本体论正是由此演变而来。我们还将进一步解释意义是如何在过去和现在、思想和制度、集体和个人、前定和自由的共舞中出现于历史境遇之中，以及梅洛-庞蒂早期有关历史意义产生的思想如何延伸到他后期的本体论之中。

一个系统的意义在一开始时就像一幅画的图像意义，它更多地引导着画家的动作，而不是指向他产生的结果，并且与这些动作一起运动；或者，我们还可以把它与被说的语言的意义相比较，这种意义不能通过概念归结到言说者的思想中，或归结到语言的某种理想类型中，它毋宁是一系列几乎总是偶然黏合在一起的言语活动的潜在的中心。历史学家谈论"合理化"或"资本主义"之时恰是对历史想象力的众多结果之间的偶然契合变得明朗之际。但是历史绝不是根底于一个独立模式来运作的；它恰恰只是意义的开端。[①]

---

① 梅洛-庞蒂. 辩证法的冒险. 杨大春等译，上海译文出版社，2009：12.

　　在哲学的话语领域里存在着若干种意义类型，譬如命题意义、认知意义和情感意义、科学意义、伦理价值意义等，如晋葛洪《神仙传·蓟子训》曰："性好清澹，常闲居读《易》，小小作文，皆有意义。"南朝梁刘勰《文心雕龙·檄移》曰："管仲吕相，奉辞先路，详其意义，即今之檄文。"两例中之"意义"显然差异明显，有"思想"和"内容"之别。此处，对意义作出这些分别只是为了我们向意义的讨论靠近。本文拟将伴随梅洛-庞蒂的思想轨迹，沿着一条从知觉到语言、到艺术、到社会、再到历史的路径，去考察这些意义类型是如何从一种更加广泛的人类语境中诞生的。我们之所以以梅洛-庞蒂的意义观为向导，不仅仅是梅洛-庞蒂本人的思想深深地使我着迷，还因为梅洛-庞蒂对意义问题的持续考察，为我们在现实中尤其是在我们"生于斯，长于斯"的具体历史语境之中去认识如何实现秩序、理解和同一性提供了发人深省的启示和洞见。我们将着重分析梅洛-庞蒂有关意义与知觉—表达同步诞生的认识论途径，进而为后面重点讨论意义与社会/历史之间存在的关系提供铺垫。梅洛-庞蒂的思想遵循一条从知觉到表达，再进入历史的路径。《莫里斯·梅洛-庞蒂：现象学与结构主义之间》一书的作者詹姆斯·斯密特指出："这正是梅洛-庞蒂完成《知觉现象学》后若干年里为自己所确立的思维路径，他希冀沿着从知觉到表达、再由表达到历史和真理的路径展开自己的思考。他对表达的研究，在于揭示被知觉世界如何被翻译并为他人提供意义的符号世界，并由此为研究意义在历史中如何被制度化和被迁移的途径设立前提。"①

　　梅洛-庞蒂认为，在知觉、表达与历史的语境之内，意义产生于各种各样偶然因素之间的对话互动之中，譬如知觉主体与被知觉客体之间，感受和被感受之间，前言语和当下言说者之间，阅

---

　　① James Schmidt, Merleau-Ponty. Between Phenomenology and Structuralism. New York: St Martin's Press, 1985: 103.

读者和被阅读文本之间，原文与译文之间，过去和现在之间，秩序与非秩序之间（秩序始源于我们的赋意能力）。[①] 在其早期著作中，梅洛-庞蒂就曾对际性间彼此互动的方式作过探讨，即交流往往通过一种对话的、亦取亦予的互惠方式发生。然而，当他对意义结构和意义交流经过多年持续反思审查后，却越来越意识到与交流同步发生的各种并发现象、复杂性和偶然情况。在很多时候，交流是通过"第三方"或通过与其他交流的彼此交叉来实现的；在很多时候，它们要么是彼此非互惠的，或彼此具有非对称性的；在很多时候，它们似乎伴随着各种奇异、或甚至根深蒂固的模棱两可性。[②] 尽管这种模棱两可性，在他对意义的解读之中，越来越发挥了基始性的作用，可是他却始终没有把人类的存在理解为本质上的无意义或荒诞，像他的某些同时代人那样，如戏剧家尤奈斯库等人。相反，他主张生活是可以富有意义的，哪怕意义是微妙的和变动不居的，甚或是稍纵即逝的——"我们的体验总是富有意义，哪怕即使总是遭遇混乱和无意义的威胁"[③]。梅洛-庞蒂的意义本体论[ontology of sense]是所有经验将从基于知觉经验的模式中获得解释，它们从不是完全没有意义，它们的意义也从不是明确的。人总是移动在无序与绝对之间。他指出："凡艺术之所以

---

① Merleau-Ponty. The Visible and the Invisible. trans. Alphonso Lingis. Evanston：Northwestern University Press，1995：x.

② 在《可见的与不可见的》一书中，梅洛-庞蒂谈到反思与直觉尚未区分之时指出："看，说，甚至思考——这有所限制，因为人们一旦绝对地区别思与说，人们立刻就处于反思状态——都是这一类的经验，它们既是无可置疑的又是高深莫测的。它们在各自语言中都有一个名字，但它在所有语言中都带有一堆乱麻般的意义，带有本义和引申义的灌木丛，以至于它不是像科学名词那样的名词，通过给予被命名者一个限定的意义进行阐明，而是一个重复的标志，一种既熟悉又解释不清楚的神秘的不断提醒，是一种自身之源头仍在晦暗中，却照亮此外的一切的光亮。"——梅洛-庞蒂. 可见的与不可见的. 罗国祥译，北京：商务印书馆，2008：161.

③ Merleau-Ponty. The Visible and the Invisible. trans. Alphonso Lingis. Evanston：Northwestern University Press，1995：xiii.

怡神，在于它揭示了事物如何赋意"[1] 这一现象。意义是一个值得人们永远去寻觅的且弥足珍贵的人文赠品。他有一个著名的格言是"我们注定是向着意义的存在"[we are condemned to meaning]，"存在即无意义持续呈现出意义的过程"，以及"经验本身是意义孕育之母"。[2] 在我们明白他如何认识到这种终极存在意义之前，首先须要看看他对意义或意义显现如何发生在知觉场中所给出的理解。

第一节　意义：知觉的身体与可感知的世界

梅洛-庞蒂首先立足于他自己的现象学哲学观，试图绕开"客体主义"和"主观主义"这两个极端的传统二元论思维定式的陷阱。在他的知觉理论中，其核心部分无疑是意义理论。他在意义理论中大量地描述了被知觉的意义之发生，他认为任何意义都运作于经验主义和知性主义的两极之间，换言之，运作于身体与世界之间，却又同时逾越于经验主义以外。

梅洛-庞蒂明显地不赞成对知觉做经验主义的描述，其原因是这种描述把感觉[sensations]当作了知识的客体和原子式的单元构成要素来对待，即"partes extra partes"。他引用笛卡尔的话表达这种原子式的认识，"我把只是在广延范围可想象的一切称之为彼此区别的零件罢了。"[3] 他认为像洛克、休谟等这样的经验主义者都是还原主义者，譬如洛克把人的大脑当作一张白纸或照相板，认为大脑只是在被动地记录感觉印象。休谟则主张我们的全部思

① Merleau-Ponty. The Visible and the Invisible. trans. Evanston：Northwestern University Press，1995：58.

② Merleau-Ponty. The Visible and the Invisible. trans. Evanston：Northwestern University Press，1995：xvi.

③ Donald A Landes. The Merleau-Ponty Dictionary. London：British Library Cataloguing-in-Publication Data，2013：144.

想都起源于并符合于感觉印象，或只是直接简单地反映了印象。梅洛-庞蒂借鉴马克斯·舍勒尔[Max Scheler，1874—1928]的观点来阐释这类经验主义的知觉观之不足，"质量或感知也只代表这个世界的伟大诗歌得以形成的那些要素。确切地讲，正如一个只知道声音和字母的人不可能知道文学，不可能理解文学的最终本质，他失去的不仅仅是文学的本质，而且失去了一切，所以世界不是给予的，事物亦不是那些有了'感觉'的人就能随意把握的。"①在梅洛-庞蒂看来，一些经验主义主张很容易退化成为各种形式的实证主义，譬如行为主义(人类行为是由受到环境制约的"客观事实"所决定的)或历史主义(人性是由历史发展的客观规律所决定的)。这些看法不但有失偏颇，不得要领，且过于简单，因为它们都没有将我们的肉身化意识在知觉中的能动作用纳入考虑之中。

　　不管意识的发展取决于什么样的外在条件(身体的、心理的、社会的、外部环境)，即使这种发展只能在历史中逐步地形成，相对于已经获得的自我意识而言，意识由之而来的历史本身也不过是意识所给出的一个场面。在成熟意识面前产生了一种视角的颠倒：为成熟意识做准备的历史变化并不先于这一意识，它不过是为了这一意识，意识进展期间的时间不再是它的构造的时间，而是由它构造而成的时间，事件的系列从属于其永恒性。这乃是批判主义对于心理决定论、社

---

　　① 梅洛-庞蒂. 知觉现象学. 姜志辉译. 北京：商务印书馆，2001：406. 参考英文版对译文做过修改. Merleau-Ponty. Phenomenology of Perception. trans. Colin Smith. New Jersey：Routledge & Kegan Paul/Humanities Press，1986：321.

会决定论和历史决定论的永久回答①。

梅洛-庞蒂亦反对对知觉采取一种理智主义[intellectualism]的描述，其原因是理智主义认为只有知识才能构成主体的积极判断力。譬如他认为，主张主体—心灵和客体—身体之间二元对立的笛卡尔["I think, therefore I am"]和祛掉肉身化之超验自我[disembodiment or a priori describes propositions or facts whose truth can be known "prior to experience"]作为知识之基石的康德，两人在观念上各执一端，却都属于典型的经验主义者。梅洛-庞蒂认为"康德从中得出我是一个利用和构成世界的意识的结论，在这种反省运动中他超越了身体的现象和物体的现象。相反，如果我们想描述身体的现象和物体的现象，则应该说我的体验进入物体之中，自我在物体中超越，因为我的体验始终是在作为我的身体的定义的世界的某种连接范围内实现的"②。梅洛-庞蒂批评康德，不是因为康德说我们的直觉形式和范畴是我们用以构造世界的前提条件；恰恰相反，他批评康德，是因为康德把首要性给予了它们，从而堵塞了我们身体参与构成"我们知觉的世界背景和图式"的通道。梅洛-庞蒂所强调的是，我们的身体，不同于笛卡尔式的我思或超验自我，不是针对一个外部世界的一个内在构造者[an intrinsic builder of the outside world]，它是世界的一个装置，它的停泊之

---

① 梅洛-庞蒂. 行为的结构. 杨大春，张尧均译. 北京：商务印书馆，2005：301. 另见：Merleau-Ponty. Signs, trans. Richard C. Mcleary. Evanston：Northwestern University Press，1964：206. The English version is also cited here：Whatever the external conditions may be—bodily，psychological，social—upon which the development of consciousness depends and even if it is only gradually constituted in history，the history itself out of which it comes is only a view which consciousness gives itself with regard to the acquired consciousness of self. A reversal of perspective is produced vis-a-vis adult consciousness：the historical becoming which prepared it was not before it，it is only for it；the time during which it progressed is no longer the time of its constitution，but a time which it constitutes；and the series of events is subordinated to its eternity. Such is the perpetual reply of critical thought to psychologism，sociologism and historicism.

② 梅洛-庞蒂. 知觉现象学. 姜志辉译. 北京：商务印书馆，2001：384.

处总是与世界交织在一起。梅洛-庞蒂坚持哲学必须回到具身的和活生生的经验之中，而这也正是他的《行为的结构》和《知觉现象学》的重要主题。梅洛-庞蒂声言："我的身体绝不是一个纯粹的物理对象，或是一个可用来装载我的意识的简单容器；相反，'我是我的身体'①。身体不仅是一个自然的主体，它表达了我—存在—于—世界—之中的存在维度。"

　　然而，智性主义把认知者与他的已知世界分隔开来，把意义与感觉区分开来，把感觉与存在区分开来，它拒绝把意义给予感觉，把印象放在"思想中"，把看和听从存在中剥离出来②。梅洛-庞蒂努力通过编制出身体与世界之间的那一条无缝的连续性，"一个单一的织体"，来修复两者间的这种裂缝。他通过修复去揭示意识在何种程度上既"体现于身体之中"，而身体同时嵌入世界之中③。他在《知觉现象学》中挪移了身体图式［body schema］或"身体影像"［body image］这两个概念，尽管他本人并没有对两者作出严格区分。在他那里，身体图式指身体置于其中的历史语境

---

　　① Merleau-Ponty. Phenomenology of Perception. trans. Colin Smith. London: Routledge & Kegan Paul Ltd: 151.

　　② 梅洛-庞蒂. 知觉现象学. 姜志辉译. 北京：商务印书馆，2001：272.

　　③ Merleau-Ponty maintains that we are primarily and always open, bodily, to the world. In addition, he makes statements throughout his work such as that "to feel one's body is also to feel its aspect for the Other" (1969, 245). For him, we develop all of our understanding through an exchange with others and never preexist the cultural in any sense. We have no pre-interactive body and we have no pre-social understanding or way of apprehending the world (or even ourselves). We are aware of our own body both as lived and as experienced by others. We come to understand the world, and even ourselves, through this reversibility, which comes from a primary attitude of empathy or attunement with others. Our understanding of ourselves arises together with understanding ourselves for others, and understanding others. Our embodied reversibility with the world means that we have no privileged access to understanding our own behavior. There is no primacy of interiority over exteriority or of introspection over the meaning explicit in our behavior, for him. Because we are primarily embodied being-in-the-world, we rely on our intersubjectivity and interactions with the world in order to interpret our own behavior. He says that: Each time I find something worth saying, it is because... I have managed to think about it as I would think about the behavior of another person whom I happened to witness. In fact, young children understand gestures and facial expressions long before they can reproduce them on their own; the meaning must, so to speak, adhere to the behavior (1964, 52). —— Melissa Clarke. Philosophy and Technology Session on Bodies in Technology. Virginia Tech, Vol. 11, no. 1 (Fall 2007).

和概念语境［situated historically and conceptually］，即人对自我
身体的位置、姿势和能动性的非显性意识。对梅洛-庞蒂而言，身
体图式不仅仅画出了我们当下的位置，而是它满载着我们生命中
的无数可能性，如表达我们的习惯和我们存在一于—世界—之中
的风格，此刻的，历史的与境遇的①。他还指出，一旦我拥有某一
种意象，我的身体就会朝着这个意象聚集和使之完满。身体不是
一种具象性的精神，我们必须承认身体是一种通过当下的意向性
视域面向过去开放的关系性结构。可见，具体化的身体图式既是
物理的又是文化的，它作为空间和时间的构架而存在，它同时表
达着满载着生存环境、历史、价值观、宗教乃至民族神话等。

　　可见，经验主义观和智性观两者都是有缺陷的，因为它们都
重视感觉和判断的首要性，而不是知觉本身。既然对知觉不予重
视，当身体在知识和经验的主客两端的“那种重叠纠缠的鸿沟”
中发挥作用时，两者就都不可能承认身体在其中所发挥的调停、
居间、平息、调摄作用。两种观点都遮没了身体在知觉现象场中
所固有的那些模糊性和丰赡性、开放性和广延性。在梅洛-庞蒂那
里，我们所描绘的知觉，既不是依靠一种感觉、生理有机物所获
得的一些印象组合，也不是通过一种具有概念化能力的自我心理
所获得的多种直觉统一。知觉既不服从于纯粹的自然逻辑，也不
服从于纯粹心灵的逻辑；它既不是我们接受世界的一种纯粹客观
过程，也不是我们构成世界的一种纯粹主观过程。相反，知觉恰
恰发生在这两个过程之间，它发生在一个确定的现象场之中，它
运作于这个场域之中。知觉之发生就像一场对话那样，发生于主
体和客体之间，认识者和被认识者之间，知觉者和被知觉者之间。
这种对话之本质特征在于其含混性，因为“知觉的两极”都共时
性地彼此知会对方和被知会。在知觉中，主体和客体两者都不拥
有先在性，而只是同时性的共在，唯一够格的先在性只是现象场

---

①　Merleau-Ponty. Phenomenology of Perception. trans. Colin Smith. London：
Routledge & Kegan Paul Ltd，1962：103.

本身。而那些智性主义者在讨论事物之真假时，自称会追溯到最本源的地方，比如逻辑家们在讨论逻辑本身的时候，说出的话其实都是不符合逻辑的。但他们却自嘲地认为逻辑与生活的关系本来就既真实又荒谬。而科学家的目的就是在生活中消除矛盾，把语言或表达变成确定的真实，可事实却是它们连自证都做不到。因此，梅洛-庞蒂认为科学只能使现象世界服从于范畴。

> 如果我们现在回到知觉体验，我们将发现科学只能构造出主体性的外表：哪里体验显示出存在着有意义的整体，科学就把作为物体的感觉引到哪里，科学使现象世界服从于只能被科学世界理解的范畴①。

假如我们只是重视梅洛-庞蒂的早期著作，我们或许会结论性地认为这就是梅洛-庞蒂关于知觉的全部言论，即知觉和知觉意义不过是能知觉主体[subject capable of perceiving]和被知觉客体[object being perceived]之间的一种非常简单的互惠交流的产物而已。尽管梅洛-庞蒂在早期文献中给予了大量讨论，他却并没有就此画上句号，而是在其后期著作中刻意避开这种简单的结论，并且浓墨重彩地指出，假如对能知觉的身体和不可见者缺乏一个深度认识，人们就不可能全面地认识知觉和可见者。在《可见的与不可见的》一书中，梅洛-庞蒂主张，当我们知觉到可见事物时，我们并不只是简单地吸收一个表面的、客观的事物的那种外在表面②。相反，作为一个敏感而肉身的存在者，我们吸收并以某种方

---

① 梅洛-庞蒂. 知觉现象学. 姜志辉译. 北京：商务印书馆，2001：53.

② 《可见与不可见》一书由于梅洛-庞蒂的早逝而成为其未尽之作。该书显出了梅洛-庞蒂存在论的研究方向，与野性的存在，原始的存在，垂直世界有关。也正是在该书中，他指出"我之肉的经验"成为存在的原型和身体在世界中的综合作用。他在该书中对"世界之肉身""自然野性的存在""真理黏糊于存在显现的途径"进行了高度原创性的本体论描述。当然，《可见的与不可见的》是随兴所至，思想之路渐开渐辟。——Merleau-Ponty. The Visible and the Invisible. trans. Alphonso Lingis. Evanston，Ill：Northwestern University Press，1995.

式进入厚实而不可见的"肉身"之中，加入为我们所知觉到的具有错杂的褶皱和密度的事物之深渊中，并在其中一起知觉我们的环境场域。因为，在这一过程之中，知觉与其说是指那种发生在一个冷漠地观察着的意识与一个对象之间的一种保持距离的行为，毋宁说是在一个"厚重的视角的以太中"彼此分享。知觉成为一种发生在我自己的肉身和对象或世界的"肉身"之间的过程——因为两者同时既知觉到他者又被他者所知觉到（是能知和所知之间的交错）。

　　　既然世界是肉身，那么将身体和世界的界限放在哪里呢……我的作为可见的身体是包含在整个景象中的。但我的正看的身体暗含着这个可见的身体和所有与其在一起的可见的它们之间互有插入和交织。或者，假如再一次应该的那样，如果人们通过平面和远景放弃了思维，那么就有两个圈、两个旋流、两个轨迹，当我不思索时，它们是同心会聚的，而当我反思时，它们就会有点偏离中心……①

既然我不能随意把世界作为对象来把握，既然我在某种程度上也是世界的对象，既然我不能"从这个给了我们鲜活体验的具体世界退回到拥有一个纯粹的、理性的和自我-透明意识的特权立场中去"②，那么，对我而言，"这个世界的肉身"所具有的密度、厚度、洼陷、凹凸、轮廓、明暗、景观和动力学，总是或多或少有些模糊不清。同时，作为主体，因为我不能对这个同样对我充当主体的世界维持一种稳固而全面的注视，那么，这个世界和我的某些特征必定总是陷入隐匿之中或不可见之中。即使如此，这些隐匿和不可见的特征却绝不会停止对我的视觉产生持续影响，

---

① 梅洛-庞蒂. 可见的与不可见的. 罗国祥译. 北京：商务印书馆，2008：171.
② Donald A Landes. The Merleau-Ponty Dictionary. London：British Library Cataloguing-in-Publication Data，2013：145.

绝不会停止对可见者的不断歪曲、误读，乃至熟视无睹。可见，这种不可见性，在某种程度上，就如通过某种现象学式的海森堡测不准定律的主体（工具）中介论发挥着作用。① 我们设法予以捕捉的那种现象的深度内在结构总是躲避着我们。因为一旦我们将注视停泊在它们身上，它们片刻间便修改了自己的行为模式。虽然它们总是在我们知觉的视阈中和场阈中躲避着我们，然而，却总是存在一些微妙的不可见元素的阴影和踪迹对我们知觉的意义场阈产生着影响力。对梅洛-庞蒂而言，不可见观念，不仅成为解释知觉场域的重要理论，而且亦如我们即将要指出的，它也成为语言表达、艺术、社交、政治学、历史和存在者本身的重要理论。

梅洛-庞蒂从存在与知觉的关系入手，提出了自己的独特的艺术—诗学观。纵观他的全部作品，从知觉和行为到诗学、政治学、历史以及本体论，梅洛-庞蒂都在抵制超念之思的虚构和错误，竭力撕去传统观念中的那种经常被人所接受的错误，从而给人们描绘出一种新的认知维度。在他看来，"一件艺术作品，既不是各种颜色或仿制一件物体的材料之单纯重叠，也不是由艺术家或观众给艺术品强行赋予的一个观念。艺术品是某种表达行为的活生生的痕迹，是感觉或意义的具身化[embodiment of sense]"②。他认为，艺术是对存在意义以及世界本原的揭示，艺术家的使命是通过具体可感的形象来表现存在，让存在成为大多数人可以凭借自己正常的想象力与知解力去加以理解的东西，不论是文学、音乐还是绘画都是如此。不同的艺术诉诸人类不同的知觉能力：音乐通过诉诸听觉，将不可捉摸的存在具体化为音符，比如"奏鸣曲的音乐意义与支撑它的声音不可分离"，从而使人类可以领略存在的"某种轮廓"；③ 绘画通过诉诸视觉，将不可见的理念世界变为

---

① ［日］广松涉. 存在与意义——事的世界观之奠基. （第1卷），彭曦译. 南京：南京大学出版社，2009：14.

② Dondld A Landes. The Merleau-Ponty Dictionary. London：British Library Cataloguing-in-Publication Data，2013：156.

③ 梅洛-庞蒂. 知觉现象学. 姜志辉译. 北京：商务印书馆，2001：238.

五彩缤纷的形象世界和视觉世界，使人们可以通过有限的物象去把握那无限的本体①。可见，这种理论为意义在诸多领域中如何生成和如何产生的途径提供了一条突出的线索。梅洛-庞蒂在描述这种不可见的观念时使用了许多构成性的要素，如隐藏、隐蔽、空隙、深渊、背景等语词。正如其所言：

　　　　在确定可见的与不可见的关系，在描写不是可感的对立面，而是可感的内里和深处的观念上，没有人比普鲁斯特［Proust］走得远……音乐的观念、文学的观念、爱的辩证法，还有光线的节奏，声音和触摸的展开方式，它们都在对我们言说，都拥有它们的逻辑、它们的连贯性、它们彼此的交叉点、它们的一致性。而且这里也一样，显像是未知的"力"和"法则"的伪装。只不过，这些似乎就是他们存在的方式。因为这些真理不仅仅像物理实在那样隐藏着，我们尚未发现它们，它们事实上是不可见的，但我们终有一天能够面对面地看见它们……由此可见，相反，一切可见物都是背景中的存在：如果我们没有身体，没有感觉，我们就无法很好地认识我们所说的观念，因此观念对我们来说就将是无法接近的……因此它们事实上是不可见的，就如隐藏在一个客体后面的东西，不是一个绝对的、与可见物毫无关系的不可见者。

————————

　　①　在梅洛-庞蒂那里，视觉又是由拥有身体的我与时间和空间的广泛联系来决定的，是由在场的身体处境来决定的，甚至记忆的功能也是在身体的运动中来实现的。他对普鲁斯特的引用足以说明这一点。"……当我这样醒来的时候，我的心灵开始躁动和探索，但我不知道我在哪里，事物、乡村、岁月，一切东西都围绕着我在旋转。我的身体因麻木而不得挪动，想根据疲劳的程度来确定肢体的位置，以便在推断出墙壁的方位，家具的位置，进行重建和说出身体所处地点的名称。身体的记忆、两肋、膝盖和肩膀的记忆，向身体连接不断地呈现身体曾经睡过的几间房间，看不见的四周墙壁按照想象的房间的形状变换位置，在黑暗中围绕身体旋转（……）。我的身体，我压着的半边身体，我的灵魂永远不会忘记的往事的忠实保管者，使我回想起在我外祖父母家，在贡布雷的我的卧室里，用链子悬挂在天花板下的罐形波西米亚吊灯，西埃纳大理石壁炉，此时此刻，流逝的岁月呈现在我面前，但我不能确切地回想起来。"——梅洛-庞蒂. 知觉现象学. 北京：商务印书馆，2001：236.

相反，它是这个世界的一个不可见者，它栖居于这个世界之中，支撑这个世界，使这个世界变得可见，使它成为它自己的和内部的可能，即这个存在的存在①。

意义，甚至任何意义，都是处身中的意义［a situated meaning or embodied meaning］，不可见者总是"栖居于这个世界之中"的存在。我们可以通过考察梅洛-庞蒂处理"注视"的方法，对他的"通过不可见者去知觉"的观念获得更好的理解。在后期的梅洛-庞蒂哲学中，"注视"［voir or gaze］本身更是成为梅洛-庞蒂用来解释肉身概念以及交织的存在论最具优先地位的论题。我们通过梅洛-庞蒂在后期著作中反复引用的一段瓦莱里的话进入这种解释：

　　没有人能自由地想象他的双眼是否能避开注视它们的他人的眼睛。只要有目光的相遇，人们就不再是两个人［deux］，而是存在着独自存留的困难。这种交换［échange］——这个词好极了——在极短的时间内实现着一种转换［transposition］，一种换位［métathèse］，两种命运、两种视点的交叉换位［chiasma］。由此产生了一种共时的相互限制：你得到了我的图像、我的外表，我也得到了你的；你不是我，因为你能看到我，而我不能看到我；我所缺少的，是你所看到的那个我，而你所缺少的，正是我所看到的你。在我们相互间有所认识之先，我们越是反观自身，我们就越成为他者……②

"注视"显然超越了黑格尔式或萨特式的主客体之间那种令人

①　梅洛-庞蒂. 可见的与不可见的. 罗国祥译. 北京：商务印书馆，2008：185-187.
②　宁晓萌. 目光的交织——梅洛-庞蒂后期哲学中的"看"与他人问题. 现代哲学，2012：4.

困惑的二分法。我们知道，二分法中的每一极每时每刻都可能把
他者简约成一个客体化的自为存在①。任何否定的哲学都是自我掏
空的，也必定是古典意义上的哲学二元论。绝对否定的哲学也必
然同时是一个纯粹的哲学。梅洛-庞蒂认为，存在不是建立在一个
"我思"之上，因为存在对我而言处于狂喜之中，处于我之外的事
物之中②。梅洛-庞蒂既不将每一个注视者当成一个对立者或一个
第三者，彼此去争夺世界中心的主体支配者，也不把它们视为两
个相互平行的运动星体，各自的轨道围绕一个共同享有的知觉轴
从而构成它们的共同世界中心。相反，他把它们作为一个更大世
界里的祛中心参与者，它们可见的轨道在一种极度混乱的不可见
的"引力影响"和逆流中运转。在《可见的与不可见的》的许多
段落中，梅洛-庞蒂宣布他已彻底地与萨特早期那种富有想象力的
注视观割裂开，譬如他指出：

　　　　仅仅由于我在我的唯我论之围墙上开了一个缺口——他
　　人的目光可通过这个缺口——，我面临的就不再是一种二分
　　法——自为"的"二分法和为他"的"二分法——而是由四
　　个概念构成的体系：我的为我存在、我的为他存在、他人的
　　为他存在、他人的为我存在。我曾想置于我的世界远处，以
　　便安置我的羞怯的制造者，以及这位制造者形成的我的难以
　　想象的形象于其中的虚空不是虚空，不管我怎么设想这种虚
　　空，不是我自己和我的世界之简单的和当下的否定：仅仅由

---

　　① 梅洛-庞蒂在后期作品《可见的与不可见的》中小心翼翼地从黑格尔和萨特的
二元辩证法角度对他的辩证法或"超级辩证法"的多通道概念进行了区分。他由萨特
的存在与虚无之间的关系出发，指出："存在一种真正思考否定的哲学，也就是说，把
否定自始至终都思考为不在的哲学，这种哲学也是一种存在哲学。我们由此超越一元
论和二元论，因为二元论被推得如此之远，以至于这两个对立面不再处于竞争状态，
而是相互依靠、相互共处。"——梅洛-庞蒂. 可见的与不可见的. 罗国祥译. 北京：
商务印书馆，2008：73~74.

　　② Donald A Landes. The Merleau-Ponty Dictionary. London：British Library
Cataloguing-in-Publication Data，2013：235.

于我给它划定了界限——尽管是虚线——它就在我的世界中被切割开了，但我的世界和他人的世界是有交叉的①。

　　我与他者之间是一种互反关系。我不能以"虚空"去接纳一个他者。因为我是虚空，另一个这个世界中的裂口就不能在这个世界中显现②。毫无疑问，在我和他者之间存在着一种互反关系。这也意味着我们不拥有两个他人和我们自己并排平行的形象，而是在任何单一的形象中都同时融入了我们、融入了他人。毫无疑问，这里存在着第二个自我，因为它既不是指我在看，也不是指他在看，而是一个匿名的"可见性"栖居于我们彼此之间③。我们不仅注视身体作为可见者的一面，我们也看到了一种匿名的、强热存在着的一道目光在逼视着我们。梅洛-庞蒂在后期著作中反复谈论过一种画家的注视经验，即，"在一片森林中，我常常觉得不是我在注视森林。有些时候，我感觉是树木在注视着我，在对我说话……而我，我在那里倾听……"④既然我的身体在作为能看者之外也具有作为可见者的一面，那么我便不仅仅是视看活动中唯一的注视者。我的注视与被注视原本就是在同一动作之中，在此意义上，"我的主动性也同样就是被动性"⑤。梅洛-庞蒂因此不仅超越了超验主义主体的空洞知觉，超越了两个对立的主体自为的注视，也超越了他早期把知觉作为一个有限知觉场域中主体和客体之间一种简单的互反交流的知觉认识观。

　　　我就想这样来理解"经验论的完形"——被这样理解的

---

① 梅洛-庞蒂. 可见的与不可见的. 罗国祥译. 北京：商务印书馆，2008：102.
② Donald A. Landes. The Merleau-Ponty Dictionary. London：British Library Cataloguing-in-Publication Data，2013：235.
③ 梅洛-庞蒂. 可见的与不可见的. 罗国祥译. 北京：商务印书馆，2008：142.
④ 宁晓萌. 目光的交织——梅洛-庞蒂后期哲学中的"看"与他人问题. 现代哲学，2012：4.
⑤ 宁晓萌. 目光的交织——梅洛-庞蒂后期哲学中的"看"与他人问题. 现代哲学，2012：4.

完形在于用结构或等值的系统定义每一个被知觉的存在，这
种存在处于结构或系统中，而画家对这种存在所画的线
条——弯曲的线条或者毛笔的笔触只是一些绝对的再现。这
里涉及的或者是这样一种言语，这种言语在每一个可感物中
静静地言说着，因为它围绕着某种类型的信息而变化着，我
们只能通过我们对其意义的身体参与，只能通过我们的身体
和它的"意味"方式相结合才能想象它——或者是这样一种
言语，它是大声言说的言语，它的内在结构使我们和世界的
关系得到了纯化①。

　　在他晚期作品中，知觉场域显然扩大到包含"这个世界肉身"
的范围，知觉通过注视而在世界中发生，这个"肉身或肉身的存
在"，通过肉身个体存在者的各种祛中心化和模棱两可的视角途
径，同时注视到自我或返回到自我。此时的这个注视，不再受到
两个主体的任何支配；此时该注视的意义——无论它是意味着对
控制的挑战，意味着疏远式的排斥，还是意味着诡异的怀疑或钟
情式的羡慕，等等——都不会再受到两个主体间任何交流或各自
视阈场的决定。相反，正如梅洛-庞蒂所指出，每个注视的意义只
会受到它发生于其中的整体社会的和肉身的世界的决定——即这
个广泛而野性的世界中那些难以确定的光、空气、声音和环境，
种种不可见的影响，动机和意图，乃至面部表情的变化，等等。
　　沿着梅洛-庞蒂这个思维脉络，我们可以把矛盾情绪确定为两
个选择中的前后游移不定，把模棱两可确定为多种选择和不可确
定的、不可见的"力"之间的一种难以逾越的纠缠与交叉：

　　　　注视一个人们栖身其中的身体的轮廓，并不是从外面、
　　　好像他者一样地去看，而更意味着被从外面、被他者看到，
　　　意味着在外面、在他者之中存在，迁移到外面、到他者之中

---

　　①　梅洛-庞蒂. 可见的与不可见的. 罗国祥译. 北京：商务印书馆，2008：262.

去，意味着被幽灵所引诱、所捕获、所异化，能看者与可见者以这样的方式成为彼此，人们不再知道是谁在看，是谁被看到[①]。

与其说，梅洛-庞蒂似乎已经开始把知觉作为在主体和客体之间发生的一个矛盾事件，不如说他把知觉视为发生在世界肉身之内的一个模棱两可的事件。然而，要全面真实地描述知觉——即涵摄诸如注视和扭曲，外貌和面部表情这些现象之间的模棱两可的知觉——我们就必须进入表达领域。正如我们在下面即将看到的，这些大致相同的观念——如矛盾、模棱两可、互反、可逆性、不可见性以及肉身——都在梅洛-庞蒂的表达理论中和他后来认为意义诞生于表达领域内部的看法中发挥了非常突出的作用——"正如世界是充当每一个可见者的不可见者而在场，那么，言语的意义就是作为每一个被言说语词的深渊或隐藏内容而在场"[②]。

第二节　意义：在表达之中的涌现与生成

梅洛-庞蒂在他早期现象学理论中已经开始对发生在面对面对话(语境和过程)中的交流类型进行过思考，如交流是建立在结构性差异上的[structural difference]，是个体与个体之间、历史与个体之间、自我与他者之间的共轭。若要理解一个结构性的他者意识，人们就必须首先通过共享的经验视野进行交流，避免把自我

---

① 宁晓萌. 目光的交织——梅洛-庞蒂后期哲学中的"看"与他人问题. 现代哲学，2012：4.

② Merleau-Ponty. The Visible and the Invisible, trans. Alphonso Lingis. Evanston：Northwestern University Press，1995：119.

作为他者必须皈依的"标准"来对待①。梅洛-庞蒂认为，在知觉之中的"主体"与"客体"不是纯粹对立的两极，而是在彼此互惠和彼此涵摄的关系中通过恳请和胶合而纠缠在一起②。在交流中呈现出我们存在本身的维度——即我们与社会-世界之间的一种充满活力的交流和我们与他者之间的一种虚拟的交流，后者蕴含于我们之内，体现为"沉默并作为恳请"而存在，并且先于我们的意识或先于他们的主题化③。交流是一个现象场，我在其中暴露给世界和他者。同样，梅洛-庞蒂对交流中言语现象和意义发生的描述，明显地扬弃和超越了主体和客体的传统两分法。

　　在对话体验中，语言是他人和我之间的一个公共领域，我的思想和他人的思想只有一个唯一的场所，我的话语和对话者的话语是由讨论情境引起的，它们被纳入一种不是单方面完成的共同活动中。在那里，有一种合二为一的存在，在我看来，他人不再是我的先验场中的一个行为，在他人看来，我也不再是他人的先验场中的一个行为，在一种完全的相互关系中，我们互为合作者，我们互通我们的看法，我们通过同一个世界共存。在当前对话之中，我摆脱了自己，他人的思想就是他自己的思想，不是我产生的，尽管他人的思想一旦产生我就能够理解它们，尽管我能先说出他人的思想，尽管对话者对我说出的反对意见能使我离开我还没有拥有的思想，即使我认为一些思想是他人的，他人也能使我思考它们。我退出对话和回想对话，我把对话放入我的思想中，把对话

① Merleau-Ponty becomes Professor of Child Psychology and Pedagogy at the Université de Paris, Sorbonne. The lecture notes from this period are published as Child Psychology and Pedagogy: The Sorbonne Lectures, 1949: 52, 319-20, 373.

② Merleau-Ponty. Sense and Non-Sense. trans. Hubert L Drey Fus, Patricia Allen Dreyfus. Evanston: Northwestern University Press, 1964: 40.

③ Jame M Edie. The Primacy of Perception. Evanston: Northwestern University Press, 1964: 379.

当作我的个人经历中的一段插曲，他人已不在场，或他人还
在我面前，被认为是对我的一种威胁，这些都只是后来的
事情①。

　　无论对话在朋友之间，敌人之间，恋人之间发生，还是在老
师与学生之间，以及原文与译文之间发生，它们并无多大区别。
无论是哪一种情况，交互或共轭作用所滋生出的意义都不属于单
边的言说者，而是缘起于两者间的表达境域，因为单边的言说者
以及他的倾听者都受到世界的某个观看位置的限制②。"他人的言
语促使我说，促使我去思，因为它们在我之中制造了不是我的一
个他者。"③且从一个广泛的视域来看，意义之表达可以发生在两
个主体的对话之中，它也同样发生在由主体间际所构成的一个广
阔社会内部的无数对话之中。维特根斯坦主张"不存在私人语
言"，我们若将这一主张的逻辑加以延伸，那就意味着一样不存在

---

　　①　梅洛-庞蒂. 知觉现象学. 姜志辉译. 北京：商务印书馆，2001：446. 该段引
文根据英文另译如下："在对话体验中，语言是他人和我自己之间的一种共同基础；我
们的思想和他的思想被编织进一个单一的织物里，我的语词和参与者的语词是由讨论
的状态所唤起的，它们都参与到一种共享的运作之中，在其中我们都不是原创者。此
时我们拥有一种双重的存在，对我而言，对方不再仅仅是我超验场域之中的一个行为
碎片，我亦不在他的超验场域之中。我们处在完整的互反性之中，成为彼此的合作者，
我们彼此的视角融合在一起，并通过一个共享的世界协同存在。我在当下的对话中摆
脱了自我，把我变成一个我的他者；它们不是由我形成的东西，虽然我在它们产生之
际就把握了它们，甚至提前预见了它们，甚至我的对话者即使是对我的反对，也是得
自于我所拥有的思想，而我本人却并不知情。可见我在同一时间借给了他思想，他则
通过促使我运思而回报了我。只有当我从对话中撤出并只是反思性地再次回忆这次对
话时，我才能够把它的意义重新整合到我的生命之中，使它成为我个人历史中一件有
趣的插曲。"见 Maurice Merleau-Ponty. Phenomenology of Perception. trans. Colin
Smith. New Jersey：Routledge & Kegan Paul/Humanities Press，1986：354.

　　②　But must we not say that，in certain asymmetrical relationships such as those
between employers and employees，teachers and students，parents and children，or
master and slave，the terms and meaning of the relationship are determined by the former
party? Never totally：amidst authoritative or even authoritarian relations，some
reciprocity is always present (cf. Hegel，Phenomenology of Spirit，sx：178-196).

　　③　梅洛-庞蒂. 可见的与不可见的. 罗国祥译. 北京：商务印书馆，2008：284.

私人意义，意义只有发生在涵摄全体之我们在内的语言汪洋之中，它可以在这个汪洋之中复活，也可以在这个汪洋中产生。人类世界是一个开放的且永远无法完成的系统，对它构成威胁的偶然性也同时将它从不可避免的混乱性中拯救出来，以阻止我们对它丧失信心①。梅洛-庞蒂说道："每个人的私人小世界与所有人的私人小世界不是并列的，而是被他人的私人小世界包围的，是从他人的私人世界中提取出来的。"② 梅洛-庞蒂以海德格尔的方式描写了这一语言汪洋的"存在"：

> 从一开始我就与一个存在交流，我自己的体验通过这个存在而获得无限个体，它们持续地出现于我生命之地平线上，宛如都市之喧嚣在为我们的工作提供背景③。

事实上，我们发现，梅洛-庞蒂与后期的海德格尔在诸多方面是相同的——这尤其明显地体现在他的《可见的和不可见的》这部作品中，如他认为存在就是一种语言本身的存在。语言不是我们占有的一个对象，而是在某种程度上语言占有我们，这暗示出语言是一个准—客体[a quasi-object]。语言把我们引入自我之外部的世界之中。他们都主张人不可能是一座孤岛，所有人都与他的同胞被绑在一起，生活"在语言的大海和城市的喧嚣之中"。假如没有从前人那里继承的语言，我们便无法进行任何交谈，无法从事任何工作，无法欣赏任何艺术作品，无法把握生活之意义，更无法与我们的同辈人进行分享，并把它们传递给来者。

那么，意义又如何在这个语言的世界视阈之中发生呢？梅洛-

---

① Merleau-Ponty. Humanism and Terror. New York: Random House, 1947: 188.

② 梅洛-庞蒂. 可见的与不可见的. 罗国祥译. 北京：商务印书馆, 2008: 175.

③ This linkage of the notions of being and a 'world-horizon of language' is in keeping with the rest of Merleau-Ponty's thought, and draws interesting parallels with Heidegger's later view of language as "the house of being." (VI: 175)

庞蒂在回答这个问题时，他从索绪尔那里借来的概念和方法，明显要比从海德格尔那里借来的多，并对它们作出了个性化的使用。依循索绪尔《普通语言学》提示的脉络，他强调在语言发展过程中，过去的积淀［sedimentation］和已言说的语言［spoken or sedimented language］如何持续地再次转化为言说语言［speaking language］——两者之关系用梅洛-庞蒂的另一个对偶表达，即"voice and echo"[①]——从而进入意义形成和持续开放的表达场域之中："语言乃至词汇和句法的构成系统，在经验上的现存之'表达手段'既是言语行为之仓库，也是言语之剩余，其中那些尚未得到系统阐释的意蕴不仅可以找到向外传达的手段，而且还为自身赢得了存在，并且创造出真正的意蕴。此外，我们可以在一个言说语言［parole parlant］和一个已言说话语之间［parole parlee］作出区分。前者是指正处在形成阶段的具有意向性的意义。"[②] 而"已言说语言"或"剩余语言"即由读者带入作品之中的那种语言，是由作者和读者彼此分享的那种语言，这种语言将经过表达得到改变和重塑；而一旦表达（一部小说、一首诗歌）成为某个社会中的积淀或剩余，就会成为该社会之文化习得的一部分。尽管如此，"言语"或表达中的语言对于无偏见的读者将依然是一种召唤，即使受到已言说言语的制约，意义和表达都将走在圆满之途中。[③]

　　梅洛-庞蒂在描绘"已言说语词"（即已经完成了的已知意义的语言积淀物）和"言说语词"（即一个正在履行制定一个新意义的尚未完成的话语行为）之间的区别时，指出意义如何产生的方式。他认为，意义绝对不是等待人们去发现的既成东西，意义不

---

　　① See Roy Harris. Reading Saussure: A Critical Commentary on the Cours de linguistique générale. LaSalle, Ill: Open Court, 1987: 21-25.

　　② Merleau-Ponty. Phenomenology of Perception. trans. Colin Smith. New Jersey: Routledge & Kegan Paul/Humanities Press, 1986: 197.

　　③ Merleau-Ponty. The Prose of the World. trans. John O'Neill. Evanston: Northwestern University Press, 1973: 13.

会是一劳永逸地早已被嵌入到某些静态语言之中且不须言说就可以发生的东西。无论如何，就如同声音不能在真空中产生或进行传递，意义亦不能无中生有。没有结构内部的运动，没有一种继承而来且不断展开的语言指涉结构，言说就不能产生或说出任何有意义的东西。意义既不是由某些绝对的、外在的和一成不变的语言所决定，也不能同时地在某种原初的言说之中产生。恰恰相反，意义产生于那种位于过去言说和现在言说之间的具有可逆性的表达场阈之中。他因此认为：

绝不可能有一种人类或表达开始之际即是自然结束之时的说法。那么，正是沉默之"在"涌现出它的意义①。

这可以说是一种关于表达的动力学理论或运动学理论。这是梅洛-庞蒂根据索绪尔在"共时语言学"和"历时语言学"之间作出区分的基础上而形成的。共时性是对语言作水平研究，即把语言作为一种同质的语法和语言结构系统的沉淀来研究，公允地把意义固定于每个状态和每个时间段上。相反，历时性是对一种语言所经历的各种变化作垂直或纵向研究——它不涉及发生在任何具体情况下或特定时间中有关言说的结构性关系和方式，它关注两种语言中或多种语言中在时间上彼此继承和彼此关系的研究②。尽管梅洛-庞蒂在 1947 年首次提到索绪尔，而且只是顺便提及而已，③ 但共时和历史之间的区别和它们的关系却对梅洛-庞蒂后期的思想产生了重要影响。艾尔波特·拉比尔[Albert Rabil]对梅洛-庞蒂运用这种区分的方式做了描写：

---

① Galen A Johnson. The Merleau-Ponty Aesthetics Reader. trans. ed. Michael B. Smith. Evanston：Northwestern University Press，1996：147.

② Ferdinand De Saussure. Course in General Linguistics. trans. Wade Baskin New York：Philosophical Library，1959：101.

③ Merleau-Ponty. Sense and Non-Sense. trans. Hubert and Patricia Dreyfus. Evanston：Northwestern University Press，1991：87.

事实上，梅洛-庞蒂强调共时与历时必须放在一起来考虑。从横向视域中看，语言是一个连续性体系，不管现在可能出现多大意外，语言的过去都要必然地进入每一个当下，这就是说共时包含了历时；从纵向视域看，如果新事物要出现，每一个历时系统内部都必然有缺口，这就是说历时包含了共时。对语言学作这两个方面的解释，意味着这两项任务必须是同时进行的。一方面，我们若把语言作为一种均衡的运动来考虑，就必须找到一种办法，哪怕旧的形式在死亡，新的形式在产生，但是在变化过程中的一种连续的整体性还是依然存在的；另一方面，已经存在的语言体系绝不是完整无隙的，隐藏的变化可以随时进入语言体系之中，但是确切而单一的含意是绝对不存在的①。

艾尔波特·拉比尔这段话，简明扼要地概括了梅洛-庞蒂关于意义出现于表达视域内或结构性的场域内的辩证方式。这种方式也同样出现于艺术、社交和历史的视域之中，乃至人与自然之间的关系之中。意义是从一种可逆性对话中获得对语言的共时、历时语域（变量）的一种不确定性解释而最终进入表达之中的。共时性把结构、环境、资源、"非原初性起源"② 和表情/姿势提供给了一种有意味的言说。与此相反，历时性则给这种有意味的言说提

---

① Albert Rabil，Merleau-Ponty. Existentialist of the Social World. New York：Columbia University Press，1967：200.

② 梅洛-庞蒂指出："存在的东西并不是起初与自身同一的，后来呈向看者的事物，也不是一个先是空空的，然后向事物开放的看者，而是我们不能比用目光触诊更能接近它的东西，是我们不可能梦想看到其'完全赤裸'样子的东西，因为目光本身也会包裹这些东西，以自己的肉身为它们的衣裳。"——梅洛-庞蒂. 可见的与不可见的. 罗国祥译. 北京：商务印书馆，2008：162.

供了创造性的、自发性的、革新的以及真正原创性的要素①。

　　尤其是在他后期的著作中，梅洛-庞蒂不再把对话仅仅理解为"被言说的和在言说的"诸要素之间一个单纯的予与受的交换关系，他更多地把对话作为两股力量交织间的一种含混的链接所产生的结果。他认为，这些表达力量，既是无形的，又是有形的，既是沉默的，又是被言说的，既是肉身的，又是知性的，既是不可测度的，又是可辨别的。梅洛-庞蒂在后期著作中交代我们的，已经不再是意义在言说者之间中前后摇摆的那幅简单的图景。取而代之的是梅洛-庞蒂给我们描绘了一幅更加复杂的言说者图景，这幅图景即使不令人感到困惑不解，可也有些让人不知道是谁以及在哪里表达意义。梅洛-庞蒂就此构拟了他的"世界之肉身"这一概念。他声称唯当该肉身回返自身或与自身交叉，与自身重叠，反弹到自身，意义才因此而产生：

　　　　当我看见一个物体，我几乎不知道我在看，而宁可说我整个儿被该物体所包围。那相同的意象性结构存在于语言的日常使用里。当一个表达成功时，我们便被意义所围绕，而不是被引出意义的符号所围绕②。

　　梅洛-庞蒂把这种自我回返［self-reflection］或自我颠倒［self-subverting］的意义之轴心叫做"交叉"。交叉成为一种陌生而单一的链接点，所有意义、蕴含和信息要素都围绕该纽结进行循环和交织，宛如龙卷风不断聚集一样，只是为了最终散开，一切都处在它那不可抗拒的漩涡之中。"交叉不仅仅是我—他之间的交流（他收到的信息也传给我；我收到的信息也传给他），交叉也是我

---

① The synchronic and diachronic registers are used to illustrate the way meaning and beauty arise within the realm of art. "For Merleau-Ponty, 'the joy of art lies in showing how something takes on meaning.'" cf. SaNs: xiv ff.

② Merleau-Ponty. The Prose of the World. trans. John O'Neill. Evanston: Northwestern University Press, 1973: 10.

与世界之间的交换，是现象身体和'客观'身体之间的交换，是知觉者和被知觉者之间的交换：以事物来开始的东西以事物的意识来结束，以'意识状态'来开始的东西以事物来结束。人们无法通过那种自为和自在的切割刀对这种双重的'交叉'作出解释。我们唯有需要建立一种与存在的关系，即应该有一种在存在内部产生的与存在的联系——这其实就是萨特一直在寻找的东西。"①

可见，意义发生于两个或更多言说者之间，这不仅是因为他们彼此言说着，还因为他们的肉体充当并发挥了交叉的导管作用，充当了事件发生的通道和场域，事件唯一的停泊处或难以确定的指示点就是这个普遍存在的"世界—肉身"本身。

　　实际的言语是一个晦暗的区域，被构成的光就来自这个区域，就好像身体对自身的沉默反思就是我们称之为光的东西那样，就像存在着看[seeing]和可见的[visible]可逆性，就像在它们的两种变形之交会点上产生了人们称为知觉的东西，同样存在着言语与其所指的可逆性；意义来确认、终结和会集表达的物理的、生理的、语言学的多样手段那样，是来一下子建立所有这些的东西，就像目光来完成感性的身体那样；而且，就像可见的捕捉住了揭示它并为它的一部分的目光那样，意义反过来又影响到了它的手段，意义把成为了科学的对象的言语归并到自己这里，并通过一种从来没有完全落空的回溯运动而把自己置于前面，因为言语在开启可命名的和可言说的语域的同时，就已经承认意义在语境中有其位置，因为任何言说者不是预先把自己构成为受话者而说话的，即使自己只是受话者，因为它以唯一的动作关闭了他与自己和

---

　　①　对于萨特来说，除了我以外没有内在，所有的其他都是外在，存在只是纯粹的肯定性，仍然是客体，任何自为要通过一种疯狂的介入性行为才能参与其中。——梅洛-庞蒂. 可见的与不可见的. 罗国祥译. 北京：商务印书馆，2008：272. 笔者同时说明，此处所引译文参考英文有所变更。

他人联系的通道，而且借助这同一个动作，他也把自己以及所有的言语都呈现给普通的言语……在某种意义上说，如果人们要彻底地揭示人类身体的结构系统，揭示它的本体论构架，揭示它是如何自看和自听的，人们将会发现它的沉默世界的结构是这样的，语言的所有可能性已经在它之中被给予了。正如胡塞尔所言，全部哲学在于恢复赋意的力量，一种意义的诞生，或一种胡乱的意义，一种通过经验表达的经验，这些尤其能使语言这个特殊领域得到澄清。而且，从某种意义上，瓦雷里所言即是语言就是一切，因为它不是任何人的声音，因为它就是事物的声音本身，是水波的声音，是树林的声音①。

在此，再次对梅洛-庞蒂所提出的可逆性予以强调是非常重要的，因为这已经不是那种在他早期著作中被他称之为"完美的互反性"的可逆性，它意味着主体与客体之间或言说者与言说者之间的一种对称性的交流。晚期的可逆性概念不再是那种他贬之为简单而"糟糕的辩证法"之产物，这种辩证法认为任何言说的意义都是在对言说者的呼吁与对被说者的反应这种简单的综合中产生的②。与此相反，梅洛-庞蒂后期著作中的可逆性源自其"改良的辩证法"，其特征体现为祛中心化、非主题化、祛主体化、模糊

---

① 梅洛-庞蒂. 可见的与不可见的. 罗国祥译. 北京：商务印书馆，2008：190-192.

② 梅洛-庞蒂在《可见的与不可见的》这部晚期的未尽著作中，尤其是在《探索与直觉》一章中，对传统单一之决定论、确定性以及存在与虚无之关系给予了明确的否定。他指出，"由于我们的思想是对某种物的思想，所以它本身不是乌有，这个存在因此是一个意义和意义的意义。这个意义不仅是与语词相连，属于陈述和言说之物的领域，属于世界的特定领域和存在的某种样式的意义——而且是普遍的意义，它不但能支配逻辑运算和语言，而且还能支配世界的展开。……但这些意义和本质不是自足而独立的，而是开放地与我们的观念化行为相连，与把它们从原初存在那里抽取出来的观念化行为相连，在原初存在那里，重要的是在原初状态中找到我们的本质和我们的应答者"。——梅洛-庞蒂. 可见的与不可见的. 罗国祥译. 北京：商务印书馆，2008：133-136.

性、沉默、偶然性、非对称性、隙缝、挫折、深渊以及那些意想
不到的迂回曲折，并因此而可能导致出现任何意义产生的可能性。
梅洛-庞蒂后期的可逆性概念往往会产生出一种微妙的意义——意
义的起源往往无处可觅，却又经常不期而至，难以把握住它的持
久性。这就不由得使我们想起维特根斯坦的那幅"鸭子—兔子"
的构图：尽管我们可能觉知出鸭子，可我们只要一转换视角，就
会看出是兔子的构图，我们绝不会在同一视角的瞬间之内同时看
出鸭子与兔子共存，以及我们亦不会清楚它们是如何同时发生的。

　　　　现在应该指出，这涉及的是一种总在逼近但在事实上从
　　来没有实现的可逆性。我的左手触摸事物时，我的左手总是
　　处于要触摸我的右手的状态，然而我从来达不到这种重合；
　　这种重合总是在正出现时消失，总是"一事两面"：或者我的
　　右手正处在被触摸状态，可这时它对世界的控制却停止了，
　　或者，它保持了对世界的控制，可是这时我却没有真正触及，
　　我并没有用我的左手触及右手对我的世界的触，只感觉到了
　　触的外部……因为，如果这些经验从不完全重叠，如果它们
　　在相遇的时刻逃开，如果它们之间总是有"晃动"，有"间
　　隔"，那正是因为我的两只手都属于同一个身体，因为这个身
　　体在世界中运动着，因为我同时从内和从外听见我自己的声
　　音……我们应该理解的是，上述观点之间不存在辩证的颠倒，
　　我们没有必要把它们会集在一种综合中：它们是可逆性的两
　　个方面，这就是终极真理[1]。

　　在表达领域内，我绝不可能成为任何所指意义的主人，绝不
会成为绝对意义的主人。我既不能以鸟瞰式的视域去阐释这种意
义，亦不能以完全清晰而透明的语言去表达它。我压根儿就不能

────────────

　　[1]　梅洛-庞蒂. 可见的与不可见的. 罗国祥译. 北京：商务印书馆，2008：182-
183，192.

做到这些，因为我无所不在地与意义诞生其中的这个世界、"这个存在的肉身"紧密地结合在一起，我须臾不能与它们相分离。"正在看的我也有自己的深度，我是被我所看到的，在我身后关闭的同一种可见的支撑者，我很清楚这一点。身体的厚度是远远不能与世界的厚度对抗的，相反，身体的厚度是我通过把自己构成为世界、将事物构成为肉身而进入事物的中心的唯一方式。"① 这正如我们在讨论知觉时所看到的，我是这个世界的对象，这个世界也一样是我或为我所注视的对象。我不可能看见和解释所有的事物，因为我同时是被注视者。既然我是一个能看的身体[body capable of seeing]，又总是处在这个世界的肉身之中的某个具体而有限视域的场内，那么，就总有某些视域对我而言依然是不可见的，就总有许多意义是我所无法领悟的。

与此相同，就表达而言，我无法听到或理解一切，因为我只是"言说的一部分"。由于我既是言说者又是听者，正如梅洛-庞蒂所讲的那样，"言说在言说着我，我也在言说中被言说着"，那么，对我而言，就存在着依然保持沉默的声音和意义。从这些言论可见，显然梅洛-庞蒂是通过表达来解释知觉的——被表达的知觉和被知觉了的表达，他同时又通过社会、世界、存在和历史来解释表达的。为了完善我们的分析路径，我们将进一步审视梅洛-庞蒂是如何理解意义在历史之中产生的②。

---

① 梅洛-庞蒂. 可见的与不可见的. 罗国祥译. 北京：商务印书馆，2008：167.

② Along similar lines, Calvin Schrag suggests why we need to move past the realm of expression into the wider realm of history if we are to adequately understand the genealogy and structure of meaning within human experience: "Sociality is not restricted to the dialogue of face-to-face encounter. There is a dialogue of wider range and reach. There is a region of social reality which extends beyond the intersection of lived time and lived space in my direct encounter with the other. In the background of this encounter there is a world of predecessors and a world of successors." Cf. Schrag's Experience and Be-ing: Prolegomena to a Future Ontology: Evanston: Northwestern University Press, 1980: 207 ff.

第三节　历史：声音、表达、沉默、偶然

现在，我们拟将对梅洛-庞蒂所提出的思想轮廓与细节进行探讨，譬如真理诞生于历史和语言之内部而非由一纯粹大脑之发现、真理问题与表达问题同步产生、以及历史有意义[sense]但其意义却发生在与偶然性的联系之中①，以及"使主体恢复其历史的内在性"，"历史的存在理论是模棱两可的"，② 并由此提出梅洛-庞蒂后期著作中所蕴含的一个重要主题，即意义如何在历史中产生的问题。我们认为，如果他对这个问题的探索不是因为他的去世而被中断的话，这一主题原本是可以成为他后期努力的重要课题，也是他学术之路的逻辑走向。

按照梅洛-庞蒂的理解，在历史领域内部，意义是在"时代精神[zeitgeiste]"之间、在过去和现在之间、在共时和历时之间、在制度和观念之间、在自由和制约之间、在个体和集体之间、在传统与现代之间、在表达与沉默之间出现的③。对立的概念在梅洛-庞蒂那里开始变得模糊起来。梅洛-庞蒂对被知觉世界及其所有

---

① Merleau-Ponty. Adventures of the Dialectic. trans. Jpseph Bien. Evanston：Northwestern University Press，1973：16.

② 梅洛-庞蒂. 知觉现象学. 姜志辉译. 北京：商务印书馆，2001：83，225.

③ These kinds of historical dialogues reflect the interplay we saw obtaining between the synchronic and diachronic registers of language. Just as the synchronic of prior speech served as the sedimented reservoir of language that the diachronic of present speech arises out of，so，in a similar way，do our historical and cultural heritages serve as the sedimented milieus that we draw from to live presently meaningful lives. As Merleau-Ponty suggests，"The theory of signs，as developed in linguistics，perhaps implies a conception of historical meaning... The presence of the individual in the institution，and of the institution in the individual，is evident in the case of linguistic change. (And) Saussure，the modern linguist，could have sketched a new philosophy of history"(cf. In Praise of Philosophy. trans. John O'Neill. Evanston，Ill：Northwestern University Press，197)：55 ff. Hereafter cited as IPoP.

"主体论"结果的恢复，他对身体性与自然的含混性和"垂直"存在［intertwining of all that is horizontal and that is vertical in being］的描述，终将导向一种精神—身体、精神—精神之间的交流，导向我与我的他人之间的交流，导向一种野性的世界性精神，走向一种表达的世界性散文。精神对我们不再是有距离的存在，过去与现在、传统与现代总是存在着基本的结构性关系，"过去"本身总是包含着被知觉的"垂直"要求，而不是被知觉的意识才带有过去的意识①。

对梅洛-庞蒂来说，历史是一种普遍的交叉，是一个广阔的世界舞台，所有力量在其中汇聚、涌现和纠缠在一起。即便是在任何一次具体的对话中——如果这些对话可以被具体分割的话，对话也不是一次简单的或"完满的"的互反对话。尤其是在其后期著作中，梅洛-庞蒂越来越对对话相互交叉的途径变得敏感起来，譬如他尤其开始关注偶然性、非对称性、模糊性、偶因、平行、同时性，以及不稳定性这些因素所导致的对话复杂性。他把这一切归之于具身的表达，他认为这就是真理问题之始源，从而拒绝了先验的预设——真理诞生于历史和语言之中，并非是由一个纯粹的心智所发现。"历史具有一种意义［sense］，但却不存在纯粹的观念。历史的意义是在与偶然性的接触中出现的。"②

我们不能把历史理解为事件之简单叠加，或先验理念或黑格尔精神之展开。历史的意义［sense］通过我们涌现而出［a sense of history emerges through us］——历史自身是一项对话的工程。历史在各种哲学观和各种世界观的间际之中发生，这些观念世世代代、随时随地、如影随形地影响着我们，并左右着我们的行为，实如"百姓日用而不知"。梅洛-庞蒂把"历史视为境域"，意义尤

---

① 梅洛-庞蒂. 可见的与不可见的. 罗国祥译. 北京：商务印书馆，2008：130-131.

② Donald A Landes. The Merleau-Ponty Dictionary. London：British Library Cataloguing-in-Publication Data，2013：13.

其是哲学的概念化意义就是在这个场域中产生的①。历史是知觉和表达的一种形式，对历史的分析就是对存在本身的分析。我们没有理由去坚持有哪一种单一的哲学可以代表一个具体的时代或具体的地域：

　　　　既然人的主动性根本不能取消物体的作用，既然"物体的力量"始终通过人起作用，那么，问历史是由人构成的还是由物体构成的，有何意义？这种分析想把一切都放在能揭示历史真相的一种唯一计划上是徒劳的。没有最后的分析，因为有历史的肉体，因为和在我们的身体中一样，在历史的肉体中，一切都有作用，一切都是重要的，也有底层结构，我们对自己形成的概念，特别是它们之间的不断交流——在这种交流中，物体的力量成了符号，思想成了力量，结论成了事件。人们问：历史在哪里形成？谁创造历史？描绘和在历史后面留下痕迹的这种运动是什么？言语和思维的运动，以及在我们之间的感性世界的分裂是同类的：到处都有在每一个"意识"所能产生的东西之外的方向、维度和形状，不过，是人在说话，在思维，在看。我们如同处在语言或存在

---

　　① C. O. 舍阿格[Calvin O. Schrag, 1928.5.4—]是美国当代哲学家，曾任美国现象学和人文科学国际学会秘书长，现任国际哲学季刊《人与世界》主编。他在《体验与存在》一书中对这种历史意义的演变给予了阐释，其方法在某种程度上扩充了梅洛-庞蒂的视域。他认为，"意义居住于我们的历史当下，它们是以我们的前人世界为条件的。并且人们最终必须用复数的方式去谈论这个世界。埃及人、希腊人、罗马人以及盎格鲁-撒克逊人的文化世界依然持续地对我们的体验贡献意义，也为历史科学提供了存在论基础……。当下原创性的思维和决定性的行为可以重新开启过去和揭示出新的视角。过去的意义……从来不是固定不变的和可以'盖棺事乃了'的。历史经验在人们面对昔日之世界时从来不是沉默的。人们在讲述过去之时，同时也被过去所讲述，这种讲述永远处在一种持续不断的阐释之中。不可否认，历史的距离会掩藏它的意义，可它也会对发生的事件释放出新的理解，从而产生新的意义视域。这由此把对历史性过的阐释变成了人们在历史当下之中予以持续探索的一项任务"。——Calvin O Schrag. Experience and Being. Evanston：Northwestern University Press，1969：208.

场中那样，处在历史场中①。

　　我们应该明白，许多哲学思想都是彼此传递、彼此质疑和彼此影响——哲学家们个体以相同方式彼此进行跨越时代的对话。譬如，我们对海德格尔的解释，重新开始了与前苏格拉底之间的对话；我们对梅洛-庞蒂的解释，重新开始了与他之前的胡塞尔、康德和笛卡尔等之间的对话；我们对《道德经》的阅读，重新开始了与孔子、孟子之间的对话等。当这些哲学家进入一种跨越时空的彼此对话之中，他们同时进入了一种可逆性的交互影响之中，与他们各自所属时代的文化、制度和普通男男女女之间形成了互动："什么才是一种与历史关联的哲学境域呢？每一种哲学同时也是一种符号的建构……哲学在历史之中，永远不会独立于历史话语之外。但是从原理上讲，哲学不过是用一种有意识的象征意义代替了日常生活中那些沉默不语的象征意义而已；哲学用一种显性象征意义代替了一种隐性的象征意义而已。它是绝不可能只满足于接受它的历史境域，犹如它不能只满足于吸纳它自己的过去。它通过揭示境遇而改变境遇，并因此赋予它机会以便进入其他时代和其他地域的对话之中，并在其中显示其真理。"② 非常有趣的是，如果从表达入手区分哲学和文学，我们讲文学或艺术是具象的，反之，哲学是抽象的。如果从意义或观念入手区分二者，我们讲哲学本身是观念的显性具象，而文学则是观念的隐性具象。哲学和文学是意义之两面。

　　所以，即使是最"原创的"哲学家，他们也不能以完全独创的方式在真空中缔造真理，他们恩泽于他们诞生之际就浸染其中的哲学、政治、文化乃至生理和身体所在的境域之中。众所周知，尼采是一位最具原创性而且主张颠覆偶像的哲学家，可若没有苏

---

　　① 梅洛-庞蒂. 符号. 姜志辉译. 北京：商务印书馆，2003：23.

　　② Merleau-Ponty. Phenomenology of Perception. trans. Colin Smith. New Jersey：Routledge & Kegan Paul/Humanities Press，1986：57

格拉底对理性的大胆和真诚，若没有弗朗索瓦·德·拉罗什富科[Francois La Rochefoucauld，1613—1680]那些言简意赅的格言，若没有伏尔泰的大胆执着，没有艾默生和荷尔德林的哲理诗歌，若没有叔本华充满激情的悲观主义，若没有当时社会弥漫的那类反犹太主义情绪和那些令他极为反感的僵化冷漠的官僚机构，若没有他在人际关系上的反复无常（譬如与瓦格纳和萨罗姆）和屡屡受挫，以及他身体上所遭遇到的创伤和痛苦，他那原创性哲学的导火线也许永远不会被点燃。同样，若没有尼采声称"上帝已死"的大胆否定，也就不可能出现对人类处境作出无情剖析的萨特那样的哲学。"在这里，我们不仅仅用一种意义代替另一种意义，而且也进行相等意义的代替，新的结构已经出现在以前的结构中，以前的结构继续存在于新的结构中，过去是在现在中被理解的……"①。

　　语言是以一种整体积累的方式推断我们的思维。语言是一种被寻找的理想，一种潜在的现实，一个从未到来的未来②。我们对语言提出的一切问题都只是一种自我拥有的问题。只有当语言不再置身于时间和处境中时才会给出事物本身。可是，我们能够拥有任何一种不在时间和处境之中的语言吗？或存在一种超越时间的语言吗？这不是说我们不能为我们的生活创造出全"新"的意义，而是说，意义绝不会是在整体上全新的，是独一无二的。意义总是要接受我们自身历史境域的持续修正，它必然地内含了前语法、前思想、前逻辑、前苏格拉底、前黑格尔、前孔子、前老子乃至他们肉身存在的若干信息。修正者自发地同时也被整体所修正。我们非常有趣地认为，这也是梅洛-庞蒂在索绪尔那里得到的启发：

　　① 梅洛-庞蒂. 符号. 姜志辉译. 北京：商务印书馆，2003：99.
　　② Donald A Landes. The Merleau-Ponty Dictionary. London：British Library Cataloguing-in-Publication Data，2013：39.

　　　　我们在索绪尔的著作中学到，单个符号不表示任何东西，每一个符号表达的意义少于该符号在它本身和其他符号之间指出的一种意义的差别。由于人们在其他符号方面也能这样说，所以语言是由非词语的差异构成的，更确切地说，语言中的词语只是由词语之间的差异产生的[①]。

　　意义牢不可破地扎根于我们的境域，扎根于"世界之肉"中。尼采的存在主义观最直接的继承者之一萨特就无不用带有反讽的语气声称"我们注定是自由的"［we are condemned to freedom］，我们注定要为自由而活着。可是，这种自由注定了我们一生要为自由作出选择，因为我们无时无刻不受困于存在的各种关系之中，因此自由本身是人的一种宿命论选择或选择本身是宿命的［doomed］。或许应该说，我们有选择的自由，可我们没有选择自由的自由："自由……几乎与环绕我们周围的、承载着自由的某一场域的简单存在相混同，一旦置身于其中，我们全部的行动马上呈现出其优点和缺点来。生活是在束缚中苏醒过来，就像小人国中的格列佛［Gulliver］一样；仿佛人们在一种先前的生命中就已经安排好了自我，这乃是去尝试挽回这一永远的推迟，把这一出生前的、只是为了判决我们才存在的自由转变成现实的自由。自由在我们背后，或许在我们前面，我们永远不可能与之重合一致。"[②]

　　其实，萨特和梅洛-庞蒂之间本身就是一种典型的"完美的互反性和可逆性"的关系。这种关系告诉我们，思想家们能够彼此启迪对方从而赢取靠自我无法赢取的洞见和创造力。两位哲学家在二战后曾经是法国《现代》杂志的共同缔造者，还应该算上萨特的情侣西蒙娜·德·彼伏瓦。他们一起为读者创作了涉及"形

　　① 梅洛-庞蒂. 符号. 姜志辉译. 北京：商务印书馆，2003：49.
　　② 梅洛-庞蒂. 辩证法的历险. 杨大春，张尧均译. 上海：上海译文出版社，2009：187.

而上学、政治学、专业性和明晰性为一体的诗话哲学景观"①。萨特回忆起在那些年里他和梅洛-庞蒂之间富有创造力的合作时指出：

> 我们都是意义的追踪者。如果存在真理，那么无论它在何处，我们都必须找到它。每一种社会现象和每一种态度——无论是最公开的还是最个人的——都是真理的具体化②。

那么，他们有关社会、真理和"追踪意义"的观点和途径相一致吗？当然不同。萨特在构建自我存在意义的图式时，他强调意识主体以及意识主体的纯粹自由；他主张意识主体不要屈服于诱惑，不要把一种"糟糕的信仰"奉献给一种错误的绝对，也不要因为令人晕眩的自由而瓦解。相反，梅洛-庞蒂则强调肉身主体以及身体主体在生活中赢取意义时所拥有的，是一种不断受到修正的自由。他要求这个身体主体小心翼翼地运用和深化他在自己的世界中所发现的任何意义，保护意义免遭日常荒谬力量的侵害。与萨特仅仅把我们作为自由代理人而置于一个毫无意义之世界中的立场不同，梅洛-庞蒂则提供了与之对立的下列立场，它们是"境域，历史意义和历史真相(这三种说法在梅洛-庞蒂那里其实表达相同了的主张)，如果我们可以通过一种绝对的主动性成为工人或资本者，如果一般而言无任何东西给我们的自由带来威胁，如

---

① Merleau-Ponty. Sense and Non-Sense. trans. Hubert, Patricia Dreyfus. Evanston：Northwestern University Press，1991：ix.

② Merleau-Ponty. Sense and Non-Sense. trans. Hubert，Patricia Dreyfus. Evanston：Northwestern University Press，1991：ix. 另外，梅洛-庞蒂 1961 年突然辞世后，萨特写出《梅洛-庞蒂不死》["Merleau-Ponty vivant"]的长篇悼念文章，历数他与梅洛-庞蒂的恩恩怨怨，情理兼备，气充文见。悼念文章情谊真诚、坦率，具有动人心魂的力量，体现了萨特从心底里对梅洛-庞蒂一直心存敬重。—— Jean-Paul Sartre. "Merleau-Ponty vivant" in Jon Stewart, ed. , The Debate between Sartre and Merleau-Ponty. Evanston：Northwestern University Press，1998.

果我的行为之结果必然地是我纯粹的意识之体现，那么，历史就不会呈现出任何结构，我们就不可能看到事件在历史中形成和发生。一切事件都是伴随着一切其他事件而发生的……。政治家可能永远是一位冒险家，也就是说，政治家总是把意义赋予他们并不拥有的事件从而利用事件"①。当然，梅洛-庞蒂的意思是讲，无论意义有多么微妙，任何事件总是要拥有某种意义的；我们的社会生活无论有多么短暂，它总是要拥有某种结构；历史无论有多少种偶然，它总是要具有一定程度的意义和真理。他还认为，无论我们如何感觉到自己自由自在地飘浮在一个荒诞而毫无意义的世界之中，我们都无一例外地要受到历史中的某些意义形式、结构和真理之限制和支配，但是我们却不会被它们所决定。

> 存在是这样一个"地点"，"意识的各种样式"就作为存在的构成成分(一种蕴含一个社会的社会结构中的自我思考方式)而处于其中；在这里，存在的所有构成成分都是意识的样式。自在-自为的融合不是在绝对意识中形成的，而是在混杂的存在中形成的。对世界的知觉是在世界中形成的，真理的证明是在存在中进行的②。

可是，萨特强调"我们注定是自由的"，而这种自由使我们注定一生中要不断地做选择，因为人没有一种不变的"本性"，因此，追求普遍的生命之"意义"是没有用的，我们是注定要由自己创造这种意义。梅洛-庞蒂强调，"因为我们在世界上存在，我们注定是有意义的，事件若不能在历史之中为自己命名，我们就

---

① 梅洛-庞蒂. 知觉现象学. 姜志辉译. 北京：商务印书馆，2001：561. 引用译文根据英文译著有改变(Maurice Merleau-Ponty. Phenomenology of Perception. trans. Colin Smith. New Jersey：Routledge & Kegan Paul/Humanities Press, 1986：448-449。

② 梅洛-庞蒂. 可见的与不可见的. 罗国祥译. 北京：商务印书馆，2008：327-328.

不能做任何事情或说出任何事情来。"[①] 由于历史与现在是不可分割的，所以历史在连续性中也是不可分割的。梅洛-庞蒂拒绝了萨特的主张，因为"在萨特那里存在着主体的多元性，但不存在着主体间性。……世界和历史不再是一个有多个入口的系统，而是一束无法调和的视角，它们永远不能共存，只是通过我的没有希望的英雄主义才能得以维系在一起。"[②] 梅洛-庞蒂认为自由不是完全的和无限的，历史的自由总是一个境遇中的自由［situated freedom］——"没有哪一个人独自是主体、是自由的；各种自由相互对立、彼此要求；历史就是它们彼此冲突的历史；这种冲突被记录了下来，它在各种制度、各种文明中，在重大的历史行动的侧影中都是可见的"[③]。

循此可见，历史的意义只能产生于一种可逆的、模棱两可的交流之间，它穿梭在我们的历史境域结构中和我们生存处境的有限自由之间。梅洛-庞蒂的《意义与无意义》一书的两位译者休伯特和帕特丽夏・德雷福斯［Hubert and Patricia Dreyfus］曾从一种非常微妙的平衡角度来描述了这种交流：

> 梅洛-庞蒂主张意义可以通过人们的思想和行为进入世界之中——这就是"人类形而上学性"——既然没有绝对存在，那么，人们就必须意识到历史的力量，以便帮助历史实现表达……。人们既没有必要把意义赋予历史——即把范畴应用于无意识的事件上，也没有必要从一个靠自身去实现的历史过程之中获取意义。他必须随时准备说出和放大他所发现的

---

① 梅洛-庞蒂. 知觉现象学. 姜志辉译. 北京：商务印书馆，2001：16. 引用译文根据英文译著有改变. Maurice Merleau-Ponty. Phenomenology of Perception. trans. Colin Smith. New Jersey：Routledge & Kegan Paul/Humanities Press，1986：xix.

② 梅洛-庞蒂. 辩证法的历险. 杨大春，张尧均译. 上海：上海译文出版社，2009：239.

③ 梅洛-庞蒂. 辩证法的历险. 杨大春，张尧均译. 上海：上海译文出版社，2009：240.

任何意义，并尽可能赋予事件以意义。我们"很容易利用历史凯旋的线性逻辑去遮蔽那些没有形而上学提供护航的历史偶然性。"①

意义既不会被绝对地给予我们，意义也不会依靠身处历史之中的我们去绝对地铸成。我们这些人恍若现身于历史舞台上的演员，既不是被动的旁观者，也不是被剧作家凭借想象力随意创造出来的，更不是绝对的舞台主动者。恰恰相反，我们作为历史舞台中的演员，须随时对交给我们的剧本作出即兴表演，对它进行改编、编辑和排练。我们是"作为旁观者被迫参与到意义由无到有的产生过程中去……。我们发现历史性存在就是一个由无意义到呈现出意义的过程"②。使用一个众所周知的比喻，我们在历史舞台上就像一位迎接一个新生婴儿临世的助产妇：一方面我们不能只是被动地期待秩序和意义以主显灵之方式自己出现，因为这种被动性只会招致如博克所说的"死胎和大屠杀"（"罪恶所以得逞，是因为好人无所作为"）或者如波普在《历史主义的贫困》中所揭示的那样，这种放任历史演变的"必然律"、自演自娱的消极态度，只能招致"古拉格集中营寂静的哀鸣或奥斯维辛集中营的汩汩血流"。我们必须自己背好台词，成为随时准备上台而不是被硬拉上舞台的临时演员。另一方面，我们也不能指望全靠我们自己去创造意义——通过一种大力神赫拉克勒斯式的意志力——因为这只会导致"无数幽灵般的怪胎"。"历史的理性绝不是一种从外部指导历史的神性"，因为"没有既定的历史理性"。同样，"如果一种意义是由其全部本质就在于知道它之所是的某一意识所设

---

① Merleau-Ponty. Sense and Non-Sense. trans. Hubert, Patricia Dreyfus. Evanston: Northwestern University Press, 1991: xxi.

② Merleau-Ponty. Sense and Non-Sense. trans. Hubert, Patricia Dreyfus. Evanston: Northwestern University Press, 1991: xvi.

定的，那么它必然是封闭的"①。梅洛-庞蒂在《意义和非意义》一文中对这两种简单的行为选择方式都给予了否定：即本质主义意义观和存在主义意义观。他指出："存在着两种经典思想：一种是把人作为物理的、生理的和社会影响的产物，这些因素只是从外部塑造了人，这种思想把人变成了一种事物和一台机器；还有一种思想则承认人身上具有一种宇宙的自由，他本身就是一种精神，自身拥有对自己必然发挥影响的各种原因。前者承认人是世界中的一个惰性部分，后者承认人构成了世界的意识。他认为这两种思想都不是令人满意的。"②

那么，有什么样的答案才会令我们满意呢？梅洛-庞蒂在《辩证法的历险》第一部分《知性的危机》［Crisis of Understanding］中对这一问题向我们给出了暗示性的答案。我们从中可以发现他显然是受到马克斯·韦伯历史哲学的启示③。《辩证法的历险》［Adventures of the Dialectic］于1955年问世，即在他系统讨论"肉身的本体论"的《可见的与不可见的》一书出版的前5年。梅洛-庞蒂坚持认为，意义只有通过时代间际，世界视域间际，制度间际，人际关系以及构成时代经济条件间际之间的碰撞才能得以发生。梅洛-庞蒂是这样来描述这些世界视域的：

> 历史的可理解之核构成了对待自然存在、对待他人和死亡作出反应的典型途径。它们总是在人和自然的已知条件或过去的交汇之处作为象征特征出现的，它们不拥有任何前存在，亦不能对历史本身在或长或短的时间内产生影响后随之消失掉，它们不是借助外在力量而是通过一种内部的分解或

---

① 梅洛-庞蒂. 辩证法的历险. 杨大春，张尧均译. 上海：上海译文出版社，2009：085-232.

② Merleau-Ponty. Sense and Non-Sense. trans. Hubert，Patricia Dreyfus. Evanston：Northwestern University Press，1991：72.

③ Merleau-Ponty. Adventures of the Dialectic. trans. Joseph Bien. Evanston：Northwestern University Press，1995：9-29.

因为某个次要因素占据了支配地位从而改变它们的性质。被
韦伯用来界定资本主义"理性化"就属于这些有创意结构中
的一种，我们也能从艺术、科学、国家机构、神话或西方的
经济学中看到这些结构。理性化在历史中处处可见，并且，
作为历史的个体，人们只有通过这些已知条件的触碰才能予
以确认。(但是)每一个要素只有通过它与其他要素的触碰才
能获取其历史意义①。

　　为了说明世界观之间的相互触碰，梅洛-庞蒂把韦伯[Marx
Weber]新教教义作为典范例证来分析。在《辩证法的历险》一书
中，他具体分析了新教教义的伦理观和物质条件与资本主义的精
神和物质条件之间的那种互相缠绕不清的碰撞，这种碰撞在 19 世
纪末 20 世纪初达到彼此融合的巅峰。他依循着马克思·韦伯的思
路，勾勒出了构成两个矩阵的那些决定性要素，即"理想的类型、
家族相似性以及可理解之核"。他指出新教主义的特征，尤其是卡
尔文主义的特征是：(1)注重塑造选民在上帝不可见的国度里其成
员身份的外部可见符号；(2)推崇勤勉、节俭和劳动，并把它们作
为外部可见符号的卓越表现；(3)推崇享受"上帝之光"和勤奋地
推进对自然的改造。从中我们可以找到一条可以理解新教与资本
主义精神之间的关系，以及让我们看出早期资本主义是如何作为
一种"世俗禁欲主义"的形式而崛起的，它是如何继承勤勉、节
俭和劳动这些美好的品质，又是如何把它们转换成为一种"新"
的意义语境的——即"把自然转变为资本积累的手段"。正如梅
洛-庞蒂所说，约翰·加尔文和柯敦·马瑟等这些"神圣的苦行
者"的世界观和物质结构观，通过本·富兰克林那些"精打细
算"、"省一文等于挣一文"、"时间就是金钱"等格言警句的中介
性过渡，"被转变"成为一种"世俗禁欲主义者"的世界观和物质

---

① 梅洛-庞蒂. 辩证法的历险. 杨大春，张尧均译. 上海：上海译文出版社，
2009：11.

结构观，如人们在安德鲁·卡内基和亨利·福特等成功者们身上所看到的那样。非常有趣的是，当一种精神或一种意义要在世俗之中蔓延开来之时，世俗的行为也就必然地要攀上精神、价值的胶带：

> 人们在面对一种他们无法掌控的超自然命运时所产生的恐惧使他们把全部重量都施加到了清教徒的世俗活动中，经由一种显而易见的悖论，由于他们想尊重上帝与人之间的无限距离，他们就开始赋予实用的世界甚至安逸舒适的世界一种尊严，一种宗教意义，开始贬低好逸恶劳甚至还有贫困，把禁欲的各种严格要求推广到世上的习俗中。与存在，与绝对的整个关系下降到了加尔文教徒对此世财富的评价中，并且得以延续下来①。

梅洛-庞蒂借助韦伯本人的话进一步解释道："韦伯引用了韦斯理的一段勾勒了这一过渡的话：'宗教必然培养出勤勉和节俭的精神，而这两种精神又必然带来财富。而当财富日益增加时，俗世的傲慢、欲望和爱好也随之增长。……尽管宗教形势依然不会改变，但其精神却日渐蜕化。'一旦（这两种精神）在这个世界中被新教伦理所凝结，那么，资本主义就将依循自身的逻辑发展。"②我们从这种发展过程中可以看到，尽管资本主义诞生于新教教义的语境之中，可它并没有完全地忠实于这个语境，它挪用、修正和调整了新教教义的语言和资源，从而使它们更加符合自己的语言、目的、优先需要和优先选择。但是资本主义确实与新教教义是不可分割的，却又不能限于新教教义的理解之中，这就是"学

---

① 梅洛-庞蒂. 辩证法的历险. 杨大春，张尧均译. 上海：上海译文出版社，2009：9.

② 梅洛-庞蒂. 辩证法的历险. 杨大春，张尧均译. 上海：上海译文出版社，2009：9-10.

说总是表达更多的东西，在存在中和在共存中都没有纯粹的偶然事件，因为存在和共存吸收了偶然事件，以便对它们作出解释"①。

梅洛-庞蒂在描述这种转变时指出，新教教义或资本主义演变的历史模式，并不是通过神秘的、无法改变的或预先确定了的规律这样一些外在于我们的力量来对我们施加强制性影响的。恰恰相反，它们的出现是我们个体选择、信仰、愿望和处境等诸要素之间合力的产物。同样，"历史意义内在于人类事件的间际之中；它的产生不是缘于某种超越和统一之意志，而是缘于我们所有不同意志力之间的固有冲突"②，或者说不是缘于哪一位英雄的卓越贡献，更不是所谓英雄创造了历史（而是时势造英雄）。梅洛-庞蒂把新教和资本主义模式作为某种"理想类型"来分析的方式，使我们明白了历史在两个方面经历了"历史性转变：一个是狭窄的个人层面，另一个是更宽广的"进化"或谱系层面。

（1）就个人层面而言，我们比如说，在十八世纪的一位美国马萨诸塞州塞勒姆市的朝圣者，当她想寻找一种可以规范她的有意义的生活价值坐标时，她更加愿意从她的新教环境中去吸取元素。她更加可能把摩西、先知们、上帝作为"她获得内心祥和与进入天堂家园"的担保人和领舵人。与此相反，在二十一世纪，一位怀抱着理想的、刚毕业的大学生在给自己寻找一种有意义的价值坐标时，他或她可能更愿意首先选择努力去"聚集，再聚集"财富（如马克思所言），即使他或她从事的职业可能并不体面，更不会让他或她有崇高的人生荣誉感，但是他或她会把聚集财富当作他或她的摩西和先知们，并从中得到自己的满足。一般而言，当代女性在考虑给她的人生赋予意义时，一般不会刻意在乎她在价值天平中的自我精神世界是否完善，她是否可以独善其身，是否可以"先天下忧而忧"。对她而言，传统中的"富与贵，是人之所

---

① 梅洛-庞蒂. 知觉现象学. 姜志辉译. 北京：商务印书馆，2001：17.

② Merleau-Ponty. Phenomenology of Perception. trans. Colin Smith. New Jersey：Routledge & Kegan Paul/Humanities Press，1986：51.

欲也；不以其道得之，不处也"的价值观，则被"富与贵，是人之所欲也；以其道得之，自然可处也；不以道得之，亦可处也"的实用主义价值观所取代。她更多在乎的是她在这个现世生活中的物质水平——希望拥有一座花园式的住宅，体面又能有高薪回报的工作，舒适流畅的人际关系环境以及事业有成、功成名就的丈夫——高富帅。我们对此不必感到意外，因为两种女性在思考自我人生的意义、方向、价值和自我实现时，是按照彼此各异的意义结构来进行的，也就是说，是根底于她们生活在其中的社会—历史境域和社会生活语境。在后者那里，自我人生的意义确立在一种以物为媒介的人与人之间的关系之上，她所面对的经济结构或社会—历史语境几乎不再表现为人与人之间的关系，而是以物为中介的人—物—人结构关系[Capital, says Marx in a famous passage, is "not a thing, but a social relationship between persons mediated by things"]①。在通过物质而缔结的人际关系之中，"人与人之间的关系"在"物"中沉陷。或换而言之，人与人之关系是通过一系列符号的识别和确立来建立的，譬如成功的符号、失败的符号、财富的符号、道德与价值的符号、自我的符号等。我的行为来源于自我在模仿中给予这些符号一种意义或对某种符号作出符合我需要的选择，其结果，我只能主动地对我所选择的某种符号—身份进行赋意。

（2）我们同时要考虑到，对历史意义的产生和理解，梅洛-庞蒂提出了一种"野蛮进化"的解释路径。历史"不是按照那些永恒的观念展开自身，而是或多或少地按照自己的规律，从自身的角度把它们溯回到某些偶然事件，并且根据这些偶然事件的暗示来改变自身。被各种各样的偶然事件所撕裂，被包含其中的、想要活下去的人们的各种无意识行为所修补，这一网络既不应该被

---

① Merleau-Ponty. Adventures of the Dialectic. trans. Joseph Bien. Evanston: Northwestern University Press, 1995: 33.

称作精神，也不应该被称为物质，它恰恰就是历史"①。尽管我们还不愿意承认梅洛-庞蒂在他的历史意义理论中明确地提出了这种野蛮进化的主题。我们在此只是想说，从他后期提出的"世界的肉身"、"野性的存在"等概念化主张之中，我们可以逻辑地得出他的野蛮进化的历史观的结论，同时这种主张若不是因他的过早逝世，也可能沿着这条学术思路得到进一步的明晰表达。

我们注意到，梅洛-庞蒂在分析中并不承认资本主义是新教教义通过进化并优越于新教的产物——"如果说新教伦理和资本主义是两种确定人与人之关系的制度方式，这绝没有妨碍新教伦理靠着时机产生出了新生的资本主义，或者反过来，资本主义使新教的某些典型行为永存于历史当中，甚或通过使新教的某些主题消失，通过把其他主题加以排斥来改变新教，并让自己代替它充作为历史的动力"②。恰恰相反，他把资本主义只看成是在历史发展进化的连续性过程中之若干可能的路径之一，资本主义不是唯一的选择，它是"起源于新教教义的基因营垒中的若干可能编码"之一。梅洛-庞蒂对这种进化演变做了如下解释：

> 因为，如果那种在使命方面适合于资本主义的生活行为能够得到"选择"，那么它一开始就必定不是仅仅存在于若干孤立的个体那里，而是作为某种为某些人群所具有地看待生活的方式存在。而有待于解释的正是这种存在看待生活的方式之出现。因此有一种宗教的效应和一种经济的效应。韦伯描述了前者和后者之间的某些互动关系，互相交织、彼此改变，时而一个时而另一个在其中发挥主导者的角色。其效果反过来影响其起因，并把它随身携带并加以改变……一切被

---

① Merleau-Ponty. Adventures of the Dialectic. trans. Joseph Bien. Evanston: Northwestern University Press, 1995: 69.

② 梅洛-庞蒂. 辩证法的历险. 杨大春，张尧均译. 上海：上海译文出版社，2009: 13.

融入相同的织物之中。历史一定是具有意义的，但历史不是观念的某种纯粹发展（我们发现这与黑格尔的历史是精神之展开的观点相左），当人类的主动性通过重新聚集分散的材料而建立起一个生活系统时，历史就使它的意义与偶然性联系在一起。"①

梅洛-庞蒂自己给出的解释是：资本主义并非必然地成为被历史"所选择的"那种理想化的或最富有意义的社会生活形式，它仅仅是一种侥幸存在下来的形式之一②。反之而论，他也不是要说这种幸存下来的社会形式在道德上就一定是最正当的，是最自由醋畅的，是最不成问题的。譬如说，尽管它抑或避免了前新教形式中存在的某些问题和矛盾，可资本主义同时也产生了它自身的突出问题、矛盾和突变。社会形式和社会制度，连同在它们之中一起出现的一个个意义矩阵，并不是按照一种理想化的、预设的、线性的、或必然是进步的模式在历史中浩浩荡荡地前行，它们是按照一种偶然的、树状的、渐进的，甚至时而混乱时而逆向的方式进行演变。意义则是"一系列几乎总是偶然黏合在一起的言语活动的潜在中心。当历史学家们谈论'理性化'或'资本主义'之际，恰恰是历史想象力的这些产物之间的亲缘关系变得显而易见之时。历史绝不是根底于一个独立的模式而起作用的；它恰恰只是意义的来临"③。他在《人文主义和恐惧》中指出：人们无法

---

① 梅洛-庞蒂. 辩证法的历险. 杨大春，张尧均译. 上海：上海译文出版社，2009：10−11.

② 梅洛-庞蒂指出，"历史并非像了一个自然那样按照因果规律那样展开自身，而是始终取决于它所意指的东西；它不是按照那些永恒的观念展开自身，而是或多或少地按照自己的规律，从自身的角度把它们溯回到某些事件，并且根据这些偶然事件的暗示来改变自身。被各种各样的偶然事件所撕裂、被包含在其中的、想要活下去的人们的各种无意识举动所修补，这一网络既不应该被称为精神，也不应该被称为物质，它恰恰就是历史"。——梅洛-庞蒂. 辩证法的历险. 杨大春，张尧均译. 上海：上海译文出版社，2009：69-70.

③ 梅洛-庞蒂. 辩证法的历险. 杨大春，张尧均译. 上海：上海译文出版社，2009：12.

对意识形态进行直接的分析，实践中的意识形态一定是被中介化的①。他在《辩证法的冒险》中更是认为，纯粹的思想只能是意识的某种虚无，一种瞬间的愿望。新的意义意向只有包含可支配的意义，并在以前表达活动的结果之中，才能认识到自己。"可支配的意义根据一种未知的规律突然交织在一起，一种新的文化存在从此开始存在。"② In my understanding, meaning that is manipulative is concrete and embodied, and also event or experienced- related. 因此，梅洛-庞蒂对意义的主张是与他的具身现象学哲学一致的：这种哲学拒绝绝对的知识，意义是一种运动中的意义，是经验和历史之间的一种交叉和互动③。

　　梅洛-庞蒂十分关注历史是如何受到诸多际遇影响的现象，诸如偶然、意外、降临、外部因素等元素。尽管在早期的作品中他已经认为历史是发生在既往和现在之间的一种间性而持续的对话，但是他在后期作品中所持的历史观却更加接近他的交叉含混论——历史具有一种无法化解的可逆性[reversibility]④，历史具有无法明确表现的不可见性，历史具有缠绕不清的含混性，历史更不是观念的纯粹发展。在《可见的与不可见的》一书中，梅洛-庞蒂写道："一个历史总会拥有它的意义，不管它是徘徊不前，还是迂回行进……在思想中或在历史中或在生活中，我们所知道的唯一超越只能是具体的，局部的，塞满了残余物，托载了亏损；

---

① Donald A. Landes. The Merleau-Ponty Dictionary. London：British Library Cataloguing-in-Publication Data，2013：15.

② 梅洛-庞蒂. 知觉现象学. 姜志辉译. 北京：商务印书馆，2001：239.

③ Donald A Landes. The Merleau-Ponty Dictionary. London：British Library Cataloguing-in-Publication Data，2013：182.

④ "可逆性[reversibility]"是梅洛-庞蒂学术思考中的一个重要概念。从某种程度上讲，它与他的身体的含混性存在之间的关系，既是始源又是结果。而且，这一概念反复出现在他的作品中，如《可见的与不可见的》、《眼与心》、《知觉现象学》等著作之中，成为理解他的存在的含混性、纠缠、交叉[chiasmas]、侵入[encroachment]、主体际性[intersubjectivity]、肉身际性[intercorporeality]、偶然、多维度[dimensions]、耦合[coincidence]等概念语词的关键。

世界绝不存在超越，它绝不可能毫无遗漏地保留先前句子中所获得的一切，它也绝不可能机械性地增添更多的东西，并允许方言句按照一种分层序列从较真实到更真实，从较有效到更有效地进行排列。"① 同样，梅洛-庞蒂正是用这种方法来描写历史的。他指出历史塞满了"偶然性、际遇、曲折、亏损"等特征，因为我们的"四周拥有一个重叠的、增值的、侵越性的、杂乱的时间和空间——持续地孕育、持续地分娩、持续地涌现、生成性、原初本质、原初存在——它们是同一本体论的中心和关键"②。

> 在被感知的身体周围，有一个漩涡，我的世界受到吸引和被吸引：在这种情况下，我的世界不再仅仅是我的世界，它不再仅仅向我呈现，它也呈现给某个人，呈现给开始显现在那人身上的另一种行为。……在一种完全地相互关系中，我们互为合作者，我们互通我们的看法，我们通过同一个世界共存。在当前的对话中，我们摆脱了自己，他人的思想就是他自己的思想，不是我产生的，尽管他人的思想一旦产生我就能理解它们，尽管我能先说出他人的思想，尽管对话者对我说出的反对意见能使我离开我还没有拥有的思想，即使我认为一些思想是他人的，他人也能使我思考它们。③

循此可见，如果说，索绪尔等结构主义者从语言内部确立了语言的结构主义规律，那么，梅洛-庞蒂则从语言外部去思考了语言乃至历史的结构规律，或者说他是始于对语言的思考，而后走进历史，走进政治。这些思考的演变尤其反映在他的《世界散文》《间接的语言和沉默的声音》和《辩证法的冒险》这三部作品里。

---

① 梅洛-庞蒂. 可见的与不可见的. 罗国祥译. 北京：商务印书馆，2008：125-126.

② 梅洛-庞蒂. 可见的与不可见的. 罗国祥译. 北京：商务印书馆，2008：143.

③ 梅洛-庞蒂. 知觉现象学. 姜志辉译. 北京：商务印书馆，2001：445-446.

梅洛-庞蒂实际上给后来的后结构主义的历史阐释观奠定了基础，比如他认为人与历史一种悖论式的关系，历史是与生活一同诞生的，但对历史的理解却需要我们远离生活——"哲学家在生活中或历史中绝不会真正在家"①。我们甚至有充分理由把梅洛-庞蒂视为后结构主义以及今天涉身哲学的始作俑者。我们由此想到后来的福柯这位后结构主义者。他追寻了一条与庞蒂相同的探讨路径，所不同的是他对历史意义的探讨采用的是谱系学而不是进化之途。福柯尤其选择并详细阐释了梅洛-庞蒂作品中最初出现的许多开创性的主题——譬如身体(聚集说)向心性主题(当第一个人的身体出现在地球上，整个世界的意义也聚集在了他的身上；这种聚集说也同样体现在绘画和诗歌意象的生成、建筑景观之中)，对世纪与规约之间的过渡和转变的追踪和探讨，知识和权力、话语和权力，话语和性、男人和女人等社会形式之间的彼此交错纠缠，等等。譬如，下面从福柯《尼采·谱系学·历史》中的话中所体现出的历史视角，可以视为他对梅洛-庞蒂思想的响应与延伸：

> 　　谱系学与一个物种的单纯演变不同，它无法描绘出一个民族的命运。相反，沿着血统的复杂轨迹，是为了将短暂的事件维持在特定的扩散区域之中，是为了承认意外事故或微小的偏离，完全的逆转和误差以及不真实的评估和有缺陷的计算，从而让新的事物产生并持续存在，并使它们对我们而

----

① Donald A Landes. The Merleau-Ponty Dictionary. London: British Library Cataloguing-in-Publication Data, 2013: 182. 同时，人们发现，梅洛-庞蒂往往用哲学家去称呼语言学家、哲学家以及历史家，他在有些地方把艺术家也称之为哲学家，这也许要归于他对世界与表达的关系的思考。

言具有价值①。

福柯对血统的探索并不是出乎于要奠定某种基础，而恰恰是为了动摇那些先前认为是固定不变的、确定性的、恒久的东西；它打碎了先前被认为是统一的东西；它显示了先前想象为自我保持一致的东西实际上是异质的。谱系学家需要历史来消除关于起源的幻象，他必须能够认出历史的诸多事件，它的跌荡、它的意外、它并不牢靠的胜利和难以承受的失败②。不管他们之间的区别是什么，但这两位思想家至少在下面这点上达成了共识：当意义、真理和"对我们具有价值的事物"在历史中诞生时，它们毫无例外地是一个高度微妙的、模棱两可的、偶然的、绝不是理想的过程之结果，更不是"我之所是"缘于"我之所思"之结果；它们须要我们给予贴身的乃至母爱般的关切，我们不仅要看到这些有价值的东西诞生了，而且还要使它们"持续存在着"：

---

① And furthermore, this passage reveals that Merleau Ponty's and Foucault's thoughts on history seem to be cut from a similar cloth. In another not uncommon 'Foucaultian' passage, Merleau-Ponty claims that "Our life has, in the astronomical sense of the word, an atmosphere: it is constantly enshrouded by those mists we call the sensible world or history, the one of the corporeal life and the one of the human life, the present and the past, as a pell-mell ensemble of bodies and minds, promiscuity of visages, words, actions, with, and between them all, that cohesion which cannot be denied them since they are all differences, extreme divergences of one same something (VI: 84)." This provides another illustration of, first, the way that philosophy, and culture itself, may be viewed as cross-temporal dialogues between thinkers and, second, the way that old meanings transform into new meanings-through various borrowings, repetitions, and amalgamations, but also misinterpretations, misunderstandings, etc. Considering the apparent compatibility between the thought of Merleau-Ponty and Foucault in passages like these, it would make a productive study to compare and contrast their views on history and genealogy, the body and sexuality, social control and freedom, etc. —— Michel Foucault. Language. Counter-Memory. Practice. ed. Donald F. Bouchard. New York: Cornell University Press, 1977: 146.

② F. W. Nietzsche. The Gay Science trans. Walter Kaufmann. New York: Random House, 1974: 348, ch. 9.

因为它们的意义也是未完成的，是向着唯有我能够看到的东西开放的。我没有必要在远处寻找他者；我在我的经验中发现它们，它们栖居在指示我不能够看见的东西和他们能看见的东西的那些窟窿中。因此我的经验具有的是与真理的侧面关系：每一个人清晰地拥有不为其他人所知的东西，通过我们全体的联合作用，我们将形成一个通向澄明和完成的整体①。

总之，我们已经看到，意义是通过众多的模糊不清的方言（而不是仅仅通过直截了当的对话）显身于生活之中——显现于可见的与不可见的、已言说与在言说、共时与历时、前决定与自由、制度与观念、过去与现在的矩阵之间，显现于个人躯体与"世界的肉身"之间。意义永远是在建构中发生。对此，梅洛-庞蒂在《辩证法的冒险》中的一个注释中借用胡塞尔的话指出："在何种可以设想的意义上，我们可以说一个哲学家的思想跟随那进行游历的他移动？只是在他的职业生涯的终点，他才公开地作为一个首要的事实提出：建构的主体把自身置入到时间之流［他所谓的sichein-stromen］中；这甚至是主体的永恒处境；因此当它离开事物以便重新建构它们时，它不能够找到一个已经完成的意义域，它进行建构；最后，存在着意义的发生。"②

假如梅洛-庞蒂是正确的——意义确实以该种方式显现，那么，我们就绝不能期待去发现所谓的绝对意义，或绝对真理，或寻找到一劳永逸的解决方案。意义为自己获得的地位只能是偶然性的真理，意义是"一件精巧细致的战利品，对它的擒获永远发生在过程之中"。既然偶然性是历史的唯一"终极"条件，那么我

---

① 梅洛-庞蒂. 辩证法的历险. 杨大春，张尧均译. 上海：上海译文出版社，2009：158.

② 梅洛-庞蒂. 辩证法的历险. 杨大春，张尧均译. 上海：上海译文出版社，2009：157.

们在对意义的寻觅之途中就必须持续地抵制一劳永逸地发现意义并因此而终止那种对意义探索的绝对主义或相对主义立场的诱惑。尽管我们获得的任何偶然性意义不可能具有绝对真理的地位，然而这却因此避免了我们赋予真理"非真"、"荒诞"和"相对主义"地位的危险，因为我们行走在接近真理的道路上。

　　其实，梅洛-庞蒂的历史—意义观与他的存在或现象学语言观是一致的。他认为，虽然在获取意义的过程中，语言始终与意义联系在一起，但却不存在有待我们去表达的静态的客观意义，意义源于我们的在世行为或者在世活动之中。在他眼里，语言不是透明的，历史不是透明的，表达不是透明的，贯穿其中的永远是凹凸、重叠、增值、侵越，乃至杂乱的时空——它们在中持续地孕育、持续地分娩、持续地涌现和生成。命名对象就是使对象存在或者改变它："上帝通过命名存在者而创造它们，巫术通过说出存在者而对它们施加影响。所以，语词远不是对象和含义的简单符号，它寓于对象之中并且传递着含义。""它表达主体在其含义世界中所采取之立场，或毋宁说语言就是所采取立场之本身。"① 再次引用梅洛-庞蒂的话："我们当前的表达活动，不是去追随先前的那些表达活动，不是去简单地延续之或取消之，而是因为它们包含了某种真理，去拯救之，保留之，重新把握之；并且从他人的各种表达活动（不管它们是先前的还是同时的）角度看，也同样发生这样的现象。我们的现在占据着过去的希望，我们占据着别人的希望。"② 一种绝对精神的自由是没有的，因为"我们不能将自己还原为我们对于自己的一种观念意识，而现存的事物也不能被还原为我们借以表达这一事物的含义"③。对梅洛-庞蒂来说，语言"拥有一个意指前就是意指"〔Language is signification

　　① Merleau-Ponty. Phénoménologie de la Perception. Paris：Éditions Gallimard：272.

　　② Merleau-Ponty. Éloge de la Philosophie et Autres Essais. Paris：Éditions Gallimard，1953 & 1960：92.

　　③ 梅洛-庞蒂. 行为的结构. 杨大春等译. 北京：商务印书馆，2005：321.

before having a signification]，即，语言总是作为"真理的容器"、不是作为"真理的陈述"而发挥它首要的表达功能。这就是梅洛-庞蒂指出的针对语言的两种错误认识。"语言凭借更新和恢复的姿势将我与自己和他人结合在一起。""我说"预设了我-他的关系系统，而不是"一个纯粹的我"。作为一个具身主体群中的一个具身主体，我们都暴露于他者面前。语言不是别的，它是"我与自己和与他人之间的回荡"，或者语言是"人际关系的中介"。梅洛-庞蒂主张，在视语言是漠然的纯意识与由语言之外部历史制约的决定主义之间，存在一个"我言说"[I speak]，它以我们的活生生的体验穿越于这两个系统里。我们不需要让语言为了占有一种意义而去预设一种"徘徊于历史之上"的普识的或纯粹的语言，因为我正是作为处在活生生的当下的一种开放的和表达的存在而进入他者的痕迹里，并与之共在。梅洛-庞蒂也因此认为这种存在的具身化表达，是一种化解传统的智性主义和经验主义之争的办法，也是我们在历史之偶然性中去发现一种意义的办法①。

那些依托于政治经济结构的偶然形式的社会学家或历史观念学家，原本借助于反思，却把自己的学说当成一种自发的、源生的源泉，是值得我们怀疑的。梅洛-庞蒂的历史观则是："历史既不是一种不断的创新，也不是一种不断的重复，而是产生和砸碎稳定形式的唯一运动。"② 也许，我们可以如此理解他的历史观：人是在历史的偶然中通过表达行为的形式，与之结合在一起，但是这种开放的本质却无法为历史的内容和它的结论提供保障。对历史乃至真理的表达依然是一项有待完成的使命，最后我们与历史的结合永远在路途之中。总之，

　　　　我们不能像一个客体处于客观空间那样处于处境或历史

---

① Merleau-Ponty. Prose of the World. trans. John O'Neill. Evanston：Northwestern University Press，1973：14.

② 梅洛-庞蒂. 知觉现象学. 姜志辉译. 北京：商务印书馆，2001：123.

中，处境于我们乃是对作为我们的处境的变体的其他处境的好奇、探讨和兴趣的来源；继而对于被他人所澄明，作为他人的变体加以考虑的我们自己的生活而已，处境最终是让我们与人类经验的整体连接，不是使我们与之分离的东西①。

---

① 梅洛-庞蒂. 哲学赞词. 杨大春译. 北京：商务印书馆，2000：77.

第五章　前述谓和沉默的表达：
梅洛-庞蒂的现象学意义观

返回到先于科学、逻辑或语法描述前的那个活生生的世界，是现象学的一个基本诉求和目的。易而言之，返回现象学世界，不是寻找一块宇宙的孤立的领地，而是要通过体验和姿势富有蕴含的结构，即"活生生的经验之意识的前科学生活"[the "pre-scientific life of consciousness" of lived experience]去发现意识与世界的纠缠。人们对"现象学还原"的最大希冀是它能帮助他们克服那些习以为常的观念①。

梅洛-庞蒂从胡塞尔现象学那里接受过来的主要遗产，无疑是"还原"，或返回到现象的世界，或返回到活生生的经验。尽管从一开始，梅洛-庞蒂就发现"还原"是不能充分实现的，因为它不能揭示极为逼真的本质或"所谓的原初真理"②。可他最终还是经由现象学的视界进入了本体论，他的这种本体论是一种野性的存在或让人体验到神秘、野性、感性的存在美学。哲学家的使命就是使这样一种存在美学苏醒过来，"变成一种生成的澄明"③。梅洛-庞蒂认为，知觉的经验是事物、真理和价值为我们构成此刻的存在[moments of being]，知觉是一种正在发生的逻辑，它在所有

---

① Merleau-Ponty. Child Psychology and Pedagogy：The Sorbonne Lectures, 1949-1952. See The Merleau-Ponty Dictionary. Donald A Landes. British Library Cataloguing-in-Publication Data，2013：43.

② 梅洛-庞蒂. 哲学赞词. 杨大春译. 北京：商务印书馆，2000：3.

③ 梅洛-庞蒂. 哲学赞词. 杨大春译. 北京：商务印书馆，2000：13.

的教条主义和客观性本身的真实条件之外教育我们，它召唤我们去获得知识与实施行动。他对现象学还原的使用是努力达到一种前理论的经验层面，即（知觉的）生活世界的层面。

梅洛-庞蒂的世界是感知的世界，这个世界是自然的，具体的，丰富的和富于表达的。在这种意义上，我们认为梅洛-庞蒂比胡塞尔更接近实在论。与梅洛-庞蒂的世界相对应的主体是一种涉身的感知者[embodied sentient or embodied subject]，身体问题成为知觉现象学的中心，具身化的主体是被感知世界的感知对应物。当我们从感知世界走向表达的世界，我们不需要引入一个真理和意义的领域，因为表达的可能性业已在被感知世界的活生生的经验中获得了表达的具体化。"我的身体存在—于—世界—中，我的身体被事物所包围，他同时拥有前面与后面，过去与未来。"① 身体伴随周围事物，伴随周围事物表达。身体与周围事物形成共舞，内在地构成了吾体之所是，吾在世界之所是。因此，身体在本质上是关系性存在。在梅洛-庞蒂看来，承认具身[embodiment]之本质，意味着我们的全部习惯和文化都是在我们的可能行为和姿势与这个世界的耳鬓厮磨之中被塑造的。

表达不是语言与思想、大脑与思维之间的简单关系，而是对"在事实与意义之间的一个令人惊讶的链结的持续性肯定，是对我的身体与我的自我之间、我的自我与他者之间、我的思想与我的言语之间、暴力与真理之间的链接的持续性肯定，以及对坚定地拒绝通过因果和孤立因素去'解释'这些对立两极的持续性肯定"②。这些间际之间存在的各种"势力"都处在振荡之中，但它们不在我们的语法—逻辑里。我们的语法—逻辑一靠近它们，它们就隐匿起来。因为，"我所谈的可感世界并不在可感世界之中，

---

① Galen A Johnson. The Merleau-Ponty Aesthetics Reader. trans. ed. Michael B Smith. Evanstor：Northwestern University Press，1996：124.

② Merleau-Ponty. Adventures of the Dialectic. trans. Joseph Bien. Evanston：Northwestern University Press，1995：241.

然而，除了谈它打算谈的东西外没有其他意义。表达把自己置于预先位置并要求存在来趋向它。过去与现在，物质与精神，沉默与言说，世界与我们的这种交流，彼此在对方中的这种变形"①。在梅洛-庞蒂那里，它们属于一种前-反思的经验世界，梅洛-庞蒂将它们称之为野性存在[brute being or wild being]，有时他称之为"阴影"[shadows]或"沉默"[silence]。他还认为，哲学家们对这个世界的探索，其答案既不在"事实"中，也不在"本质"中，而是在"事实"和"本质"之间的区域，"在野性存在里，它们如其所是，完整如初，蛰伏于我们所习得之文化的后面或下面。"他认为哲学应该向不言说者提问，向我们沉默的生命提问：

> 我们对否定性的讨论向我们揭示了哲学的另一个悖论，这一悖论将哲学与知识的所有问题区分开来，禁止我们在哲学中谈论解决：接近作为远景的远景，因此哲学也是向不说话者提问。哲学向我们关于世界的经验询问，世界在成为人们谈论的东西之前是什么，在它被还原成可操作和可支配的意义集合之前自然而然地是什么；它向我们沉默的生命提出这个问题，它面对着世界和反思前的我们的混合，因为对意义本身进行的检验将会给予我们一个被还原为我们的理想化和我们的句法的世界。然而此外，它也说出了它这样地回到始源时发现的东西。它是一种人类的建构，哲学家清楚地知道，不管他做什么努力，在最好的情况下，它也只是能作为人工物品和文化物品的一个而位列它们之中②。

"野性"，可以指野花的野性，它与花匠，或花艺师在花圃中培育出的各种花类不同。它们与那些被人为化并加以范畴化的花

---

① 梅洛-庞蒂. 哲学赞词. 杨大春译. 北京：商务印书馆，2000：17.

② Merleau-Ponty. The Visible and the Invisible. trans. Alphonso Lingis. Evanston：Northwestern University Press，1995：121，102.

不同。梅洛-庞蒂把这种野花的野性视为一种不同寻常的本体论，因为人们不能构成一个直接的本体论；野性的指称向我们呼唤出一种消极的哲学，但这是一种哲学的直觉，是否定性和含混性、肯定性与否定性相统一的哲学，这就如我们总是通过我们自身的生命去认识绝对的上帝那样。① 哲学可以向我们揭示存在的作用，却无法告诉我们存在是什么，这就正如字面描述性的言语无法帮助我们去接近意识和真实，那些在日常中使用的语词往往无法充分地揭示事件的性质一样。梅洛-庞蒂赋予自己的哲学使命，就是使哲学具体化[incarnated philosophy]，使它们重新活跃起来，使它们回归野性的荒芜之路[unthought or unreflected thought]，去重新发现一种永远"伴随我们生命的前人类联系"，这意味着梅洛-庞蒂的哲学是一种迎接野性原则、释放野性存在的本体论运动[an attempt to gear into the unreflected or brute Being of lived experience，that of which science is but a secondary expression]。② 他认为人类是在"与事物的原始联系中获取知识"，并"把我们海量无声的存在与揭示出的存在联系在一起"。他要求我们对存在进行持续质疑，去倾听寂静、深渊，通过存在本身去为本体论寻求一个圆满而统一的起点。梅洛-庞蒂的哲学要求我们"纵身跃入可感知中，跃入时间和历史中，聆听它们的声音"③，他的哲学通过严格地质疑活生生的经验而"寻找与野性存在的关系"，而文学、艺术和生活实践之中的最佳时刻为其提供了丰富的例证。在他看来：

> 哲学……对"语词的意义"不关心，它不为我们所看见的世界找一个语词替代品，它不把世界转变成言说之物，它不把自己置身于说出的或写出的范畴内，就像逻辑学家不把

---

① 梅洛-庞蒂. 哲学赞词. 杨大春译. 北京：商务印书馆，2000：11-14.

② Galen A Johnson. The Merleau-Ponty Aesthetics Reader. trans. ed. Michael B Smith. Northwestern University Press，1996：142-143.

③ Merleau-Ponty. The Visible and the Invisible. trans. Alphonso Lingis. Northwestern University Press，1995：21.

自己置身于陈述中，诗人不把自己置身于诗句中，音乐家不把自己置身于音乐中那样。它要的是把事物本身，把事物沉默的本质引向表达①。

梅洛-庞蒂称哲学是一种由哲学的直觉走向哲学表达的运动。那么，哲学之谜，就是表达之谜，就是"理解自然与意识的关系"之谜。② 他把接近表达发生前的那个瞬间称之为"始源"，它以裂开、突破、脱位或开放的方式发生：

> 过去与现在、本质与事实、空间与时间不是在同一意义上被给出的，它们中没有任何一个是在重合的意义上被给出的。"基原的"并非只有一个类型，它并不完全在我们的后面；恢复真实的过去和先在不是全部哲学；体验不是平面的，不是没有深度，没有维度的，不是我们会与其融合的晦暗层；对原初的呼吁将从几个方向发出：基原裂开了，哲学应该伴随这种裂开、这种非重合、这种差异③。

正是依靠这种"伴随"，或这种"倾听"，或那种在海德格尔"让物作为物存在、让世界作为世界存在"的"泰然任之"之中，哲学让事物本身说出它们的沉默，"把自己正在倾听的自己之中的某种沉默放到词语中似的"④。事物本身，在它们临近表达的瞬间，在前谓词经验的层面，以迎面而来的方式，向我们显示出来。"回

---

① 梅洛-庞蒂. 可见的与不可见的. 罗国祥译. 北京：商务印书馆，2008：13. Merleau-Ponty. The Visible and the Invisible. trans. Alphonso Lingis. Prose du Monde Paris；Gallimard，1969：4.

② Merleau-Ponty. The Structure of Behavior. trans. Alphonso Lingis. Fisher Pittsburgh；Duquesne University Press，1963：3.

③ 梅洛-庞蒂. 可见的与不可见的. 罗国祥译. 北京：商务印书馆，2008：154. Merlean-Ponty. The Visible and the Invisible. trans. Alphonso Lingis. Prose du Monde Paris；Gallimard，1969：165.

④ 梅洛-庞蒂. 可见的与不可见的. 罗国祥译. 北京：商务印书馆，2008：155.

到事物本身，就是回到先于知识之世界，总是世界之中的知识在言说，并且相对于世界而言，每一种科学的图式化都是一种抽象的、派生的符号-语言，就如同地理与乡村的关系，我们总是在那里早已了解到什么是森林、草原和河流。"[①] 对此，本文将立足于隐喻这一概念对前谓词经验、野性存在和非字面言说之间的关系进行考察。

　　梅洛-庞蒂是从自然的态度中向我们揭示自由产生之可能性。他认为自然的态度其实是一种经验优越于观念和谓词的意识，他甚至认为自然是一种极端形式的本质。我们的身体"从未完全地割裂于交互主体的世界。……我们的自由依靠我们在情境中的存在，而且自由本身是一种情境"。"凡使我们的存在中心化之际也同时是我们完全地远离中心之时，我们匿名之身体是自由与奴役不可分割的结合。因此，一言以蔽之，存在—于—世界的模糊性是由通过身体的模糊性得以翻译的，通过时间的模糊性而得以理解。"[②]因为在自然的态度中，我们关心的是"具体此在"或"具体存在"，就如梅洛-庞蒂在《哲学赞词》中所类比的那样——"当阿兰把自由依赖于世界进程描述为游泳者依赖于既阻挡他却又是他的动力的水时，当格罗斯重新将哲学置于与历史的关系中时，当胡塞尔将事物的物质方面的呈现作为一种明证时，所有这些都对自我意识的自恋提出了诉讼，都在可能和必然之间寻求通向实在的通道，都在把我们的事实存在和世界的事实存在确定为一种新的研究维度"[③]。因为"意识需要摆脱其无差别的自由来产生一个实际对象"的时刻[④]，就是说，意识每一刻总是与具体之事物联

---

　　① Merleau-Ponty. Phenomenology of Perception. trans. Colin Smith. London：Routledge & Kegan Paul Ltd，1962：ix. 74.

　　② Merleau-Ponty. Phenomenology of Perception. trans. Colin Smith. London：Routledge and Kegan Paul Ltd，1962：146.

　　③ 梅洛-庞蒂. 哲学赞词. 杨大春译. 北京：商务印书馆，2000：134.

　　④ Merleau-Ponty. Phenomenology of Perception. trans. Colin Smith. London：Routledge and Kegan Paul Ltd，1962：146，148.

系在一起的，即具体的这一个事物之存在，或那一个事物之存在，如外延的、可见的、可食用的、可觉闻到，或可施之于语词表达的、或可被另一种语言所翻译的存在……他指出：

> 我们总是在一种为我们自己所用的实际处境中成为我们之所是，我们总是不停地通过一种逃避来改造我们自己的处境，但这不是一种无条件的自由。没有任何解释可以把性变成它以外的任何东西，因为它已经不是它本身，事实上，如果我们愿意，它是我们的存在之整体。"①

因为，每一次逃避，都是对形而上学的截断，都是通往一种实际的情景来重新开始的。这让我们想起熟悉的保罗·利科。他在《活的隐喻》中说道："意象从不是自由的，而是受到束缚的。"② 诗人笔下常常用玫瑰花来释放爱情和限制爱情，或者爱情的玫瑰花不是玫瑰花，而是玫瑰花的"味道"。可是我们知道，表达这种"味道"的意象却必须受制约于玫瑰花。同样，唐代诗人崔护在"人面桃花相映红"这句诗之中，表达佳人面容之姣好的意象，既束缚于"桃花"的意象，却又逸出"桃花"之外。在某种程度上讲，表达的一半是思想，是形而上学，乃至于称之为"虚无"，一半是经验中的"看见"；或者表达的一半属于思想，一半属于体验。表达是思想和体验的相互混合，表达亦是思想和图像的相互混合，难道不是吗？

　　　活着的百姓们，在朽烂的高粱尸体上，播下了新的高粱。播种后不久就下了一场涓滴不流的中雨，肥沃的土壤潮湿滋润，阳光明媚兴旺，低温持续上升，高粱芽苗仿佛一夜之间

---

① Merleau-Ponty. Phenomenology of Perception. trans. Colin Smith. London：Routledge and Kegan Paul Ltd，1962：162.

② 保罗·利科. 活的隐喻. 汪堂家译. 上海：上海译文出版社，2004：294.

齐齐地钻出来，柔弱的鲜红锥形芽尖上，挑着一点点纯净的露珠①。

　　诗歌是具体的，那么，诗歌的作者就一定不是自由的，因为他必须从具体事项中使意义与意象变成整体融贯的直观关系。要实现整体直观的关系，就要对具体事相实行先立而后废的策略或先肯定后否定的策略：言在此而意在彼，或言在此而意亦在此亦不在此，亦即所谓"醉翁之意不在酒"、"项庄舞剑，其意常在沛公也！"生活中也是如此，如汉语中"指桑骂槐"这一成语，指的是"桑"，说的是"槐"，其实也不是槐。二十世纪英国一位女诗人依列娜·法吉恩[Eleanor Farjeon，1881—1965]写了一首十分简约的诗来回答什么是诗歌：

> What is poetry? Who knows?
> Not a rose，but the scent of rose；
> Not the sky，but the light in the sky；
> Not the fly，but the gleam of the fly；
> Not the sea，but the sound of the sea；
> Not myself，but what makes me
> See，hear，and feel something that prose
> Cannot：and what it is，who knows?

　　这首诗歌用"否定"的方式，或用言在此意在彼的方式间接地回答了什么是诗歌（当然，我们可以说诗人关于诗是什么都没有回答）。诗歌中对意象的使用是为了让感觉和对诗的意识落在具体物相上，让感觉滞留于物象之中失去自由从而赢取更大的思想自由。诗歌中这种从自由与限制之间所产生的张力，抑或是诗歌与散文之间最大的区别。梅洛-庞蒂在《哲学赞词》中曾经说："文

---

① 莫言. 红高粱. 广州：花城出版社，2014：222.

学只是在二十世纪才也是哲学的，才同样反思语言、反思真理、反思写作活动的意义。"① 反之，我们同样可以说，哲学只有在二十世纪也是文学的，它在梅洛-庞蒂那里被称为"具体哲学"或"表达哲学"[incarnated or expressive philosophy]。他在《辩证法的历险》中把"中断我们与时代，与他人，与世界之间的生命联系"的做法，称之为"一种去诗意化或一种祛魅"[desenchantement，Entzauberung]的散文②。

　　诗歌具有的这种特质，在梅洛-庞蒂那里，变成了感性的思想或感性的哲学。梅洛-庞蒂讲"精神不在任何客观的地点，不过它一定被赋予了一个地点，这个地点是它通过其周遭与其联系的一个地点，是它自己划定一个地点，就像我的为我的地点那样，这个点是我的视景所消逝的视线向我指示出的那个点，而这个点本身则是不可见的"③。梅洛-庞蒂这个主张同样毫无差别地适合于诗歌。英国诗人叶芝称写诗为"身体在思想"，并且说："诗叫我们触、尝，并且视、听世界，它避免一切仅仅属于头脑的思索，凡不是从整个希望、记忆和感觉的喷泉里喷射出来的，都要避免。"④任何具体的存在是以肉身为构成性介质的存在，因为"它不是存在的原子，不是处在唯一地点和时间中的实在自在"⑤。我的身体从自身内部存在—于—世界—中的通道中涌现。为了知觉，我们必须卷入我们正在知觉着的那个世界之中。

　　梅洛-庞蒂把这种存在或"含混的存在"或"彼此叠加"的存

---

　　① 梅洛-庞蒂. 哲学赞词. 杨大春译. 北京：商务印书馆，2000：139.

　　② 梅洛-庞蒂. 辩证法的历险. 杨大春，张尧均译. 上海：上海译文出版社，2009：8，19.

　　③ 梅洛-庞蒂. 可见的与不可见的. 罗国祥译. 北京：商务印书馆，2008：281-282.

　　④ 戴无嫣. 哈克贝利·费恩历险记：对美国社会传统价值观的解读. 名作欣赏，1980，1：96-97.

　　⑤ 梅洛-庞蒂. 可见的与不可见的. 罗国祥译. 北京：商务印书馆，2008：183. Merlean-Ponty. The Visible and the Invisible. trans. A Lingis. Prose du Monde. Paris；Gallimard，1969：147.

在称之为述谓存在的基础，它处在表达与沉默之间的间隙之中，它构成"意识的潜在性"之视阈。在原初意识的沉默中不仅出现语词的意指而且出现事物的意指，命名行为和表达行为围绕原初之核形成。这"是一个世界和我们的活生生自然和前述谓的统一"。它出现在我们的欲望中，我们的评价中，我们所看见的景观中，而"我们的知识则试图将其翻译成精确的语言"，但梅洛-庞蒂认为我们应该对其精确性进行质疑。前述谓具有一种终极原始的明证性："经验在最初的和最确切的意义上便被定义为与个体之物的直接联系关系。"① 在这种统一中，我不关心我的身体，不关心时间，也不关心世界，因为我已经是在前述谓之中体验它们，在我与它们保持内在的灵通之中体验它们，我与它们一起构成了彼此之"在"。请与我一起阅读下面诗人张继的《枫桥夜泊》一诗与其译文：

　　　张继 作　　　　　许渊冲 译
　　月落乌啼霜满天，At moonset cry the crows, streaking the frosty sky;
　　江枫渔火对愁眠。Dimly lit fishing boats, neath maples sadly lie;
　　姑苏城外寒山寺，Beyond the city walls, from Temple of Cold Hill;
　　夜半钟声到客船。Bells break the ship-borne roamer's dream and midnight still. ②

　　在这首诗中，诗人讲述了一个客船夜泊者"此刻"的世界。"月落黄昏"、"霜天寒夜"、"江枫渔火"、"孤舟客子"等景物和景

---

① 胡塞尔. 经验与判断. 邓晓芒，张廷国译. 北京：生活·读书·新知三联书店，1999：42.

② 许渊冲. 唐宋诗一百五十首. 北京：北京大学出版社，1983：134.

像给我们描绘出一个整体的世界。在这个特定的世界里唯一的在
场者是客船夜泊者或诗人自己，唯一的词眼是"对愁眠"，它是全
诗中的"意向之向"，诗歌中诸意象正是朝着这个"词眼"
[speaking subject]而聚集。诗中的"对愁眠"是诗人的主体之声，
而且这种声音依附一个世界的沉默来实现对它的表达。诗中的意
义向着这个"词眼"涌现和聚集。"乌啼"和"钟声"引起诗人的
存在-于-其中-世界迅速地振动起来，承载着世界的重量，或轻与
重，或明与暗，任由它们在其中运动、绵延和侵袭自己，诗人借
此把自我的在场换成了事物的在场，将自己印在了它所表达的东
西中，让意义从事物之中持续性地涌现。诗歌向我们呈现的是
"我们的境遇之真理"。梅洛-庞蒂在谈到一种"表达的哲学"时写
道：最承载哲学的言语不必然地是包含着它所说的东西的言语，
而更多的是最有力地向存在开放的言语，因为它们更接近地传达
着整个生命，因为它们使我们习惯了的明证性振荡直至消散。

因此，问题就成为，要达至原初或原始存在的哲学是否能够
通过雄辩的语言来完成，或者哲学是否不应以这样一种方式使用
语言，它使哲学失去了它当下或意义的直接力量，以便与它总想
说的东西相等①。就此而言，我们对一首持续开放的诗歌的理解并
把这种理解定格在另一种语言的翻译之中，那么，理解就需要首
先将被因于事物中和在世界中的意义翻译成可把握的意义。翻译
不是一劳永逸地是其原文之所是。如果说言语是经验和境遇的言
语，而经验和境遇是言语的经验和境遇，那么，异乡的译者必然
被作品中的语言和存在问题所超越——他永远被禁止把意义还原
到作品从其中产生的那个世界之中。而正是在这个世界之中构成
了作者的前述谓世界。而这对译者而言，这个前述谓世界往往是
一种幻觉。

我们在一种幻觉，或更一般地讲，是在一种想象中去发掘对
于前述谓世界的宽容，从而让我们在迷惑之中通过具体体验靠近

---

① 梅洛-庞蒂. 可见的与不可见的. 罗国祥译. 北京：商务印书馆，2008：131.

存在整体。梅洛-庞蒂是如此描述前述谓存在的：

> 它是一种新的存在，是一种多孔性、孕含性或普遍性的存在，是视域在其面前展开的存在被捕捉、被包含在自己之中的存在。他的身体和各种远景都加入到同一个普遍的身体性或可见性之中，这个身体或可见性延展于远景和他之间，甚至在注视之外，在他的肌肤之下，直至存在之深处①。

　　梅洛-庞蒂通过还原最终把我们引向的就是"直至存在之深处"的这种基础——引向"野性存在"或他所谓的"垂直存在"[vertical existence]之中②。这个世界是我们无法使用语言全面而彻底地描述的，因为这个世界的存在不会被任何具体的存在所耗尽，它永远无法被彻底地翻译，我们对这个世界的所有表达——无论是完成的表达还是即将到来的表达——依然是一种前述谓经验的残余：即野性存在的残余，它总是持续地推动我们逼近、但事实上从未到达的世界。这是一个由表达和沉默、断裂/碎片和意义海绵组成的世界，由可见的与不可见的组成的世界，或不可见者以可见者为中介而呈现出来的世界构成。"思想不是来自'内部'的事情，它也不独立存在于世界和语词之外。在这种联系上误导我们，并且诱使我们相信有一种先于表达而自为存在的思想或独立之绝对精神，认为它早已被构成和表达，我们能够默默地去回忆它们，并且通过它们获得一种内在生活的幻想。但是，在现实中这种想象的沉默总是伴随着语词，这种内在的生活是一种

---

　　① 梅洛-庞蒂. 可见的与不可见的. 罗国祥译. 北京：商务印书馆，2008：184. Merlean-Ponty. The Visible and the Invisible, trans. Lingis A. Prose du Monde. Paris：Gallimard，1969：149，xiv，xvii，62，210，289，308，29.

　　② Merlean-Ponty. The Visible and the Invisible. trans. Lingis A. Prose du Monde. Paris：Gallimard，1969：222.

内在的语言[an inner language]。"① 而身体已经内在地参与了这种
语言的表达。梅洛-庞蒂要我们在此层面上去揭示那些正在发生的
事情并忠实于它们的存在：

> 因为这个身体在世界中运动，因为我同时从内从外听到
> 我自己的声音[I hear myself both from within and from
> without]；我经验到了这些经验中的一种到另一种的转化和
> 变形，而且想经验多少次就可以经验多少次，只不过好像这
> 些经验之间那种牢固的、不可动摇的连接对于我来说永远是
> 不可见的。…… 我们承认一个前构成的世界[a pre-
> constituted world]，承认一种逻辑，只是为了看到它们从我
> 们原初存在的经验中涌现出来，而这个原初的存在就像是我
> 们的知识脐带和我们意义的源泉一样。②

很多时候，人们常常会问"这个'是'是什么"？它的"存
在"不是述谓，它不归于任何范畴，它不会莫名其妙地拥有我们，
正如我们不会莫名其妙地占有它们一样。"它"在梅洛-庞蒂那里
被称之为我们的知识之脐带。我们一方面想让人听得更加明白，
另一方面又怕为了"明白"而丢弃了最有价值的内容。意识不能
被完全对象化或物化。没有被充分对象化或具体化的意识不可能
理所当然地容易被人所识别——它在我们遭遇它的时刻逃开，在
我们接近它时总有"晃动"和"产生间隔"。这种遭遇可以体验为
一次奇迹，一次开放，一次质疑，它不是一个明确的提问，但却
更像是对我们脱离深渊的一种承认。我们不仅仅感觉到困惑，而
且我们总是被"事物"审视着，我们不能确定地知道它们的身份，

---

① Merleau-Ponty. Phenomenology of Perception. trans. Colin Smith. London：
Routledge & Kegan Paul Ltd，1962：164.

② 梅洛-庞蒂. 可见的与不可见的. 罗国祥译. 北京：商务印书馆，2008：196.
Merlean-Ponty. The Visible and the Invisible. trans. Lingis A. Prose du Monde. Paris：
Gallimard，1969：148，157.

以及我们与他们之间的关系。但同时我们却知道，或对梅洛-庞蒂
而言，无论这个深渊多么厚重，只要"这个身体是在世界中运
动"，身体就给我们划出了理解这个世界的前—界域并让意义在这
个前—界域内生成。只要身体在，意识和来自身体的能量就在时
空之中。加州大学伯克利分校的哲学家唐纳德·戴维森［Donald
Davidson］提出人类说的话总是与现实相关。事实上，要想了解一
个人，只要对方能说话，我们就要去解读他说的话，为了解读他
说的话，我们就必须相信这些话和现实是相关的：它们可以是某
种物体，可以说水、可以是盐，可以是胡椒，等等。因此，正是
这位哲学家对另一位工程师出身的语言学家本杰明·沃尔夫
［Benjamin Lee Whorf］的理论进行了颠覆：沃尔夫致力于对霍皮
人进行研究。研究表明这些村民没有西方人的时间观念。但戴维
森的理论表明，我们需要去倾听霍皮人的语言，并将时态系统安
插进去。如果霍皮人用一个词表述了昨天发生的事，又用另一个
词表述了将要发生的事，那他们就有时间观念①。

　　如果说，哲学是"事物本身"的见证，是它们作为其本身而
不是由我们所赋予它们的那些东西而存在的见证，而又不想使自
己保持沉默的话，那么，哲学应该怎么言说？它应该使用什么样
的语言才能避开从前述谓词进入述谓词？然而，这个问题对于习
惯使用概念的人而言显得十分不可思议。梅洛-庞蒂指出，我们总
是"悬置原始的看法"，莫名其妙地通过让事物本身言说或被迫成
为事物的代言人，从而"让存在进入被表达的秩序之中"：

　　　　哲学家们悬置原始的看法只是为了使之进入被表达的秩
　　序之中；原始的看法仍是哲学家的样品和尺度，它为重新捕
　　捉原始看法而组织起来的意义之网就应面向原始的看法开
　　放。……哲学的定义将会包含着哲学表达本身的澄明，因而

---

① Zegeń, Urszula M. Donald Davidson: Truth, Meaning and Knowledge.
London: Routledge, 1999.

包含着对应于"天然地"在先的东西中的方法的意识，就好
像哲学仅限于反思存在之所是，就好像前科学的科学那样，
就像那些是先于表达的东西之表达那样，那些在后面支撑表
达的东西之表达那样①。

　　关于"那些在后面支撑表达的东西"，梅洛-庞蒂明确地指出，
它不是指那种马丁·布伯式的某种神秘主义或某种唯灵论的复
活②。布伯曾经把"我"与"自然"的相遇变成"我"与"你"［I
and you］直接在场的相遇。在我们的世界之中，每个个体的"你"
按其本性注定了要演变成物，变成一个具体对象［he/she］的存在，
或者说注定要不断返回到物境。世间每一在者在其物化之前或物
化之后均以"你"的面貌呈现于"我"面前。事实上，马丁·布
伯式的这种"我—你（你—对象物）"倒更像是结构主义者们所主
张的那些理论，尽管后者的兴趣在于语言的科学性而对神秘主义
则极为不耐烦。相反，梅洛-庞蒂似乎认为哲学家们应该把神秘主
义保留在表达之中或保留在表达之后，或者留住事物的沉默并同
时使它们实现自我表达。但是非常有意思的是，他也同时认为事
物本身如何言说并不是哲学家能够为其承担责任的一件事情，哲
学家倒更像是沉默实现自我表达的通道：

　　　　这将是这样一种语言：他不是它的组织者，他也不汇集
　　诸语词，而是语词通过他而实现自身意义的自然交织，以及
　　由隐喻神秘的变迁汇集在一起，而在隐喻这里重要的不再是
　　每个词和每个形象的显义，重要的是侧面关系，即蕴含于其

---

　　① 梅洛-庞蒂. 可见的与不可见的. 罗国祥译. 北京：商务印书馆，2008：51-
207. Merlean-Ponty. The Visible and the Invisible. trans. Lingis A. Prose du Monde
Paris：Gallimard，1969：36，167.
　　② Merleau-Ponty. Phenomenologie de la Perception. Paris：Gallimard，1945.
Merlean-Ponty. PhenomenoIogy of Perception. trans. Colin Smith. London：Routledge
and Kegan- Paul，1962：142.

转化和交换中的亲缘关系①。

可见，梅洛-庞蒂所要放弃的，是那种确立清楚切实的简单知识之企图，以及一劳永逸地获得描写的所有确定性条件，以及要么是实在的事实，要么是无可争辩的本质。而这是一种依靠清除隐喻后而对实在世界的充分描写。这是一个我们为之敞开的世界，我们把自己嵌入其中的世界，这是一个我们成为其中一部分的世界。哲学家不是努力去实现表达，而是忍任自己变成事物涌现而出的通道：

> 哲学家言说，但这是一个他身上存在的弱点，一个令人费解的弱点：他应该保持沉默，在沉默中保持一致，加入早已准备好了的一种哲学的存在之中。但是当一切事物来到他身边，尽管他渴望把它们放入语词之中，他依然需要留心来自他内部的一种沉默。他为了说出他与存在的联系而写作；他没有表述它，也不能表述它，因为它是沉默的。……事物、小石头、贝壳没有面对和反对一切而存在的力量，它们仅仅是一些柔性的力量，这种力量在有利条件汇聚时才展开它们蕴含的东西。……我们在事物中所认出的这种饱满性和肯定性已经超出了经验，已经是经验的二度翻译了②。

---

① 梅洛-庞蒂. 可见的与不可见的. 罗国祥译. 北京：商务印书馆，2008：155. Merlean-Ponty. The Visible and the Invisible. trans. Lingis A. Prose du Monde. Paris：Gallimard，1969：125.

② 梅洛-庞蒂. 可见的与不可见的. 罗国祥译. 北京：商务印书馆，2008：201. Merlean-Ponty. The Visible and the Invisible. trans. Lingis A. Prose du Monde. Paris：Gallimard，1969：125，161.

一

在《知觉现象学》这一部著作之中,梅洛-庞蒂已经提出了原始语言和衍生/经验语言之间的区分。他把我们所说的字面语言称之为二级语言[secondary language],而这一点也与胡塞尔在《几何学起源》中提出的"语言受到二级经验[a second stratum of experience]的深刻限制"的观点相吻合①。但是,梅洛-庞蒂在该书"作为表达和语言的身体"这一章里对二者之间的关系作出了具体区分。他认为这种语言属于身体中的一部分,并对作为原始姿势的语言作出了解释:

> 语言姿势,像所有其他姿势一样,描绘了自己的意义。这个想法咋听似乎令人惊讶,但是如果渴望理解语言之始源,人们就得被迫接受它,这一直是一个十分迫切的问题,尽管心理学家和语言学学者以知识之有效性的名义质疑其正当性②。

他提出文字就如感觉器官的观点。感觉器官就如稳定的通路,我们依靠这些熟悉的通路把我们与世界连接在一起。我通过我的身体理解他人,就像通过我的身体感知物体。我又把以这种方式理解的姿势的意义与姿势描述的和我接受的世界结构融合在一起。"当我们说身体的或肉体的生命和心理生命处于相互表达的关系之中,当我们说身体事件始终有一种心理的意义时,这些表达方式

---

① Derrida. Voice and phenomenon: introduction to the problem of the sign in Husserl's phenomenology. translated from the French by Leonard Lawlor. Evanston: Northwestern University Press. 2011: 69.

② Merleau-Ponty, Phenomenology of Perception. trans. Smith C. London: Routledge and Kegan-Paul, 1962: 167.

需要解释。"① 意义在姿势本身中展开——壁炉的意义在我的目光和壁炉本身之间；情人之间彼此注视的意义，隐含在姿势的相向运动之中；对一位女人情感的表达，在即将被送达到的男人手中的玫瑰花之中。店员对顾客的欢迎，体现在她的写满了微笑的面部之上。"因此，如果我们要阐明我们为之而存在的起源，就应该考虑我们的体验领域，显然这些才是对我们具有意义和实在性的领域，即我们的情感生活的领域。"② 一个性爱能力缺失者不是因为他丧失其智能和对外部表现的识别——一个对性爱有正常认识的他或她当然知道性爱意味着什么，而是因为他或她丧失了其身体触觉刺激带给他或她的意义，或者说是因为他或她丧失了从身体与世界或他人的关系中获取意义的能力③。反之，具有性爱能力的人，当我们说"我爱你"的时候，一个奇怪的气场就形成了。那好比一个取景框，然而并不真实，它的边缘是虚构的，它划分了某种东西，让聆听这句话的人形成了接近迷醉的意识，他/她自动成为了取景框中的风景，这种风景就像浸泡在水里的由可溶性颜料构成的风景画一般，渐渐地，在时间中风景开始溶解，怀疑如柔和的水慢慢渗入风景画的粒子当中，聆听者必须要去怀疑，或者自愿浮出水面。我们用什么原理来解释并赋予万事万物以意义呢？还是我们的"身体"。即使对那些不存在的东西我们仍旧是以不存在之躯去体验的。英国有一位善于写两性关系的小说家叫D. H. 劳伦斯。他笔下有一位赫尔迈厄的女中学老师。这位赫尔迈厄就是我们所谓的智性女性。她是文化的化身，是智性的象征，她满脑子都是关于爱欲的知识，却没有与之协调的身体反应。她知道自己很喜欢柏金，可她总是用思想去表达。

---

① Merleau-Ponty. Phenomenology of Perception. trans. Colin Smith. London: Routledge and Kegan-Paul, 1962: 142.

② Merleau-Ponty. Phenomenology of Perception. trans. Colin Smith. London: Routledge and Kegan-Paul, 1962: 137.

③ Merleau-Ponty. Phenomenology of Perception. trans. Colin Smith. London: Routledge and Kegan-Paul, 1962: 137, 138, 139.

劳伦斯是这样写她的：

Hermione knew herself to be well-dressed; she knew herself to be the social equal, if not far the superior, of anyone she was likely to meet in Willey Green. She knew she was accepted in the world of culture and of intellect. She was a KULTURTRAGER, a medium for the culture of ideas. With all that was highest, whether in society or in thought or in public action, or even in art, she was at one, she moved among the foremost, at home with them. No one could put her down, no one could make mock of her, because she stood among the first, and those that were against her were below her, either in rank, or in wealth, or in high association of thought and progress and understanding. So, she was invulnerable. All her life, she had sought to make herself invulnerable, unassailable, beyond reach of the world's judgment. [①]

梅洛-庞蒂认为，我们是依靠行为习惯的支撑和积淀来形成我们获取新的行为和新的意义的背景。原始语言就是这样一种姿势，或者说，有一种以姿势形成表达的原始语言，它为我们创造意义并创建一个帮助我们获得视阈的结构性的世界，这个世界向一个从不离开原点的未来不断地敞开和蔓延，向着世界的一种持续生成运动或向不断生成意义的世界许下承诺。艺术家或思想家的创造性表达，真诚的政治家的演讲，情人之间的表白，一个小孩的最初话语或声音，就是最好的例子。

在中国哲学中，道家哲学的代表庄子与惠子有一段关乎"子

---

① Lawrence D H. Women in Love, 19-20. http://www.planetpdf.com/.

非鱼，安知鱼之乐乎"的对话，看是机巧诡辩，其实正是身体姿势置于环境之关系中的情境体验或具身性体验。我们不能把它作为关于对象物"鱼"的绝对肯定性知识，而应该作为那个储藏能量的身体与它所见鱼之间关系体验的结果，它是从看者目前的具身存在中[situated being]吸取和给出的东西，正如梅洛-庞蒂所言："它给我一种意义，但我把意义还给它们。"①

> 庄子曰："鯈鱼出游从容，是鱼之乐也?"惠子曰："子非鱼，安知鱼之乐?"庄子曰："子非我，安知我不知鱼之乐?"惠子曰："我非子，固不知子矣；子固非鱼也，子之不知鱼之乐，全矣。"庄子曰："请循其本。子曰'汝安知鱼乐'云者，既已知吾知之而问我。我知之濠上也。"②

在这场辩论中，庄子和惠子都不是赢家。庄子非鱼，惠子非庄子。正是惠子对庄子的反诘式提问本身颠覆了他自己。当然，这并不重要。重要的是庄子最后把辩论还原到其处境之中——"我知之于濠上也"[I am situated to know it here]。这是一种具身性的"知"[bodily immersed situation]，是知觉通过我的身体对另一个在世界中的身体或另一个生命体的知觉，它不是在意识的内部形成的，而是看者在对象物的意识中被唤醒过来的知觉。这里，庄子和惠子若依靠对鱼之知识，是绝对不能达到那种"创造一种情境从而要求融合的确定模式"。梅洛-庞蒂写道：

> 我是被给定的，这就是说，我发现自己已经涉身和卷入到一个物理的和社会的世界之中——我是由自我给定的，这意味着该环境从没对我隐匿，它从来不是作为异己围绕在我

---

① Merleau-Ponty. Phenomenology of Perception. trans. Colin Smith. London: Routledge and Kegan-Paul, 1962: 114.

② 《庄子·秋水》。

身边，实际上我从未像把一个对象放在盒子中那样把自己封存在环境之中。我的自由，我所享受的那种成为我所有经验之主体的基本权利，与我所进入的世界从来就不是分离的。①

梅洛-庞蒂认为次级语言反映了这些原始行为的积淀或剩余：“这种积淀的语言[sediment language]是读者和自身或伴随自身一起提供的语言，是符号和人们所熟悉的指意之间约定关系之全体。如果没有这一全体，读者实际上不能够开始其阅读，正是它构成了语言以及该语言的文献（一种语言的文本之所以无法有效地翻译成为另一种语言，就在于译者不具有被译文本的可控性剩余语言）。因此，司汤达的作品一旦获得理解，也因此而丰富了文化遗产。”② 这种语言负荷了历史积淀和感性含意，也是我们生命的积淀，它包含了一种对待世界的态度。这些已然为人们所获得的世界，把它的二级意义留给了我的体验，而它们本身则是从构成原初意义基础的原初世界中割裂出来的一部分：

　　可以说，凡人类身上的一切，都既是人为加工的，又是

① Merleau-Ponty. Phenomenology of Perception. trans. Colin Smith. London: Routledge and Kegan-Paul, 1962: 322. And also English version of the cited passage is put here: The central phenomenon, at the root of both my subjectivity and my transcendence towards others, consists in my being given to myself. I am given, that is, I find myself already situated and involved in a physical and social world—I am given to myself, which means that this situation is never hidden from me, it is never round about me as an alien necessity, and I am never in effect enclosed in it like an object in a box. My freedom, the fundamental power which I enjoy of being the subject of all my experiences, is not distinct from my insertion into the world. It is a fate for me to be free, to be unable to reduce myself to anything that I experience, to maintain in relation to any factual situation a faculty of withdrawal, and this fate was sealed the moment my transcendental field was thrown open, when I was born as vision and knowledge, when I was thrown into the world.

② Merleau-Ponty. The Visible and the Invisible. trans. Lingis A. Prose du Monde Paris: Gallimard, 1969. Prose of the World, trans. John O'Neill. Evanston: Northwestern University Press, 1973: 13, 10.

自然的，因为没有任何一个语词、没有任何一种行为方式不拥有纯粹的生物学存在要素——他们同时又不逃避动物生命的简单化，并通过某种泄露和某种天赋而导致富有活力的行为形式偏离他们原先注定的方向，而走向可定义人的某种模棱两可性。一个生命体一旦出现，就早已改变了这个物理世界，将此处的"食物"，彼处的"藏身之处"置于眼前，将他们至今尚未把握的感觉赋予"刺激"①。

梅洛-庞蒂在这里所指出的"积淀的语言"，也就是我们通常所接受的语言观，即一种特定范畴的存在。在我们的全部表达过程中，言语会进入沉淀并在人际关系的使用中构成一种习得。② 但是却因为这些词语的约定性而使之愈来愈丧失其表达性和整体性，原因是它们丧失了姿势的自发性或自然性元素，而世界处境正是通过这些姿势而呈现给我们的。语言的图形-背景张力丧失了，知觉-器官间的平衡也因此丧失了。

在梅洛-庞蒂后期文章中，他解释了经验的和次级的语言是如何利用约定性把每一个词放在对应整齐的每一种思想之下。次级语言把思想视为可确定的原文本并设法找出它——"好像在找出表达思想的词语之前，思想已经是我们的句子试图表达的一种理想的原文本"③。然而，在梅洛-庞蒂看来，在那些真实而富有创造性的语言之中，思想和语词总是活生生地呈现在一个整体之中，思维与语言的关系不是一种简单的、可以按照形式与内容的二元关系来区别对待的。"意义和语言的关系不再可能是我们始终看到的这种逐点对应"，以及可以将它们彼此割裂开来而后加以修复合

---

①　Merleau-Ponty. Phenomenology of Perception. trans. C. Smith. London：Routledge and Kegan-Paul，1962：114.

②　Merleau-Ponty. Phenomenology of Perception. trans. C. Smith. London：Routledge and Kegan-Paul，1962：170.

③　Merleau-Ponty. Signs. trans. McCleary R C. Evanston：Northwestern University Press，1964：44.

拼接的关系。"语言能把事物本身纳入到它的形式中。"语言既通过它没有"说出"的东西[silence]表达意义，也通过它"说出"[voice]的东西表达意思。语言，即使沉默着，却一直在表达着：

> 我们有时感到，有一种思想已被说出，但不是被所遭遇的词语代替，而是被融入词语之中，并在词语中被把握。词语最后有一种力量，因为词语间相互作用的同时，也受到思想的远距离作用，就像潮汐受到月亮的作用，并在这种涌动中，更急切地唤起它们的意义，而每一个词语仅仅带来作为微不足道的、预先规定的一种虚弱意义①。

句中一个充满诗意的短语，之所以给我们的感官一个新的感觉，是因为它动摇了那种被视为理所当然的语言措辞。一种新奇的意象进入表达之中，把自由和行为放入约定之中，这就犹如打开一扇窗把清风和阳光放了进来屋里。我们在阅读富有情感的文学或诗歌作品时，我们的天性不在于体验我们自己的感情，不在于卷人到我们自己的快乐中，而是根据在作品中所提供环境的感情范畴而生活：

> 一位被人爱的少女不把自己的感情投射在伊索尔德或朱丽叶特身上，她体验这些富有诗意的幻想感情，并悄悄地把它们放人她自己的生活中。只是在以后，一种个人的真实感情才能中断感情幻想的情结。但只要真实的感情没有产生，少女就不可能发现在她的爱情中错觉和诗意的成分。是她的将来感情的真实性揭示出她的目前感情的虚假②。

---

① Merleau-Ponty. Signs. trans. McCleary R C. Evanston：Northwestern University Press，1964：44.

② 梅洛-庞蒂. 知觉现象学. 姜志辉译. 北京：商务印书馆，2001：477.

　　梅洛-庞蒂认为这是一种能够"使'隐藏在花束中的女人'显现和释放禁锢在事物中的意义的语言"。卡西尔认为，人是符号的动物。"在一发生学的观点之下，我们也可以说，语言乃是个体步入的第一个'共同世界'，也可以说，只有透过语言之媒介，一对象实在领域之直觉方足以呈现。……即使在成年人学习一种新的语言这种情况下，他所获得的，也绝非单纯地为一些新的声响和记号而已。"① 人不仅是符号的生产者，也是符号意识产生的结果。人本身就是一个天造地设的符号。当人出现在这个世界并与整个世界互为存在对象的时候，他便以隐喻的方式在观照自己了。同样是恩斯特·卡西尔指出："隐喻以其有机的整体性成为语言中一个必不可少的因素。没有隐喻语言就会失去它的命脉，从而僵化为一种习惯的符号体系。"② 隐喻用一种新的方式把我们与世界重新联系在一起。英国诗人济慈的诗写道：

　　　　孤寂而坐，
　　　　讨厌的思绪笼罩着我忧郁的心灵③。

　　诗句中流露出无法排遣的沉滞和郁闷，尤其是诗句中使用"笼罩"这一隐喻性表达，把悲伤描述成仿佛用外套包裹着的心灵。"笼罩"这个词原本表示遮蔽、包围、弥漫、覆盖、掩蔽等意

---

　　① Ernst Cassirer. The logic of the Humanities, trans. Clarence Smith Howe. New Haven: Yale University Press, 1961: 61. Linguistic symbolism opens up an original phase of spiritual and intellectual life. A life of "meanings" supplants the life of mere impulses, and of absorption into the immediate impression and the urgency of the moment. These meanings constitute some thing repeatable and recurring, something which is not limited to the bare here-and-now but which comes to be meant and understood as one-and-the-same in countless life-moments and in the appropriation and use of countless other persons: 60.

　　② Ernst Cassirer. The logic of the Humanities. trans. Clarence Smith HoweA. New Haven: Yale University Press, 1961: 102.

　　③ In Keats poem: "When by my solitary hearth I sit, / And hateful thoughts enwrap my soul in gloom."

思，此处用上这一词强化了意欲释放"悲伤"的张力。钱钟书在《谈艺录》中引了《精通》篇讲"钟子期夜闻击磬者而悲"，这个"悲"是因为击磬者内心悲苦，通过手臂拿了椎击石磬发出悲音来。这个悲，音不在手臂和椎石，是手臂和椎石跟心的悲苦相应造成的，即物、手和心的悲苦相应。钱先生说：夫艺也者，执心物两端而用厥中。兴象意境，心之事也；所资以驱遣而抒写兴象意境者，物之事也。物各有性；顺其性而恰有当于吾心；违其性而强以就吾心；其性有必不可逆，乃折吾心以应物。一艺之成，而三者具焉。自心言之，则生于心者应于手，出于手者形于物，如《吕览·精通》篇所谓："心非臂也，臂非椎非石也，非存乎心，而木石应之。"[①] 保罗·利科所言"隐喻增加了对世界的描述，至少它会增加我们的感知方式。这便是隐喻的诗意的功能"。他同时指出，隐喻功能是使话语"显现出来"[②]。唐诗人李商隐的《锦瑟》中"庄生晓梦迷蝴蝶，望帝春心托杜鹃"诗句中，心之所思，情之所感，寓言假物，譬喻拟象；如庄生逸兴之见形于飞蝶，望帝沉哀之结体为啼鹃。古德曼在《艺术的语言—符号理论研究》中讲"隐喻是一种异常的应用，它是将熟悉的标签用于新的对象，这种新的对象一开始抵制这种用法，继而对它作出让步。"[③] 在诗行中，新的联想在熟悉的语词中振荡、波动、绵延、涌现；它让已经死亡的隐喻重新充满活力，比如我们常讲"他的话让人陶醉"[We are drinking in his words]，这是把言语的效果与酒精的效果联系在了一起，从而强化了表达与我们的境遇或世界的联系。《语言与实在》一书的作者乌尔班认为，心理联想不是导致表达之意义的改变，而只是促使它展开、弥漫开来："一个符号可以意指某个事物，又继续表示另一个事物，它成为第二个事物的表达符号的条件恰恰在于它也是第一个事物的符号——这是扬弃中的肯定

---

① 周振甫，冀勤编，钱钟书. 谈艺录读本. 北京：中央编译出版社，2013.
② 保罗·利科. 活的隐喻. 汪堂家译. 上海：上海译文出版社，2004：260-68.
③ 保罗·利科. 活的隐喻. 汪堂家译. 上海：上海译文出版社，2004：323.

与肯定中的扬弃。这一事实恰恰使语言具有了认知的功能。工具性词语的这种'积淀起来的内涵'是模糊性的丰富根源所在，但是，它也是那种类似的述谓关系的根源，只是通过这种述谓关系，语言的符号力量才会产生。"[1] 德国诗人和剧作家布莱希特曾写下《无线电之歌》这首诗：

Auf den kleinen Radioapparat

Du kleiner Kasten，den ich fluechtend trug

Dass seine Lampen mir auch nicht zerbraechen

Besorgt vom Haus zu Schiff，vom Schiff zum Zug，

Dass meine Feine weiter zu mir spraechen.

An meinem Lager und zu meiner Pein，Right where I slept much to my dismay

Der letzten nachts，der ersten inder Frueh

Von ihren Siegen und von meiner Mueh

Versprich mir nicht auf einmal stumm zu sein

　　——written by Brecht ＆ translated into English by Christian Lotz [2]

To the Radio

Oh little box I carried in my flight

So as not to break the radio tubes inside me

From house to boat，from boat to train

So that my enemies would still address me

Last thing each day and first thing every day

About their victories [defeats to me]

---

①　保罗·利科. 活的隐喻. 汪堂家译. 上海：上海译文出版社，2004：159.

②　Christian Lotz. Poetry as Anti-Discourse. Michigan：Grand Valley State University，April 10，2009.

Oh please do not fall silent suddenly!

从这首十分简单、却又非常美丽的诗歌里，我们可以看到诗歌语言的言说如何区别于"日常的"的表达：我们平时谈论和使用收音机的方式变得疏远了，诗中每个语义要素重新组织自己，现在诗中的每个单词都反身与诗本身相关联，都与被诗歌说出的其他单词相关联。因此，日常语言中的意义停止了。诗歌的语言与自我同在，从而让事物本身变成一种独特的出场。这种独特的出场是一种自我分离，一种新的统一，一种回归语言的自我指涉。正如策兰所言："诗歌努力为自我言说。……它们摒弃一切，只保留自己。"① "诗歌是通过符号的极端个性化而实现语言的自我实现，同时又注视着语言所画出的限制和由语言所打开的若干可能性。"② 总之，在诗歌语言中，我们需要制造一种转换、一种错位、一种跳跃、一种断裂、一种突变，使我们从暂时的迷惑中突然顿悟：一种新的意象出现在我们的脑海中——"啊哈，我懂了，原来如此。"这是一种逻辑的瞬间和一种感悟的瞬间，一种语词的瞬间和非语词的瞬间，但又是以一种独特方式实现共谋的瞬间③。

我们从听的经验中苏醒过来，我们重新被带入我们的感觉与之接触的事物之中，带入我们与世界的联系之中，诗歌语言以一种清新的方式照亮我们。"这是生命与行动的语言，这是文学与诗的语言。"④ 这种语言跟世界的连接不是一种约定，不是现成的语言和可以被另一种语言翻译的从属产物，也不是我们熟悉的编码

---

① Celan, Paul 1999. Meridian, Tübinger Ausgabe. Endfassung, Vorstufen, Materialien. Hg. Von B. Boeschenstein and H. Schmull. Frankfurt/M. : Suhrkamp: 53.

② "Das Gedicht: ein Sichrealisieren der Sprache durch radikale Individuation, d. h. durch einmaliges, unwiederholbares Sprechen eines Einzelnen " (Celan 1999, 117) (The poem: a self-actualisation of language through radical individuation, i. e. through a singular and unrepeatable speaking of an individual ").

③ Ricoeur P. La Metaphore Vive. Paris: Seuil, 1975. In English: The Rule of MetaphorAtrans. Robert Czerny. Toronto: University of Toronto Press, 1977: 246.

④ 梅洛-庞蒂. 可见的与不可见的. 罗国祥译. 北京：商务印书馆，2008：156.

和解码、人工语言、语音和意义之间的技术联系。隐喻把可见物和经验对语言的纠缠，把沉默的景象与其他言语关联之间的交流，以及语言对可见物和经验的纠缠，在不断生成的新的经验的深层处绽放出来。对这种隐喻我们无法进行"翻译"，我们只能在一种爆裂或顿悟的瞬间感受到它的震撼和"啁啾"：我们先是在已经习惯了的意义中去理解它，但随之突然出现的反弹却使一种新的赋值破涌而出。一个新的"意向弧"瞬间支配了我——我的现在/将来、我的人文环境、我的物质情境、我的意识形态情境以及我的生理/心理和精神情境，所有这一切都被协调地聚集在这个"意向弧"周围。①

梅洛-庞蒂说，"表达不是把句子的每一个成分连接到意义的每一个成分上，它是一种突然离开中心，走向语言本身的作用和势力"②。显然，他认为语言不是对思维的模仿而被思维拆解后的重建。经验性的语言使用一种"冷漠和前定的符号"去传达一种字面的或通常的意义，这种语言在诗歌中不会表达任何意义，不会触及我们的那些活生生的存在，不会撕裂我们那些在日用之中养成的惯性。它不过是对既成符号的适当回忆。

对此，梅洛-庞蒂从马拉美那里借来一个表达称呼这种语言是人们悄悄放在我们手中的一枚已经磨损的硬币。梅洛-庞蒂在《世界的散文》这部作品中对历史性散文文本中生命力的缺乏进行了探讨。他明确地指出："满足于既定的语言，其实是一种保持沉默的方式。"③ 散文是原始语言的世俗化，犹如宗教是神迹经过世俗化之后而变成世俗化的宗教一样，也如耶稣·基督是上帝在人世间的肉身化一样。我们只有将语言重新祛世俗化［de-

---

　　① Merleau-Ponty. Phenomenology of Perception, trans. Colin Smith. London: Routledge and Kegan Paul, 1962: 118, 119. 120.

　　② Merleau-Ponty. Signes. Paris: Gallimard, 1960. In English: Signs, trans. Mc Cleary R C. Evanston: Northwestern University Press, 1964: 54, 55.

　　③ Merleau-Ponty. Prose of the World. trans. John O'Neill. Evanston: Northwestern University Press, 1973: 147.

secularization]后才能看到它的奇迹的出现：

> 我们在文学语言的使用中发现的超越同样能够在日常语
> 言中发现。这种超越凸显之瞬间，也就是我拒绝与约定语言
> 妥协的时刻。这实际上是一种使我们沉默的方式，尤其是当
> 我们真正地与人言说时。以前，心理学家认为语言只是一系
> 列的图像，一种语词幻觉，或一种纯粹的虚构之繁荣。他们
> 的批评者认为语言只是一种单纯的思维功能之产物。现在我
> 们把语言视为与我与我自己、与他人之间的振荡①。

　　诗人对语言的体验，还有艺术家与传统风格之间的关系，总
是深深地吸引着梅洛-庞蒂。他将这种体验视为表达和交流之关系
的基石。传统语言学家们总是习惯讨论对语言的操控和使用技巧，
却往往忽视了这样的事实——我们通过我们的各种感官[sense]、
知觉（以及具体到眼、耳、鼻、舌、身、心）、语言和艺术、行为
姿势（面部表情、肢体动作、身体态势等体貌行为），以及其他认
知载体（如语言、副语言、非语言符号、声音、图像）等许多方式
而存在—于—世界之中。跟哲学史、艺术史和科学史一样，语言
科学肇始于对语言现象本身的研究。但是，哲学、科学和艺术之
生命则只有通过那些活着的思想家和艺术家的自我解读才能获得
它们的自主性，他们若能够与传统相遇和对传统作出响应，前提
是他们自己的生活本身和存在之经验就必须成为他们所创造之产
品的物质和情境基础。言语、思想和风格之获取不再仅仅是一种
手法、技巧或方法的诡计——一部小说，一首诗，一幅绘画，一
支乐曲，都是个体，也就是说，在这个个体存在之中，人们不能
区分其中的表达和被表达的东西、其意义只有通过一种直接联系
才能被理解、在周围弥散其意义时不离开其时间和空间位置的存

---

① Merleau-Ponty. Prose of the World. trans. John O'Neill. Evanston：
Northwestern University Press，1973：20.

在。也就是在这个意义上，我们的身体才能与艺术作品作比较。我们的身体是活生生的意义之扭结，而不是一定数量的共变项的规律。

上面所讲的在原始言语与次级言语之间进行的这种区分，并不会肯定地导致对表达哲学[expressive philosophy]作出一种全新的理解，它仅仅是对产生"陌生化"之动力学的强调——这种观点同样被俄国形式主义者什克洛夫斯基所认同并给予强化。他认为"艺术就是一种唤醒意识体验的方法，是一种打破迟钝的机械行为习惯的方法，它使我们在这个存在着习惯与恐惧的世界中获得新的存在"①。或者，从表面上看，这不过是一种诗学或文学现象或是对表达形式之历史变化的一种洞见。另一方面，梅洛-庞蒂关乎原始语言和次级言语的提法抑或会对雅克·德里达自己所主张的那套解构主义价值观提供支持的理由，因为梅洛-庞蒂明显地使用了"本质绝非本源"的主张去攻击逻各斯—中心主义，以及对"有意义的句子必须在逻辑上正确，或是科学可以证实"的主张提出质疑，而这正是解构主义意欲打破旨在提供"确定性的"述谓之虚假保证的关键所在。然而，无论是一种诗学/文学的阅读，还是一种德里达式的阅读，它们都容易把我们封闭在对语词意义的内在探索的危险之中，即使我们在处理或"解放"这些语词意义时，只是根据内部差异而不是从经验的角度出发，小心翼翼地对我们进行限制。正如下面梅洛-庞蒂的话所意味的那样，我们与其是注意言语和言语的力量是否符合固定的本质，我们倒不如是注意言语中的存在以及倾听言语如何把我们带向表达的：

　　　如果我们想说这里关键的是，若要在我们的生命于其中敞开的不同领域中把我们生命的本质显露出来，这将是假定我们会发现某种理想的恒定存在，而这些恒定存在的关系又

————————

　　① 弗雷德里克·詹姆逊. 语言的牢笼. 钱佼汝译. 广州：百花文艺出版社，1995：42.

将扎根于本质之中，这将是一下子就把我们经验中那些可能
是流动的东西变成从属于固定的东西，让流动的东西服从于
一切可能并非具有联系的那些前提条件，而实际是服从不过
是由词语表达出的经验的条件而已，并最终把我们封闭在对
词语意义的内在的探索之中①。

二

我们在这里对梅洛-庞蒂的讨论与保罗·利科在他的《活的隐
喻》这部著作中关于隐喻所说的相一致。利科认为词语是"其字
面意义的直接符号和引申义的间接符号"之间的统一："普通的隐
喻与诗歌隐喻的差别并不在于一个可以解述而另一个不能解述，
而在于对诗歌隐喻的解述是无穷无尽的。它之所以没有终结，恰
恰是因为它能让解述不断重新开始。如果隐喻能为长久的话语提
供思想，那不是因为它本身就是简短的话语吗?"② 这似乎与梅洛-
庞蒂所说的表达是声音与沉默之间、间接的语言和沉默的声音之
间的统一相一致。梅洛-庞蒂如是说道："真正地说，意义并不是
以这种方式寓于词语链中，也不是以这种方式区别于词语链。如
果符号只是当凸现于其他符号之上，才表示某东西，那么符号的
意义完全寓于语言中，言语总是在言语的背景中起作用，言语只
不过是说话的无限结构中的一个层次。为了理解言语，我们不必
考察在词语或形式方面所包含纯粹思想的某内部词汇：只需我们
顺从言语的生命，言语的分化和发音运动，言语的表现动作就行

---

① Merleau-Ponty. The Visible and the Invisible. trans. A. Lingis. Prose du
Monde. Paris: Gallimard, 1969. (P. M.). In English: Prose of the World. trans. John
O'Neill. Evanston: Northwestern University Press, 1973: 158, 159.

② Ricoeur P. The Rule of Metaphor. trans. Robert Czerny. Toronto: University
of Toronto Press, 1977: 223.

了。"① 但是，我们会发现保罗·利科似乎并不赞同梅洛-庞蒂的观点。保罗·利科在他的《阐释的冲突》一书中以"并非彻底的失败"这种带有否定性的委婉语来评价梅洛-庞蒂的语言哲学②。

纵观梅洛-庞蒂的著作，他关于隐喻的言论并不多，他讨论的重点是间接表达和次级言语的不充分性这一问题，而且这些讨论尤其集中于他的《符号》这部书中以"间接的语言和沉默的声音"为题铭的这篇文章之中。在他看来，"沉默的声音"在艺术中的表现往往是创造性的——"语言言说，绘画的声音是沉默的声音"③，而从"沉默的声音"入手去探究非言语艺术中的表达尤其能够向我们揭示出语言字面表达上的欠缺：

> （而）文学，艺术，生活活动是和物体本身、感性事物本身、存在本身一起产生的，除非到了其极限，它们只能有和产生在习惯和已构成事物中的错觉，不用颜色只用黑白进行描绘的哲学像铜板雕刻法那样不让我们无视世界的奇特性，人能和哲学一样，甚至能比哲学更好地正视世界的奇特性，但是在半沉默中④。

这篇文章缘起于梅洛-庞蒂对马拉美的《沉默的声音》这部书的评论，而这部书在某种程度上无疑是讨论艺术世界史的一部重要作品。整体而言，梅洛-庞蒂对隐喻谈论的不多，究其原因，我们认为这可能是因为他是把"隐喻"作为修辞学的一个术语来使用的，而且也仅仅是在突出对隐喻之使用与字面或确定意义之间

---

① 梅洛-庞蒂. 符号. 姜志辉译. 北京：商务印书馆，2003：50.

② Ricoeur P. The Conflict of Interpretations. Evanston：Northwestern University Press，1974. New Developments in Phenomenology in France：The Phenomenology of language，trans. Goodman P G. Social Research 34 (1967). New York：247. In Chinese：《解释的冲突》，trans. Mo Wei-min. Beijing：Commercial Press，2008：304-310.

③ Merleau-Ponty. Signs. trans. Richard C Mc Cleary. Evanston：Northwestern University Press，1964：117.

④ 梅洛-庞蒂. 符号. 姜志辉译. 北京：商务印书馆，2003：26.

的对比而已。梅洛-庞蒂的语言哲学，也是被他视为己任的哲学使命［在他那里，语言哲学被称之为表达的哲学（expressive philosophy）］，是要颠覆传统哲学的标准——这种标准总是要让我们去相信字面上的东西，却把隐喻视为虚构的或仅仅作为一种言说的方式来看待，他要用这种方式使哲学焕发出新的生命力：

> 哲学家自己要毫不懈怠地去重新考察和重新定义那些基础最坚实的概念，创造新的观念，以及表达它们的新词，进行一场真正的理解变革；……由此，那种由来已久对抗哲学的情绪以及哲学颠覆了清晰与模糊之作用的怨恨再次获得生命力①。

梅洛-庞蒂在他的《可见者与不可见者》这部最后的作品中竭力使我们意识到自己具有倾听这种沉默的能力，告诉我们去领悟那些尾随语词而至的沉默。我们不仅需要这么去做，而且我们有能力这么去做，因为语词从未彻底放弃沉默，无论何时，语词超越自身之外，而且不允许我们落入即刻"所与"［given］意义的陷阱之中。最后的沉默只是由这些重新聚集在一起的沉默构成；沉默弥漫于话语之外，因为它时刻构成其声音之基源而发挥作用。因此，倾听该话语和该沉默完全是一回事，我们应该知道言说在何处停止，还要认识到语言与世界之间没有边界。乌尔夫·伊沙尔［Wolfgang Iser］在《阅读过程中的被动综合》一文中谈论文学篇章之意义时指出："这种意义的本性十分奇特：它一定是制造出来的，即使它的结构早已由篇章中的记号预先决定。根据定义，记号指涉着一些在它们本身以外的东西，而如果篇章是有所指谓的［denotative］，它们的意旨便显然限于经验对象。然而，在文学

---

① Merleau-Ponty. Le Visible et L'Invisible. Paris：Gallimard，1964.（V. I.）In English：The Visible and the Invisible. trans. Lingis A. John O'Neill. Evanston：Northwestern University Press，1968：4.

作品篇章中，记号是没有这样的界限的，所以具有某种超越的性质。里克尔对这过程有过如此的描述："……每当语言躲避它自己和躲避我们的时候，它其实是在相反方向上自觉其自己，恍惚使自己实现为'言说'[saying]。不管我们是否明了心理分析家或宗教现象学所谓的'显示'和'隐藏'的关系（我认为今天我们必须把这两种可能合在一起），在这两种情况之中语言都把自己建立成一种'开显'[uncover]、展示和照现的能力。它的真正的元素就在这里——它成为它自己；在它有所'言说'之前，它把自己包裹在沉默之中。唯有通过呈象作用，这种'有开显能力的沉默'才能存在，因为它制造了一些非语言所能展示的东西。就文学而言，文学作品之意义并不同于明确地展现的方面，这意义只能通过这些方面之不断转移和互相限制，在想象之中建立。语言所'开显'的超越所'言说'的；它所'开显'的表现了它的真正意义。故此，文学作品之意义与书刊的篇章之所说保持关系，不过还需要读者之创造的想象来把它们合在一起。"① 梅洛-庞蒂的语言哲学同样是要在于无声处倾听沉默的存在。哲学家要在"一个所与'之瞬间[at a given moment]"去倾听那些等待开花的意义，并在这个过程之中去寻求哲学的表达是什么：

　　……承载着哲学的言语不必然地是包含着它所说的东西的言语，而更多的是最有力地向存在打开的言语，因为它们更接近地传达着整个生命，因为它们使我们习惯了的明证性振荡直至消散。因此，问题就成为，要达至原初或原始存在的哲学是否能够通过雄辩的语言来完成，或者哲学是否不应以这样一种方式使用语言，它使哲学失去了它当下或直接意

---

① 郑树森. 现象学与文学批评. 台北：东大图书公司，1984：92-93.

义的力量，以便与它总想说的东西相等①。

梅洛-庞蒂赋予自己的哲学使命，是对确定性或肯定性加以质疑以及对存在的积淀与表达的欠缺性问题进行探索。他把那种在字面意义上使用的书写语言［written language］或那种"已言说的语言"［spoken speech］视为次级言语，这种语言衍生于曾经是活生生的"正在言说"［speaking speech］的语言，它是原始语言的二手言语，或者说是原始语言的世俗化。沉默往往是在"已言说中"［in the said］作为间接传达的东西出现在言说语言之中［speaking language］，"已言说"是对沉默的中介化过滤。"实际上这种想象中的沉默因语词而富有生命，…… 这种内在的生命就是一种内在的语言。已言说的话是一种姿势，而这种姿势之背后或姿势之意义则是一个世界。"② 当然，我们不会把一个哑巴的沉默称之为"表达"，因为哑巴"丧失自己的声音不是要保持沉默：一个人保持沉默只是当他能言说时"③。相反，思想从不是一个内生的事物，但思想也从不外在于世界，外在于语词，思想从不先于表达而存在，表达从来不只是翻译思想，"思想与表达同时完成"：

　　　纯粹的思想把本身变成某种意识的虚无，某种瞬间的欲望。赋予新意的意图只有通过已有的意义——先前表达行为的结果——知道自己④。

———————

① Merleau-Ponty. The Visible and the Invisible. trans. Lingis A. John O'Neill. Evanston：Northwestern University Press，1968：102-103. 此处译文参照罗国祥译. 可见的与不可见的. 北京：商务印书馆，2008：128.

② Merleau-Ponty. Phenomenology of Perception. trans. Colin Smith. London：Routledge and Kegan Paul，1962：165，177.

③ Merleau-Ponty. Phenomenology of Perception. trans. Colin Smith. London：Routledge and Kegan Paul，1962：143.

④ Merleau-Ponty. Phenomenology of Perception. trans. Colin Smith. London：Routledge and Kegan Paul，1962：143，164.

从梅洛-庞蒂对话语行为的重视，我们可以理解他所谓人是"语词的动物"这一观念。正是话语把我们从边缘带入世界之中，使我们从个体出发并带着个体进入一个群体和一个社群之中，语言不是纯粹虚无的意指体系。语言总是派生于一个具体事件。言说主体不会置身于语言演变之外。意义通过话语来解释、显示和探究，也正是在言说之中和在明确的、始源上是活生生的话语瞬间的胶结之处，话语主体透露出与语言的始源性事件相一致的一种存在性维度①。

梅洛-庞蒂在《知觉现象学》中指出，"已言说的语言"[spoken speech]是指我们对那些已经习得的语言的重复，人们使用这种语言就犹如接受坐享其成的财富，饭来张口，衣来伸手。而"正在言说的语言"[speaking speech]则是指那种正在发生之中的充满力量的初始言说，就如凭栏听雨，临渊观鱼，而不是抚卷夜读，画中观象。就诗歌而言，诗人则意在使语言的沉默最终实现自我传达，而不须假借已言说的东西说话。诗歌从不把表达还原为已经被言说的东西[poetry never allows its expression to be reducible to what is said or what is in the said]。② 梅洛-庞蒂认为诗歌和艺术最接近沉默，因为它们总是向着一种原始的沉默开放[a primeval silence]，诗人们正是以此为源头去聆听风声、气流、大海、蓝天、松涛和林中之鸟。诗歌和艺术把我们带入到自然的元素之中，在那里它们不是对象而是原野，是心与物游，我们人类于世界之中原本是一种虚位的存在，是存在之前的存在。当然，也许在梅洛-庞蒂看来，"存在"一词一经道出，它就已经落入区分之中。梅洛-庞蒂借马克斯·恩斯特[Max Ernst]描写画家之职能的话写道：画家"重新去发现那些初始的显现，这些初始显现

<hr>

① Rajiv Kaushik. Art and institution：aesthetics in the late works of Merleau-Ponty. New York：Continuum International Publishing Group，2011：35.

② Rajiv Kaushik. Art and Institution Aesthetics in the Late Works of Merleau-Ponty. New York：Continuum International Publishing Group，2011：128.

在我们内部自我显现，就如诗歌在我们内部去发现那些尚不为我们所知的东西从而实现自我表达"①。梅洛-庞蒂在各种表达之中尤其推崇音乐，他在以"自然"为题的系列演讲中以及在《可见的与不可见的》中都解释了音乐与世界之肉之间的连接：

> 为什么不承认——对这一点，普鲁斯特知道得很清楚，而且他还谈到过这一点——语言和音乐能够通过其本身的结构持有一种意义，能够在其自身的设置中获得一种意义，以及每当它是征服性的、主动的、创造性的语言的时候，每当某种东西在说的意义上被说出时它都是如此；为什么不承认就像乐谱是对音乐存在事后的原样复制，是音乐存在的抽象表达那样，语言作为符号和所指、声音和意义之间的明确关系的系统，是实际语言的产品和结果，而在这种实际的语言中，意义与声音的关系和'小短句'与五个音符的关系是相同的，人们事后在这种语言中发现了这种关系？②

现在我们重新回到梅洛-庞蒂关于感觉经验[sense experience]这个主题上。知觉自身是原始的，它从一开始就为我们的认知提供动力源并为我们的认知出发地圈定了范围。它使存在于各个层面的野性或野蛮向我们临近，为我们克服古典本体论（机械主义、目的论、智性主义、祛涉身性、形而上学等）提供了能量，也为我们揭示出了有关自然超越的一个新的区域，对它的理解既不借助主观也不借助客观，或者说先于主客之二元分离，而是使那些让我们觉得无穷之意义在其中自我生成，而我们并不明确地知晓。或者说，主体和客体都不是意义之生成的一种绝对唯一的源泉，

---

① Rajiv Kaushik. Art and Institution Aesthetics in the Late Works of Merleau-Ponty. New York: Continuum International Publishing Group, 2011: 12.

② Merleau-Ponty. The Visible and the Invisible. trans. Lingis A. John O'Neill. Evanston: Northwestern University Press, 1968: 153. 梅洛-庞蒂. 可见的与不可见的. 罗国祥译. 北京：商务印书馆，2008: 189.

它代表从某种存在中涌现而出的一种意向，这种意向仅仅是一种知觉性的召唤能量，正是这种能量将主体和客体整合在这种召唤所揭示的运动之中。

知觉向我们允诺了一种全新的语言意义观和语言情景观，包括"语言特殊领域"之内的感知、捕捉"意义之诞生"或对一种野性意义的感知——"意义是来确认、终结和汇集表达的物理的、生理的、语言学的多样手段的东西，是来一下子建立所有这些的东西，就像目光来完成感性的身体那样；因为言语在开启可命名的和可言说的境遇的同时，就已经承认意义在境遇中有其位置，因为没有任何言说不是预先把自己构成为受话者而说话的，即使只是它自己的受话者"①。起源是意义之聚集，因为它向我们允诺了一种格式塔结构，意义从野性存在中涌现，更是从格式塔中涌现，从实线和虚线中涌现，从边缘和中心处涌现，从前景和背景中涌现，从沉默和声音中涌现，从 " between what in any given case is said and what is meant"之中涌现。

梅洛-庞蒂指出：意义是由处境中的那个存在所引发并在一种格式塔中孕育——这种格式塔是个体之间被结合在一起和嵌入一个对它们实施协调的整体之中。换而言之，意义涌现于有限之中的无限和无限之中的有限，是二者之合一。在画家塞尚那里，如黄色、蓝色或绿色存在等这些个体存在不再简单地被某一个体的格式塔瞬间所肢解。概言之，梅洛-庞蒂主张内在的格式塔不是一个概念的存在，而是一个非概念的存在，是开放、逸出、微震、搏动、交织、可逆性的存在②。凡来自感觉的东西，它一面始于当下之有限或个体，一面又面向世界，面向个体涉身之境遇，而作为感觉者或人（人的目光）则如发出的光之起点，而后渐渐在物质

---

①　Merleau-Ponty. The Visible and the Invisible. trans. Lingis A. John O'Neill. Evanston：Northwestern University Press，1968：154-155. 梅洛-庞蒂. 可见的与不可见的. 罗国祥译. 北京：商务印书馆，2008：190.

②　Rajiv Kaushik. Art and Institution Aesthetics in the Late Works of Merleau-Ponty. New York：Continuum International Publishing Group，2011：79.

之中扩散和消弭：

> 人们称之为感觉的东西只不过是最简单的知觉，作为生存的形态，它与实际来自构成世界之背景的任何其他知觉是不可分离的。相应地，每一个知觉行为都自我显现，从而与世界粘连的整体中被提取出来的。在这个系统的中心，有一种悬置或至少限制生命交流的力量，它把我们的目光建立在一部分背景上，把整个知觉场用于我的目光[①]。

梅洛-庞蒂在其《可见的与不可见的》中进一步指出知觉与事实不是一种简单的重合的或可以还原的关系。知觉是一种具体事实的偏离形式[derivative form of a concrete fact]，或一种自我显示的偏离或是分离或是部分耦合。"存在也可能看上去不是其所是，而且因此显现也可能意味着'看上去像'或'似乎是。'"[②] 知觉与事实是如此，那么，对知觉之书写的语言则无疑总是对某一具体事实的偏离。胡塞尔曾认为，一种语言符号的背景意义严格地讲是外在于感知行为[the act of sensible perception]的，所以，如果凡一个符号具有意义，它的意义对感知者而言总是在整体上指向他者（环视左右而言他）。语言意义概念可以被用来解释关乎这种意义的一种认知价值，但是若以一种纯粹自我指涉的方式把这种意义从中剥离出来同样是成问题的[③]。

事实上，梅洛-庞蒂在其后期作品中更是着力而集中地鼓励这种吸纳"裂开"的分化主张。在梅洛-庞蒂的《可见的与不可见

① Merleau-Ponty. Phenomenologie de la Perception. Paris：Gallimard，1945.（P. P.）. In English：Phenomenology of Perception. trans. Colin Smith. London：Routledge and Kegan Paul，1962：216.

② Rajiv Kaushik. Art and Institution Aesthetics in the Late Works of Merleau-Ponty. New York：Continuum International Publishing Group，2011：64.

③ Rajiv Kaushik. Art and Institution Aesthetics in the Late Works of Merleau-Ponty. New York：Continuum International Publishing Group，2011：32.

的》一书中，"裂开"这一词表述构成了他的思想中的一个重要意
象。所谓"裂开"，犹如莲蓬之壳的剧烈开启，从而引起不可逆转
之变化，犹如爆炸之力将内核和壳层瞬间撕裂开，犹如音符与音
符之间，符号与符号之间，新的感觉永远在无法完成的差异化中
开启。"裂开"不是一次性的，而是不断地持续发生，以至于导致
那些习见的、固定的概念体系不断遭受到质疑，其结果代之而起
的，是概念化的持续涌现和持续形成。梅洛-庞蒂借用"身体"这
个在他眼里作为境遇中的存在活物体阐释道：这就如"肉身是看
在可见者之中和可见者是看之中的裂缝那样。而且，正如我的身
体只是因为它是在可见者中开启的一部分才能看一样，开启于声
音的排列之上的意义则反映着声音的排列"①。场域中诸要素之间、
各交叉场域之间、空时阈之间、身体与多物体之间，我们触角器
官和彼此相互作用之间的张力，尤其是右眼和左眼在双眼视觉中
的张力，都以某种方式彼此拉动，从而允许知觉存在不断地诞生
和肉身化。肉身化犹如蜘蛛网中的蜘蛛，其中"一切与存在的关
系同时占有和被占有，把握和被把握，倾听和被倾听，它是记载
同时又被记载在那个它所拥有的同一个存在之中"②。

　　身体是世界中的裂口，也是我们进入世界的入口。它可以让
世界之整体瞬间现出凹陷、深渊和出现构架，现出阴影和光亮，
而身体既参与凹陷和构架的赋形，又处在它们各自存在的边缘，
即置于世界多种入口相交汇的连接处。再通俗地讲，身体与世界
的关系就如白色墙壁上突然飞来一只苍蝇停在上面，于是瞬间改
变了整体墙壁的构图。身体（毫无选择地注定在某个时刻）置于何
处，何处就成为"意义之虚体"与"浸润意指之身体"之间的对

---

　　① Merleau-Ponty. The Visible and the Invisible. trans. Lingis A. Prose du
Monde. Paris：Gallimard，1969：167.梅洛-庞蒂. 可见的与不可见的. 罗国祥译. 北
京：商务印书馆，2008：190.
　　② Merleau-Ponty. The Visible and the Invisible. trans. Lingis A. John O'Neill.
Evanston：Northwestern University Press，1968：266.

话与表达①。就理解之发生而言，凡一个个体或主体乃是身体之中之个体或主体，身体之有限与身体之背景之有限或有限背景之无限之关系，或身体与身体滑落之处必将引起这个包含这个身体的世界发生振动，犹如石头投入湖泊之中推动水波涟漪蔓延乃至无穷。

现在我们再重新回到隐喻之中：语词在诗歌话语运用中的力量来自一种肌肉间的张力，这种张力是由于某种视之为理所当然的意义发生爆裂所致，是瞬间的不协调而导致的重新协调和聚集所致。正如我们在先前的例子中所谈到的那样，语言的字面意义被炸开了。梅洛-庞蒂的基本洞见是：隐喻最终在能看的身体 [body that can see] 和被看的身体 [body that can been seen] 之间呼唤出一种永远在路途之中运动着的想象力。他所讲的隐喻是用来指在人类存在的某种基本结构化中发挥作用的"看"、"被看"和"任人被看"。因此，更加一般地讲，在梅洛-庞蒂那里，除了具有一种居间协调的形式，隐喻既是一种积极的形式，还是一种消极的形式。如"人面桃花相映红"一句中的"桃花"，《诗经》中的"昔我往矣，杨柳依依"一句中的"杨柳"，这里就是以其消极的形式参与对"人面"和"依恋之情"的积极表达，以其对自我的本己扬弃实现了对"桃花"和"依恋之情"的创造性肯定，而这也是语言哲学所应该有所作为的地方。他写道：

> 哲学，正是作为"我们内心言说的存在"，作为沉默经验对自身的表达，而为一种创造。这种创造同时又是存在之重新整合：因为它不是这样意义上的创造，即历史制造出来的随便什么构造物 [gebilde]；它知道自己是构造物并且想作为纯构造物来进行自我超越，以及重新发现其起源。所以它是根本意义上的创造：这同时又是一种同等互利的创造，也是

---

① Rajiv Kaushik. Art and Institution Aesthetics in the Late Works of Merleau-Ponty. New York：Continuum International Publishing Group，2011：39.

唯一能获得同等互利的方法①。

　　保罗·利科也注意到隐喻这一特点。他曾提到把两个初看上去看彼此不相干的意象重叠放在一起，就会给人十分鲜明的立体效果。但所产生的并非都是肇始于知觉本身的存在，还包含那些由环境所诱发出的、但在大多数情况下并不被我们所发觉的知觉。字面上那些通常的东西被语词所蕴含的力量所撕裂，这些力量早已在散文之中沉寂，隐而待发，但是现在却突然返回到活生生的现实之中，使那些期待被言说的东西得以显示。此刻，认知（认知中的对象物）与情感彼此应答，彼此交叉重叠，含混并行推进。事实上，我们谁也不会仅仅从认知对象的单一维度上去理解徐志摩在《再别康桥》的诗句："轻轻的我走了，／正如我轻轻的来；／我轻轻的招手，／作别西天的云彩。／那河畔的金柳，／是夕阳中的新娘；／波光里的艳影，／在我的心里荡漾。"出现在抒情诗中的"云彩"、"金柳"、"新娘"、"艳影"这类语词并不是诗人在向我们作出某种简单的事实性承诺[a pure factual commitment]，而是诗人在向我们表达某种情感时，他必须要扬弃那种习惯化的固定概念体语言，让我们与他一起参与到概念化的持续推进和持续被撕裂中的形成与涌现之中。

　　英国语言学家[James C. Femald]曾经说："在所有语言中，最早的词都必然地是以某种方式与物质的、可感觉的物体有联系，如太阳、月亮、星星、地球、岩石、山丘、树木、花草、河流、鸟兽、男人、女人、孩子；如人类或动物的声音，鸟的歌唱，风的叹息，雪或雨的降落，雷的轰鸣"等。② 此乃清初诗论家叶燮（1627—1703）论创作所言："当其有所触而兴起也，其意、其辞、

────────────

　　① 梅洛-庞蒂. 可见的与不可见的. 罗国祥译. 北京：商务印书馆，2008：247. In English：The Visible and the Invisible. trans. Lingis A. Prose du Monde. Paris：Gallimard，1969：197.

　　② James C. Fernald. Expressive English. New York：Harcourt，Brace and Company，1969.

其句劈空而起，皆自无而有，随在取之于心；出而为情、为景、为事。"① 又如明代布衣诗人谢榛(1495—1575)所言"诗本乎情景，孤不自成，两不相背"。再如南唐人李煜(937—978)在《虞美人》中因难以写尽"愁"之多，故设"问君能有几多愁，恰似一江春水向东流"，令人想象出一幅望着浩荡东流的长江的生动画面：无时无刻不在翻波、涌浪流向大海。一旦与蕴含无穷力量的世界本体论联系在一起，语词似乎瞬间被一种暴力所撕裂，它必将以自我的牺牲赢来一个新的世界，此乃叶燮之"著形于绝迹，振响于无声也"之境界也。这种撕裂是一种诗性的撕裂，是一种美学的暴力，它向读者瞬间敞开了一个超越其本身的生存世界，推进了他对现实的新认知。因此，保罗·利科就明确指出文学艺术就是要想使读者从那些象征的次元中超越固定的生存模式从而感知到一种新的境界：

　　　　对于我们，境界是由文学作品所揭开的涉指之全体。如此，我们谈论关于希腊的"境界"，不再是指出那些人所生活过的是怎样的情况，而是指出一些非固定的涉指，这些涉指在最初的情况消弭之后仍然存在，而且今后被提供为可能的生存方式，作为我们在这个世界上的象征的次元。对我而言，这是一切文学的涉指：不再是对话所固定涉指的环境，而是我们所读的、了解的、喜爱的每一篇文学作品的非固定的涉指所投影的"世界"。了解一篇文学，是同时点亮我们自己的情况，或者，可以说是，在我们的情况的叙述句中，加进使我们的"环境"变成"境界"的一切意义。使"环境"进入"境界"的这种扩大使我们能够谈论文学所展开的涉指——涉指展开境界，这么说也许更适当②。

---

① 叶燮. 原诗.

② 保罗·利科. 本文的模型. [The Model of Text]. 郑树森. 现象学与文学批评. 台北：东大图书公司，1984：146-147.

在被称之为"多伦多的演讲系列"之中，保罗·利科给我们举出了莎士比亚戏剧中的一个例子："朱丽叶就是太阳"［"Juliet is the sun"］①。就一个陈述句而言，即根据每个符号的习惯意义和它通常的指示意义来讲，这是一个虚假又毫无意义的句子，因为它明显经不起形式逻辑和经验逻辑的分析，因为句子的"Juliet"不是对"the sun"的事实分享和事实承诺。人类的情感好恶、喜怒哀乐与人的逻辑之间存在相互作用的关系，但是我们要知道形式逻辑或逻辑实证主义却无力反映这一点。因为在形式逻辑面前人就是一台机器——根本就不应该有什么情感和好恶。以卡尔纳普等人为代表的逻辑实证主义语义学认为，世界是由严格的科学语言表达的东西，特别是以物理学为标准的科学语言所表达的东西，凡是一切非对象化［non-objectified language and philosophical language］的语言都应该排除于他的科学语言体系之外。然而，到了德里达那里，他则对贯穿于西方哲学认知中从柏拉图到黑格尔、从亚里士多德到海德格尔的那种认为"有即存在"［being as presence］的单一系统以及"有即存在"与"无即不存在"［non-being as absence］的二元对立思想提出了挑战。他指出：

> 我们可以证明所有与"根本"［fundamental］、"本质"［essence］、"原理"［principle］或"中心"［center］有关的词汇总是代表了一恒常不变的存在——理念［eidos］、"原始"［arche］、"终极目标"［telos］、"本体力量"［energeia］、"存在"［ousia］（包括：本质、本体、主体）、"真理显现"［aletheia］、"超越"［transcendental］、"意识"或"良知"、"上帝"、"人"，等等②。

---

① Maric J. Ualdes. A Ricoeur Reader：Reflection and Imagination. Toronto：University of Toronto Press，1991.

② Derrida. Writing and Difference. trans. Alan Bass. Chicago：University of Chicago Press，1978. 郑树森. 现象学与文学批评. 台北：东大图书公司，1984：204.

　　德里达把它们称之为"真理言语中心主义"［logo-centrism］，又可翻译成"逻辑中心主义"，即真理在言语中的恒常出场。按照德里达的解释，根据"真理言语中心主义"的观念，真理永远在场，而表现真理之文字则是不存在、外加的、衍生的，是与误解、误读、距离、无诚意等观念相连。换言之，意义存在着，文字则可以不存在。

　　非常有意思的是，德里达关于能指的游戏观，与他对隐喻的理解相关。他把隐语理解为一种能指的游戏，认为可以依靠这一游戏去瓦解语词的单义性和唯一性："一门精确的严谨的语言应该成为完全单义的，确切地说，即成为非隐喻性的语言。随着语言支配着形象或抹去形象，语言才被书写下来。"① 他指出，文字的进步是理性的进步，或者说文字的进步是以情感的退步作为代价的。然而，这在德里达那里，也包括梅洛-庞蒂，这种进步无疑是十分危险的。他们认为，之所以是危险的，是因为它"以明晰性代替欲望，以精确性代替力量，以思想代替情感，以理性代替心灵，以音节代替音调"②。

　　"朱丽叶就是太阳"，这句话绝不会允许人们按照形式逻辑或采取意义的单一性去阅读它，因为它与字面或通常意义不相符合——后者允许一个符号代表一件事实。如果我们已经知道它在字面上是毫无意义的，那么，我们就应该询问它应该表现什么以及它何以对读者是富有诗意的或呈现情感张力的？出乎意料的是，保罗·利科并没有把分析的重点放在主语或表语上，而是放在系词"to be"上。按照他的意见，从判断上考虑，实体性思想成为命题性主题，具体思想成为主题的属性，而由动词"to be"表达出的共存关系则被称为系动词③。保罗·利科认为诗歌正是依靠这

---

① 德里达. 论文字学. 汪堂家译. 上海：上海译文出版社，1999：393.
② 德里达. 论文字学. 汪堂家译. 上海：上海译文出版社，1999：393.
③ Ricoeur P. The Rule of Metaphor. trans. Robert Czerny. Toronto：University of Toronto Press，1977：56，247.

个"to be"来表达意义与感觉之间的某种融贯与融合，也正是依靠这种融贯与融合将诗歌语言与非诗歌语言区分开来。但在后者那里，符号的任意约定性需要尽可能将意义（指涉意义或所指意义）与人的感觉分离开来。在"朱丽叶就是太阳"这句话中，我们必须承认，其中的这个"是"［is］绝不是字面意义上的意指。保罗·利科抓住"is"的意图不是要引入一种事实本体论或是一种处理事实存在的方式，而是相反，他似乎把"is"的含混融合性引入哲学之中，并把哲学视为一种散文而非一种诗学训练。这个"是"所发挥的影响，不仅仅是它说出约定符号日常所熟知的声音形式部分，而且它还恢复了语词传达和言说新鲜事物的容量。

因此，如果我们要让该隐喻重新触动我们，从而对两个意象的重叠作出回应，让"朱丽叶"这个年轻的平凡的人类女性与巨大的天体相提并论，相得益彰，让大地上所有的光辉和生命的遥远源泉与那个围绕地球轨道旋转的轴心相提并论，将会产生怎样的效果呢？要认真地对待这个问题，我们可以想象出一个诱发情感的、甚至发自肺腑的情境认知场域，一个现成的认知场域实例，无疑还是庄子《秋水》篇中的"庄子与惠子游于濠梁上"这个故事，所以，再次引用如下：

> 庄子与惠子游于濠梁之上。庄子曰："儵鱼出游从容，是鱼之乐也。"惠子曰："子非鱼，安知鱼之乐？"庄子曰："子非我，安知我不知鱼之乐？"惠子曰："我非子，固不知子矣；子固非鱼也，子之不知鱼之乐全矣！"庄子曰："请循其本。子曰'汝安知鱼乐'云者，既已知吾知之而问我。我知之濠上也。

庄子以"请循其本"回答惠子。这是一种要我们在感知事物时注意身体场域与注意相关关系的回答。庄子是在提醒惠子注意到，他们都是"存在—于—世界—中"，我们向世界中的他者开放。梅洛-庞蒂在《可见的与不可见的》中指出："……理解就是

'拥有意识'等于在背景上拥有形象，并且它由于非连贯而消失——形象—背景之间的区别引出'主体'与'客体'之间的第三项。首先正是这个差别是知觉的意义"①。从某种意义上讲，这是一种环境本体论，我也将其称之为环境微观本体论。庄子之快乐的表达得之于"儵鱼出游从容"，而"儵鱼出游从容"则得之于我之主体顿失后的与鱼之融合后的混合性存在。诸如"泪眼问花花不语，乱红飞过秋千去"；"可堪孤馆闭春寒，杜鹃声里斜阳暮"；"采菊东篱下，悠然见南山"；"寒波澹澹起，白鸟悠悠下"；"细雨鱼儿出，微风燕子斜"。此等诗句如何能以王国维先生"无我之境"而一言以蔽之？

一起则两起，一不起则两不起。我与物象之间形成一种结构性关系或胡塞尔、梅洛-庞蒂之"境域"关系。在此结构之中，我"拥有意识"就是"在背景上拥有形象。"瑞士诗歌批评家埃米尔·施塔格尔写有《诗学的基本概念》一书。他在书中写道："……几乎唯独'世界进入主体'这一点被看着抒情式的本质。"他接着引用弗·泰·费舍尔描述音乐里表现感觉的话说道："感觉是主体与客体相撞而产生的光；感觉与意识的关系犹如睡与醒的关系，主体下沉到自身中并失去跟外部世界的对立。"② "面对面"取消了，一点不错！但是，并非如费舍尔所说的，是由于主体下沉到自身中。我倒是以为是主体下沉到外部世界中。因为"我"在抒情式的言语中不是始终意识到它的同一性的一个"我"[me]，即作为主语补语的"我"，而是一个"I"，即作为主语的"我"，它源于自身却不封闭于自身，它在空间中化为生存的每一瞬间，因此也化作万相，即"我"不在事物的对面，而是在事物之中，"存在—于—世界—之中"，以及事物在我之中。从某种意

① Merleau-Ponty。The Visible and the Invisible，trans. A. Lingis. Prose du Monde；Paris：Gallimard，1969：197-197. 梅洛-庞蒂. 可见的与不可见的. 罗国祥译. 北京：商务印书馆，2008：146-147.

② 埃米尔·施塔格尔. 诗学的基本概念. 胡其鼎译. 北京：中国社会科学出版社，1992：51.

义上讲，一切诗学的本质就是让世界进入主体并且被主体所渗透，而绝不是让我进入到我自身的封闭之中。我们自身在与世界联系在一起之前，我们几乎找不到我们自身。胡戈·封·霍夫曼斯塔尔[Hofmannstahl]曾这样说道：

　　　感觉、半感觉、我们的内部所有最秘密和最深的状态难道不正是以最稀罕的方式同一处风景、同一种季节、同气体的一种特征、同一种气息交织在一起吗？你从一辆较高的车上跳下来时的某种动作，一个闷热的、没有星星的夏夜，一处门廊潮湿的石头的气味，流动的井水溅到你手上的冰凉的感觉：你的整个内部的财富，你所有的神思的飞翔，你所有的渴念，你所有的沉醉，都是同千万种这样的尘世事物连接在一起的。还不止是连结：它们的生命之根牢牢地长在上面，以至于——如果你用刀把它们从这个根基上割下来，它们就会收缩，在你的双手间消失得无影无踪。如果我们要找到我们自己，那么，我们切不可下到我们的内部去：我们可以在外面被找到，在外面。我们的灵魂像内涵的彩虹张悬在生存在这道不停顿的瀑布上空。我们不占有我们的自身：它从外面吹拂我们，它逃离我们，一去很久，吸一口气的功夫又返回。这就是——我们的"自身"！这个词是这样的一种比喻。从前有一次巢居在这里的种种冲动回来了。回来的当真是它们自己吗？或者不如说仅仅是它们的后代，这模糊的家乡感的驱使下又回到这里来了吗？反正有什么东西回来了，这就够了。于是，有什么东西在我们内部跟另一些东西相遇。我们不过是个鸽子棚①。

　　人的灵魂的内涵就在世界本身之中，正如庄子那愉快的感觉

---

　　①　埃米尔·施塔格尔. 诗学的基本概念. 胡其鼎译. 北京：中国社会科学出版社，1992：53.

存在于"濠梁之上"所观之鱼中一样，罗密欧对朱丽叶的巨大激
情在炙热的太阳之中一样。这是灵魂走出自身进入世界里，"存
在—于—世界—之中"。徐志摩把他的爱可以化作"西天的云彩"，
"那河畔的金柳"，"是夕阳中的新娘"，罗密欧的爱自然也可以化
作激情般的太阳，这是一种强热情感释放前的飞翔和爆破。如果
我们置身于罗密欧的世界，正如莎士比亚意欲向我们传达的那样，
让我们能够真实地体验到他意欲表达的那个原始瞬间，就做到
"处心于境，视境于心"。对罗密欧而言，朱丽叶本人，或这个可
以对罗密欧释放无穷能量的个体，要比诗人从字面上对她的客观
"准确"描述更为生动。在诗歌中，语言既被悬置却又开放着：悬
置是将被涉指之自然物中性化，却同时使它的意义和解释向无限
领域开放。保罗·利科讲，"在诗中，向文本开放就是向由感觉解
放了的想象物开放"①。"我们要从罗素和维特根斯坦的意义上去理
解'事实'，在他们那里我们不能将'事实'与"所与"混为一
谈，而要把它理解为事态[moods]，理解为述谓活动的相关物。"②
在事态胜过事实的层面讲，罗密欧的表达毫无疑问是真实的。这
不单单是一种修辞或一种"比喻"，这是援"江山之助"以达"物
色之动，心亦摇焉"③之效果的唯一的表达形式。一些民族的人们
喜欢在歌声中表达他们所爱慕之人的情感，让爱和"歌"融化，
歌者在"歌"中融化。用莎士比亚的《皆大欢喜》中的话来说，
音乐即"爱的养料"，用蒂克的话来说，"爱在音响中思考"。我们
的灵魂总是通过响动和视像跑出来，进入世界里。激情的语言容
易同抒情式的语言混淆，和处在抒情式情调下的人相似，为激情
所动的人往往是独孤的人，并且用直接的、往往只是结结巴巴地
讲出的话语表达他的激情。同样，激情式的诗人也常常破坏约定

---

① Ricoeur P. La Metaphore Vive. Paris: Seuil, 1975. (M. V.). In English: The
Rule of Metaphor. trans. Robert Czerny. Toronto: University of Toronto Press, 1977:
248, 249.

② 保罗·利科. 活的隐喻. 汪堂家译. 上海: 上海译文出版社, 2004: 323.

③ 刘勰. 文心雕龙·物色.

的语法规则和话语逻辑，并且在他的言语中"跳跃"，像从一座山峰跳到另一座山峰。激情者的灵魂是孤独的，因此是"空"的，它必须把外部世间的一切化作它的形式，甚至最不显眼的东西也件件坚持它最独特的生存。乌尔夫·伊沙尔说过："篇章之图式，无疑是关联于'事实'的，但这些事实并非'所与'，我们必须去发现它们，说得更准确些，制造它们。就这方面来说，文学篇章利用了理悟之基本结构——那就是说与事实之对应，而且扩大了这种结构，以包罗这些事实之实际制造。这些图式引生了一种隐藏的、不会用语文表达的'真理'的一些方面，而这些方面必须由那不断通过调整焦点以呈象出一整体的读者来加以综合的。"①朱丽叶与太阳，女人与玫瑰花，柳树与女人（白居易《长恨歌》："芙蓉如面柳如眉)，莲花与君子，九儿与红高粱（莫言：《红高粱家谱》），"碾冰为土玉为盆"与林黛玉（曹雪芹：《红楼梦》），"一江明月一江秋"（清代：陈沆），一草一木一世界。诗人走出自身所要认识的任何一物，或想要感知某物，他/她就已经有了一个"含义关联"，正是在这个"含义关联"中，某物才有可能被说出来。这就是为什么同一对象可以属于不同的含义关联并且相应地成为不同的东西：

> 半卷湘帘半掩门，碾冰为土玉为盆。
> 偷来梨蕊三分白，借得梅花一缕魂。
> 月窟仙人缝缟袂，秋闺怨女拭啼痕。
> 娇羞默默同谁诉？倦倚西风夜已昏。
> ——曹雪芹：《红楼梦》

保罗·利科在讲陈述之假值时说，"语义上的不恰当性"必须

---

① 郑树森. 现象学与文学批评. 台北：东大图书公司，1984：92.

在对它做完全理解之前予以承认①。这意味着他把表达述谓之
"是"（把事物放在它们适当的范畴之中，即"这个"存在之中）视
为标准，我们借助于这个标准去对偏差作出判断。事实上，他认
为隐喻更像一个被人为策划［artificially designed］的范畴错误②。
这在一定程度上无疑是正确的，如"朱丽叶"和"太阳"必须首
先表示它们通常所表示的内容，才能有待于爆裂发生，因为爆裂
须在两个拥有能量的差异之中发生。保罗·利科指出："我的结论
落在隐喻的'位置'上，它的最密切和最终的处所不是名称，不
是句子，甚至也不是话语，而是系动词'to be'。隐喻的'is'同
时既蕴涵'不是'又表示'像'。"朱丽叶"是罗密欧期望融合前
的分离，是被欲望着的"他者"［she is an object to be desired］，
是罗密欧灵魂的出走，朱丽叶是他思维着的对象，只要灵魂思维
着，它就一定因其所采取的立场（精神）而与灵魂的肉身相脱离，
或出窍之思，或出位之思。诗学家埃米尔·施塔格尔曾如此说过：
"精神会犯错误，因为它使'真'与感觉和观看分离，并把'真'
保存在符号、词和文字里。谬误和谎言在于错误地使用符号。使
谬误和谎言成为可能的，是精神同事物保持的间隔距离。"③ 正是
这一种间隔距离所生成的能量张力（罗密欧和朱丽叶之间）使罗密
欧无法从朱丽叶这个本源那里获得他自身，只能是身不由己地被
拽到了"太阳"那里。"太阳"分享了他的激情和"真"。如果确
实如此，我们就应该允许谈论一种隐喻的真理，但是更应该从

---

① Ricoeur P. La Metaphore Vive. Paris：Seuil，1975. (M. V.). In English：The
Rule of Metaphor. trans. Robert Czerny. Toronto：University of Toronto Press，1977：
195.

② Ricoeur P. La Metaphore Vive. Paris：Seuil，1975. (M. V.). In English：The
Rule of Metaphor. trans. Robert Czerny. Toronto：University of Toronto Press，1977：
197.

③ 埃米尔·施塔格尔. 诗学的基本概念. 胡其鼎译. 北京：中国社会科学出版
社，1992：180.

"真理"这个词的一种充满"张力"的意义上来讨论它①。这不是一种无法还原成明确的认识对象的真，单这却是被感知者分享了的"真"。然而，有关指涉和真值的问题却随之而来。于是，他更愿意把隐喻作为一种始源，作为一种概念之源，一种元表达；他倾其心血解释和证明它的存在和力量之合法性，他拥抱其能力去捕捉由隐喻所发现的一切。

　　为了正确对待隐喻和解释它的意义，保罗·利科希望向人们指出，把指涉限定在科学陈述上是一种错误，他的整个目标就是澄清这一错误②。他认为我们需要把具隐喻性的"是"理解为"是"和"不是"之间的一个模棱两可却又非常有用的含混重叠，而且正是这种重叠把新的概念或正在形成中的概念给予了我们的散文或字面言说。"是"处于"隐喻的真"与"字面的真"之间，同时又居间促成隐喻和字面的融合之真与"单纯的虚假"③。保罗·利科振振有词地说道："难道不存在动词'是'的隐喻意义，其中保留了我们首先在单词（自然与宇宙）之间，继而在两种解释之间（字母解释与隐喻解释）之间，最后在同一性与差别性之间发现的那种张力？……我们首先得揭示'不是'，它本身隐含在不可能的字面解释之中，但却以隐蔽方式出现在隐喻性的'是'之中。"④ 这是"是"与"不是"之间的张力，而且这种张力不是通过形式语法能够标示出来的，"是"表示的不是指涉功能之"是"，而是表示存在论的功能之"是"。德里达在他的《声音与现象》一书中对"是"[etre]这一动词表达了与此相吻合的看法：

---

①　Ricoeur P. The Rule of Metaphor. trans. Robert Czerny. Toronto：University of Toronto Press，1977：6.

②　Ricoeur P. The Rule of Metaphor. trans. Robert Czerny. Toronto：University of Toronto Press，1977：261.

③　Ricoeur P. The Rule of Metaphor. trans. Robert Czerny. Toronto：University of Toronto Press，1977：274.

④　保罗·利科. 活的隐喻. 汪堂家译. 上海：上海译文出版社，2004：340-341.

　　"是"动词的意义(海德格尔说它的无限形式从第三人称现在陈述式出发神秘莫测地被哲学所规定)与词,即与音素和意义的统一保持一种完全特殊的关系。它无疑不是一个简单的词,因为人们不能用不同的语言表现它。它并不更多的是一种观念的普遍性。但是,因为它的意义不指明任何东西:任何物、任何在者,任何本体的规定,因为人们在词之外的任何地方都碰不到它,它的不可还原性就是字句或说、思想和声音在逻辑统一中的不可还原性。存在[etre]的特权不能反抗词的解体。存在是抵抗一个词的语言解构的第一个或最后一个词①。

　　"是"——"是"与"不是"、"是"与"像"之间——保留了同一和差异之间的张力,保留了两种诠释(字面和隐喻)之间的张力,保留了指称与存在之间的张力,汇聚了相关关系与存在之间的张力,汇聚了"既成"与"涌现"之间的张力,增强了语内与语外之间的张力,偏离普通表达方式与创新方式之间的张力,彰显已言说语言与未被言说语言之间的张力,以及声音与沉默之间

----

① 雅克·德里达. 声音与现象:胡塞尔现象学中的符号问题导论. 北京:商务印书馆,2002:93-94. English version of the original is cited as follows: The sense of the verb "to be" (about which Heidegger tells us that its infinitive form has been enigmatically determined by philosophy on the basis of the third person of the present indicative)'l entertains with the word, that is, with the unitiy of the *phone* and sense, a relation that is entirely singular. Undoubtedly it is not a "simple word," since we can translate it into different languages. But as well it is not a conceptual generality. Since, however, < 83 > its sense designates nothing, no thing, no being nor any ontic determination, since we encounter it nowhere outside of the word, its irreducibility is that of the verbum or of the *legein*, that of the unity of thought and voice in the *logos*. The privilege of being cannot resist the deconstruction of the word. "Being" is the first or the last word to resist the deconstruction of a language of words.——See Derrida, Jacques. *Voice and phenomenon: introduction to the problem of the sign in Husserl's phenomenology*; translated from the French by Leonard Lawlor. Evanston: Northwestern University Press. 2011: 63-64.

的张力。一种在"是"之中保留着"不是"的隐喻的真实概念的合法性，正源于这种"之间"的汇合、聚集和涌现，源于肯定存在却又否定或否定之否定的"是"之悖论中：

> 我们说过，被一分为二的指称意味着系动词"是"最终包含着隐喻陈述所特有的张力。"像"既意味着"是"又意味着"不是"。事情原本是这样又不是这样。在关于指称的语义学的范围内，我们无法了解这一悖论的本体论内涵。正因为如此，"是"在那里仅仅起肯定的系词的作用，起阳否阴述的作用。在"是"这个系词中表示关系的意义与存在的意义的区分至少标志着思辨话语对存在辩证法的可能发现，这种存在辩证法的阳否阴述的标志就在系词"是"的悖论中①。

因此，我们可以理解保罗·利科主张隐喻可以指涉真实的世界、却又不是主观感受的简单溢出的道理。在某种意义上，从保罗·利科的立场上看，隐喻表达了人与世界、人与他者的一种居间际性关系，或不断接触或彼此临近而耦合与爆裂的关系，他排除了人与世界之间单项的对象性存在。保罗·利科没有把焦点放在述谓上，而是放在"是"这个系词上，并通过"是"的居间性让"Juliet"得以显现，而"the sun"就是"Juliet"的体现。这是"是"与"不是"的居间体现。这一居间体现不是弱化而恰恰是提高了人的触觉、视觉、听觉，甚至是嗅觉的感知能力。隐喻使用者通过隐喻把自己与对象物的关系变成了一种解释或说明关系，即人物"罗密欧"通过"the sun"来显示人物"朱丽叶"在他心中的重力意义，而"朱丽叶"则成为罗密欧本人的一种阐释性存在。埃米尔·施塔格尔从现象学的角度指出："没有人能够仅

---

① 保罗·利科. 活的隐喻. 汪堂家译. 上海：上海译文出版社，2004：426. Ricoeur P. The Rule of Metaphor. trans. Robert Czerny. Toronto：University of Toronto Press，1977：362.

仅作为状态或者仅仅作为个人而存在，状态始终是昏暗的而个人始终是空的，同样，也没有人能够作为精神或灵魂，仅仅是男性的或女性的，仅仅是戏剧式地抒情式地存在着。"① 朱丽叶在"太阳"中成为一种嵌入式的可表达物，从而成为一种可与罗密欧的情感张力相匹配的识别物——"the sun"，其表达力量远远超过千言万语②。从某种意义上讲，隐喻提高我们的感知力，使我们在确定的对象身上看到"更多"——一种真实感与虚拟感的合一，一种"是"与"不是"的重叠。用苏珊·朗格的话来讲，阅读一首诗就是把握"一种虚拟生活的片段"[to grasp a piece of life]。或，"像诺斯若普·弗莱那样认为，意象表明或展现一种给诗歌赋予形式的心态，意味着证实情绪本身就像给它赋予形式的语言那样具有向心力[centripetal]"③。这就如今天现代技术中的影像学。影像技术以一种真实和非真实的艺术形式产生、解构和重构我们对事物的观察方式。其结果是我们得到的是一种混合的、工具化或媒介化或中介化的现实，这就是当今的美国技术哲学家唐·伊德所说的"技术中的肉身"。唐·伊德指出："影像技术的技术化建构的方法超出了现代认识论的界限，它更加接近于一种现象学的建构。"④

　　事实上，今天由现代技术所推动的影视制作者们都是极端的社会建构主义者，因为他们认为他们正在创造"真实"，而他们知道这种"真实"是虚拟的或一种创新，却并不必然地反映外部事

————————

　　① 埃米尔·施塔格尔. 诗学的基本概念. 胡其鼎译. 北京：中国社会科学出版社，1992：180-181.

　　② Don Ihade. Bodies in Technology. Minnesota. London：University of Minnesota Press，2001：44-45.

　　③ Ricoeur P. The Rule of Metaphor. trans. Robert Czerny. Toronto：University of Toronto Press，1977：268.

　　④ Don Ihde. Post-phenomenology：Essays in the Postmodern Context. Evanston：Northwestern University Press，1993：87.

物。这是"一种更高程度上的含混，更高程度上的真实"①。所谓
的"影像"本身是一种可以被看见的现象，但是被看到的东西必
须就其自身显示的背景和场域来加以分析。影像构架的空间暗含
着被呈现出来之物已经区别于普通的或活着的身体空间，影像呈
现的是有限的、被挑选出来的"构架"。这种呈现是一种开/关式
的呈现，这是被技术中介化后的表面"实在"或"准实在"，是
"真实"与"虚拟"的统一，是蕴含了一种物质的想象和想象的一
种物质。保罗·利科认为"是"是"虚"与"实"的重叠，类似
于梅洛-庞蒂的"沉默"与"声音"之间的构成关系，而"是"作
为隐喻性来解读，或者直接地构拟出一种隐喻——在某种程度
上——是把"是"放在了超越的层次之上，从而以一种弥漫张力
的能量去照亮存在物或存在者，这是一种在感受中去思想和在思
想中去感受的存在论考量。他同时还向我们指出了一种诗歌语言
的非指涉论，这种语言是开放的，向意象开始，而这种意象是由
感觉予以解放的②。

　　然而，梅洛-庞蒂的立场与利科的立场并不一致，甚至相互对
立，因为梅洛-庞蒂意在努力挖掘出一种本体论，哪怕这在他那里
只是一种间接的本体论，所以仅仅关乎科学陈述本身指涉什么的
追问是毫无意义的。实际上，一种科学的陈述在何种或非常有限
的意义上是否是指涉性的，他都表示怀疑，因为它的范畴性可以
迅速地蔓延并遮蔽野性存在的生命和力量。他不赞成把散文或者
尤其是科学话语作为一种文化实体以及认为它们是对自然本身之
翻译的主张。梅洛-庞蒂认为，我们的任何分析都无法把语言变得
清楚明白，把自然对象或对象文本"如其所是"地展现在我们面
前。表达总是一种蕴含偏离的创造，所表达的总是与表达者相分

---

①　Don Ihade. Bodies in Technology. Minnesota. London：University of
Minnesota Press，2001：xvii.

②　Ricoeur P. The Rule of Metaphor. trans. Robert Czerny. Toronto：University
of Toronto Press，1977：249.

离。神话中被人格化了的时间总是比科学范畴中的时间可以表达更多的东西①。他在《意义与非意义》中指出："语言与存在是共同构成全部述谓秩序的前述谓源泉，或者共同构成存在与汇聚领域、异化与虚假的前述谓源泉。"② 因此，我们不是意义的绝对源泉。我们不是从世界之外的一种超越位置出发把一种既成的意义赋予我们的体验，而是从我们嵌入世界之内部的经验出发去感知意义。"世界就是我们所感知到的世界"、"真理并不栖居于内在的人，更加准确地讲，不存在内在的人，人在世界之中，他只有从世界之中去认识他自己。""我不是绝对的存在，我的存在不是来自我的既往史、我的物理的和社会的周围事物和任务，我的存在走向它们和支配它们，因为我这种使我重新采用的传统或这种与我的距离不复存在的界域为我存在，因为如果我不在那里注视这种距离，那么这种距离就不能作为一种性质属于该界域。"③

梅洛-庞蒂在其作品中对科学尤其是科学的语言概念提出了质疑。他之所以对科学概念进行批判，在他看来，科学概念其实是对"是什么"的追问，是对纯粹对象物的追问，易言之，是对确定性的追问。"是什么"［what is］或何物存在［what there is］，意味着对那种我们可以加以"为我所用"的事物的追问，与那类把"是什么"当作我们在其上面拥有入口和进入的概念相反，它是一个我们可以面对的用科学语言再现的经验存在：

　　我所知道的，也是通过科学所知道的给予世界的一切，是根据我对世界的看法或体验才被我了解的，如果没有体验，

---

① Merleau-Ponty. Phenomenologie de la Percep 1945. (P. P.). In English: Phenomenology of Perceptio. trans. Colin Smith. London: Routledge and Kegan Paul, 1962: 249, 375. tion. Paris: Gallimard.

② Merleau-Ponty. Sense and Non-Sense. Evanston, Illinois: Northwestern University Press, 194: 134.

③ Merleau-Ponty. Phenomenology of Perception. trans. Colin. Smith. London: Routledge and Kegan Paul, 1962: x, ix. 梅洛-庞蒂. 知觉现象学. 姜志辉译. 北京: 商务印书馆, 2001: 2.

科学符号就物任何意义。整个科学世界是在主观世界之上构成的，如果我们想严格地思考科学本身，准确地评价科学的含义和意义，那么我们应该首先唤起对世界的这种体验，而科学则是对这种体验的间接表达。……每时每刻，我的知觉场都充满了映象、嘈杂声、转瞬即逝的触觉印象，以至我不能确切地把它们与被感知的背景联系起来，但我一上来就能把它们放入世界，决不会将它们与我的幻想混淆在一起。……知觉不是关于世界的科学，甚至不是一种行为，不是意识采取的立场，知觉是一切行为得以展开的基础，是行为的前提①。

事实上，保罗·利科正是从梅洛-庞蒂本人的角度对他提出了批评。他曾经指责梅洛-庞蒂不承认结构主义语言学所发现的"事实"，是因为他没有认真对待科学和客观世界，是因为结构主义者们对"符号学的挑战"把我们引向了一个主体缺位的语言系统之中。他还指责梅洛-庞蒂"过于草率地掠过了符号之客观科学的阶段，而太快地投向了言语"②。对保罗·利科而言，这无疑意味着是对现象学的摧毁。他认为，梅洛-庞蒂的危险在于他夸大了言语现象学与语言科学之间的对立，所以他实际上使我们再次陷入了那个已经被结构主义语言学把我们从中拯救了出来的心理主义和心灵主义的风险之中。他还抱怨说，梅洛-庞蒂"在对话中给予科学家的位置太少——事实上他根本没有赋予科学家以位置"③，因

---

① Merleau-Ponty. Phenomenology of Perception. trans. Coling Smith. London：Routledge and Kegan Paul，1962：viii；ix，x.梅洛-庞蒂. 知觉现象学. 姜志辉译. 北京：商务印书馆，2001：3-5.

② 保罗·利科. 解释的冲突——解释学文集. 莫伟民译. 北京：商务印书馆，2008：304.

③ Ricoeur P. Conflit des Interpretations. Paris：Seuil，1969. In English：The Conflict of Interpretations，ed. Don /lade. Evanston：Northwestern University Press，1974. New Developments in Phenomenology in France：The Phenomenology of language，trans. P. G. Goodman. Social Research 34 (1967). New York：11.

为他的愿望不过是拿结构主义扳倒结构主义，为他要拯救的主体准备一只(结构主义)箱子。

　　然而，话又说回来，若我们细读梅洛-庞蒂的《知觉现象学》、《符号》、《哲学赞词》和《散文的世界》等一系列作品，尤其是在他的《散文的世界》这部作品中，便会发现梅洛-庞蒂还是接受结构主义的思路，事实上，他对索绪尔的理解也是富有创建的[①]，至少可以说他自己把从中所获取的结构主义洞见引入了他自己的语言哲学思想之中，并使它们超越了传统的主客二分法。他写道："在哲学家看来，在我们的自然和社会体系中、在我们作为符号功能的结构中，(结构主义)指出了一条在支配从笛卡尔到黑格尔的哲学的主体—客体关联之外的道路。"[②] 也就是在这里，梅洛-庞蒂找到了一个关乎科学洞见如何能够对"是什么"的追问撕开一个现象学的口子，并进入始源之中的典型例子。在他看来，索绪尔和他的同道者们的工作是要解释那些尚未范畴化的野性存在，我们与它们的关系，以及揭示出那些影响表达之成效和范畴之显现的构成条件。他似乎认为索绪尔把一种自然的、前逻辑的秩序赋予了语言。这不仅对意义的发生力学机制和具体化的事实提出了新的洞见，而且还提出了被结构主义者置之脑后的那些要素，这是梅洛-庞蒂更富有创造性的贡献——即推动我们从他们的表述之中所蕴含的未被科学语言学同化的那些模棱两可的暗示中去继续思考表达和沉默：

　　　　在当前，或者共时地看，现在的使用不会被还原为由过去传承下来的命运。而且索绪尔在语言的语言学之外还开启了一种言语的语言学：前者使语言在其最坏的情况下呈现为事件的混乱；而后者让言语每一刻都必须在自身中证明一种

① Schmidt J. Merleau-Ponty: Between Structuralism and Phenomenology. New York: Macmillan, 1985: 105-111 on "Reading (and misreading) Saussure."
② 梅洛-庞蒂. 符号. 姜志辉译. 北京: 商务印书馆, 2003: 150-151.

秩序，一种系统，一种整体性(没有它们，交流和语言共同体
将成为不可能的)。索绪尔的后继者甚至要问：我们是不是能
够简单地将共时的观点和历史的观点并列——因为纵向研究
所描述的每一个句子都以其交流为目的的作为言语的活跃时
刻，每一过去都有其朝向未来的现在；某一同时瞬间的表达
要求及这些要求所规定的秩序是不是不能够在一段时间中展
开，至少不能够为某一历时的句子规定可能转换的某种意义
或某种起码暂时性的平衡法则，直至平衡一旦获取又将提出
新的问题，使语言转入到发展的新循环中。……无论如何，
索绪尔有着实现从历史主义中解放历时、并且使一种新的理
性观得以可能这一步的巨大功绩①。

　　梅洛-庞蒂在索绪尔派的语言学中发现了一些似是而非的和革
命性的东西，这就需要我们去对主体的作用以及对科学心智主义
本身进行重新评估。他意识到它们对传统语言学的潜在颠覆性，
如他认为索绪尔的语言学对将表达固化成为一种靠得住的、次级
形式提供了一种解毒剂，它让我们见证我们自身在语言中的偶然
性。这种偶然性是逻辑实证主义的对立面："不管把词语和意识概
念当作语言的获得交给我们的意义转移可能是什么，我们总有一
种直接的手段来理解词语所指称的东西，因为我们有我们自己的
体验，有我们之所是的这种意识的体验，正是基于这种体验，语
言的所有意义才得以比较，正是这种体验才使语言能恰如其分地
为我们表示某种东西。"而在对语言的阅读之中，"著作本身的注

---

　　① Merleau-Ponty. The Prose of the World. trans. John O'Neill. Evanston:
Northwestern University Press, 1973: 23. And also see The Merleau-Ponty Aesthetics
Reader, ed. Galen A. Johnson, trans. ed. Michael B. Smith: Evanston: Northwestern
University Press, 1996: 76-81.

释不会产生任何东西：我们在著作中只能找到我们放入其中的东西"①。但是，对于那些利用语言来维持自己对客观的、普通范畴之信任而欲使世界变得整齐划一和成为可预测的人们而言，则意味着这种打破约定的模式则必然会放进野性、非范畴化的元素，而野性存在则是对被顺服了的存在之威胁，顺服的存在被视为理所当然，乃至人们几乎遗忘了它们的存在。梅洛-庞蒂那里的"语言"是一种存在的语言，是我们对世界的感知、与存在的本初接触，是由感性物所指向的具有一种存在形式的意识主体作出的假设②。事物的形态、大小仅仅为我们对世界进行理解提供某种感觉形态，而且这种具有"感性形态"的体验是一种运动和行为的模式。一种被感知的存在意义就产生于在这种运动和行为的构架和影子中。这种在运动中不断生存的意义被他以"可见"和"不可见"予以表述：

> 可见的本身有一种不可见的支架，不可见的[invisible]是可见的秘密对等物，它只是出现在可见中，它是不可呈现的，它像呈现在世界中那样向我呈现——人们不能在世界中看到它，所有想在世界中看到它的努力都会使它消失，然而它却处在可见的线索中，它是可见的潜在的家园③。

我们再次回过头来看罗密欧和他对爱慕的表达。罗密欧显然不是在完成一个普通的表述。他的语词是野性精神的立场流露，"朱丽叶就是太阳"这句话是对他的野性心智的表达和认可，这在

---

① Merleau-Ponty. Phenomenology of Perception. trans. Colin Smith. London：Routledge and Kegan Paul，1962；xiv. iv. 梅洛-庞蒂. 知觉现象学. 姜志辉译. 北京：商务印书馆，2001：11.

② Merleau-Ponty. Phenomenology of Perception，trans. C. Smith，London：Routledge，1962. Translation of Phenomenologie de la perception，Paris：Gallimard，1945；221-257. 303-353，234-272.

③ 梅洛-庞蒂. 可见的与不可见的. 罗国祥译. 北京：商务印书馆，2008：273.

某种程度上就如梦游者的心智。但这却并非因为他疯了，或自欺欺人，甚或不是因为他是一位诗人，或因为他坠入了爱河。我们每一个人几乎都要时时刻刻提醒自己是正常人——因为正常人是一种文化概念，或是一个在特定时期的伦理概念，而不是人性概念（其中道理不在此赘述）。

野性精神之表达是一种行为立场，它晃动着激情，它照亮或遮蔽我们的心灵，它不仅仅是智力和想象所带来的结果。听者只能凭借直觉去理解他的话，因为他的话是原始的，是从情感深处油然产生出来的。梅洛-庞蒂在他列举的原始言语的例子中，把情人间的表白纳入了进来。罗密欧的话就是这样的表白，因为它是一种自我情感的无意而自然的流露，它开启了一种向未来许下承诺的全新关系。表白者在这种新的关系中似乎发现一种新的真理，并把它赋予他的行为。从"朱丽叶就是太阳"这句话所表达出的边缘或间性的野性存在之中，我们体验到人类经验领域中野性存在的回响，以及比述谓之"是"更为原始的存在。梅洛-庞蒂对放入语法情态中的野性存在之可能性表示质疑，这种质疑是他对初始指意观念的一种抗拒，但也是对我们如何接近野性存在的一种暗示。他把这种质疑称之为一种本体论官能[ontological organs]，身不由己，欲罢不能，是它们把我们与存在联系在一起。而且这必须是一个可逆性的质疑：我们质疑着又同时被质疑着。

在《知觉现象学》中，梅洛-庞蒂以弗洛伊德关于梦遗者的思维为例来解释热恋中的人，他明确地指出我们总是无时无刻不处在无意识的边缘：

> 如果性欲就像我们在前面解释的，是我们具有的与世界建立联系的一种方式，那么正如发生在梦中的情况，当我们的元性欲[meta-sexual]存在被遮蔽时，性欲就无所不在，也无所在，性欲是模棱两可的，不能作为自身呈现出来。……同样，在体验爱情的恋人看来，爱情不是名称，不是人们能勾画和称呼的一样东西，也不是书本和报刊谈论的爱情，因

为爱情是热恋中的人与世界建立联系的方式，是一种存在意义①。

男女之情是最原始的人际关系。人可以从任一缺口走进社会和世界，而爱情或被欲望的对象是人最为直接的开裂处。尽管梅洛-庞蒂对弗洛伊德的精神分析有精辟的讨论，我们暂时不必在这点上走得太远。而且，我们也非常有趣地注意到那位被称为"法国的弗洛伊德"的拉康曾将无意识本身视为与他者之间的一种对话，即如何感受自我与承认自身，以及正是在这种关系之中欲望被转化为一种质疑。虽然梅洛-庞蒂曾援引拉康的话说"无意识具有语言的结构"②，但是，我们认为拉康更情愿站在对野性存在加以顺化的立场一边，从而去维护他的超我和对上帝之律令给予接受的合法性。事实上，梅洛-庞蒂跟拉康一样都知道野性存在或实在是超越于律法之上的。当我们业已完成了这种对话，并愿意让自己接受他者之影响时，我们必须为了重返意识的秩序世界而与它提出的问题达成妥协。梅洛-庞蒂的努力途径是让那种原本驻守于我们却又被我们躲避的野性精神的能量得以释放，让它在表达逼近时使生命变得充沛，有力，乃至旁枝逸出、啁啾嘤嘤、波动涟漪，这样就能为那些尚未进入意识的生命开启视野，并将它们整合进我们的意识之中。

梅洛庞蒂的语言观是一种诗学的人性观，是一种滞止沉重、拖泥带水、却又浪漫逸放的诗学，是一种可以落地后飞翔的诗学观。总之，将反映野性存在的表达加以问题化（视为问题来推动探讨），不但不会败坏表达的声誉，反而更加有助于我们重新考虑那些关于确定性存在、肯定之统一性的预设陈述。在此，有必要再

---

① Merleau-Ponty. Phenomenologie de la Perception. Paris：Gallimard，1945.（P. P.）. In English：Phenomenology of Perception，trans. Colin Smith. London：Routledge and Kegan Paul，1962：340.

② Merleau-Ponty. The Visible and the Invisible. trans. Lingis A. Prose du Monde Paris：Gallimard，1969：126.

次引用埃米尔·施塔格尔这位让我读后非常震撼的《诗学的基本概念》这部书中的话：

> 衡量一种世界图景的真理性的尺度，不是人归根到底按其本质原本是什么。因为这种原本的人，这种自在的人，根本就没有。或者，对于我们必须称作神性的这样一种精神而言是有的。在这里，真理性也只能这样来衡量自己：在何种范围内它能变成有生育能力的，在何种范围内它适合于照亮我们的当前和我们的过去。所以，原则上不排斥这一点，即韵文领域里的一切现象证实自身在这样一个体系内是富于意义-互相关联着的，一切流传下来的文字的客观秩序能在这个体系内变得清晰可见：诗作，语言，人①。

现在再次回到哲学本身和它与野性存在之联系的问题上，我们就可以明白梅洛-庞蒂使用"非字面的"哲学［non-literal philosophy］这一概念之所指。在梅洛-庞蒂那里，他认为，哲学语言，或称之为"概念化的语言"，不是存在之面具，不是思想之管道，也不是理性思维之工具。我们只要知道如何去把握语言以及语言所有的根脉和枝叶，语言就能成为存在的最有价值的见证。因此，哲学是隐喻性的，但它不是一般意义上的隐喻：

> 整个哲学都在于恢复意指的力量，在于恢复意义或原初意义的诞生，在于恢复通过经验的经验表达，这种表达尤其阐明了语言之特殊领域。在某种意义上，就像瓦雷里说的那样，语言就是一切，因为它不是任何个人的声音，因为它是事物的声音本身，是水波的声音，是树林的声音。上述观点之间不存在辩证的颠倒，我们没有必要把它们汇集在一种综

---

① 埃米尔·施塔格尔. 诗学的基本概念. 胡其鼎译. 北京：中国社会科学出版社，1992：215.

合中：它们是最终真理可逆性的两个方面①。

　　梅洛-庞蒂把哲学作为一种富有隐喻性力量的语言或动力源。哲学应该揭示生活世界，揭示生活世界那些延伸至语言之中的存在之根脉和枝叶。哲学自身是语言，它也同时建立在语言之上，因此它不能脱离语言的言说，脱离前语言和沉默世界的言说。在普遍存在的生活世界和关于世界之最终产物的哲学之间并不存在对立或所谓二律背反。他把哲学的想象看成是可以在裂变中真正通向最大限度的存在的路径：

　　　　过去与现在、本质与事实、空间与时间不是在同一意义上被给出的，它们中没有任何一个是重合的意义上被给出的。'基原的'并非只有一个类型，它并不完全在我们的后面，恢复真实的过去和现在不是全部哲学；体验不是平面的，不是没有深度，没有维度的，不是我们会与其融合的晦暗层；对原初的呼吁将从几个方面发出：基原裂开了，哲学应该伴随这种裂开、这种非重合、这种差异。重合的困难不仅仅是不触及原则的事实的困难。在关于本质的直觉中，我们已经遇见过这种双重真的系统了，它也是一种双重假的系统：因为原则上真的东西从不是事实的真，反之，事实的境况从不保证原则②。

　　梅洛-庞蒂对于哲学作出的现象学解释，让我们想起德里达对恒常的在场形而上学的拒绝，即他认为所有传统哲学的问题都是

---

　　①　梅洛-庞蒂. 可见的与不可见的. 罗国祥译. 北京：商务印书馆，2008：211. In English：The Visible and the Invisible, trans. Lingis A. Prose du Monde Paris：Gallimard，1969：155.

　　②　梅洛-庞蒂. 可见的与不可见的. 罗国祥译. 北京：商务印书馆，2008：154. In English：The Visible and the Invisible, trans. Lingis A. Prose du Monde Paris：Gallimard，1969：124.

"在场的问题"。从表面上看，梅洛-庞蒂所主张的在场之"是"会将他放在与德里达相对立的阵营之中。可深入一想，德里达对一个固化的在场的担心，原本是可以在梅洛-庞蒂的现象学哲学中得到消弭的。可是，不出乎于拉康之右，不知出于何种理由，德里达同样没有让自己汲取野性存在的教育和滋养。人们视之为前述谓而被首次遇见的那个自然世界对德里达和拉康两人来说都是外在而格格不入的陌生存在。然而，我们却必须承认德里达却在那个我们早已接受的顺化（文字）存在的世界中打开了有效的缺口，因为他虽然拒绝讨论野性的前述谓之存在，他却矢志不渝地对述谓的成就表示怀疑。比如，德里达从文字书写出发反对言语中心主义：

> 任何话语，或毋宁说任何在话语中并不确立所指内容直接在场的东西，都是非表达的。纯粹的表达性将是"谓指"的纯粹主动意向（精神、心理、生命、意志），这个"谓指"使一个其内容将要在场的话语寓于生命力。这种内容并不在自然中在场——因为只有表述在自然与空间中发生——却在意识中出场①。

事实上，梅洛-庞蒂哲学中的"在场"并不是那种摆在我们的面前、接受我们支配之客体物的现成的在场。它是那种不可避免地环绕在我们四周却又令人难以忘怀的在场；它不是具体事物的在场，而是那种逃避我们、作为问题存在、指示出深渊的"某物"的在场。它既在场又缺席。它既在面前又在持续临近。我们有关它的知识，我们有关它的思考，不可避免地充满缝隙，充满剩余，如人们的心智之眼虽总有它的盲点，却不是缺陷，这正如梅洛-庞

---

① 雅克·德里达. 声音与现象. 杜小真译. 商务印书馆，2002：50.

蒂在《哲学赞词》中所说的那样："跛行的哲学是一种美德。"① 他
眼里的哲学就是这样一位"美丽的跛行者"，一位断脚的美人：
"哲学之谜（表达之谜）在于，生命在自我面前，在他人面前，在真
实面前有时是同样的。它们就是为哲学提供保证的诸环节。哲学
家只能依赖于它们。他永远都既不接受让自己对抗人类，也不让
人类对抗自己或对抗真实，也不让真实对抗人类。他愿意同时无
处不在，甘冒永远都不完全在任何一处的危险。"②

　　鉴于此，我们抑或可以说，他眼里的哲学与传统哲学的区别，
就如隐喻意义与字面意义之间的区别。哲学的秘密、哲学的中心，
不存在于它诞生前的灵感之中，它随着哲学家的书写而涌现，随
着哲学家的书写而改变自身。哲学是生成中的意义，是运动中的
意义。意义在涌现之中不断修改和成立，灵动的思总是富有创造
性的。我们的存在即使充实，却是在裂缝中唤醒我们于世界中的
绵延和蔓延，犹如着衣者在裸者面前唤醒后者对自我裸身的觉醒
一样。梅洛-庞蒂认为，灵动的思或人们所谓发散的思"总是让原
初的统一被中断，以便世界、历史得以产生。人与他自己的分化，
刚才还在妨碍他成为'神圣的人'，现在则构成了他的现实和价
值。他被分化，因为他不是一个'种类'或一种'造物'，因为他
是一种'创造的努力'"③。我们通过在这种思人之中嵌入了世界的
裂缝之中，重新获取了在野性存在中的存在。因我们与自我发生
的分化而使野性存在于它的开放性中敞开其生命力和繁殖力。梅
洛-庞蒂在《哲学赞词》中几乎是将文学与哲学一起并提："每一
种文学或哲学的表达活动致力于实现再现世界的愿望：世界已经

---

① Merleau-Ponty. L'Eloge de la Philosophie. Paris：Gallimard, 1953. (Eloge). In English：In Praise of Philosophy. trans. John Wild, James Edie. Evanston：Northwestern University Press, 1964：58, 61. 莫里斯·梅洛-庞蒂. 哲学赞词. 杨大春译，北京：商务印书馆, 2000：11, 37.

② 梅洛-庞蒂. 哲学赞词. 杨大春译. 北京：商务印书馆, 2000：20-21.

③ 梅洛-庞蒂. 哲学赞词. 杨大春译. 北京：商务印书馆, 2000：17.

伴随某一语言的出现而被述说。"① 他认为如果人思有一种未来，并且突破我的意识的空间与其他事物共同拥有一种未来，那是因为思把我留给了渴望，也与其他事物一起留给了渴望：

> 如果存在一种观念性，一种在我这里有远景，一种甚至穿透我的意识空间，一种在他者中有其远景，最终成为文字而在任何可能的读者那里都有远景的思想的话，这只不过是因为这种使我和他人产生渴望，指出我的景象的一般偏差，把这种偏差向普遍性开放的思想更多地是一种非思。被过分拥有的观念不再是观念，当我讨论观念的时候，我已经不再思考它，就好像对于本质来说，本质的东西在明天，就好像本质只是言语织物上的一根丝线那样。②

我们应该明白，野性存在是无法在概念内进行分析的，概念化之后野性已经远离我们而去，它也不能成为一个系统中的一部分，这跟海德格尔所谈到的存在[being]一样。野性存在不是一种本体[ontical]的存在，或关乎存在者的日常生活。它与海德格尔之存在的不同在于它远离了我们的明明白白的日常生活。野性存在应该像上面提到的那种核心脐带那样，它似乎拥有我们，我们也似乎拥有它，它是海德格尔呼吁我们去"倾听"的那种存在，是在我们说话的劝告中所暗示出的、一种没有任何东西依赖、几乎是顺从的存在。对于海德格尔，尤其是对他的后期主张的"使语言学游戏回到对'原始意义'神秘化的哲学趋向"，保罗·利科批评道：

---

① 梅洛-庞蒂. 哲学赞词. 杨大春译. 北京：商务印书馆，2000：59.

② 梅洛-庞蒂. 可见的与不可见的. 罗国祥译. 北京：商务印书馆，2008：147. In English：The Visible and the Invisible, trans. A. Lingis. Prose du Monde Paris：Gallimard，1969：118-119.

　　这种哲学为模糊性和不可表达性的诱惑，甚至为语言的
某种绝望情绪注入了活力，这种绝望情绪接近维特根斯坦的
《逻辑哲学论》的倒数第二个命题所表达的那种情绪①。

　　维特根斯坦这话的意思是说，任何了解我的人终究要认识到
我的命题是无意义的。这些命题只是他用来攀登的阶梯，当他超
越了这些阶梯之后，他必须抛弃这个梯子②。他总结道："对无法
言说之物，你应保持沉默。"而我们的梅洛-庞蒂则会说："理解了
它们，就是悬置它们"［to understand them is to suspend
them］③。这就如同原文本与译文那样——译文是对原文的理解，
一旦理解发生，原文也就变得无意义可言。而理解是什么呢？理
解就是把在囚禁在事物和世界之中的原始意义暂时翻译成可被把
握的意义。创造一套严格的可以表述哲学的语言是不可能的，因
为日常生活之中的语言是生生不息的，是不断地涌现而出的，这
是哲学的基础和源泉，所以，哲学的本质应该在日常生活中去解
决，在"游戏"中去理解游戏。此处，保罗·利科的哲学活力似
乎与梅洛-庞蒂的哲学取得了一致，这可以间接地从他对晚期海德
格尔走向"原始意义"这一声明表示钦佩的态度中看出：

---

　　①　保罗·利科. 活的隐喻. 汪堂家译. 上海：上海译文出版社，2004：437.
Ricoeur P. The Rule of Metaphor, trans. Robert Czerny. Toronto: University of
Toronto Press, 1977: 370.
　　②　维特根斯坦. 逻辑哲学论. 北京：商务印书馆，1985：97.
　　③　莫里斯·梅洛-庞蒂. 可见的与不可见的. 罗国祥译，北京：商务印书馆，
2008：50-51. In English: The Visible and the Invisible, trans. A. Lingis. 1969: 36.
And also the English version of its context cited is put here for reference: To understand
them is to suspend them, since the naive vision occupies me completely, and since the
attention to vision that is added on subtracts something from this total gift, and
especially since to understand is to translate into disposable significations a meaning first
held captive in the thing and in the world itself. But this translation aims to convey the
text; or rather the visible and the philosophical explicitation of the visible are not side by
side as two sets of signs, as a text and its version in another tongue.

　　在两者（思与诗）之间存在着隐蔽的亲缘关系，因为两者都致力于为语言服务，在语言中调解，并且慷慨地表现自己。然而，在这两者之间也存在着万丈深渊，因为它们"栖居于彼此截然分离的山顶之上。"①

　　在一些情况之下，言说之言说是令人绝望的，而不是具有创造性的原初之言说。对梅洛-庞蒂而言，沉默和非言说不会困惑我们，它们只是对我们提出主张，因为它们与他所说的秘密的知识相符合，并且蕴含在对未来和未思的渴望之中。秘密的知识关乎与存在之终极关系的质疑，诚如梅洛-庞蒂自己所言，它是一种本体论器官：

　　　　如果我们能够发现它们的最终动机，我们就能在"我在哪儿"、"几点了"这样的问题下面发现要被追问的空间和时间的秘密知识，发现一些探究的秘密知识，这些探究是与存在的终极关联，是本体的构件的探究。和事实一样，本质的必然性不是哲学所要求的"回答"，在原初的存在中，"回答"比"事实"高，比"本质"低，在那里，它们是并将继续是未分的，而我们习得的文化对它们的划分或者太滞后，或者太低层②。

　　这种关乎事物的秘密知识"通过其内在的设置成为其所是的，因而是完全地、毫不犹豫地、无裂缝地、整个儿地是其所是或一点儿也不是其所是。它是根据其自身和在自身中成为其所是的，

---

　　① 保罗·利科. 活的隐喻. 汪堂家译. 上海译文出版社，2004：437. Ricoeur P. The Rule of Metaphor, trans. Robert Czerny. Toronto: University of Toronto Press, 1977：370.

　　② 梅洛-庞蒂. 可见的与不可见的. 罗国祥译. 北京：商务印书馆，2008：150-151. In English: The Visible and the Invisible, trans. A. Lingis. Prose du Monde Paris: Gallimard，1969：121.

是在环境允许的和不对之做解释的外在展示中成为其所是的"①。
它所要寻求和将予以承认的"答案"将比"事实"更高，比"本
质"更低，在那里，它们是并将继续是未分的，而我们习得的文
化和理性对它们的划分，要么太滞后，要么太低层，要么促使我
们放弃眼皮底下的绝对，要么放弃在现象学中寻找深处、直接、
朴实②。

　　对梅洛-庞蒂而言，若我们重新与野性存在实现联姻，我们会
成为更加完整的自我；我们自身便能获得能量去影响和接受影响，
有能力去面对未来和过去，能够洞察我们所继承的遗产而又不受
到它的约束。野性存在不是某种令人敬畏而神秘的力量，不是某
种可以支配我们命运的隐藏的力量或精神；相反，它如同我们的
心跳那样靠近我们，如山间野花那样普遍。只要我们承认野性存
在靠近我们，我们自己就参与了创造之思，虽然这是一种开放的
而非支配的关系。对它的言说只能是间接的，因为我们已经知道
它，知道它的存在；它在我们自己的存在中是一道不可予以简化
的地平线。

　　同样，如保罗·利科所言："真理问题并没有异乎寻常的地
方，只有隐喻的应用才是异乎寻常的。"③

　　　　一方面，诗，本质上并且独自地，为思想提供了"具有
　　张力的"的真理观的轮廓；后者概括了语义学所揭示的各种
　　"张力"：主辞与宾词之间的张力，字面解释与隐喻解释之间
　　的张力，同一性与差异之间的张力。其次，它把这些张力纳

---

　　① 梅洛-庞蒂. 可见的与不可见的. 罗国祥译. 北京：商务印书馆，2008：200.
In English：The Visible and the Invisible, trans. Lingis A. Prose du Monde Paris：
Gallimard, 1969：162.

　　② 梅洛-庞蒂. 可见的与不可见的. 罗国祥译. 北京：商务印书馆，2008：151.
In English：The Visible and the Invisible, trans. Lingis A. Prose du Monde Paris：
Gallimard, 1969：121.

　　③ 保罗·利科. 活的隐喻. 汪堂家译. 上海：上海译文出版社，2004：225.

入了有关二重的指称的理论中；最后，它使这些张力最终演变为系词的悖论，按照这种悖论，作为所指的存在既"存在"又"不存在"、通过陈述的这种表达方式，诗在与其他话语发生联系时，表达并保留了归属体验，这种体验把人纳入了话语并把话语纳入了存在之中①。

在梅洛-庞蒂那里，表述变成了体验，但这不是一种平面的、没有深度的、没有维度的体验，也不是我们会与其融合的晦暗层；对原初的呼吁将从几个方向发出：基原裂开了，哲学应该伴随这种裂开、这种非重合的重合、这种差异。而哲学家，也包括诗人，则应该沉默，在沉默中重合，以及在存在中和已准备好的哲学中重逢，从而使万物趋近他，就如同他希望把某种从他内里倾听的沉默放入语词之中一样。梅洛-庞蒂是要让具身的处境［situated body］与"被知觉的生命"一起显像活起来，成为伴随身体而成为"活生生的"的东西。那些未经语言（被语言化）或未经阐释的境遇，将与身体共同确定语言的最后意义。"我将在人类身体的层面上描述一种前知［pre-knowing］，一种前意义［a pre-meaning］，一种沉默的知［a silent knowing］。"② 而所有这一切都与我的身体一起，构成了"一种在在世存在场中活动的微波——而表达就是挽留这种不停晃动着的"微波"。梅洛-庞蒂要我们清楚地知道：

意义是具体化不可穷尽之物的工具，是构成存在者意谓的工具［The senses are apparatus to form concretions of the inexhaustible, to form existent significations］——然而，事物并不是真正的可观察的：在所有的观察中都会有越界现象，

---

① 保罗·利科. 活的隐喻. 汪堂家译. 上海译文出版社，2004：438. Ricoeur P. The Rule of Metaphor. trans. Robert Czerny. Toronto：University of Toronto Press，1977：370.

② Merleau-Ponty. The Visible and the Invisible. trans. A. Lingis. Prose du Monde Paris：Gallimard，1969：178.

人们从来不会达到事物本身。被人们称为可感的东西仅仅是短暂的显现的不确定——然而，反过来，又有一种想象性的、存在的、象征性的沉淀或结晶①。

与保罗·利科相比较，梅洛·庞蒂反而把意义[senses＝感觉＋意义，更多时候他使用复数]变成了存在得以显现的工具。在梅洛-庞蒂那里，意义是物质与精神的聚合，或它是一种不断裂变和持续聚集的统一。在利科那里，他则是从话语的近似性和差异性之间的辩证法入手的。譬如他在说到思与诗之关系时，写道：

　　思辨的思想将其工作建立在隐喻陈述的能动性的基础上并根据它自身的意义空间对其工作进行安排。它的回应之所以可能，仅仅是因为构成关键事件的间距与诗歌话语揭示或重新获得的那种归属体验是同时出现的。是因为诗歌话语作为文本和作品预示着思辨思想进行最深入思考的那种间距。最后，指称的二分和对现实性的重新描述经历了虚构的想象变化，当思辨的话语反映和重新表达这种间距的特殊形象化表达时，指称的二分和对现实的重新描述就会作为这种特殊形象化表达而出现②。

　　① 梅洛-庞蒂. 可见的与不可见的. 罗国祥译. 北京：商务印书馆，2008：240. Merleau-Ponty. The Visible and the Invisible, trans. Lingis A. Prose du Monde, Paris：Gallimard，1969：192.
　　② 保罗·利科. 活的隐喻. 汪堂家译. 上海译文出版社，2004：438. Ricoeur P. The Rule of Metaphor. trans. Robert Czerny. Toronto：University of Toronto Press，1977：370.

第六章　基于振荡的意义涌现：梅洛-庞蒂与加达默尔的语言观与翻译观

梅洛-庞蒂在《知觉现象学》中指出我们存在—于—世界—中〔our being-in-the-world〕，因此我们的身体与世界之间是一种活生生的和基于我们的身体体验的一种基本的、不可分割的含混性关系：

> 在世界上存在的模棱两可能用身体的模棱两可来表示，身体的模棱两可能用时间的模棱两可来解释①。

因此，他认为，为了描述这个模棱两可的、我们—于—世界—中的存在关系，我们需要采取一种存在分析的方法，并建立一门能够更好理解身体之含混性的表达哲学〔expressive philosophy〕，② 从而帮助我们理解自然与文化、偶然性和含混性，以及美学、政治和历史。而这门表达哲学也就是梅洛-庞蒂关于语言的基本认知和设想。事实上，梅洛-庞蒂一直关注和重视语言本

---

①　梅洛-庞蒂. 知觉现象学. 姜志辉译. 北京：商务印书馆，2001：119.

②　Merleau-Ponty. Phenomenology of Perception. trans. Colin Smith，Routledge，Kegan Paul. Ltd：205.

身的问题①。这种关注贯彻在他的几乎所有作品之中：从 1945 年
出版《知觉现象学》到 1961 年的写作笔记，到他的《论语言现象
学》和《间接的语言与沉默的声音》两篇文章，以及在他死后出
版的两本遗稿《可见的与不可见的》《世界的散文》中，这种关注
从来没有从他的思维视野中淡出。当然，人们或许发现这一语言
主题在梅洛-庞蒂那里并没有作出系统的表述，譬如他的《世界的
散文》[*The Prose of World*]这部作品普遍被人们认为更多的是
关于真理的意义问题。若我们换一个角度看问题，尽管梅洛-庞蒂
在这部作品中是用他对存在的结构的描述，去取代他对文字的经
验描述②，可是，我们发现在这个讨论存在的结构之中，却是语言
在其中取得了其决定性的地位。梅洛-庞蒂认为语言活动参与了存
在的构成，存在处在语言活动的推动之中，正如思维活动处在存
在的推动之中。杰姆斯·艾迪[James Edie]在他的《言说与意义》
一文中指出："人们可以认为，语言不仅仅是他后期著作中的一个
重要主题，事实上，它是梅洛-庞蒂关注的中心，从某种程度上它

---

① Merleau-Ponty's principal essays on language are as follows： "Language and Communication," an unpublished text from 1947-48； "Consciousness and the Acquisition of Language" (1949), published in the Bulletin de Psychologie in 1964； "On the Phenomenology of Language" (1951) and "Indirect Language and the Voices of Silence" (1952), both published in Signs； "The Prose of the World" (1950－52)； "An Unpublished Text by Maurice Merleau-Ponty: A Prospectus of his Work" (1953), published in the Primacy of Perception； Themes from the Lectures at the College de France 1952-1960； The Visible and the Invisible (1959-61). For a complete account of these writings see Hugh Silverman, "Merleau-Ponty and the Interrogation of Language," Research in Phenomenology, Vol. X (1980)： 122-141.

② 罗宾耐指出："在梅洛-庞蒂那里，'结构'这一概念既超出又包含了'所指意义'的概念，因为其中增加了一份不依靠'能指'即可独自成立的意义，而同时其中又已经'存在'于经验事实的根本纠结当中了。各种形式实现了'天性与理念之间的辩证综合'，它们是'各种力量的集合，势处平衡或恒定状态，以致单就其各个部分来说，没有任何可独自成立的法则可言，每一分子的大小或方向都取决于其他的充分。'——安德烈·罗宾耐. 模糊暧昧的哲学——梅洛-庞蒂传. 宋刚译. 北京：北京大学出版社，2005：7.

可以被视为我们对意义经验之整体的权威性模式。"① 早在 1947 年，在里昂大学举办的"语言和交流"讲座中，梅洛-庞蒂就明确表示，他对语言问题的思考，不是针对语法学家们所关注的那种稳定而无变化的结构，他认为，这种结构仅仅是把语言用来充当破解某种既成意指的一种技术手段。换言之，他认为，人们无法通过一种科学的语言学来解决语言的问题，因为科学语言只是考虑语言本身的问题，而没有考虑语言与言说主体之间的关系，语言对言说主体到底意味着什么的问题，以及"如果我们不依靠言语的诡计把思想的公共场域置于我们之间的第三者，那么，体验是难以忍受的"这样的境遇②。在《世界的散文》这部写于 20 世纪早期的作品里，梅洛-庞蒂十分明确地推进对这一问题的讨论，并且把矛头直指那些试图在语言中寻找一块纯粹的意指领域的人们。这个纯粹意指的领域逾越经验和表达范围之外，并因而逾越人们在言说的秩序中所发现的语言之真实性功能之外。

对梅洛-庞蒂而言，语言诞生于言说本身的秩序之中，人们只有在其中才能"重新发现那种已知语言的具体普遍性，这种具体的一般性有别于语言本身却又不公开地否定语言本身，"即梅洛-庞蒂反复提到的语言之中存在一种偶然性的逻辑，一种具体的逻辑③。梅洛-庞蒂认为，只要语言进入言说[language coming into speech]就一定是具体的，这才是语言的普遍性特征，是语言存在的本体论。他写道：

> 如果说我们必须放弃那种赋予所有语言共同的本质的理性语法的抽象普遍性，这只不过是为了重新寻找一种语言的具体的普遍性[rediscover the concrete universality of

---

① James Edie. Speaking and Meaning. Illinois：Northwestern University Press，1976.

② 梅洛-庞蒂. 符号. 姜志辉译. 北京：商务印书馆，2003：19.

③ Merleau-Ponty. The Prose of the World. trans. John O'Neill. Illinois：Northwestern University Press，1973：39，30.

language]，这种普遍性不用自我否定就能够自我区分。因为我在现在说话，我的语言对于我来说不是事实的总和，而是我的全部表达意愿的独一无二的工具①。

对此，不管我们作出其他何种解释，有一点是非常明确的，梅洛-庞蒂自己对于语言问题的思考从未放弃"语言的具体的普遍性"这一基本的洞见。而且，我们还非常有意思地发现，梅洛-庞蒂表达中频繁地采用了"振荡"［vibration］一词对这一洞见作出描述。譬如，他在《世界的散文》中使用了 13 次，在《可见的和不可见的》中他使用了 7 次，在《知觉现象学》中他使用了 12 次。他在谈到"意指"或"意义"时写道："意指是从符号中爆发而出，但是，它只是它们的振荡，就如喊叫声携带自身却又超越自身以外，将正在喊叫的人的呼吸声和痛苦传达给每一个人。"② 在谈到人的身—心与世界的关系时，他写道："只要世界是我们体验的场，只要我们成为世界的一个视点，我们立即就能领会世界，因为我们明白在那种情况下我们的心理—物理存在的最贴心的振动已经揭示了世界，性质就是一个物体的轮廓，而物体构成了世界的轮廓。"③ 有类似之看法的让-吕克·南希［Jean-Luc Nancy］对声音给出了与梅洛-庞蒂相吻合的陈述：声音始于声响。声响是一种颤动的状态［voice begins with sound. Sound is a state of trembling］，是在身体的一致性和对其凝聚的否定之间摆荡的行为。它好比一个无法完成自身的，保持纯粹颤动的辩证运动……灵魂已经在一个无生命的身体的共振式颤动中在场，身体，灵魂

① Merleau-Ponty, The Prose of the World. trans. John O'Neill. Illinois：Northwestern University Press，1973：39-40. 梅洛-庞蒂. 世界的散文. 杨大春译. 北京：商务印书馆，2005：42.

② Merleau-Ponty, The Prose of the World. trans. by John O'Neill. Illinois：Northwestern University Press，1973：121. 梅洛-庞蒂. 世界的散文. 杨大春译. 北京：商务印书馆，2005：178.

③ Merleau-Ponty, Phenomenology of Perception：362.

的这个机械的储藏室……但声音首先是一个自在地自由颤动的行为……这样的颤动中存在着灵魂，这个构成一种确定存在的理想性的现实性……存在的同一性——理念本身的具体在场——总是从一种颤动开始①。

另外，在谈到视觉的交叉感觉能力时，梅洛-庞蒂赋予了视觉或可视者以构型和赋义的功能，而他认为这种能力也正是源于振荡。他写道：

> 只要视觉或听觉不是对一种不透明物质的单纯拥有，而是对一种存在样式的体验，那么，只要性质的体验是某种运动或行为方式的体验，我的身体伴随着这种感觉的同时性以及联觉体验的形式问题就会开始得到解决，那么说我看到声音或我听到颜色就是有意义的。当我说我看到一个声音，我指的是我通过我的整个感觉存在，尤其是通过我身上受到颜色影响的这个区域，对这个声音的振动产生共鸣②。

语言的问题即言说之振动的问题，对梅洛-庞蒂而言，是"振荡为语词提供它们的初始意义"。"振荡"不仅使言语具体化，而且也成为言语之本体论基础。这个基础的核心就是语言的言说者或言说者之身体。"我的身体不仅把意义给予自然物体，而且也给予文化物体，比如语词。"③ 尤其值得我们注意的是，梅洛-庞蒂在语言哲学上所采取之方向与立场非常接近加达默尔的哲学阐释

---

① Jean-Luc Nancy. The Birth To Presence. PuloAlto：Stanford University Press，1993：241-242.

② Merleau-Ponty. Phenomenology of Perception. Trnns. Colin Smith，Routledge，Kegan Paul. Ltd 209.

③ Merleau-Ponty，Phenomenology of Perception Trnns. Colin Smith，Routledge，Kegan Paul. Ltd 211.

学①。哲学阐释学认为，语言问题不仅是语言学问题，更是指向文本中被言说的话题或言说中的话题。准确地讲，在哲学阐释学那里，语言问题是一个交际行为事件，这是一个在言说的生动之中开始说话的声音事件。在交际行为中，一次面向他者存在的潜在性总是超越每次所达成的共享协议；在某种程度上，言说不归于"我"的范围，而是归于"我们"②。对加达默尔一样，语言的问题属于言说的秩序问题。加达默尔和梅洛-庞蒂之间的交叉点，从某种程度上讲，在细节上是很少的。我们很少见到梅洛-庞蒂在他的语言哲学中讨论阐释学，甚或难以见到他使用阐释学这一术语。然而，若考虑到他是用交流这一术语代表阐释学，那么，我们可以认为他是以一种曲折的方式说了很多关于阐释学的话。

　　以降，我们将以此为出发点钩沉出梅洛-庞蒂有关语言哲学的相关细节，同时寻找出一条贯穿在含混哲学与哲学阐释学之间的共同线索，以便于我们更加清楚地看到梅洛-庞蒂的语言哲学与加达默尔阐释学之间的真实联系。因此，首先摆在我们面前的是寻找出贯穿在含混哲学与哲学阐释学之间的共同主线。这条主线在梅洛-庞蒂的阐释学中由三个步骤构成：步骤 1 是阐释的准备阶段，它将把我们引入前面所描述的语言问题之中，即从纯粹意指域进入呼唤翻译或解释的处在言说中的语词；步骤 2 是对正在言说的语词本身的构成分析，即处在言说的振动中的语言之阐释结构，但无论是对梅洛-庞蒂来说，还是加达默尔来说，这种言说并不是一个单独主体的独白式言说；我们将在步骤 3 中正是提出含混哲学和阐释哲学之间的关系问题。

　　① One could attribute this commonality to Heidegger as a common source for both thinkers. But one should not give this common soteinbock，Man and World，Vol. 18，1985：247.

　　② Hans-Georg Gadamer. Philosophical Hermeneutics. trans. and ed. David E. Berkeley：University of California Press，1977：65.

第一节　文本：居于人和世界之间

加达默尔①于 1981 年在巴黎与德里达举行对话，本次对话内容后来被他写进"文本与解释"一文②。在这篇文章中，他指出，当从解释学的观念去考虑一个文本的本质，就是说，作为一个富有意义的经验去考察文本，那么，语言学家的立场往往是不充分的，因为语言学家从解释语言本身的功能入手把文本视为了一项终结的产物[end-product]。但对阐释学而言，文本本身不是终结，而是中介物或居间物，而文本居于人和世界之间。他写道：

> 有鉴于此，人们需要理解解释这个概念的崛起。语词产生于协调性的关系中和不同语言的言说者之间的中介性功能中；就是说，语词最初与译者有关，然后才被移译到难以理解的文本之解释上。一旦当语言作为居间世界以它预先确定的意义把自己呈现给哲学意识时，翻译就必须在哲学中占据关键的地位。……正是翻译在人和世界之间执行着从未圆满完成的调解，并且在这个程度上我们把某事物理解为某事物这个事实，是具有唯一的实际即时性和给定性③。

在加达默尔看来，解释何时开始，翻译就何时开始。对话何时开始，翻译就何时开始。对话何时开始，语词的意义就何时开

---

① 汉斯-格奥尔格·加达默尔[德语：Hans-Georg Gadamer，1900 年 2 月 11 日-2002 年 3 月 13 日]，德国哲学家，1960 年发表著作《真理与方法》[Wahrheit und Methode]。就国内而言，加达默尔对我国的翻译学、文学、文化研究都有较大影响力。

② Dialogue and Deconstruction—The Gadamer-Derrida Encounter. Edited by Diane P. Michelfelder，RichcwLE. Palmer. State University of New York Press. 1989：21，27.

③ Dialogue and Deconstruction—The Gadamer-Derrida Encounter. Edited by Diane P. Michelfelder，RichcwLE. Palmer. State University of New York Press. 1989：29，30.

始。文本的话题何时开始，哲学阐释学的语言问题就在何处出现，或者，我们对文本语言问题的思考就何时开始。因此，这就意味着语言的功能性服务于交际之理解，其中，文本中已言说的东西将作为理解本身的事件临近言说："谁进行理解，谁就总是已经进入了一种事件，意义通过事件实现自我主张。"① 另一方面，对于阐释学而言，语言的功能在于它是我们阅读一个文本的前提：要把文本的话题作为读者所关心的对象，它必须具有可读性，因此，文本本身不是一个终结产品，而是一个居间产品。恰恰是在文本的话题提出的地方，语言的问题才会对哲学阐释学出现。就这一点而言，在语言的功能交际性理解中，文本中已言说的将作为理解本身的事件再次变成言说。加达默尔写道：

> 由于单独的语词属于句子之整体，所以单独的文本属于一个作者作品之整体，后者属于文学或文学类型之整体。然而，同时同样的一个文本，作为一个创造性瞬间之表现，则属于作者内在生活之整体。充分理解只有在这种涵摄客体与主体之整体中实现。依循这种理论，德尔泰谈到"结构"和"居间点的聚集"，从而使人们得以对整体的理解。他因此将所有文本性阐释的一条永恒原则应用于历史世界：即一个文本必须根据其本身的条件来理解②。

根据加达默尔的意思，言说之莅临是一种对话之努力，是在理解过程之中达成协议的努力。通过这种努力，语词的理想，即语言中指涉的具体化，被转化为已言说的语词。因此，已言说语词不仅不要与构成语言之符号系统混淆，而且也不要与语词本身

---

① Hans-Georg Gadamer. Truth and Method. trans. loelWeinsheimer, Donald G. Marshall. New York：Crossroad Publishing，1989：484.

② Hans-Georg Gadamer. Truth and Method. trans. loel Weinsheimer，Donald G. Marshall. New York：Crossroad Publishing，1989：291-292.

混淆。我们可以借助显而易见的方法看到书写语词如何获得一种理想，因为写作不同于言说，它摆脱了起源的临时性和口头语言传统的必要重复性。但是，理解的问题不是对基于补充的写作的理解，因为写作对加达默尔来说具有"一种惊人的真实感"，尽管它失去了口头语的直接性，譬如它的那些帮助人们理解和实现交流的那些声调和那些重音。简而言之，书写文本提供了真正的阐释任务，即把语词的理想性放回作为言说的语言即交流事件之中。加达默尔告诉我们：理想"不只是适合于书写的结构而且适合于原初的言说和闻听，以至于它们的内容既可以与具体言说行为分离也可以再产生。……"① 书写的理想不仅使它与每个"现在"具有同时性，它也是对语言事件的抽象，因此，进入言说是让文本再次说话的一种阐释努力。文本是交流事件中的一个阶段，是完全意义上的一个中介产品。加达默尔写道：

> 传统在本质上是语言性的，这一事实所具有的完整的解释学意义，在一种书写传统中变得清晰。语言与口头语的分离源于语言可以被书写这一事实。在书写形式的语言中，所有传统都与每一个现在同时发生。此外，它蕴含过去和现在的一种独特的共在，以至于当下意识具有自由获取一切由书写记录下来的可能性。……一种书写传统不是既往世界的一个碎片，而是把自己从中提拔出来并超越它所表达的意义范围。语词的理想就是使一切语言的东西摆脱既往存在残余特征的有限性和短暂性。……另一方面，文本总是对整体的表达。那些毫无意义、看似奇怪和难以理解的笔墨，一旦它们可以作为书写来解释，便能立即在每个细节上变得可理解——以至于如果从整体上获得理解，即使是一个任意的、

---

① Gadamer，"Philosophy and Literature，"trans. Anthony J. S.

糟糕透顶的文本也能得到纠正①。

与加达默尔一样，梅洛-庞蒂同样希望对语言哲学进行一次阐释学转向。事实上，梅洛-庞蒂针对纯粹的意指系统在交流中的失败的意识，要比加达默尔清楚些。在他的《世界的散文》一书中，梅洛-庞蒂对语言和言语进行了区分，或更准确地讲，他对被言说的语言和能言说的语言进行了区分，这种区分对应于加达默尔关于语词的理想和已言说语词之间的区分：

> 被言说的语言[sedimented language]，是读者和书本一起提供的语言，是既定的符号与可自由处置的含义的各种关系之全体。如果没有这一全体，读者实际上不能开始其阅读，是它构成了语言以及该语言的全部书面的东西；一旦获得理解并被补充到文化传统中去，它也就成为司汤达的作品。

> 但是能言说的语言[speech]，乃是书本向没有偏见之读者打招呼，它是这样一种活动：符号和可以自由处置的含义之间的某种安排由于它而发生了变化，接下来它们双方都产生改变，以至于最后，一种新含义分泌出来②。

梅洛-庞蒂给出的这种区分，是为了用来说明语言内部符号和言说之间的差异。前者是指文本自身的语言，后者是指读者自己带给文本的语言。梅洛-庞蒂认为，阅读"是我的言语的自命不凡的、不可触知的化身和作者的言语之间的遭遇"。他写道：

---

① Hans-Georg Gadamer. Truth and Method. trans. loel Weinsheimer and Donald G Marshall. New York：Crossroad Publishing，1989：391-392.

② Merleau-Ponty. The Prose of the World. trans. John O'Neill. Evanston：Northwestern University Press，1973：13.

　　阅读是我的言语的自命不凡的、不可触知的化身和作者的言语之间的遭遇。就像我们已说过的，阅读既是我们思想的自我投射，又超越之而朝向他人的意图和意义，就像知觉跨越我们只是在事件之后才意识到的一种视域而带领我们走向事物本身①。

　　对梅洛-庞蒂而言，交流是无异于体验之体验②，交流的言语享有超越语言之上的权利。因此，交流不是思想内部的意指的简单转换工具，而是成为体验自身，交流双方借助在体验中获得的意指而逾越思想之外。这就是说，在交流者借助于体验的过程，某个未被对象化或具体化的意义才得以在具体文字的表达中被把握。言说者的体验既在言语之中，又在言语之外。在梅洛-庞蒂看来，言语诞生于沉默。如果言语从沉默中诞生，它就能在沉默中谋取其预期的结论，而不会使该沉默成为其反面，这是因为在经验和语言之间原则上存在着一种交换；是因为经验不是人可与之天然吻合的事情，因为经验中早已本身就具有一种超验性，而且经验拥有变异性、表达性和结构性，以及还因为它可以某种方式对语言发出呼唤。语言同样是经验性的和事件性的，因为，就如梅洛-庞蒂所写的那样，有一种语言的本体存在，语言之魔力在其中持续被重复，因为，即使逾越了纯粹意指的运动，依然有话语的沉默之聚集，即使它不属于可说出之序列，还因为表达的最大优点是它开启了从语词到存在，从存在到语词之间的持续性通道，

---

　　①　Merleau-Ponty. The Prose of the World. trans. John O'Neill. Evanston：Northwestern University Press，1973：14.

　　②　In The Visible and the Invisible，Merleau-Pontywrites："In a sense the whole of philosophy，as Husser！says，consists in restoring a power to signify，a birth of meaning，or a wild meaning，an expression of experience by experience，which in particular clarifies the special domain of language. And in a sense，as Valery said，language is everything，since it is the voice of no one，since it is the very voice of the things，the waves，theforests." The visible and the Invisible，trans. Alphonso Lingis. Evanston：Northwestern University Press，1968：155.

或开启了从一方向另一方敞开的双向通道。梅洛-庞蒂在《可见的和不可见的》中就是通过这种双向的交流来思考的，从某种意义上讲，这也是该书的真正用意所在。他在该书中的"交错与交织"一文的末尾几行里写道：

> 从某种意义说，就像胡塞尔说的那样，整个哲学都在于恢复意指的力量，恢复意义或原初意义的诞生，恢复通过经验而实现经验的表达，这种表达尤其阐明了语言之特殊领域。而且在某种意义上，就像瓦雷里说的那样，语言就是一切，因为它不是任何个人的声音，因为它是事物的声音本身，是水波的声音，是树林的声音。因此我们应该理解的是，上述观点之间不存在辩证的颠倒，我们没有必要重新把它们汇集在一种综合中：它们是终极真理的可逆性的两个方面①。

在交流的序列之中②，在非通用语言的功能及运作中，文字不再是作为符号被固定在书页中，不再单独地依赖于作者，而是同样地依赖于读者。就像梅洛-庞蒂说过的那样，作者和读者相遇之处，是由语言来担当和主持，可是语言却向我们隐藏了它自身，这是一种"我的言语的自命不凡的、不可触知的化身和作者言语之间的遭遇"。梅洛-庞蒂认为，唯有当人们从最为朴实的意义上

---

① Merleau-Ponty. The visible and the Invisible. trans. Alphonso Lingis. Evanston：Northwestern University Press，1968：155.

② "序列"这个概念的好处在于能够不把现实分割成不同状态或是界别，而是仅仅是表示出一些"意义层"。"物理序列"是由一种依照一条有前有后的、量化的、有着确定地理位置的因果关系的力量系统组成的，它以"片段的完整个体"组成一个"相互关联的整体"，具有相对的稳定性，趋向于一种与运动相对的静止状态。而知觉的世界在其中担负了现实的意义问题，它始终与其他相关主体处于一种开放状态，并通过言语得以表述，进而确立一个意志的序列。穿透这些无穷空间的终极目的性，使每个符号因其所属序列的不同而有了不同的意义，而起意义却永远不会归功于"世界向躯体"或是"躯体向灵魂"的过渡性因果作用。——安德烈·罗宾耐. 模糊暧昧的哲学——梅洛-庞蒂传. 宋刚译. 北京：北京大学出版社，2005：9-10.

把交流当成一种工具，而且它从不使"我们逾越我们自己的反思力量"①，人们才能够从发生在言语中的语言动力学，转向"一种纯粹语言的幻想"得以出现的已言说的语言中。在语言转身背对经验表达的这种转向中，人们面对的任务就是"用纯粹的意指"代替"含混的暗指"。梅洛-庞蒂写道：

> 符号在任何时刻都依然是被完整地解释和证明的某种思想的单纯简化。于是，表达之唯一的却是决定性的效力，就是我们使用真正为之负责的那些意指行为，去代替我们的每一思想对所有别的思想的混乱暗示，因为我们知道它的准确意义。表达就是为我们而恢复我们的思想之生命②。

当我们接受表达是明确的、也是最完整的这一信念时，我们寻找纯粹意指的过程将最终以把算术作为语言的成熟形式而告终。但是，若拒绝依赖日常语言中的混乱，那么，把算术视为语言的最高形式，这种显然与阐释学格格不入的东西，我们必将把言语与历史和封闭于语言自身中的思想撕裂开来，才能成功地获得纯粹意指③。对此，梅洛-庞蒂写道：

> 言语本身没有任何效力，没有任何能力隐藏在言语之中。言语是一种代表纯粹含义的纯粹符号。说话者将自己的思想编成密码，他用一种发声的或可见的排列——这不外乎是空气中振动的声音或者写在纸上的墨迹——取代他的思想。思

---

① Merleau-Ponty. The visible and the Invisible. trans. Alphonso Lingis. Evanston：Northwestern University Press，1968：7.

② Merleau-Ponty. The Prose of the World，trans. John O'Neill. Evanston：Northwestern University Press，1973：5.

③ Thought，Merleau-Ponty writes，"signifies outside itself through a message which does not carry it and conveys it unequivocally only to another mind，which can read the message because it attaches the same signification to the same sign，whether by habit，by human convention，or by divine institution"（PW. 7）.

想是自知和自足的，但它却借助于一种并不携带思想、只是把它毫无歧义地指示给别的思想的信息来宣告自己。别的思想能够阅读这一信息，因为它能够借助于习惯、人们的约定或者神意的机制把同一含义与相同的那些符号联系在一起①。

梅洛-庞蒂似乎把语言学当着算数拒之于门外。或者说，梅洛-庞蒂既因为语言学的科学性而拒绝了它，又因为语言的严格性而拒绝了它。语言学家们一直试图把得之于物理科学和心理科学研究的科学严格性引入到语言研究之中。他们所用的方法是对"意义"加以严格限制，也就是说，他们尽可能排除提及语言使用者，即言说主体。梅洛-庞蒂则认为，"任何分析都不能够把语言变成完全透明的，好像语言是一个物体那样摆在我们面前"②。故此，海德格尔明确而清醒地指出，形而上学之真理可能总是以最深刻的错误为它最切近之邻居，所以科学的任何一种严格性[rigour]都赶不上形而上学的严肃性[seriousness]。哲学决不能用科学理念的尺度来衡量，因为科学最终要以人类理性为最高尺度③。与此同理，"数学的认识绝非比语文学—历史学的认识更为严格。数学的认识只是具有'精确性'之特征，但这种'精确性'并不意味着严肃性。向历史学提出精确性之要求，就会与精神科学的特殊严格性之观念相抵牾"④。按照胡塞尔对"严格"的解释，我们可以把它解释为：数学尽管可能精确，却不能对现象的本质作出任何

---

① Merleau-Ponty. The Prose of the World. trans. John O'Neill. Evanston: Northwestern University Press, 1973: 7.

② Merleau-Ponty. The Phenomenology of Perception. trans. Colin Smith. New York: The Humanities Press, 1962: 391.

③ 海德格尔. 路标. 孙周兴译. 北京：商务印书馆, 2000: 140-141.

④ 海德格尔. 路标. 孙周兴译. 北京：商务印书馆, 2000: 120.

揭示性或严肃性的解释①。

　　同样，梅洛-庞蒂说，"……科学是一种符号语法规则的语言，语言是科学的开始，而算法是语言的成熟形式"。这种成熟的形式意味着"人们永远不会出现我们打算说的超出我们实际所说的，或者我们实际所说的超出我们打算说的这样的情形"②。梅洛-庞蒂拒绝一种算术的语言，是他对语言之运作的某种理智主义的拒绝，是对语言科学家们把语言变成算法符号而使之零度化企图的一种拒斥："算法，这一追求普遍语言的计划，乃是对于现实语言的一种反叛。人们不想依赖于现实日常语言的混乱，人们打算依据真理的尺度重新构造它，按照上帝的想法重新定义它，返回言语的历史之初，或者毋宁说使言语摆脱历史。"③

---

　　①　胡塞尔认为哲学从最早开始就要求成为严格的科学，但正是这种自然主义趋向的泛滥导致近代哲学发展的偏向，这种偏向导致欧洲正遭遇着前所未有的科学危机。胡塞尔认为近代哲学在本质上是自然主义的或科学技术主义的或极端功利主义的。自然主义把世界分成自然世界和精神世界两个相对的部分，却把人的心灵排除在世界之外。在胡塞尔看来，自然主义是一种从根基起就充满了错误的理论，如技术-科学主义，实用主义，功利主义，现金主义等。从实践的观点看，这种理论对于人类的文化、传统精髓、人的生活的意义意味着一种不断增强的危险，因为它导引人们用自然的态度而不是哲学(价值、意义、人类)的态度来理解世界。自然主义抽象掉了作为过着人的生活的人的主体，抽象掉了一切精神的东西，它把语言也变成了技术符号与公式，它抽象了一切在人的实践中物所附有的文化特性或人性特性。这种抽象的结果使事物成为纯粹的物体，这些物体被当作具体的实在的对象，然后告知人们这就是世界，告知他们这就是人们研究的题材。自然主义最典型的代表是实证主义。实证科学经过几百年的发展使自然科学意义上的科学取代了中世纪上帝在人们心目中的地位，科学成了真理的同义语，并极大地影响了哲学的思维方式，形而上学被宣布为伪科学。科学被理解为就是自然科学，自然科学的方法则被当作一切学科(包括社会科学和人文领域)的基本方法，而人、主体、人的情绪、知觉的意义则被遗忘了。科学的危机就是哲学的危机，因为科学排斥了形而上学。哲学危机就是人性的危机，因为哲学忽视了人生的意义。——胡塞尔著：《欧洲科学的危机和超验现象学》，上海：上海译文出版社，1988 年。

　　②　Merleau-Ponty. The Prose of the World. trans. John O'Neil. Evanston：Northwestern University Press，1973：5.

　　③　Merleau-Ponty. The Prose of the World. trans. John O'Neill. Evanston：Northwestern University Press，1973：5.

　　以此可见，梅洛-庞蒂不是从一般意义上对所谓的科学语言学的拒绝，而且这一点，我们还可从索绪尔对他自己的影响中看出。显而易见，他在出版《知觉现象学》之后开始注意索绪尔的语言思想，并尝试利用后者为他本人提出的"言语主体生活于他的语言中的角度"寻找一条合理的方法，去反对"语言学家们像对待面前的一个自然物那样去传播语言"的观点①。后者把语言作为一个物体对象，就如逻辑实证主义者把语言完全作为一种人为符号。科学的语言学观念把语言视为人在其中缺席的一个宇宙，而忘记了人与语言相互伴随，以及通过魔术、神话、诗歌和艺术向人们所揭示的自然之敞开和时间之效果。他写道：

　　　　（语言）总是与它所表达的事物和观念相似，它是存在的一体两面，并且我们不能设想没有进入言语而存在于世界里的事物或观念。不管是神秘的还是可知的，总有那么一个地方，现在存在的或将要存在的一切都要在语言中准备着让自己被说出②。

　　梅洛-庞蒂同时从索绪尔的语言思想那里获得支持：思想与事物之间没有一一对应的、直接的联系。因为，按照索绪尔的观点，语言在能指和所指之间、在语词和概念之间，是一种任意的关系，

　　① Merleau-Ponty. "The Metaphysical in Man" in Sense and Non-Sense. trans. by Hubert and Patricia Dreyfus Evanston: Northwestern University Press, 1964: 87. This essay, written in 1947, marks Merleau-Ponty's first reference to Saussure. For a thorough discussion of Merleau-Ponty's relation to Saussure, see Stephen Watson, "Merleau-Ponty's Involvement with Saussure" in Continental Philosophy in America, ed. lohnSallis Pittsburgh: Duquesne University Press, 1983.

　　② Merleau-Ponty. The Prose of the World. trans. John O'Neill. Evanston: Northwestern University Press, 1973: 5-6.

是一种差异化的游戏①。但是，就像与梅洛-庞蒂十分接近的那些
学者们一样，梅洛-庞蒂对索绪尔的利用是为了自己的观念之目
的。梅洛-庞蒂尽管在自己写作的中期非常热诚地接受了索绪尔派
语言学家们的基本见解，但是他依然是从言语行为的一种现象学
角度去思考语言的问题。《世界的散文》一书的英文译者约翰·奥
尼尔[John O'Neill]认为："在梅洛-庞蒂那里，我们的思想和目的
体现于身体的姿势之中，这些姿势在表达的行为中自我构成，并
面向习惯和自发性，因此我们构成我们的世界。"② 这意味着由索
绪尔最早阐述的语言和言语之间的经典关系被梅洛-庞蒂用一种特
殊方式加以利用而已。在梅洛-庞蒂与索绪尔的结构语言学关系
上，他更加关心的是语言的"起源"或语言的意义的起源问题，
或者说，他更加关心的是语言的语义方面，以及语言的本体暗示
和含义："梅洛-庞蒂与索绪尔的结构语言学的关系典型地体现了
他对待'起源'的方式。"③

按照索绪尔的观点，语言和言语之间的区别，是单词以一种
对立音位的游戏方式所构成的符号系统和言说的真实经验之间的
关系。然而，值得我们思考的是，索绪尔之所以在语言和言语之
间作出划分，是为了给语言学研究指明一条正确的方向，即人们
应把语言作为一个符号系统，而这个系统在他看来是共时性的，
因此应该是一门共时的语言学。索绪尔并没有考虑到言说的经验

---

① In "The Problem of Speech" in Themes from the Lecture at the College de
France 1952-1960，Merleau-Ponty writes： "The well-known definition of the sign as
'diacritical，oppositive，and negative' means that language is present in the speaking
subject as a system of intervals between signs and significations，and that，as a unity，
the act of speech simultaneously operates the differentiation of these two orders."
Themes from the Lectures，trans. by John O'Neill. Evanston：Northwestern University
Press，1970：19-20.

② Merleau-Ponty. The Prose of the World. trans. John O'Neill. Evanston：
Northwestern University Press，1973：xxxiv.

③ Merleau-Ponty. The Prose of the World. trans. John O'Neill. Evanston：
Northwestern University Press，1973：xxxv.

或言说的存在方面。梅洛-庞蒂这样评价结构主义语言学："在当前，或者共时性地看，同代人的使用不会被还原为过去的理所当然的遗产。与语言的语言学相伴随的是，语言是一系列混乱的事件，索绪尔开启了一种言语的语言学，他认为言语每一时刻都必须在其内部表现为一种秩序、一种系统和一种整体性，没有它们，交流和语言共同体将是不可能的。"① 为了更好地说明这一点，我在此引用文学人类学家诺斯罗普·弗莱论述语词与整体关系的话：

　　　　不管什么时候我们阅读什么东西，我们发现我们的注意力同时向两个方向移动。一个方向是外部的或离心的，顺着这个方向，我们走向阅读之外，从当个的词走向它们所指的东西，或者在实践上，走向我们按照约定俗成的程式把它们联系起来的记忆。另一方面则是内部的或向心的，顺着这个方向，我们努力从词语中引申出一种由它们造成的较大的语辞布局[verbal pattern]的意思。在两种情况下，我们接触的都是象征，但是当我们赋予一个单词以一种外部意义的时候，那么在语辞象征之上还得加上它所表征的或它所象征的东西。实际上是存在这样一种表征的系列：语辞象征"猫"是写在一页纸上的一组黑色记号，它们先表征一连串噪音，进而表征一个意象或记号，再进而表征一种感觉的经验，而且还表征一种喵喵叫的动物。如此理解的象征在这里可叫着符号，是约定俗成地和人为地代表并指出其所在处之外的事物的语辞单位。然而，当我们试图把握同单词有关联的方方面面时，"猫"这个词就成了较大意义的组成因素。它基本上不是属于任何东西的象征。因为在这个方向，它不是在表征什么，而是把什么同什么关联起来。我们甚至难以说，它表现了作者把它放在这里的部分意图，因为作家一点定稿，其意图就不

---

① Merleau-Ponty. The Prose of the World. trans. John O'Neill. Evanston: Northwestern University Press, 1973: 23.

再作为独立的因素而存在。被内在地或向心地理解的语辞因素，作为语言结构的一部分，作为象征，是简单的和不折不扣按文字理解的语言因素，或语辞结构［verbal structure］的单位（请留意“文字”一词）。我们可以从音乐中借用一个术语，把这种因素叫做“母题”［motif］[①]。

尽管如此，梅洛-庞蒂在索绪尔那里没有看出矛盾，乃至说出共时语言学的研究对象最终是对发生在交流中的言说行为的结构的描述。显而易见，他是用自己的方式对索绪尔的结构主义语言学作出了有利于自己学说的理解。梅洛-庞蒂写道：“从现象学的观点看，即在把语言当作与一个现时的团体进行交流的手段来使用的会说话的主体看来，语言重新发现了它的统一性：语言不再是独立的语言事实的混沌的过去之结果，而是其所有成分都致力于转向现在和将来、因而受到当前的逻辑支配的一种努力的系统。”[②] 换言之，无论是梅洛-庞蒂，还是加达默尔，语言的问题是关于语言作为言说的真实性和被使用的问题，在使用中，语言既不是一个自然对象，也不是一个单纯由意识构成的问题。

第二节　我们：早已处于语言之中

接下来，我们将看一看，加达默尔是如何理解语言现象和他如何把理解作为一个事件或及物现象来看待的。他认为，意义总是通过（理解）这个事件表现出来。对加达默尔而言，语言是对话的活生生的语言媒介。在《真理与方法》中，他把柏拉图的对话称之为一种哲学交流的样板。他清楚地表示对话的成功取决于对

---

① Northrope Frye. Anatomy of Criticism. Princeton：Princeton University Press，1957：73.

② 梅洛-庞蒂. 符号. 姜志辉译. 北京：商务印书馆，2003：105.

话参与者各方持续推进的意愿。对话始于一方可以自由地发出问题，到诉诸于语言，到对话的持续推动，最终让意义在一种被彼此所理解的"事件"中涌现出来。现在，我们将密切结合他的《人与语言》这篇文章中的内容，看一看他如何对语言向我们迎面而来这个问题作出回应，以及语言总是先于我们的言说而存在，并且在正常情况下没有人会意识到他说话时的言语，因为"我们总是早已处于语言之中，正如我们早已居于世界之中"①。后者构成了语言或我们对语言之理解的存在论基础，也因此构成了加达默尔所提出的理解者的视域的、历史的和阐释的本体论局限。进入一种语言意味着进入一种世界，并在这个世界中成长，因此，语言是人的有限性的真实标志。加达默尔从这一见解出发向我们指出了语言的三大基本特征：

首先，语言具有一种本质上的自我遗忘性［self-forgetfulness］。在一种真正的言说形式之中，即对话中的言说之中，我们往往没有注意到被语言学主题化了的那些语言特征，即语言学研究的语言结构、语法和句法等，它们往往是借助于一种抽象，才会进入我们明显的意识之中。因此，加达默尔认为，真实存在的语言，或人们所说的话语"构成了一个我们栖居于其中的共同世界"的道说。"语言越是生动，我们就越不能意识到语言。"

语言存在的第二个基本特征是它的"自我—弱化性［I-Iessness］或它的无我性。加达默尔认为，当我说话时，我总是对某人说，那意思是说，被语言所言说的东西总是被置于我与之言说的那个人的面前。我的言语不可避免地是对话式的，言语携带我并超越我本人进入一场我与言说对象一起构成的运动之中。任何讲话并不属于"我"的领域，而是属于"我们"的领域。"语言

---

① 汉斯-格奥尔格·加达默尔. 哲学阐释学. 夏镇平，宋建平译. 上海：上海译文出版社，2004：64.

的具身现实就是把我和你统一起来的精神。"① 对加达默尔而言，每一次对话都是一次离散，都是一次对中心的偏离，每一次真正的对话都撕裂了每个言说主体中那个不断聚集、又不断分解的中心。

　　语言的第三个基本特征被加达默尔称之为语言的具有包罗万象的普遍性。根据加达默尔的解释，"语言不属于任何可言说对象的一个专属领域，以至于凡所有不可言说的都可与之轩轾分离"。"语言是包容一切的。没有任何东西可以完全从被言说的领域中排除出去。"② 关于语言的第三个特征，加达默尔继续写道：

　　　　所有讲出来的话的真实含义决不仅仅包含在讲出的话中，而是或多或少地与未讲的话有关。每一个陈述都是有目的的，这就是说，我们可以敏感地对所说的每一句话发问"为什么你说这些？"只有在所说出的话中同时也理解到未说出的话，这个陈述才是可理解的。……没有任何东西可以从被说出的话中完全排除，除非我们的意义行为有意为之。我们说话的能力总是不知疲倦地与理性的普遍性保持同步。因此，每一场对话同样拥有一种内在的无限性，没有终止③。

　　那么，对哲学阐释学而言，意义的确定性，意义的不朽之品质，以及对于"对话"的肯定性理解，总是会在对话中面对那些未被言说的东西[what is unsaid]而消失。加达默尔以翻译为例，认为我们从翻译和阅读从外文翻过来的译文的体验中可以获得说明：尽管译者注定要面对他所要翻译的东西，可是他却绝不可以

---

　　① 汉斯-格奥尔格·加达默尔. 哲学阐释学. 夏镇平，宋建平译. 上海：上海译文出版社，2004：66.

　　② 汉斯-格奥尔格·加达默尔. 哲学阐释学. 夏镇平，宋建平译. 上海：上海译文出版社，2004：68.

　　③ Gadamer. Philosophical Hermeneutics. trans. David Linge. Berkeley：University of California Press，1976：67.

简单地复制已言说的内容，而是把自己置放在已被言说的方向上，"以便把即将被言说的东西朝着自己言说的方向上引导"。对加达默尔来说，我们的阐释努力，总是具身于语言的王国之中，这是一个我们获得共识的领域。他写道：

> 译者必须把将被理解的意义翻译到另一个言说者在其中生活的语境中。当然，这并不意味着他可以随意地对另一个言说者说的话加以歪曲。相反，意义必须被保留下来，但因为它必须在一个新的语言世界中被理解，它必须以一种新的方式在这个新的语言世界中确立其有效性。因此，每一个翻译都同时是一种解释。我们甚至可以说，翻译是译者对赋予他的语词所作出的解释的顶点①。

依据于这些特征，加达默尔主张，凡以语言的名义而发生的一切，总是超越其所达到的单一命题本身以外。可是，这并不意味着语言就只是交流的一个手段，因为如果情况是这样，语言就将是言说主体优先性的副产物，并且它将对构成对话场景的主体性产生离散作用。它意味着语言存在，是因为语言被使用。语言之发生，在于它存在于人的活生生的操作之中，在于它的行为之中。语言行为之发生，是由于语言有自己的结构空间：语言除了自己的语法形式还有自己的存在或本体论空间，与原文相比，译文总是显得平淡无味，就是因为译文缺乏原文那样的空间性。意义总是一种意向：

> 包含在所说的话中的精确含义，仅仅在原文中才进入语言，而在所有替代性　的说法（比如翻译）都会走样变形。因此，翻译者的任务绝不仅仅是把原文所说的照搬过来，而是把自身置入原文的意向中，这样才能把原文中所说的意思保

---

① Gadamer. Truth and Method. New York: Crossroad Publishing, 1989: 386.

存在翻译者的意向中①。

因此，意义发生在语言事件之中，或发生在包含人、语言中的人和对话得以发生的空间中，或谓之语言的行为之中，而不是在什么别的地方。同样，译者在翻译时必须去占有自己的空间或翻译的空间，"只有在这个空间里，对话，也就是属于所有日常理解力的内部的无限性，才是可能的"②。这个空间成为翻译之可能性的延伸以及成为译语的事件性语言。对加达默尔来说，恰恰正是在这种语言事件的延伸之中，我们才开始明白，为什么没有某种单一意义的重复生产。加达默尔在其著作中多次用到"虚拟性"[virtuality]这个词语，并且他本人近乎肯定性地认为，在我们的言说中，存在着一种"言语的虚拟性"，即由于语言在自身内部拥有可能性的存在而为我们敞开无数新的可能性。对此，加达默尔写道：

> 每一个语词都会导致语言之整体的共鸣和语言背后的世界观的出现。因此，每一个语词，作为一个瞬间的事件，都通过回应和召唤，与它相关联的未被言说的（沉默）共舞。人类言语的偶然性与语言表达力不是一种前因后果的不完美；相反，正是言语的活生生的虚拟性的逻辑表达将一种意义的整体性带入游戏中，而不是对整体进行表达。所有人类言说都是有限的，其中隐藏了需要解释和揭示的无限意义③。

---

① 汉斯-格奥尔格·加达默尔. 哲学阐释学. 夏镇平，宋建平译. 上海：上海译文出版社，2004：69.

② 汉斯-格奥尔格·加达默尔. 哲学阐释学. 夏镇平，宋建平译. 上海：上海译文出版社，2004：70.

③ Gadamer. Wahrheit und Methode: Grundziigeeiner philosophis chenHermeneutik Tiibingen: 1. C. B. Mohr, 1960, 2nd and revised edition, 1965: 434. English translation by loel Weinsheimer and Donald G. Marshall, Truth and Method. New York: Crossroad Publishing, 1989: 458.

　　加达默尔认为，表达不是对整体的表达，但是理解却一定是整体的理解。他引用洪堡的话说道："语言确实是此在的，却又与一种无限的、真正无穷无尽的领域有关，是一切凡可思维事物之缩影。因此，语言必须对有限的手段进行无限的使用，并且是通过产生思想和语言的力量结合起来才可能做到这一点的。"① 他明确地认为，凡是涉及文本的理解就一定会转入诠释领域。他以翻译为例：

　　　　在对某一文本进行翻译的时候，不管译者如何进入原作者的思想或是设身处地把自己想象为原作者，他都不可能纯粹地重新唤醒作者大脑中的原始心理过程，而是对原文的再创造，而这种再创造乃受到译者理解文本内容的方式所指导。没有人会怀疑这里我们处理文本的方式就是解释，不是简单的重现。……正如所有的解释一样，翻译是一种突出重点的活动。谁要翻译，谁就必须进行这种重点突出活动。译者不可能对他本人还不清楚的东西予以保留。他必须明确表示自己的观点。……译者必须自我放弃。他必须明确地表明他是如何理解的。因为他总是不能真实地把文本中的所有意义都表达出来，所以他必须习惯放弃。所有认真进行的翻译都不会比原文要更为清楚和更为明白。即使翻译是出自大师之手，它也总会缺少某些振荡于原文中的那种韵味②。

　　文本在解释中呈现出世界，语言在言说中进入运动，言说让世界振荡起来。语言之中的这种未说之言（这种沉默），或 what is unsaid in the language，文字一旦被说出，它们就随着文字一起运动并振动起来。文字因此获得了一种创造性的增量，这是一种存在的并等候被具体化的潜力。加达默尔坚持认为，在对话的语言

① Gadamer. Truth and Method. New York：Crossroad Publishing，1989：438.
② Gadamer. Truth and Method. New York：Crossroad Publishing，1989：387.

中存在一种预测性的结构[speculative structure]。既然具有预测性，语言的功能就不在其表现语言中被言说主题的表达力上，而是在可理解性得以首次形成的方式上发挥作用。对加达默尔而言，进入语言之中并不意味着获得了另一种存在，而是让事物归于它自己存在来呈现其本身。因此，一切语言的东西都有一个推测性的统一体：它蕴含了一种区别，即语言的存在与语言的自我表现之间的区别，但是这又完全不是一种真正意义上的区别。所有传统的材料都既显示了这一既同一又差异的悖论。这些差异总是存在于同一之中，否则同一将不会是同一。

因此，对加达默尔来说，作为语言中实现意义的具体化的言语事件只能是假设性的："说某人的意思是什么……意味着要把已说的与未被说的无限性聚集在那种意义的统一体之中，并且确保它以这种方式被理解。"① 语言中实现了的具体化总是蕴含了个体的、历史的、神话的"存在性投射"[existential projection]。表达如此，翻译更是如此。翻译从一种语言向另一种语言的转换过程，不仅是原创的"存在投射"，也是译者（语言、世界、情态）的"存在投射"。诺斯洛普·弗莱在分析文学模式与作家之关系时指出，文学的每一种模式在其发展中都有自己存在的投影，如神话把自己投射为神学，作家把自己投射为天使、仙女、魔鬼和具有魔力的动物，春天、夏天、秋天和冬天以此投射为喜剧、浪漫故事、悲剧与反讽和讽刺：

　　　《失乐园》并非仅仅是为了写出另一个悲剧，而是为了阐述弥尔顿所坚信的悲剧的原型神话。因此，这一段辩解可谓是存在的投影[existential projection]的又一实例：弥尔顿的上帝与亚当的关系的真正基础就是悲剧诗人与他的主人公的

----

① Gadamer. Truth and Method. New York: Crossroad Publishing, 1989: 469. Also refer to: 加达默尔. 真理与方法. 洪汉鼎译. 上海: 上海译文出版社, 1993: 491.

关系。悲剧诗人明白，他笔下的主人公将处于一个悲剧的环境中，但他竭尽全力以避免令人产生为自己的目的而布置这一悲剧环境的感觉。他，像亚当展示给天使一样，把他的主人公展示在我们面前①。

鉴于以上所言，我们似乎已经将言说主体转移到了发生在言说事件中的一种解释关系。对加达默尔说来，言说事件就是自我呈现，即在具体表达与存在之整体关系中产生一种存在的增量。事实上，加达默尔认为，语言就是那单个的语词，以它的虚拟性，为我们敞开了话语的无限性，彼此言说的无限性，以及"表达自我"和"任认自我表达"之自由的无限性。语言不是它的精雕细琢的墨守成规，语言亦不是用其前图示化的负荷塞满我们的那些东西，语言是那种持续性的、使整体再次涌现的生成和创造的力量。加达默尔认为："人类言语具有偶然性，但这种偶然性不是语言表达力的随意性和缺陷；相反，它是那种把意义之整体性带入游戏的言语之活生生的、虚拟性的逻辑表达，尽管我们无法对它作出整体表达。一切人类言说都是有限的，因此蛰伏于语言中的，是渴求持续解释和持续表达的意义之无限性。这就是阐释现象学同样只有借助于存在之有限性，即语词之整体，才能得到彰显的原因。"②

回顾前面，我们已经初步了解梅洛-庞蒂关于言语的创造性见解：言语不同于已被言说的语言[speech is different from the language that is already spoken]，符号与意指在言语的运作中双方都会发生改变，从而从中"分泌出新的意指"，"分泌出一种不知来自何处的'意义'，并把该意义投射到它周围的物质环境和传

---

① Northrope Frye. Anatomy of Criticism. Princeton：Princeton University Press，1957：201.

② Gadamer. Truth and Method. New York：Crossroad Publishing，1989：454.

递给其他具体化的主体"①。可是，与加达默尔相比，这些观念如何具有相同性，仍需拭目以待。符号与意指在使用中"出现新的意指"，这意味着，无论是加达默尔，还是梅洛-庞蒂，他们两人都主张在言说的振荡中会迎来再次言说的临近。由此，让我们想到梅洛-庞蒂在《世界的散文》中有关在阅读中放弃主权的言论。譬如在谈到司汤达时，梅洛-庞蒂写道：

> 我创造了司汤达，我在阅读他时变成了司汤达，但这是因为他首先知道如何把我安置在他那里。读者的主权不过是想象中的，因为他从这本称之为书的可怕的机器中，从这一创造各种含义的装置中获得了力量……（但是）凡读者和书之间的关系发生递转之处，凡书支配读者之处，可表达的瞬间就发生了②。

也正是在这里，我们开始发现梅洛-庞蒂与加达默尔之间关于语言之效果的惊人相同之处：表达始于语言隐匿之时。"正是语言使我们趋向它所意指的东西。语言在运作中向我们隐匿自身。它的得意之处就在于它能够自我抹除，并把我们带到语词之外进入作者思想中，我们因此幻想我们与作者之间彼此渗透，心领神会。一旦那些语词被冷却并再次单纯地作为符号落在纸面上，并且，正因为它们将我们远远地投射到它们的力量之外，我们似乎难以相信它们就是我们那么多思想的来源。"③ 这就是说，一旦"司汤达的语言在读者的心灵中恢复生命"，一种表达的瞬间就发生了，这同时也改变了对该语言进行理解的读者。这一点尤其体现在阅读诗歌和小说以及阅读绘画的读者身上。我作为读者的，面对眼

---

① 梅洛-庞蒂. 知觉现象学. 姜志辉译. 北京：商务印书馆，2001：255，238.

② Merleau-Ponty. The Prose of the World. trans. John O'Neill. Evanston：Northwestern University Press，1973：12-13.

③ Merleau-Ponty. The Prose of the World. trans. John O'Neill. Evanston：Northwestern University Press，1973：10.

前书页中的语言时，恍若有一种对"道"之朦胧涌现的感觉："道之为物，惟恍惟惚。恍兮惚兮，其中有象；恍兮惚兮，其中有物。窈兮冥兮，其中有精，其精甚真，其中有信。"① 每当此刻，语言与读者本人都实现了自我的各自敞开，我理解了自己，语言通过我实现了它自己的具体化。用梅洛-庞蒂的话讲："只要语言真实地发挥作用，对于听和说它的人来说，它就不会是一种去发现在它自身那里已经存在着的含义的简单邀请。"② 我们常听人说，"一语惊醒梦中人"。其实，是梦中人已经在语言中，是语言敞开原来沉默的存在。梅洛-庞蒂对此说道："我一旦获得这一语言，我可能轻易地让我自己产生这样一种幻觉：我或许独自地理解了它，因为它已经改变了我，并且使我能够理解它。"③ 梅洛-庞蒂认为，在语言面前，我们"具有按他人的形象重塑我们且让我们向别的意义开放的能力。这种能力，在作为意识的我面前，他人是不能拥有的"④。意识在事物中能够找到的只是意识置入其中的东西，或者说，是我的意识放入其中的东西。他人之所以能够在我面前自吹自擂，滔滔不绝，是因为我也是语言，也就是说，能够让自己被谈话活动引向一种新的认识状态。作家或演说家以及政治家们不正是通过这一策略，触动我们身上那些期待表达的潜在意义吗？

　　可是，这个新的意义对读者又是如何发生的呢？从梅洛-庞蒂对读者的描述之中，我们很容易发现，与加达默尔一样，他是把语言作为理解的一个事件，每一次言说都包含对话的双方，是双方共同努力的结果。言说的意愿超越我自己，并与理解的意愿取

---

① 老子. 道德经·第二十一章。

② Merleau-Ponty. The Prose of the World. trans. John O'Neill. Evanston：Northwestern University Press，1973：13.

③ Merleau-Ponty. The Prose of the World. trans. John O'Neill. Evanston：Northwestern University Press，1973：13.

④ Merleau-Ponty. The Prose of the World. trans. John O'Neill. Evanston：Northwestern University Press，1973：12-13.梅洛-庞蒂. 世界的散文. 杨大春译. 北京：商务印书馆，2005：162.

得一致。表达始于言语，始于言语和它的回音之间的振动（或共鸣），或者始于语言的"耦合"。梅洛-庞蒂写道：

> 在作为言语的自我与作为言语的他人之间，或者更一般地说，在作为表达的自我与作为表达的他人之间，不再存在使意识之间的关系成为一种敌对关系这样的选择。当我说话时，我不仅仅是主动的，而且我在听者那里先于我的言说；当我听人说话时，我并不是被动的，而且我根据……别人所说的而说。言说不是我的一种主动性，听人说话并非就是服从于别人的主动性，归根结底，这是因为，作为说话者我们继续、我们重新开始某种比我们更久远的努力，我们彼此由于这一努力而连续在一起，这就是真理的显示，真理的生成①。

对梅洛-庞蒂而言，在理解中出现新的意义这个问题，并不简单地是一个对话的游戏的问题。与加达默尔认为语言拥有一种推测性的结构相平衡，梅洛-庞蒂认为意义的问题发生在言说的振动

---

① Merleau-Ponty's description of dialogue is remarkably similar to Gadamer's own description. In The Prose of the World, Merleau-Ponty writes: "Between myself as speech and the other as speech, or more generally myself as expression and the other as expression, there is no longer that alternation which makes a rivalry of the relation between minds. I am not active only when speaking; rather, I precede my thought in the listener. I am not passive while I am listening; rather I speak according to... what the other is saying. Speaking is not just my own initiative, listening is not submitting to the initiative of the other, because as speaking subjects we are continuing, we are resuming a common effort more ancient than we are, upon which we are grafted to one another, and which is the manifestation, the growth of truth." (PW 143-44) Compare this passage with Gadamer's description of dialogue in Truth and Method: 362-379. The last sentence of the section summarizes Gadamer's point: "To reach an understanding in dialogue is not merely a matter of putting oneself forward and successfully asserting one's point of view, but being transformed into a communion in which we do not remain what we were" (WM 360, TM 379).

之中，譬如语言的神秘之处"恰恰在语言痴迷于自身，通过自身的一种剩余，向我们开启一种新的含义"：

> 在某种意义上，语言除了与自己的关系外没有别的什么：在内心独白中和在对话中一样不存在着"思想"。言语引起的是言语，而且，在我们最为充分地"思考"的范围内，言语是如此精确地充塞着我们的精神，以至它们没有在此为纯粹的思想或者为不属于语言活动的含义留下空白的角落①。

语言的"剩余"是一种附加，是一种"气息"，是一种力场。它因言说的振动而弥散开来，语言的表达力就蕴含于这种振动之中。言语流一旦启动，它就不再是噪声，它把我们完全地拽入它要说出的东西。如果我们依然用言语来进行回答它，它已经不是我们希望得到的东西了。为了说明言语的流动，梅洛-庞蒂用手为喻："我们与其说思考我们正在说出的话或思考别人向我们说出的话，不如说是对那只我们挥动的手的思考。"② 挥动的手是他人的可感知的呈现，呈现或表达就在这挥动之中。语言因此有一种特别的含义，我们愈是降服于它，这种含义就愈是明显。我们愈是较少思考它，它就愈是较少含混。梅洛-庞蒂认为"这种含义抵制任何直接的攫取，但听从于语言的咒语。它总是在人们的召唤中随时出场，但又总是从人们以为圈定了的地方溜走"③。言说的振动是边缘和空间的振动。最为纯粹的意义之真理也是以边缘的视点为前提的，而不是完全处于清晰的视觉的中心，它们的意义要

---

① Merleau-Ponty. The Prose of the World. trans. John O'Neill. Evanston：Northwestern University Press，1973：115. 参阅梅洛-庞蒂. 世界的散文. 杨大春译. 北京：商务印书馆，2005：131.

② Merleau-Ponty. The Prose of the World. trans. John O'Neill. Evanston：Northwestern University Press，1973：116.

③ Merleau-Ponty. The Prose of the World. trans. John O'Neill. Evanston：Northwestern University Press，1973：116.

归功于沉淀和语言在它们周围的视域结构之中，而意义则是这个结构中的突出显示。在梅洛-庞蒂看来，我拥有这个语言世界就像我拥有我的周围环境一样，我的身体拥有词语就像它拥有我的肢体一样。言说之振动，是有声与无声之间的振荡，是有声的沉默与沉默的声音之间的振荡，或因了这个"无声"而振荡，"无声"的振动是整体中的振动。意义有自己直接的关联物，或意义总是对象的意义，但我们往往在把握言说的意义时，总有"此中有真意，欲辨已忘言"的感觉，因为意义总是整体的意义，而整体包含在意义之中。因了这振动，"有声"与"无声"之间开启一道敞开的裂缝，它构成了言说的创造性维度，也因此使言说具有独特的阐释性能力，让人们从包裹于过剩、已说、未说的语言中吸取它的新的意义，真所谓"窈兮冥兮，其中有精，其精甚真，其中有信"。其中的"信"从某种意义讲类似于梅洛-庞蒂试图从语言的存在中所探讨的真理一词。梅洛-庞蒂用于表达"过剩"的另一个词是"沉默"。为了正确地对待表达的言语，梅洛-庞蒂指出：

　　我们必须思考说出之前的言语，在先于言语、却又持续地包裹着言语，并且没有它言语就不会说出任何东西的沉默的背景中考虑言语。进一步地说，我们必须敏感于言语组织交织于其中的这些沉默线索。对于那些既有的表达来说，存在着一种直接意义，它逐点地对应于已经确立的那些措辞、形式和语词。正因为这些表达已经是既有的，空白和沉默的要素在它们那里就被磨灭了。但正在形成中的表达的意义原则上不会是这样的：这是由语词本身（或者那些可自由处置的含义）的交流而来的一种侧面的、倾斜的意义①。

　　① Merleau-Ponty. The Prose of the World. trans. John O'Neill. Evanston：Northwestern University Press，1973：45-46. 梅洛-庞蒂. 世界的散文. 杨大春译. 北京：商务印书馆，2005：49.

　　那么，我们又将如何理解沉默的性质？现在我们可以再次来看一看对话中到底发生了什么。为了理解所言说的意义，对话双方的语词绝不会是简单的出场。当言说发生之时，它之所以发生，是以非言语的内容为背景的，换言之，是以沉默为背景的，但这种语言注定要表达着，所以又可悖论式地称之为"沉默的声音"，这也就是被梅洛-庞蒂所谓"能言说的语言"［sedimented language］。在梅洛-庞蒂那里，能言说的语言是与被言说的语言相对应的一种语言。能言说的语言是整体的言说，而被言说的语言是整体中的言说。前者是"language capable of speaking or le langage parlant"，是在表达的过程中自我形成的语言，并自我生成意义的语言，或者因言说的振动而掀起的运动，言说在这种运动中发生。后者是"language that is already spoken or said"，这是表达已完成的语言，是习得或现成的语言，也是在意义面前自我消失的语言。梅洛-庞蒂写道：

　　　　我们可以说有两种语言。首先，是尾随事实的语言或作为一种制度的语言，这种语言自我抹除，以便产生它所传达的意义。其次，是在语言表达的行为中自我创造的语言，这种语言把我从符号拽向意义剩余语言和言语①。

　　能言说的言语不说话，在这个意义上讲，它是沉默，是一种有声的沉默［silence of voice］，但它不是一种虚无的沉默［silence of nothingness］。它是一种悖论式的发声的沉默，是前人类或前语言的沉默，它从无声走向有声，而被言说的言语则从有声走向无声。可是，在这里，沉默的意思与梅洛-庞蒂在《间接语言与沉默的声音》中的主张不一致：如果我们把一个原文——我们的语言也许是它的译本或编码本——的概念逐出我们的灵魂，那么，

---

① Merleau-Ponty. The Prose of the World. trans. John O'Neill. Evanston: Northwestern University Press, 1973: 10.

"我们将看到，完整表达的概念是无意义的，任何语言都是间接的或暗示的，如果你愿意，也可以说是沉默。意义与言语的关系不再可能是我们始终看到的这种逐点对应"①。梅洛-庞蒂似乎认为"完整表达"是以虚拟的原文为参照的，而事实上"完整表达"是以间接、暗示的或沉默的方式实现的。

　　梅洛-庞蒂以儿童学习语言为例，儿童掌握语言的标志是"他学会把符号与符号的边音联系理解为符号与意义的最后关系——在边音联系在有关语言中获得的特殊形式下"②。若我们就此理解他的沉默概念，他似乎把词与词之间的关联理解为沉默，或者是词与词之间以及围绕它们的周围形成的整体"漩涡"。他认为儿童一开始就是在整体中讲话，因为儿童是把一个音位或一个词语当成句子来用的。在儿童那里，尽管只是说出一个词或一个音位，他已经把握住了他所听到的话语是从整体中涌现出来的。"只有作为整体的语言才能解释语言如何吸引儿童，儿童最终能进入人们认为只能从里面进入的这个领域。这是因为符号一开始就是可区分的，符号自我组成和自我构成，符号有一个内部世界，最终需要有一种意义。"③ 沉默似乎直接属于活生生的言语，是言语把我们带往我们的思想之外。运行中的活生生的言语不仅提出要求而且向我们呈现出"言语组织交织于其中的这些沉默的线索"④。这些线索永远把我们引向前方和未来，因此表达不会完成，没有绝对透明的意义，意义持续在发生，持续在涌现，它永远不会结束，而有些意义却只能在未来获得拯救。既然在对话中一个语词的意义不会"像黄油涂抹在面包上"那样依附于一个语词，因此，这

---

　　① Merleau-Ponty. Signs. trans. Richard McCleary. Evanston：Northwestern University Press，1964：43.梅洛-庞蒂. 符号. 姜志辉译. 北京：商务印书馆，2003：47.

　　② 梅洛-庞蒂. 符号. 姜志辉译. 北京：商务印书馆，2003：51.

　　③ 梅洛-庞蒂. 符号. 姜志辉译. 北京：商务印书馆，2003：50.

　　④ Merleau-Ponty. The Prose of the World. trans. John O'Neill. Evanston：Northwestern University Press，1973.梅洛-庞蒂. 世界的散文. 杨大春译. 北京：商务印书馆，2005：49.

一条沉默的线索就意味着开放的缺口，意味着从中产生超越我们自己的可能性。梅洛-庞蒂认为这种开放的领域就是"我的思想之间的领域"，即"我的事后思想与潜在思想"之间的领域，我的"思想匍匐行进于语言之中"，就如他在后面所言："语言在语词之间所表达的与语词本身所表达的一样多"，而且"语言既通过它没有说出的表达意思，也通过它说出的表达意思"①。

　　从某种意义上讲，是那些没有被说出的东西构成了表达的可能性，为被说出的东西提供了一种假设性语词结构，或曰一种假设性的创造实体，而意义从其中汩汩逸放而出。因此，可以说，一切命题的意图意义就是引导人们去聆听那未被言说的沉默。一切言说或对话都是对沉默的言说，是对沉默的有声言说，言说把语言看成关于事件和意义的潜在统一。所有具有意义的语辞结构都是对那个被称为思维的难以琢磨的心理和生理过程的语言模仿。这是一个跌跌绊绊的过程，经过了同感情的纠结、突然的非理性的确信、不自主的洞察的闪光、理性化的偏见、慌乱和惰性的阻塞，最后抵达一种全然不可名状的直觉。

　　不过，我们还有另一种理解沉默的方式，这种方式与上述方式当然是有联系的。言说的创造性维度告诉我们，只有语言被操作时，或当语言在运动中振动时，语言才拥有自己的意义②。从这个意义上讲，沉默属于我们在加达默尔那里所发现的"可能性"[possibility]这一概念。加达默尔指出："人们可以探讨人曾经经历过的这个世界结构，这个结构不过是这个世界之'可能性'的经验而已，我们就是从这个意义去讨论一种世界的本体论的。""所有理解的终极基础必须总是一种意气相投的占卜行为，而理解的可能性依赖于个体之间的一种先已存在的约定。"③ 语言是一种

---

　　① 梅洛-庞蒂. 符号. 姜志辉译. 北京：商务印书馆，2003：53.

　　② Merleau-Ponty. The Primacy of Preception. ed. James Edie Evanston：Northwestern universityPress，1964：8.

　　③ Hans-Georg Gadamer. Truth and Method. trans. loelWeinsheimer. Donald G. Marshall. New York：Crossroad Publishing，1989：239，188.

人类的可能性，它不仅共人自由地使用，而且不断地易变。在他看来，语言中所给定的，主要不是同这种或那种对象的关系，甚至也不是同某个对象领域的关系，而是同整个存在的关系，对这种关系我们不能如科学对它的对象所做的那样有意识地创造、控制并使之客体化。

从加达默尔对"可能性"一词的使用中可见，他不是用该概念来指一种有待实现和具体化[incarnation]的潜能，而是一种不断开放的潜力，并且也是从这点上我们开始看到梅洛-庞蒂和加达默尔之间的一种基本差异。从最一般形式而言，这种差异之共同基础可以概括为一体两面：语言总是与未被言说的、因此也与可能性联系在一起。如先前指出，梅洛-庞蒂在对语言的思考中接受了索绪尔的结构主义语言观以及符号的差异化运动的见解。梅洛-庞蒂写道：

> 我们在索绪尔的著作中学到，单个符号不表示任何东西，每一个符号表达的意义少于该符号在它本身和其他符号之间指出的一种意义的差别。……语言只能通过符号的相互作用才能被理解。如果单独考察符号，那么，每一个符号都是模棱两可的或无新意的，只有符号的结合才能产生意义①。

依循这一方向，梅洛-庞蒂进一步对意义如何在相邻语词的间隙之中涌现的方式进行了讨论。意义是一种运动。意义是语词与语词之间的关系。意义涌现于关系之中[meaning emerges out of a relational existence]，意义是一种居间性，犹如洞穴，洞穴遇风而鸣，亦如庄子所言风之遇"窍"，"似鼻、似口、似耳、似枅、似圈、似臼，似窪者，似污者；激者、謞者、叱者、吸者、叫者、譹者、宎者、咬者"（庄子《齐物论》）。梅洛-庞蒂自己也把它视为奇迹："语言被言语的运用超越。使语言在学习语言的人看来是

---

① 梅洛-庞蒂. 符号. 姜志辉译. 北京：商务印书馆，2003：46—50.

自我超越、自我教授和指出它自己的解释的这种循环，可能是定义语言的奇迹。"①

　　另一方面，对加达默尔来说，差异总是发生在一种有限的有待阐释之语境中，而且有限与人的归属感有关。加达默尔认为，"归属感"是对历史价值之原始意义的一种限制，不是因为主题的选择和探究要服从科学范围以外的主观动机——归属不只是情感依赖或作为同情的相同类型的一个特殊案例，而是因为归属于传统就是始源地和本质地归属于"此在"的历史有限性，"此在"也同时把自己投入未来的可能性之中。理解的有限性不仅支配着我们人类，而且同样支配我们的历史意识。在他看来，"对文本的理解和翻译并非仅仅是科学的事，而是明显地属于人的世界性经验"②。因此，经验是人类有限性的经验。真正有经验的人懂得把这点放在心上，他知道他既不是时间的主人也不是未来的主人。有经验的人都知道，所有的远见都是有限的，所有的谋划都是不确定的。经验的真值是在他的身上得以实现的③。显然，加达默尔是基于一种辩证的思维来思考差异，他亦同时把这种辩证的思维引入他的阐释结构之中。这一点与诠释学的发动者海德格尔通过对"此在"的时间性分析，进而把理解作为"此在"的存在方式来把握并无二致，他认为：

　　　　解释的运动之所以是辩证的，不在于每种陈述的片面性都可以由另一面来补充——正如我们将看到的，这只是解释中次要的现象——而首先在于，适合于解释文本意义的语词把这种意义的整体表达了出来，从而使文本中的意义的无限

---

　　① 梅洛-庞蒂. 符号. 姜志辉译. 北京：商务印书馆，2003：46.

　　② Hans-Georg Gadamer. Truth and Method. trans. loelWeinsheimer, Donald G. Marshall. New York：Crossroad Publishing，1989：xx，277.

　　③ Hans-Georg Gadamer. Truth and Method. trans. loel Weinsheimer, Donald G. Marshall. New York：Crossroad Publishing，1989：.351.

性以有限的方式在词语中得以表现①。

然而，梅洛-庞蒂意欲将他的语言差异概念延伸到可见的与不可见的本体论，即叠加/增值的框架之中，或者换言之，延伸至由可见的与不可见的对立编织网络之中。对梅洛-庞蒂而言，语言是在可见者与不可见者之间的沟壑或缝隙中开始言说的。如他在《符号》中所言：语言必须成为"近乎不可见的"。而我们有关阐释学问题所依赖的言说的振荡问题则要求我们对沉默和"本体性振荡"之间的关系作出回答。他在《可见的与不可见的》中的"质疑与直觉"这篇文章中写道：

> 我们之前从未在我们的面前拥有过纯粹的个体，不可分割的存在的冰川，既无地点也无时间的本质，不是因为它们存在于其他地方，超越我们的把握之外，而是因为我们是一个一个的经验，也就是说是一些思想，它们感到了经验、思想后面它们所思考的空间、时间和存在本身的分量，它们因此在自己的目光下既未持有一个连续的空间、时间，也未持有系列的纯观念，而是在其四周拥有一个重叠的、增值的、侵越性的、杂乱的时间和空间——一个持续的孕育、持续的分娩、生成性、普遍性、原初本质、原初存在。它们是同一本体性振荡的交点和波腹②。

---

① Hans-Georg Gadamer. Truth and Method. trans. loelWeinsheimer and Donald G. Marshall. New York：Crossroad Publishing，1989：461. 参阅汉斯-格奥尔格·加达默尔. 真理与方法——哲学诠释学的基本特征(下卷). 洪汉鼎译. 上海译文出版社，1999：594.

② Merleau-Ponty. The visible and the Invisible. trans. Alphonso Lingis. Evanston：Northwestern University Press，1968：115.

第三节　表达：亦出自沉默的深渊

梅洛-庞蒂在他《可见的与不可见的》这部书中以否定的方式回答了由哲学承担的任务，其中非常有意思的地方是他把一种沉默的"表达"赋予了哲学。他认为"哲学不是一个词，它对'语词的意义'不感兴趣，它不为我们所看见的世界寻找一个语词的代用品，它不把世界转变成言说之物，它不是按照被言说或被记载的秩序安顿自己，就像命题中的逻辑学家那样，词语中的诗人那样，或音乐中的音乐家那样。哲学希望把事物本身从它们的沉默的深渊引向表达。如果哲学家发出质疑，并因此假装对这个世界和关于这个世界的想象表现出无知，而这个世界运转着，并在他内部连续地成形，他这样做正是为了让它们说话，因为他相信它们，期待从它们中获得他全部的未来科学，这里的质疑不是一种否定和一种取代存在的可能。哲学所拥有的唯一方法，是把自己与我们事实上具有的想象保持一致。对想象中为思想所提供的东西作出回应，对想象得以构成的那些悖论作出回应，唯一方法是调整自己适应那些难解之谜，事物和世界，它们巨大的存在和真理充满了彼此排斥的细节"①。

梅洛-庞蒂似乎想在语言和本体论之间，或语言和世界之间，言说主体[speaking subject]与他的世界之间，建立一种更加密切的化不开的联系。这一联系构成了他通过语言的非确定性去建构一种含混哲学的发轫点。关于语言和本体论之间的联系，梅洛-庞蒂写道：

> 语言是一种生命，是我们的生命和事物的生命。不是语

---

① Merleau-Ponty. The visible and the Invisible. trans. Alphonso Lingis. Evanston：Northwestern University Press，1968：4.

言控制生命，把生命据为己有：如果只有言说之物，那么它将有何可说？……语言的生命只来自沉默；我们扔给他者的一切都在这个我们永远不离开的沉默的地方涌现。但是，因为哲学家自身内部体验到说话的需要，感到在其沉默经验深处言语像冒泡一样诞生，他比任何人都更清楚，被体验到的言语是言语的体验，语言出自沉默的深渊，不是存在之上的面具，只要人们知道如何去把握语言以及它全部的根须和枝叶，这些是存在的最有价值的见证①。

显而易见，他把语言理解成言说之振荡［ontological vibration］，是其间的振荡向我们提供了作为存在的明证性和存在的能量信息。语言不是因为运用于反思而与存在发生关系，而是通过它自身的运作而出现在同时又是分离的场所中。他认为，哲学家"应该沉默，在沉默中重合，以及在存在中和已构成的哲学重逢"。"在一种语言那里，他不是它的组织者，他也不汇集诸语词，是语词通过他而由自身意义的自然交织，以及由隐喻神秘的变迁汇集在一起，而在隐喻这里重要的不再是每个词和每个形象的明显的意义，而是隐藏在其转化和交流中的侧面联系和亲缘关系。"② 换言之，只有当语言变成被言说的语词，变成活的语言，它才能成为存在的见证，语词内部和自身没有意义。梅洛-庞蒂写道：

　　如果人们考虑正在言说的言语，考虑对生活在语言中的人是自然的语言约定，考虑在他之中可见的体验对语言的缠绕，以及语言对可见的和体验的缠绕，考虑他的沉默的景象

---

①　Merleau-Ponty. The visible and the Invisible. trans. Alphonso Lingis. Evanston：Northwestern University Press，1968：125-126.

②　Merleau-Ponty. The Prose of the World. trans. John O'Neill. Evanston：Northwestern University Press，1973：125.

的关联与其言语关联之间的交流，以及最后考虑到不需要翻译成意义和思想的施效言语，考虑可以被当作一种武器、一种行为、一种攻击和一种诱惑的语言，因为物语让他在其中生成的体验的深层联系绽放了出来——这是生命与行动的语言，也是文学与诗的语言①。

在言说的振荡之中，一次交流的事件之发生，对梅洛-庞蒂而言，是因为语言蕴含了存在对于我们的思想的支配。"我是一个有声的存在，但我是从我内部听到我自己身体的振动的；就像马尔罗所说的那样，我用我的喉咙来倾听我自己。"有声是存在的完成，人是一个发声的动物，人是一个言说的主体，人是一个语言的动物。有声与其说是存在的表达，毋宁说是人的存在的完成。梅洛-庞蒂写道：

> 身体一心想与另一个生命在存在中一起飘荡，想使自己成为其内部的外部，使自己成为外部的内部，因而丢失在世界之外、在其目的之外。从这时起，对它者、对自身实施的动作、触、看都向自己的源头回溯，而且在欲念、耐心的静静挣扎之中，表达的悖论开始了②。

因此，语言是存在的见证，语言不是说话的主体。与之相反，"现在"是存在在言说，事物不是我们用言语去道出，而是由占有我们的言语去道出。"言语向我们提供过去的真理。言语不仅限于其在世界中占据位置和扩展过去。言语试图把过去保持在它的精神或它的意义中。"③ 如果有人因此要问存在的声音从何处而来，

---

① Merleau-Ponty. The visible and the Invisible. trans. Alphonso Lingis. Evanston：Northwestern University Press，1968：126.

② Merleau-Ponty. The visible and the Invisible. trans. Alphonso Lingis. Evanston：Northwestern University Press，1968：144.

③ 梅洛-庞蒂. 符号. 姜志辉译. 商务印书馆，2003：97.

我们不得不说，根据梅洛-庞蒂的意思，声音不是来自任何人，而是来自事物本身。"我的声音系于我的生活之整体，而不是任何别的人的。"

在某种意义上，就像瓦雷里说的那样，语言就是一切，因为它不是任何个人的声音，因为它就是事物的声音本身，是水波的声音，是树木的声音。我们应该理解的是，上述观点之间不存在辩证的颠倒，我们没有必要把它们重新汇集在一种综合中：它们是最终真理的可逆性的两个方面①。

存在的声音同时是沉默的声音。但是，在这里，沉默不是对表达的否定，恰恰相反，它是表达的完成，或者是对表达的构成。这是一种肯定性的否定，是一种永远在场的永远的缺席，是一种圆满充实的虚无[nothingness]，但这绝不是"无"[nothing]。当我们在可见的与不可见的缠绕中，在存在之中心的自我调解的可逆性中，去思考非同一性这一问题时，这种声音总是在不断地回荡着。这种可逆性发生于言语的不可见里和言语的意指之中。如果语词有意义，是因为言语能够逆向回归自身。梅洛-庞蒂写道：

> 言语是意义总体的部分，就像肉身是可见的部分一样，就像肉身一样，言语是通过一个存在与一个存在发生的联系，就像肉身一样，言语是自恋的、充满色情的，并赋有把其他意义吸引到自己的网络中的天然魔力，就像身体通过自我感觉而感觉世界那样。事实上，这里更多的是并列性或类似性、相互关联性和相互交织性。……在我们之上不再有本质，本质在我们之下，那是能指和所指的共同之脉，它们彼此相互

---

① Merleau-Ponty. The visible and the Invisible. trans. Alphonso Lingis. Evanston：Northwestern University Press，1968：144.

依附和相互逆转①。

对梅洛-庞蒂而言，言语是思想的躯体，言语是世界的躯体，言语与思想与世界相互折叠在一起。言说之振荡，作为对回应的言说，是一个响亮的言说。梅洛-庞蒂认为言语的发生就是一种本体论的发生，言语的形成过程表达了——至少潜在地——一种它作为其一部分的本体论存在。更为重要的是，言语的开放性最终导致了最承载哲学的言语必然地不是包含着它所说的东西的言语，而过多地是最有力地向存在持续开放、持续涌现的言语，因为它们注定要更接近地传达着整个生命，因为它们注定要使我们习惯了的那些明证性持续振荡，直至消散。因此，在梅洛-庞蒂那里，问题就成为："要达至原初或原始存在的哲学是否能够通过雄辩的语言来完成，或者哲学不应该以这样的一种方式使用语言，为了与它想说的保持一致，而使哲学失去了它的当下性或直接意义的力量。"梅洛-庞蒂写道：

> 如果哲学能言说，那是因为语言不仅仅是固定和习得的意指之博物馆，因为语言的聚集能力来自于预测和前期拥有的能力，因为人们不仅言说他所知，以便把它们展示出来，而且也言说他所不知，为的是去认识它们，——因为语言本身在形成过程中表达了，至少侧面地，一种它为其一部分的本体发生。但其结果是最富有哲学的语词必然地不是包含着它们所说的东西的语词，而更多地是向存在敞开的最具活力的语词，因为他们更加密集地传达着整个生命，并使我们习以为常的明证性振荡直到它们解体。因此，问题就成为，哲学作为对野蛮或野性的再征服，是否要能够通过雄辩的语言来完成，或者哲学是否不应以这样一种方式使用语言：为了

---

① Merleau-Ponty. The visible and the Invisible. trans. Alphonso Lingis. Evanston：Northwestern University Press，1968：118.

希望与它想说的保持一致，哲学应该从当下或直接意指那里
获取力量①。

语言具有"预测的能力"，语言总是在"向存在敞开"，在语
言中发生的是本体论的不断形成和趋向整体的完成。"趋向"而不
是到达，使语言需要持续地言说，持续地接近本体论，因此理解
的发生是多次性与整体间的统一，意义是在整体中的意义，或者
称之为整体的凸显[prominent]。诺斯若普·弗莱在《批评的剖
析》中谈到诗歌的语言本质时显然与梅洛-庞蒂的哲学观相吻合：
"诗歌因此比哲学更富有历史性，更多地包含意象和事例。所有具
有意义的语词结构都是对那个被称为思维的难以捉摸的心理和生
理过程的语言模仿，这一点是很清楚的。这是一个跌跌绊绊的过
程，经过了同感情的纠缠、突然的非理性的确信、不自主的洞察
的闪光、理性化的偏见、慌乱和惰性的阻塞，最后抵达一种全然
不可名状的直接。"②

加达默尔在《哲学阐释学》中把这种本体论的形成称之为
"现实"："我们当然知道，凡在有人说话的地方，语言都有它们的
现实，或者说，凡在人们相互理解的地方，都有语言的现实"
[we know that languages have their reality everywhere they are
spoken, that is, where people are able to understand each
other]③。

非常有趣的是，保罗·利科在《活的隐喻》中把语言的开放
性称之为语言的非指称性。它表达了一种虚拟的体验[a virtual
experience]。他使用苏姗·朗格的话把它称之为"表达了一种虚
拟的生活体验"。这种非指称的"虚拟性"是一种"深度语言"，

① Merleau-Ponty. The visible and the Invisible. trans. Alphonso Lingis. Evanston: Northwestern University Press, 1968: 102-103.

② Northrope Frye. Anatomy of Criticism. Princeton University Press, 1957: 83.

③ Gadamer. Philosophical Hermeneutics. trans. David Linge. Berkeley: University of California Press, 1976: 78.

它所表达的虚拟的生活体验类似于情绪。保罗·利科借诺斯若普·弗莱在《批评的剖析》中的话说道："这种情绪由具有向心力而非离心力的语言赋予形式，并且只是这种语言所表达的东西本身。"① 反讽似地讲，"情绪"是与"空气"有关的，如果"空气"与节奏联系起来，节奏与气氛、背景，以及包围和发生着声音流动的环境联系起来，空气因而就是一种本体论的存在，是一种虚拟的生活体验。"情绪"一旦与语言结合，那么，表达就变成了意义与感觉的融合。同时，我们还注意到保罗·利科以阅读诗歌为例，指出阅读活动"不是意义与声音的融合，而是意义与被唤起的一系列意象的融合"②。须加以厘清的是，这里的"声音"不是梅洛-庞蒂意义上的"声音"，而是指具有载体意义的"声音"。梅洛-庞蒂是用"声音"指示"表达"，而"沉默"则表示那些处于边缘或侧面或居间或下面/上面的本体性存在，类似于保罗·利科的那些"被唤起的一系列意象"。

梅洛-庞蒂似乎已经看得很透彻，人在世界上所拥有或将来可能拥有的一切早已经被原初地给予。只是我们与原初似乎渐行渐远，可我们又似乎笼罩在原初之中。他似乎要告诫我们：我们关于本质的寻找不是在离我们太遥远的地方，而是存在于由我们的身体在静止或移动时所划出的暗影中和结构中。在梅洛-庞蒂那里，沉默的声音不仅不是沉默而且是洪亮的言说之音，是意义本体论的存在又是表达上的悖论。"在某种意义上说，如果人们要彻底地揭示人类身体的结构系统，揭示它的本体论构架，揭示人是怎么看和怎么听的，人们将会发现的沉默的世界的结构是这样的，语言的所有可能性已经在它之中被预先给予了。"③ 而传统之各类语义哲学的错误就在于它们把语言关进了牢笼，就像语言只涉及

---

① 保罗·利科. 活的隐喻. 汪堂家译. 上海：上海译文出版社，2004：288-289.

② 保罗·利科. 活的隐喻. 汪堂家译. 上海：上海译文出版社，2004：289.

③ Merleau-Ponty. The visible and the Invisible. trans. Alphonso Lingis. Evanston：Northwestern University Press，1968：155，126.

自己一样：语言唯有从沉默中获得生命；我们抛给他人的一切都是从这种我们绝不会返身离去的巨大的无声之域中涌现而出。

又恰恰是在一点上，保罗·利科与梅洛-庞蒂取得了吻合之处。利科认为意义由一系列意象唤起，而意象又发展成为图像性的东西，而图像构成了意义得以发生的整体。图像向意义不断开放并为解释提供无限广阔的领域。"我们的确可以说，阅读就是将原始材料赋予所有材料。在诗歌中，向文本开放就是向由感觉解放了的想象物开放。"① 梅洛-庞蒂则把我们的阅读对象放到了世界上。我们的理解如何发生取决于我们与世界的关系。我们如何赋予世界以意义取决于我们与世界之间的具身性结构关系。在某种意义上讲，我们理解一个汉字或理解一个英文单词不是完全接受其声音或形式的存在，或简单地说"我认识它"。一个说出的单词或短语是被言说的全部，是在词语链中布满差别的整体。那些不在单个语词之内却又被单个语词所引出的沉默与词语一起，被一起给予了那个拥有耳朵的听者或能书写的作者。对于梅洛-庞蒂来说，"沉默"反倒成为意义的看不见的载体和无声的表达。换言之，语词与语词之间有一道看不见的深渊，那就是意义。意义的链条是相互依赖的：一个词语的意义固然可以看做是一个非连续的、可分离的意义单位，但这些意义单位的定义却是由具有其他意义的词和句构成的。

在这个意义上，意义离不开一个连续体，离不开它所处的那个起建构作用的系统整体。梅洛-庞蒂让我们以不同的方式看到了同一个悖论：这个悖论与个人或社会之间的悖论相同（个人是可分离的，是相互分离的，社会则是一个连续体，个人是这个连续体中的不可分离的一个阶段）。如夏尔·贝克尔[Charles Becker]所说："我不知道是我在说话，还是它通过我在说话，还是人们通过

---

① 保罗·利科. 活的隐喻. 汪堂家译. 上海：上海译文出版社，2004：289.

我在说话，我至多能确认，这三种方式似乎共同存在于语言中。"①
我们亦可以继续对此演绎而出：不是语词在表达意义，而是意义
在不断地表达语词。因为变化的不是语词，而是表达着的意义，
语词因每一次表达而产生出新的意义。这就如苏珊·朗格在《情
感与形式》一书中所言："词语的全部意义，像闪烁明灭的火焰，
由于意识在词语下面缓慢地演变着，意义就是不断变化的痕
迹了。"②

　　在《可见的与不可见的》一书中，梅洛-庞蒂以质疑和探索开
始，以回应应答的姿态去迎接"言说"。一切言说的东西[all that
is said]都是对已言说的回应[what is already said]，是对未被言说
之物的言说[what is unsaid]。一切言说都是未完成式，都是沉默
和言语相互纠缠的见证。梅洛-庞蒂的质疑在实践上针对那些不能
被任何陈述或回答所超越的事物，因此它可以说成是"我们与存
在的关系的形式本身，就好像它就是我们的问题的无声或沉默的
对话者"③。哲学的任务就是揭示这个尚未确定的存在。但是，这
也意味着存在呼唤解释，即使这只不过是一种自我的解释。这一
点可从梅洛-庞蒂关于阐释学的第三步中看出，同时加达默尔的哲
学阐释学似乎依然有效。在讨论语言和世界之间的关系这个问题
的语境中，加达默尔指出，这种回答是一种神学的回答。他在思
考存在者之存在时建议我们不要把哲学阐释学与从本质上对该问
题作出神学回答的希腊思想相混淆。他写道：

　　　　在思考存在者之存在时，希腊形而上学把这种存在视为
　　是在思想中自我完成的存在。这种思想就是奴斯[nous，即理

---

①　埃德加·莫兰. 方法：思想观念——生境、生命、习性与组织. 秦海鹰译.
北京：北京大学出版社，2002：175.

②　苏珊·朗格. 情感与形式. 刘大基等译. 北京：中国社会科学出版社，1986：
175.

③　Merleau-Ponty. The visible and the Invisible. trans. Alphonso Lingis.
Evanston：Northwestern University Press，1968：129.

性]的思想，奴斯被认为是最高和最完美的存在物，它把一切
存在物之存在都聚集自身之中，是诸存在者之存在。说出逻
各斯就是把存在物之结构带入语言之中，进入语言之中对于
希腊思想无非只是存在物本身的显现，即它的真理的显现。
人类思想把这种显现的无限性理解为其自身被实现的可能性，
即其自身的神性①。

加达默尔强调地指出，他并不跟随这种思考方式，因为阐释
学现象受制于历史经验之有限性。"为了正确对待这种有限性，我
们需要继续抓住语言这条线索。"的确，语言是中介，我们与世界
的关系在语言之中得以发生，"也就是说，实际的完成是在语言中
发生的"②。这对加达默尔则意味着语言是对有限性的记录，作为
言说者的我们总是纠结于"语言的轨迹"中，纠结于语言之有限
性中，因为在语言的轨迹中"存在之结构并不是简单地被反映，
而是我们的经验本身的秩序和结构在语言的轨迹中得以最初形成
并不断地变化"③。正是基于"语言被不断构成和持续构成"这个
语言的有限性与适应性相结合的特征，使加达默尔认为能被理解
的存在就是语言。我们的言说是对语言讲述给我们的一种应答，
因此，其中必定存在着一种言语的虚拟性，即通过把可能性存在
控制在自身内部而开启新的意义的可能性。加达默尔写道：

概言之，我会认为，对我们理解中的语言学问题
[question of linguisticality]的误解其实是一个对语言认识问
题的误解，即把语言看成一个语词、短语、概念、观点和意
见的仓库。事实上，语言就是单一的语词，它是依靠它的虚

① Hans-Georg Gadamer. Truth and Method. trans. loelWeinsheimer, Donald G
Marshall. New York：Crossroad Publishing，1989：456-7.

② 汉斯-格奥尔格·加达默尔. 哲学阐释学. 上海：上海译文出版社，2004：37.

③ Hans-Georg Gadamer. Truth and Method. trans. loelWeinsheimer, Donald G
Marshall. New York：Crossroad Publishing，1989：453.

拟性才为我们敞开了话语的无限性，彼此言说的无限性，自由地"表达自我"和"忍任自我被表达"的无限性。语言并非是它所谓精心的约定性，亦非是它用先前图式填满了我们的重荷，而是一种不断生成和富有创造性的能力，正是因为它们，整体才得以持续不断地畅通无阻①。

再者，语言中的可能性不是一种有待实现的潜在性，因为语言的聚集性对加达默尔来说具有推测性，理由是在活生生的语言中最为利害攸关的是可理解性的构成。语言这种推测性的结构就是我们在诗歌语词中所发现的东西，这种语词总是能够道出更多的东西。诗歌语词是一种意义的剩余。语词本身借助于它内部的振动与语言的整体发生共鸣，使意义在瞬间进入沉默的无限里，又同时牵动了我们的触觉，完成了语词的自我实现。在这种自我实现中，诗歌语词并不反映一件现存的事，而是简单地道说②。对加达默尔如此，对梅洛-庞蒂亦如此，道说而出的[what is said]不是已知的事实。对加达默尔而言，哲学话语担当了与诗歌语词相同的言说任务。无论是让传统以一种新的声音再次言说，还是让语言对从未言说的进行道说，阐释主体都是处在聆听回应的召唤中。以此可见，语言的言说的振荡发生在它的形式结构中，发生在问与答的逻辑中，对话者借助它们听见他者的声音。这个他者在对话的场域之中，既同一于自我，又同一于他者，因为对话的事件存在是以它的非同一性的自我呈现出来的。加达默尔写道：

① Hans-Georg Gadamer. Truth and Method. trans. loelWeinsheimer, Donald G Marshall. New York: Crossroad Publishing, 1989: 553.

② In his essay "On the Contribution of Poetry to the Search for Truth" Gadamer writes: …… what appears in the mirror of the poetic word is not the world, nor this or that thing in the world, but rather this nearness orfamiliarity itself in which we stand for a while. This is not a romantic theory, but a straightforward description of the fact that language gives us our access to a world in which certain special forms of human experience arise. "The Relevance of the Beautiful and Other Essays, trans. Nicholas Walker. Cambridge: Cambridge University Press, 1986: llS.

因此，我必须强调，我的意图是从一种纯粹的现象学意义对游戏和语言进行分析。游戏超越了游戏者的意识，所以它也不仅仅是一个主观的行为。语言不仅仅是说话者的意识；所以语言也不仅仅是一种主观的行为①。

因此，阐释学中的对话，是一种运动中的语言，是一种话语的运动。在运动中，语词和观念首次成为它们所是。发生在语言中的，是"语言本身的游戏，语言向我们倾诉，向我们建议和自我撤销，以及语言在回答中完成自身"。但凡被人理解，意味着他总是已经卷入事件之中，意义通过事件肯定其本身。所以我们有充分根据使用游戏这一相同的概念来表述阐释学现象，就正如我们用它来表述对美的体验那样②。

分析至此，我们再次回到开始提出的问题。这个问题便是梅洛-庞蒂的含混哲学和加达默尔的哲学阐释学之间的关系问题。显而易见，通过对它们之间的关系的分析，我们的意图是要找到它们彼此之间的同一性而非它们的差异性。如果我们现在要提出两者之间的这个联系问题，我们就要进入对支撑言说振荡之基质的本体论承诺所作出的探索之中。对梅洛-庞蒂而言，在言说的振荡中，人们发现了所有言说的共鸣，支撑言语之可逆性的共鸣，以及一个言说主体的声音与作为存在的沉默之音的共鸣。在此，假如我们跟随梅洛-庞蒂一起进入他本人晚期的写作之中，我们可以说哲学家是通过与一种深渊的约定而陷入言说的振荡之中。言说的热情来自对一种"在深渊处的聆听"③。另一方面，对加达默尔而言，人们在言说的振荡中听到他者的声音，他者没有特殊的名

---

① Hans-Georg Gadamer. Truth and Method. trans. loelWeinsheimer，Donald G Marshall. New York：Crossroad Publishing，1989：xxxiii.

② Hans-Georg Gadamer. Truth and Method. trans. loelWeinsheimer，Donald G Marshall. New York：Crossroad Publishing，1989：483.

③ See Patrick Burke. "Listening at the Abyss" in Ontology and Alterity. ed. Galen Johnson and Michael Smith. Evanston：Northwestern University Press. 1990：81-97.

字，甚至连沉默也没有。在他那里，哲学家只能去听人们所言。然而，对他们两人来说，他们的任务就是通过言说的振荡，去实现言说，去开启面向声音的转向——这是一个存在—于—世界—中的交流。

第七章　想象的内容与想象的对象

德里达在他的《声音与现象》这部作品的"导言"指出："理想性正是这样一种形式：一般而言，一个对象之在场以这种形式能够无限地作为同一的在场被重复。意义［bedeutung］的非实在性，理想对象的非实在性，意义的内涵或意识中的意向对象（胡塞尔认为意向对象并非实在地属于意识）因而会保证面对意识的在场将能够无限地被重复。这是面对理想意识或先验意识的理想在场。理想性是自救或者在重复中对在场的控制。"① 德里达认为，理想性是可以被无限地重复的，而确保这种理想性被无限重复的条件是意义作为意义之非实在性、理想性作为理想性之非实在性以及作为意义的内涵或意向对象的非实在性。因此，正是这种非实在性或非具体的理想性为重复的在场提供可靠的保障。

一

显然，意义或理想性或向着意义或理想性聚集的意向性是纯

---

① Derrida, Jacques. Voice and phenomenon: introduction to the problem of the sign in Husserl's phenomenology; translated from the French by Leonard Lawlor. Northwestern University Press, 2011: 8. And Speech and Phenomena And Other Essays on Husserl's Theory of Signs, trans. DAVID. B. Allison Newton Garver. Evanston: Northwestern University Press, Evanston 1967: 9. 参阅杜小真译. 声音与现象. 北京：商务印书馆，2002：9. 译文根据两种英文译本有所修改。

粹的在场，它是一种发生于真空中、非世界中的运动，它似乎不与某种存在者或在世界中存在的东西发生关系，它只与"死亡"产生某种关系，即作为能指的"死去者"与充当所指的"死"的关系，这是一种开始即终结的自我同一和来不及反思而又具有确定性的"沉默地带"。在其中，或在这个封闭的领域中，稳定性得到保证，或许德里达会揶揄说生命不再有任何危险，玷污、疾病、死亡、他者、内在性和外在性，所有这些都已置之度外。

然而，这种在"死亡"之中实现的能指与所指之间的完美同一性必定遭到德里达的怀疑。德里达认为"死亡"是把在场的生命变成"指号"〔indication or indicative sign〕并重新流放到世界之中，自然之中，空间之中。这种自我在场的生命成为指号，覆盖语言之全部表面，构成了死亡在符号运作中的历程。换而言之，死亡成为了生命的隐喻性他者（从来没有人把死亡视为生命的他者或异在性），指号语言作为与死亡产生关系的另一个名称不会再让自己被抹除掉。[①] 作为回归指号自身的死者不再需要对"我是谁"这一虚假的问题作出回答，因为回答"我是谁"这一问题，不仅意味着"我"这一生命体不断涌现的非确定性，而且暗示出死者依然存在—于—世界—中的经验性存在：我们需要非确定性的经验使我们的生活差异化、具体化。我们需要这种经验来唤起一个新的集合，新的人群，新的民众，新的"我们"[②]。

因此，德里达认为，我们必须放弃形而上学对在场的渴望，放弃对可重复的控制意志。变异性的源泉来自我们不知道什么事件会发生，我们必须冒着生命的危险，去面对玷污、疾病、死亡、外来性以及他者。只要生命或生命的身体不在无声的死亡里获得

---

① Derrida, Jacques. Voice and phenomenon: introduction to the problem of the sign in Husserl's phenomenology. translated from the French by Leonard Lawlor. Evanston: Northwestern University Press，2011：8.

② Derrida, Jacques. Voice and phenomenon: introduction to the problem of the sign in Husserl's phenomenology. translated from the French by Leonard Lawlor. Evanston Northwestern University Press，2011：xxviii.

自我同一性，它就必须是向不断涌现的经验或对象世界开放。德里达由此指出，"意义总是在生命的运动中（在……旁边）逸出："意义在交流的话语中总是在一种与指号—存在的关系中交错在一起"①。意义总是通过生命之运动中的中介化而得以规定。意义是一种生命的活动，一个活生生的存在的活动和活力。生命的意义是在它自己的烛光中获得的，因为它在运动中把火源衍射到生命、经历、生者、在场、事相、环境之中等，生命在运动中从与世俗世界的胶着之中获得活力，从而在不断涌现的多样对象现象之中为自己开辟通向不确定性的通途。

我们能不能想象一种先于生命或没有生命之运动的意义？我们能不能想象一种排除了指号[indication]的表达？我们能不能想象一种不是来自身体或没有身体的意识或想象一种对象与意识可以分离的非对象化的意识？我们能不能想象一种没有身体作为指号的生命存在？我们能不能想象一种可以脱离海德格尔式的"乌有"与"世界"的构成而世界之显现依然可能？我们能不能想象一种没有原本的"镜中之月"、"水中之花"、"梦里人"，"杯里客"？我们能不能想象一种丝毫不偏离对象物的指号？我们能不能不从一次又一次言说"我"的过程之中确立自身的独特身份与他者的区别？我们能不能抛开对象界的感觉[feeling]去获得知觉，抛开经验去构拟概念或观念，以及摆脱对自然的直接依附，以及过滤感觉和知觉现象中的异质多样性从而获得纯粹、又对人而言依然有意义的符号？我们能不能想象一种只有重复之同一性而没有保证日日新之活力的符号变异性？我们能不能因为自己只见过具象的狗或单一的如赤、橙、黄、绿、青、蓝、紫等颜色却无法想象文学中一只由赤、橙、黄、绿、青、蓝、紫等颜色构成的狗？我们能不能想象一个从不"走出"的存在、它的起点就是终点或

---

①　Derrida，Jacques. Voice and phenomenon：introduction to the problem of the sign in Husserl's phenomenology. translated from the French by Leonard Lawlor. Evanston Northwestern University Press，2011：17.

没有起点和终点、没有空间、没有时间的绝对的同一、如同人的"身体"在死亡中回到原点变成"尸体"的"点"——一种"能指"与"所指"之间毫无缝隙的统一？

二

　　星星洒满乡村的夜空，一片静寂。村东有一只狗发出一声吠叫，另一只狗在村西的沉默中作出回应。村东那只狗的声音是一种孤独的发声。村西那只狗的声音是一种分享的声音。某种意义上，它是分享本身。一个声音始于一个独一的存在者的声音。后一种声音通过回应和分享把前者的声音变成了"表达"、变成了"言语"，从而使前者永远无法向它的始源的声音回归。伴随"言语"，那个发出声音的存在者注意到它同世界的联系，把作为单数的存在者变成了众多中的一个，把自我放在了"另一个"的旁边而完成了自我的自我明证性，把封闭于"点"上的虚假的"我"变成了"part of many and one of many"而完成了"点"的真正独立。德里达在《声音与现象》一书中引用胡塞尔《逻辑研究》中的题词说道："当我们读到'我'这个词而不知道何人所写的时候，我们得到的若不是一个缺乏意义的词，至少也是与常义相异的词。"① "我是我"［I is I］是一种没有"走出"的存在。"我是我"是对绝对的同一性的隐喻式表述，是一种不需要等待回应和分享的沉默的声音。伴随"我是我"这样一个能指与所指绝对同一的声音，那个存在者宣告了一种纯粹的、完全没有意义的、虚无的、孤立的一元。

　　德里达认为"自我"不可能是一个统一的、单一的、同一的

---

　　① Derrida, Jacques. Voice and phenomenon: introduction to the problem of the sign in Husserl's phenomenology. translated from the French by Leonard Lawlor. Evanston Northwestern University Press, 2011.

整体，而只是由人类话语生成的一个现象。我的声音首先是把我
抛入世界之中的东西。声音像是一个由这种抛出所敞开并运行的
生存者，一个被抛入世界之中的生存者。但是，自我同一"我是
我"的说法似乎是一个反映的双重意象：重复的"我"是一个被
反映的"我"的反映。我们还可以说成"我是我是我"，作为一个
被反映的"我"而站在两面镜子的中间。于是，"在这个表现的游
戏里，出发点变得难以捉摸"，因为"反映、意象、重复分裂了各
自重叠的内容"①。"自我"是一个持续运动和被延异的现象。"我"
的说出只是遮蔽自我缺席的声音。或者用德立达的话来说，声音
遮蔽一个"总是已经缺席的出场"。这种出场是一种"抹除"、一
种"踪迹"、一种暂时称为"差别"的改动运动②。

　　可见，"自我"不是一个统一的、单一的、可认同的整体，而
只是由人类语言所产生的一种稍纵即逝的现象。自我总是在一个
又一个持续推进的边缘上发生，又在一个又一个边缘上死去。"我
是这个"，"我是这个"。"我"总是在碎片之中占据一个瞬间被抹
除的"点"。只有一个被抹除的、否定的"点"才能延请下一个肯
定的"点"。虚妄的自我感不断分散或增生或消弭，"自我"沉落
于周围的世界里，并在自我的语言载体之中化为虚无。英国作家
弗吉尼亚·伍尔夫［Virginia Woolf］在《一个作家的日记》里
写道：

　　　"I" rejected, "We" substituted：… We are composed of
　　many things… We all life, all art.

　　在伍尔夫看来，"我"遭到否弃，是因为它滞带了视"自我"

---

　　① 冯文坤. 德里达的自我解构与伍尔夫自我的诗意离散. 四川外语学院学报，
1995（1）：1-10.
　　② 冯文坤：《德里达的自我解构与伍尔夫自我的诗意离散》，四川外语学院学报，
1995（1）：2. 另见冯文坤. 自我解构与自我的诗意离散——关于德立达与伍尔夫之比
较研究.《湛江师范学院学报》，1998：3.

为一个可辨认的存在的含义。她在否弃自我认同的同时，她也必须否弃"我"这一代表虚无的代词，因为是它诱导我们误信了一个独一无二的"自我"。现在"显而易见，我不是独一无二的，而是复合和众多"①。

"我是我"因自闭而死亡，因"延异"而生动和生意。伍尔夫关于词语"我"（我宁愿使用中性"词语"，而不是具有代理和指示意义的"代词"）在现实生活中的不断离散，指出了人的"内在声音"并不意味着有一个统一的、同一的、归于自身的自我存在。相反，个体声音所含的语言和文化的价值是由"我们"所共享的意义。一个自我自身并不是一个存在的整体，而是存在于跟其他对象之间、不断抹除而又不断获得重构的关系之中。如果我们把德立达的解构应用于表示自我的符号"我"，我们可以作出这样的结论：没有一个最终被命名的所指的"自我同一"，而只有一个具有命名功能的能指"我"。符号"我"被能指和所指（我是教授，我是父亲，我是儿子，我是丈夫，我是 X）之间的碎片似的差别所分裂。所指受到可变性的分裂和疏散，直到所指"自我"被消融或持久地被延迟——而只留下能指声音的空洞存在。我们由此得到的哲学启示是："自我"不是一个统一的、单一的、可认同的整体，而只是由人类语言所产生的一种稍纵即逝的现象。伍尔夫在《波浪》中明晰地表述了这一洞见：

For this is not one life; nor do I always know if I am man or woman, Bernard or Neville, Louis, Susan, Jinny, or Rhoda—so strange is the contact of one with another. ②

---

① 维吉丽亚·伍尔夫. 一个作家的日记. A Writer's Diary, N. Y. 1959：279，227.

② 维吉丽亚·伍尔夫. 波浪. The Waves. Toronto：University of Toronto Press，1976：384.

自我，如伍尔夫所描述的，不是一个被特许接近"真实"的统一出场，不是意旨自律性的不可分割的源泉，也不是某种意义的担保人。自我不是一个简单的一元，而是一个多层的、复杂的、持续涌现的、持续生成的话语现象：

"What am I? I ask … I am not one and simple but complex and many. "①

这样，意义并不是建立于一个统一的笛卡尔式的认知主体论上的、一个会思的、用过分自信的独白言说着的主体对象上；当解构声言着自我和揭示其分裂时，意义并没有根本上被移换和置入德立达式的"任意处置"之中。当我们反观我们自己，我们并不是流失于折射镜般的无尽回归之中，相反，我们发现了由我们的话语他者所呈现的潜伏意义的轮廓。尽管每个单独的声音都有意义，但是它总是首先与其他声音一起构成意义的。否者，一个真实的自我存在之可能性也会在一个独白者的言说中遭到否决："A man without a self, I said（一个没有自我的人，我说过）"：

How can I proceed now, I said, without a self, weightless and visionless, through a world weightless, without illusion?②

无论是伍尔夫，还是德里达，他们都认为"我"是无限地向外部延续的，一种没有运动的"我"是一种虚空，一种没有被世界之物象中介化的"我"是一种"理想的同一"，但却是一种"虚

---

① 维吉丽亚·伍尔夫. 波浪. The Waves. Toronto: University of Toronto Press, 1976: 189.
② 维吉丽亚·伍尔夫. 波浪. The Waves. Toronto: University of Toronto Press, 1976: 375.

无的我"。德里达认为"纯粹的灵魂就是这种单子通过自身并在自身中的奇特的自我对象化"这种认识是十分荒谬的："我的先验之我和我的自然和人类之我完全不同；然而，先验之我在任何东西中——即任何能够在区别的自然意义上规定的东西中——都不能与自然和人类之我相区别，先验之'我'不是一个他者。它尤其不是经验之我的形而上学的或形式的幽灵。这就导致了对绝对的旁观者'我'是它的确实的心理之'我'之理论性形象以及隐喻这一观念的否定；这就同时意味着对全部类比语言的否定——语言是人的无意识他者，而我们必须时而使用这种类比的语言，以便述说这种先验的还原和描述这不寻常的、本身就是面对绝对先验之自我的"心理我"的对象。

任何语言实际上都不等同于这种先验自我用以确立并且反对它的"世俗的我"的活动过程。① "我"的朝向世俗世界的运动，是一种对先验之"我"的不断分解和解放，也是"我"的不断涌现，因此，"我"是一种不断涌现的存在。我们对"我"的语言表述既是对"我"的中介化，是对"我"的活生生的世界的还原，更是我进入世界和社会的关键。世界是整体的，但生活却是不断涌现的。世界本身也通过"我"而被中介化，变成自为-为我的存在。德里达认为，这种中介化首先是一种语言的中介化。"首先应该从语言的问题开始。这并没有什么可奇怪的：语言可称为在场与不在场这个游戏的中项。在语言中，难道没有、而且它难道不首先是能够把生命与理想统一起来的吗？然而，我们一方面应该注意到意义[signification]的因素，或表达的内在[substance]——似乎最好地以一切形式同时保护了理想性和在场，它是活生生的言语，是作为音素的气流的精神性；另一方面，我们还应该注意到，现象学，在理想性的形式下的在场的形而上学，同样是一种

---

① Derrida，Jacques. Voice and phenomenon：introduction to the problem of the sign in Husserl's phenomenology. translated from the French by Leonard Lawlor. Evanton：Northwestern University Press，2011：10-11

生命的哲学。"①　正如"我"不能以单子的方式存在于自我同一的封闭之中，而是忍任自己跟随世界之物象的不断呈现，让自我涌现而出，同样，伴随表达出场的"我"也不能在语言之中获得一种铆钉般的存在，因为"任何语言都不可能在真理中任其发挥而不被实在的境况所改变……可以说，当世界的整体在它的存在中被中性化并被还原为现象的时候，虚无[nothingness]就涌现出来了"②。

　　一种没有身体的意识，是荒谬的，而一种没有伴随精神的意识，也是荒谬的。那么，伴随着语言呈现的意识必定是在世界之中获得其不可回避的类比。我等待"一块糖在水里融化的过程"，让我获得了时间或等待的意识。我因笑星的表演突然笑了起来，让我在时间中感受到了矛盾，一个女性从他者的注视中突然获得对自己身体的意识。"她推开窗户，注视着西边，透过层层叠叠的云朵，看见点缀着一绺一绺蔚蓝色的天空"，突然间从中获得了自由的意识。"啊，多少次你出没于浩翰海洋的波涛间，大山般压过来，把波涛击败和制伏，耸起乌黑的脊背破浪而来，风度优雅而庄严！"——是对力量的意识。以及"在大片辽阔的平原上，光疾驰和扩展，没有多样性或障碍，令目光迷失，也同样高度地怡人，因为这样的光给人一种无限的延伸感。万里无云的天空也给人这种无限的延伸感"，——给人自由和腾跃的意识。

---

　　①　Derrida, Jacques. Voice and phenomenon: introduction to the problem of the sign in Husserl's phenomenology. translated from the French by Leonard Lawlor. Evanston: Northwestern University Press，2011：9.

　　②　Derrida, Jacques. Voice and phenomenon: introduction to the problem of the sign in Husserl's phenomenology. translated from the French by Leonard Lawlor. Evanston: Northwestern University Press，2011：11.

三

德里达认为，只要我们在语言中规定"生活"这个词，那么，我们也在生活的源泉之中赋予了"生活"这个词的不安全感和非稳定性。语言是意义的中介，它是我们接受世界的中介。语言一开始就是一种争论——是意义的可能性和世界在语言中的可能性的争论。这种争论不会驻于世界之中，只能驻于语言之中。而差异又是语言的源泉和居所。德里达写道："语言关注着差异，差异尾随语言而至。"① 生活从来不在"一个点上"保证语言或命名的可能性和严格性，它要求另外一个点或把自己置于"在……旁边"。语言的严格性并不意味着"生活"的严格性，甚至会扼杀本应该严格对待的"生活"。

还记得契诃夫的小说《带狗的女人》里那个叫古罗夫的角色吗？古罗夫朝那只小狗一次又一次晃动手指头，示意它过来，直到那狗的女主人脸一红，说："它不咬人。"于是，古罗夫逮住机会请求她准允他给那条狗一根骨头。这就给古罗夫和契诃夫他们两个人一条可以遵循的思路；他们开始眉目传情，故事或戏也就从此开始了。这是故事，但更是生活中的故事。这是提供给人的、可期待的世界的可能性。没有狗，就没有女人，同样，没有狗，就没有男人。但丁的《地狱篇》开头一节可以用作所有故事的标准的第一行："在我们人生旅程的中途"，或多或少都是这么多故事实际开始的地方。"I love you"是一个极富情感的表述，它不传神达意，只是伴随一种特定情境而生。每当我们读到这个"表述"时，总是有一番别扭的感受，似乎是没话找话说，一种声音

---

① Derrida, Jacques. Voice and phenomenon: introduction to the problem of the sign in Husserl's phenomenology. translated from the French by Leonard Lawlor. Evanston: Northwestern University Press, 2011: 12.

的演示而已。读出"我"的这个发声体即不在主体之中，也不在对象之中，更无对象的响应，因为对读出"I love you"的"我"来说，没有其他任何信息；没有蕴藉，没有丰富的内涵；没有彼此的两种力量的交汇、馈赠。重要的是，这个由"我"读出的、他人所写下的声音——"I love you"，并没有那属于我的与实体、肉身、大腿和嘴唇紧密相连的，张开和逼近我的你的双唇。"我"环顾左右，即使空无一人，"我"会在尴尬之中默默地说：这与我无牵无挂，我并没有期待一个"I love you too"的交换。对这样一个表述，胡塞尔的话同样有效："当我们读到'我'这个词而不知道何人所写的时候，我们得到的若不是一个缺乏意义的词，至少也是与常义相异的词。"

很明显，语言总是保留了生活世界的不安全感，因为我们的每种意识总是呈现一种被丢到世界之中，流动在人群之中，屈从于他人的目光，并从中认出自身的意识。一个被读出的"I love you"，即使让"我"瞬间产生了一种与己无关的尴尬情绪（因为这一声诵读似乎无意中泄露了我的内在秘密），这让我们看到我与世界、我与他者之间的关系，以及"古罗夫朝那只小狗一次又一次晃动手指头，示意它过来"的看似随意的行为，却在不安全的生活中划出一个结构性的场域，向男女主人开启了一段美妙的因缘。德里达指出："因为自我意识只在它与一个对象的关系之中才显现出来并能够保留并重复这个对象的在场，因此它对于语言的可能性来说绝不是完全陌生的或在先的。"[1] "I love you"与诵读它的人所引起的内在尴尬与情绪，恰恰说明了"意识的成分与语言的因素会越来越难以分辨。"[2] 同样，念出"I love you"的声音与主

---

[1]　Derrida, Jacques. Voice and phenomenon: introduction to the problem of the sign in Husserl's phenomenology. translated from the French by Leonard Lawlor. Evanston: Northwestern University Press, 2011: 13.

[2]　Derrida, Jacques. Voice and phenomenon: introduction to the problem of the sign in Husserl's phenomenology. translated from the French by Leonard Lawlor. Evanston: Northwestern University Press, 2011: 13.

体"我"的一致性，尽管具有不可分辨性的困难，却把非在场和差异（中介、符号、推论）引入到自我在场的核心之中。这意味着"I love you"是说给那个特定听者而听的，或者就是那个特定听者（的姿势、身体以及全部沉默的却表达着的一切）所唤起的声音。这是诵读者自己无法否定的，因为他的声音已经超越了他自己，走向了他人。声音从来属于远处的他人，声音从来是源自我的肉身却飘向他人，为他人所聆听。

在德里达那里，他拒绝了胡塞尔认为"声音或言语的结构是由对象物和主体两者的必然缺席所构成"的观念，即对象的不在场不是意谓或意义的不在场①。换言之，意义（声音、所指、理想性等）是由书写的结构构成的："从直观的认知看，意义的自主性——就是胡塞尔所揭示的我们先前称之为语言自由、'坦诚说出'["outspokenness"]的自主性——在书写中和对死亡的关系中具有自己的准则。"② 但是，德里达本人显然接受了胡塞尔关于"声音的现象学构成"观："现象学的声音就是这种精神肉身，它是自我在世界缺席中继续言说并向自身回归的声音——是自我聆听的声音。显然，我们赋予该声音的东西就是我们赋予那体现为词的语言的东西，这样一种由统一构成的语言——我们相信它们是可以还原的、不可分解的——将所指的观念与能指的'声音复合'焊接在一起。"③ 从某种意义上讲，作为物理的词语是一半，而它的另一半是体现为精神的肉身。就如我一旦写下"我"这个代词，"我"就已在瞬间死去，"我"已经在缺席之中，向着自身持续被延迟的自我回归。伍尔夫在《一个自己的房间》中写道：

---

① Derrida, Jacques. Of Grammatology. translated by GayatriChakravortySpivak. The Johns Hopkins University Press，1976：liii.

② Derrida, Jacques. Voice and phenomenon: introduction to the problem of the sign in Husserl's phenomenology. translated from the French by Leonard Lawlor. Evanston: Northwestern University Press，2011：83.

③ Derrida, Jacques. Voice and phenomenon: introduction to the problem of the sign in Husserl's phenomenology. translated from the French by Leonard Lawlor. Evanston: Northwestern University Press，2011：14.

"I" is only a convenient term for somebody who has no
real being. Lies will flow from my lips, but there may
perhaps be some truth mixed up with them; …… Here then
was I (call me Mary Beton, Mary Seton, Mary Carmichael
or by any name you please—it is not a matter of any
importance) sitting on the banks of a river a week or two ago
in fine October weather, lost in thought. ①

一旦写下"我"这个词，"我"瞬间变成陌生而异常，就好像
"我"是由某个不知名的人写下的。德里达认为，"我"的能指价
值不取决于说话的主体的生命，亦如伍尔夫的"没有真实存在的
某人"。不论知觉是否伴随知觉的陈述，不论作为自我在场的生命
是否伴随"我"的陈述，都与"意谓"的活动毫不相干。我的死
亡在结构上讲必须对"我"发出声来。我应该是同样"生动"，而
且应该坚信这点，这超出了"意谓"的交易。这种结构是主动的，
当我在特定时刻——即如果可能，我在其中对之有完全和现时直
观的时刻——说"我是活着"的时候，这种结构保持其原始的有
效性本身。"我是"或"我是活着的"，或"我的活着的现在"都
不是其所是，它只有在虚构性开始即我能在它活动的时刻死亡的
情况下，才具有对任何意义都固有的理想同一性②。"此刻[Here
then was I]，坐在河岸边，陷入沉思之中"的"我"才具有真实
性，"我"开始真正的活起来。"我"从根本上讲是主体和境遇的
表达，"我要一杯水"，"给我一支烟"：

凡话语中涉及主体之境遇的地方就会有表述的渗透，因

---

① Woolf, Virginia. A Room of One's Own. 1929.

② Derrida, Jacques. Voice and phenomenon: introduction to the problem of the
sign in Husserl's phenomenology. translated from the French by Leonard Lawlor.
Evanston: Northwestern University Press, 2011: 82-83.

此不会任凭自己还原；凡主体之境遇任凭自己被指示的地方——一个人称代词、一个指示代词、一个"主体"副词类型，如以"这里"、"那里"、"上面"、"下面"、"现在"、"昨天"、"明天"、"之前"、"之后"等被指出的任何地方，就会有表述的渗透①。

在这段文字中，我们看到，伍尔夫清醒地意识到指号的、中性的"我"向时间化的、境遇的"我"转化——"此刻此地的'我'"。这是作为指号的"我"向表达之我的扩散和流溢，由虚幻的整体之"我"向感知（声音的或可见的等）的现象的"我"回归。德里达由此指出："所有这些表达的根源，就是主体起源的零点，我[je]、这里[ici]、现在[maintenant]。每当这些表达的意义为了他人赋予实在的话语以活生生的气场的时候，它就被放逐到表述之中。"② 可见，一切表达都是表述之中的表达，没有一种被排除了表述的表达。沉思中的伍尔夫，不经意踏进了剑桥大学的草坪，遭到校役的驱赶，瞬间，沉思之中的思想变成了隐匿的"小鱼"，流动着，晃动着，捉摸不透，若隐若现。思想消失了，思想的表述则变成流动中的小鱼（表达）：

> The only charge I could bring against the Fellows and Scholars of whatever the college might happen to be was that in protection of their turf, which has been rolled for 300 years in succession they had sent my little fish into hiding. ③

---

① Derrida, Jacques. Voice and phenomenon: introduction to the problem of the sign in Husserl's phenomenology. translated from the French by Leonard Lawlor. Evanston: Northwestern University Press, 2011: 82-83.

② Derrida, Jacques. Voice and phenomenon: introduction to the problem of the sign in Husserl's phenomenology. translated from the French by Leonard Lawlor. Evanston: Northwestern University Press, 2011: 81.

③ Woolf, Virginia. A Room of One's Own. 1929.

四

　　"鱼"是真实的存在形式，或是指号的形式或符号［indicative sign］。问题是：我们如何把"鱼"这个符号变成为一种"表达"，或我们如何才能把"鱼"这种直观的指号的符号变成一种"意谓"，或是否有一种不需要指号的表达呢？譬如，"我家儿子喜欢吃鱼"，"那只黑色的猫喜欢吃鱼。"庄子讲："鱼相造乎水，人相造乎道。相造乎水者，穿池以养给；相造乎道者，无事而生定。故曰：鱼相忘于江湖，人相忘乎道术。"（《庄子·内篇·大宗师》）其中，被人吃的"鱼"与庄子话中的"鱼"一样吗？在《庄子》文本中，人被视为存在于"道"之中，但"道"又模糊难辨，我们生存于"道"中，却又对其无法理喻，像鱼在水中生活那样。所以，"道"像水自身而非水之道。它是某种"存在"，但不能捕捉，它无形而不可见。庄子用"鱼水之喻"来施行人—道之关系的表达。按照德里达在《声音与现象》之中对指号与表达之间关系的描述，我们要表达一种人—道之关系，而这种表达必定是一种需要指号或指号现象（文字的、或物象的、或语言类比的）的表达，那么，"鱼水之喻"（即人之与道，正如鱼之与水）则是可表达的、被视之为指号的形式。

　　这里，我们提出的问题之关键是："鱼水之喻"在完成了对人—道之关系的表达之后，其自身作为指号的存在是否留了下来？这是一个听上去十分奇怪的问题——被吃的"鱼"依然留在指号之中，而被完成的表达——人—道之关系——却没有留在"鱼水之喻"中。同样地，人们说，温度计上升至 38 度是发烧的"表达"，阴霾密布的天空是即将要落雨的"表达"，兑换率的提高是某种货币的购买力的"表达"。"发烧"、"落雨"、"购买力"、"雾霾"这些被完成了的表达不在指号自身之中，指号的痕迹被表达所抹除。似乎表达与指号之间是一种否定与肯定的关系，也就是说，表达是对指号的否定，如同在"我是一位扳道工"这句话中，这似乎是在告诉人们"我不是我自己"，而是一个"他者"，或"我是一个他者"。"我"不能作为"我的意识"而存在，"我"只能是一个"他者的意识"或"物"[things]的意识而存在。

萨特在谈到如何把握人的自我时说过："'自我'是一个被感知的对象，但也是被反思科学建构的对象。"这个"对象"总是"他者"眼中的意识，或借助他者对自我给予建构。萨特在谈到认识时指出："认识，就是'向着什么闪现'，就是从潮湿的胃里挣脱出来流向了一边，流向我之外，流向不是我的、彼岸的东西；紧贴着一株树，可又在树之外，因为树逃离了我，把我向后推，而我既不能消失在它身上，它也不能溶解到之中：我在它之外，它在我之外。"① 自我犹如伍尔夫的"小鱼"，只要它醒着，它就总是对象化的自我，而且是一种碎片化的自我，如果这还可以被视为自我的话。与其说，萨特讲的"认识"或一种主体的"认识"是"向着什么闪现"，毋宁说，"认识"是在对象中被唤醒的：思维与水中"鱼"一起晃动，庄子之"道"因此而与"在蝼蚁"、"在稊稗"、"在瓦甓"一起"闪现"。其实，不是"道"在蝼蚁中或思维黏上水中之"鱼"，而是我的意识在其中必然体现为对象化的他者。于是，"鱼"和"蝼蚁"或"稊稗"或"瓦甓"因我的意识而觉醒，我的意识也因转化为"他者"而得以表达。

人的童年像一首自然诗，不会有人反对吧！那是因为童年远离后期习得的形式逻辑和语法逻辑。明代思想家王阳明指出："孺子犹同类者也，见鸟兽之哀鸣觳觫，而必有不忍之心，是其仁之与鸟兽而为一体也。鸟兽犹有知觉者也，见草木之摧折而必有悯恤之心焉，是其仁之与草木而为一体也。草木犹有生意者也，见瓦石之毁坏而必有顾惜之心焉，是其仁之与瓦石而为一体也。"②

---

① 让·保尔·萨特. 自我的超越性. 杜小真译. 北京：商务印书馆，2001：31-97.
② 王阳明. 大学问.

物是其所是，人是其所是，但人又不止于是其之所是。物则是因人不是其所是。人因不是其所是，则人须逾越自身而达于物或表现于物，后者乃人之对象化或物象化，后者因此而把人变成了世界之中的碎片化存在。[①]

瑞士现象学神学家 H. 奥特[Heinrich Ott]在其《不可言说的言说》中把人的自由看成是一种"敞开"，向他者或世界的敞开，而这种敞开是把从世界中获得充分信息作为前提的，这种信息是无限的，是一个一个碎片似的存在，但它却可以帮助人在世界之中获得一种肯定性的存在。人在这些碎片之中建构着自我，也同时把自我和自我的意义交给这些碎片。H. 奥特沿着海德格尔的思路继续说道：

> 海德格尔在现象学的分析中对"本真"和"非本真性"作了规定，从这个观点来看：人首先而且多半完全不是"他自己"。"常人"已经抽空了他的存在。这就是非本真的事态。但是，人始终被召唤成为他自己，即趋向本真[②]。

人必定要担当一个"常人"的角色：或儿子、女儿、父亲、母亲、丈夫、妻子；或伐木工、环卫工人、厨师、打字员，售货员，海员。"人不止于是其之所是"给予了他自由，也同时使他走上了"碎片之路"，即有限的人的个体存在是通过无限的个体存在构成的。没有表现或表达的自我是不可见的，唯有被呈现或被表达的自我碎片才是可见的，人是可见的碎片与不可见的统一。

---

① "I am a walking fragment of the institution of society, as we all are such walking fragments, each one complementary to the others. Talking bipeds, one might say."——Paul Cardan, Figures Of The Thinkable Including Passions and Knowledge, Stanford University Press, 2007：154.

② （瑞士）H. 奥特. 不可言说的言说. 林克，赵勇译. 北京：生活·读书·新知三联书店，1997：97.

五

　　美国作家凯特·肖邦在她的《一小时的故事》这篇精致的作品之中写了一个年轻的女士。在获悉自己丈夫遭遇车祸、尚未被证实的消息时，她作出的反应是："她（马拉尔德夫人）疲惫地坐在临窗的一张大扶手椅里，不停地哽咽着。她看到窗外屋前那个辽阔的广场上，新春的气息在树梢上颤动，空气中弥漫了雨水的芳香气息；她听到外面沿街传来小贩叫卖着货物时的叫卖声，听到从远处传来有人在唱歌的缥缈音符，还听到她周围屋檐上无数麻雀的叽叽喳喳声。……她现在明白了，自由要比让人窒息的爱情更令人心旷神怡。她开始憧憬着未来美好的日子——属于自己的日子。"① 女主人公的自由是通过无限之有限物象来表达的，她似乎瞬间进入万物之中，在"表达"之中完成了自由，却同时把清新的意识留在非确定性的世界之中，这也意味着她把期待中的自由或自我存在留在了意象之断片中。她对无限的非确定性的自由的渴望，预示了她的死亡的临近。

　　我们在很多时候无法确切地理解"意义"、"蕴含"、"气质"或"幸福"这类表述，因为几乎没有存在的指号与它们一一对应。譬如如何感受幸福？似乎"幸福"这一词根本不是一种指号［indicative sign］，它唤起的联想似乎也无法导向明确的表达之中，因此，也不存在"幸福"这一词的能指与所指的二元结构。幸福充满了意味、气味、体味，处处显示着意义关联、境域关联、时空关联。想到这里，我似乎不赞成一种机械论的解释，即幸福的

---

　　① "The Story of an Hour" is a short story written by Kate Chopin on April 19, 1894, and originally published in Vogue on December 6, 1894 as "The Dream of an Hour". It was first reprinted in St. Louis Life on January 5, 1895 as "The Story of an Hour."

感觉是某种诱因使然。幸福不是自然事实，很多时候与真实毫无关系，它是一个意义整体。举个例子：我心境抑郁，这时我听见了初春小鸟的鸣啭，这使我不知道为什么重新感受到幸福。难道是因为自然主义的小鸟之鸣啭改变了我的心境吗？我的幸福瞬间被小鸟之鸣啭表达了，难道这小鸟之鸣啭只是我的幸福感受的单元显现吗？

《一小时的故事》中的马拉尔德夫人瞬间获得自由的感觉，这种感觉首先从视觉、听觉、嗅觉上体现出来，使她瞬间存在于活生生的"现在"之在场，显然，一种不自由的生活是"以活生生的现在之不在场"为代价的①。而此时她眼中之"广场"和"树木"、听觉中的音符与鸟鸣声、嗅觉中之"芳香的雨水"以及引发内心的"震颤"，不仅使她的意识回到了生活的现实之中，也是对她的瞬间自由的象征性表达。现实之中存在性的指号[existential indications]，如"广场"、"窗户"、"屋檐"、"树梢"、"鸟鸣"、"叫卖声"和"缥缈的音符"，对马拉尔德夫人瞬间变得有意味，对我们而言，这是对马拉尔德夫人变化的一种暗示，对她而言，这则是一种全新存在的表达，一种存在状态的突破。"年轻的"马拉尔德夫人从丈夫的死讯中看到了一种对她即将开启的自由，这是一种过去被掩藏了的真实，这是一种无法言说的自由。这种自由或急促或缓慢，向着她的周围世界扩散，或在她的内在世界和外在世界的临界线上弥漫着。这是一种逃离后的获释。马拉尔德夫人在与周围事物寻常交往的语言中把某种东西变得敞亮了，理解突然发生了，她对自我的理解凸显之间变得清晰了，她开始突破界限，凭借自己瞬间获得的喜悦的体验实现与恐惧和惊愕、与死亡的邂逅。

保罗·蒂利希[Paul Tillich]曾经指出象征不是单纯的符号，

---

① Derrida, Jacques. Voice and phenomenon: introduction to the problem of the sign in Husserl's phenomenology. translated from the French by Leonard Lawlor. Northwestern University Press，2011：31.

而是一种结构性的表达："象征的结构即是指向自身之外。就是说，它不仅仅（'数字地'，如现代传播研究对它的表达）指向某种特定的、可以清晰辨别的事物（如指向耶稣被钉死于十字架上的图像），而且指向某种更博大的、不可用其他方式道说的真实，这种真实超出存在于象征中的东西之外。尚若没有认识到象征的这种超验作用，象征就会被误解为单纯的符号。这即是象征的一种结构，即象征分享它所指的真实……"① 关于象征的作用，他认为象征能有力地"开启真实的空间，尽管这些空间通常被其他空间的优势所掩盖"②。象征"透射出"或"分享了"被象征的真实的"存在力量"或"热量"。首先，象征中有被象征者的某些真实在场；其次，这种在场完全通过象征变得可说或呈现；其三，在场的被象征者的真实绝不是以下列方式与象征重叠：即象征能够"数字地"——作为符号——表达"本来（在被象征的真实方面）是具体事件的对象"。象征分享了被象征的真实，或被象征者作为一种力量进入象征之中，但象征绝不是被象征者的真实③。

　　人的存在是一种精神的存在，但人的存在之中总是留有自然物的残余（因为人是自然史的一部分），或人的精神表现总是一个物象的片段。H. 奥特讲："人的存在是精神的存在，是意向着、理解着和自我理解着的存在，人的存在始终受到'创造性空穴'的影响，意向源于此在并注入此之空穴中。"④ 意义在间隙之中，因为其中有能量的储藏和释放。意义就在伍尔夫本人与水中那个跳跃闪动的"鱼"之间、古罗夫手指的挥动与那个狗之间生成和聚集。"鱼"和"狗"是意识的空间运动、意识的意向出场

---

① 保罗·蒂利希. 象征与真实. （哥廷根，1966），引自 H. 奥特. 不可言说的言说. 林克，赵勇译. 北京：生活·读书·新知三联书店，1997：38.
② 保罗·蒂利希. 象征与真实. （哥廷根，1966），引自 H. 奥特. 不可言说的言说. 林克，赵勇译. 北京：生活·读书·新知三联书店，1997：38.
③ H. 奥特. 不可言说的言说. 林克，赵勇译. 北京：生活·读书·新知三联书店，1997：39.
④ H. 奥特. 不可言说的言说. 林克，赵勇译. 北京：生活·读书·新知三联书店，1997：67.

[intentional orientation]，栖居于空间中的指号、却是指号性的表达[indicative expression]。人的意向循着指号实现自我表达，指号是意识的空穴、却是意识的创造性表达。在语言中，意义需要由词语引领，但却并非由词语来道出，而是在词语或字里行间的旁边逸出。意义是在标志着运动的物象之中获取的。[①] 如同在《一小时的故事》之中出现的"广场"、"窗户"、"屋檐"、"树梢"、"鸟鸣"、"叫卖声"和"缥缈的音符"这些词语，其作为指号而对应代表的事物（自然的剩余）是清楚的，而所代表的可能的一种"创造性空穴"却是模糊的、不确定的、敞开的，只是这种"创造性空穴"属于有区别能力和赋义能力的人之禀性的精神理解，使词语获得其"使用价值"。而这种"使用价值"之获得用梅洛-庞蒂的话，就是"它是偶然中的逻辑，有运动方位的系统，它因此总是使偶然的东西转化，在有某种意义和具体逻辑的整体之中重新攫取意外"[②]。

<h1 style="text-align:center">六</h1>

德里达在《声音与现象》中讨论在内心独白中是否存在一种表述[manifestation]的需要时写道："在指号之中，一个存在着的符号，一个经验的事件指涉一种内容，这种内容的存在至少已经被假定，这个符号推动了我们的期待，或者说使我们产生了被指示的东西的存在之肯定。我们无法在缺乏经验范畴的情况之下去思考指号，就是说，指号是或然的，存在须介入之，这也就是胡塞尔对世俗存在所下的定义，这个定义是与'我思'的存在相对立的。向着独白的还原就是把经验世俗的存在置于括号之中。在《灵魂的孤独生活》中，我们不再使用'真实的'词语，而仅仅使

---

① 梅洛-庞蒂. 哲学赞词. 杨大春译. 北京：商务印书馆，2000：48.
② 梅洛-庞蒂. 哲学赞词. 杨大春译. 北京：商务印书馆，2000：49.

用‘被再现的’词语。"① 如果内心独白是一种不需要指号的活动
（因为它是一种不进行交流的"思"），那么，这种独白的表达就应
该是"整体的"，而不是破碎的，因为它不会受到世俗存在的干
扰，它是纯粹的所指，就如公式"I am I"这种划不开的封闭的自
我内部同一。而被具体的经验存在介入的指号的表达，如"That
woman is a fox"，总是成为具体的自我意识的在场，或者说是自
我通过中介物的在场，或者说是成为被指号化的在场。

　　在"那位女人是一只狐狸"这个句子中，"狐狸"是一个存在
的符号，它已经"先在"地推动了我们对以"那位女人"作为凸
显话题的[topic-prominence noun phrase as subject]期待。这种期
待使"狐狸"由存在的符号变成了作为"意谓"符号的表达。这
种"意谓"是对"存在的符号"的否定，同时亦是对走向一种
"有意谓的"表达的肯定。肯定之中蕴含了否定，这就如我们的意
识是以对象物的出场为标识的那样，我们所见到或触摸到或想象
到的对象物并不会对我们的意识进行否定，尽管我们必须以对象
化的方式走向他人。公式"I am I"是一种内在还原，是意识还原
至自身，同一于自身，封闭于自我孤独之灵魂之中。根据胡塞尔
的观念，"I am I"是一种"非生产性"的关系，原因是能指与所
指之间的关系无限地绝对地接近，乃至消失："正是在能指对所指
的绝对接近以及在直接在场中所指消失的条件下，胡塞尔能够把
表达的媒介看做为'非生产的'和'反思的'。也正是在这种条件
下他能够自相矛盾地对这个媒介做毫无遗憾的还原，同时肯定存
在着一个意义的先在表达层次。还是在这种条件下，不论这语言
是指号的，还是表达的，胡塞尔有权利还原语言的整体，从而重

---

① Derrida, Jacques. Voice and phenomenon: introduction to the problem of the
sign in Husserl's phenomenology. translated from the French by Leonard Lawlor.
Evanston: Northwestern University Press, 2011: 36.

新把握意义的原初性。"① 能指与所指之间无缝接近，意味着能指
与所指的同时消失，或者有一种不需要指号的表达（能指）和不存
在一种"有意谓"的表达。在胡塞尔那里，表达作为一个有意谓
的符号，是连接意义自身与外面的一种双重存在，或者犹如树叶
之两面同时构成了一片不能予以划开的树叶，其话语再生产性的
出口被永远关闭。

　　我们提出的问题是：我们能不能想象一种排除了指号
［indicative sign］的表达？我们能不能想象一种不是来自身体，或
没有身体的意识，或可以拥有一种可与确定的对象分离的意识？
我们还是以"I am I"这一同一性公式为例。黑格尔曾经指出，只
有主体被另一个自我承认作为一个自我时，自我意识才成其所
是。② 主体总是行走在被他人承认的路上，成为被他人欲望的对
象，并且在他者眼中成为一片一片的碎片，因为正是这种来自他
者的欲望，使主体无法与其自身取得同一。在碎片中，主体之意
义是一个不断显现和不断发生和不断涌现的过程："意义或许自身
就是发生着，或在发生着的过程中所发生的。""但是'意义'不
是任何发生着的意旨，不是任何历史进程的意旨，不是所发生的
之意谓，它就是发生之本身。"③

　　简而言之，意义即发生且以不断涌现之方式发生。再换而言
之，在"I"的意旨之中具有某种稳定性是值得怀疑的——也就是
说，若"I"要拥有其自身的意旨，"I"就需要像任何其他的意指
那样，必须在被指示的事物之旁边能够被重复。而这唯一可以发
生的方式，就是：要么通过另一个体之"I"，要么通过直接向

---

　　① Derrida，Jacques. Voice and phenomenon：introduction to the problem of the
sign in Husserl's phenomenology. translated from the French by Leonard Lawlor.
Evanston：Northwestern University Press，2011：69.

　　② Jean-Luc Nancy. The Birth to Presence. trans. Brian Holmes et al. Stanford
University Press，Stanford，California：153.

　　③ Jean-Luc Nancy. The Birth to Presence. trans. Brian Holmes et al. California
Stanford University Press. 153.

"我"讲话的某个"你"。从某种意义上讲，"I"只是一个构成元素[one of constituents]之一，它处于诸构成元素之中，而不是外在于诸元素。"I"是构成"你"的边界，"你"是构成"我"的边界。彼此都从对方那里获得存在。

海德格尔在《世界图像的时代》一文中指出："存在者乃是涌现者和自行开启者，它作为在场者遭遇到作为在场者的人，也即遭遇到由于觉知在场者而向在场者开启自身的人。存在者并不是通过存在者对人的直观——甚至是在一种具有主观感知特性的表象意义上的直观，才成为存在着的。毋宁说，人是被存在者所直观的东西，是被自行开启者向着在场而在它那里聚集起来的东西。被存在者所直观，被牵引入存在者之敞开领域中并且被扣留于其中，从而被这种敞开领域所包涵，被推入其对立面之中并且由其分裂标识出来——这就是伟大的希腊时代中的人的本质。所以，为了完成他的本质，希腊人必须把自行开启者聚集和拯救入它的敞开性之中，把自行开启者接纳和保存于它的敞开性之中，并且始终承受着所有自身分裂的混乱。"[①] 按照海德格尔的观点，人的本质在其敞开后所面临的世界之中，在世界之中所直观到的东西之中，人不是因为是一位觉知者而存在，而是因为其觉知到世界而存在。或者说人的本质不在其自身，而是在其与世界的照面之中聚集而成。这就是海德格尔的"此在"基础观得以建立的原理。存在不是意味着就是"成其所是"。相反，存在意味着不是在直接的在场之中或在一个"存在—物"的内在之中。存在不是成为内在的，或不是朝向自身的在场，不是独立缘起于自身。存在是把人的"自我"作为一个"他者"，循此而言，没有本质、没有主体、没有场域能够在其自身之中呈现这个他者——要么作为一个他者的自我或一个"他者"，要么是一个普通的存在（生命或物

---

① 马丁·海德格尔. 林中路. 孙周兴译. 上海：上海译文出版社，2004：092.

体)。存在之他者只能作为"共在"或"同谋关系"而发生①。存
在是内在—外在的统一。内在对于外在而言,就如一只鸟儿从天
边飞来停留在一个棵树的树梢之上那样,内在世界与外部的树梢
上瞬间成为一体,彼此不可分解。正是内在把自己借给了外部世
界的时候,内在才成其为外在。内在世界朝向外部世界是必然的,
但是内部世界被抛入的"此在"或"境遇"之中则是偶然的。鸟
儿飞来并停留在树梢之上或岩壁之上或屋檐之上,彼此并无区别,
但被停留之树枝却因此成为"树枝"。这就是海德格尔所言"作品
让大地是大地":"岩石能够承载和持守,并因而才成其为岩石;
金属闪烁,颜色发光,声音朗朗可听,词语得以言说。所有这一
切得以出现,都是由于作品把自身置回到石头的硕大和沉重、木
头的坚硬和韧性、金属的刚硬和光泽、颜色的明暗、声音的音调
和词语的命名力量之中。"② 海德格尔在论述词语之成为词语时指
出:"诗人使用词语,但他不像通常讲话和书写的人们那样不得不
消耗词语,倒不如说,词语经由诗人的使用,才成为并且保持为
词语。"③ "物"或"物象"之偶然性在作品之中被保存,从而把
"物"或"物象"推入与在作品之中发生着的真理的归属关系之
中,从而把相互共同存在确立为出自与无遮状态之关联的此之在
的历史性悬置之中。

　　由此,我们想到马克思那个关于存在与意识之关系的表述:"不
是人们的意识决定人们的存在,相反,是人们的社会存在决定人们的
意识。"④ 弗雷德里克·詹姆逊在《语言的囚笼》之中对此评论道:

　　　　这一决定在"已经被给予"之中使自己被感受到,作为
　　已被给予之物,它总是超越意识,无论你把它设想得多么周

---

　　① Jean-Luc Nancy. The Birth to Presence; trans. Brian Holmes, et al. Stanford
University Press, Stanford, California: 154-155.

　　② 马丁·海德格尔. 林中路. 孙周兴译. 上海:上海译文出版社,2004:032.

　　③ 马丁·海德格尔. 林中路. 孙周兴译. 上海:上海译文出版社,2004:034.

　　④ 马克思. 政治经济学评判. 北京:人民出版社,1995:2,82.

到，就像它能在语言文字的地矿中找到可见的表现形式。这一维度可被认为是所指的终极基岩，即那个基础结构或"社会存在"的层次，该层次自身绝不会构成概念或所指，因而也绝不是前面谈到的那种无意识的神学般的固定，但这个层次却为能指的无限复归和迁移奠定了根底。不过，如果真是如此，那么德里达批判的那些实质更确切地讲应该叫超验的能指，因为它们相当于是对单一种符号或概念范畴的固定。①

詹姆逊的这段话以马克思的"存在决定意识"诠释了意识与存在或所指与能指之间的关系。存在总是外在于或超越意识，存在总是一种具体的存在，或是一种"境域"中的"此之在"。意识总是黏着于具体的存在或存在一物，或意识总是体现于"物"的意识。英国作家 D. H. 劳伦斯在《虹》这部作品中写到女主人公厄秀拉从内在情感的痛苦之中以及因嫉妒的疯狂所诱发的一场大病之中走出来时，她开始慢慢地回到自我的意识之中，而这种意识走向清醒的标志就是她看到天边上存在着一道彩虹：

> 彩虹屹立在大地上。她知道那些在硬壳中爬行，分散在这污浊的世界上的肮脏不堪的人们仍旧活着，她知道彩虹在他们的血液中升腾起来，并在他们的精神中抖动着获得了生命，她知道他们会丢弃坚硬破碎的外壳，而新的、干净裸露的身体将萌发出新的生命，获得新的生长，去迎接天空中的阳光、风和雨。她在彩虹中看到了地球上新的建筑，那些陈旧污秽、不堪一击的房屋和工厂一扫而光，这个世界重新用真理那活生生的结构建造起来，与高高在上的拱形苍穹协调一致②。

---

① Frederic Jameson. The Prison-house of Language. Princetion：Princeton University Press，1972：184-185.

② D. H. Lawrence. The Rainbow，1915. edited by Mark Kinkead-Weekes. Cambridge：Cambridge University Press，1989：16.

在作品中，因厄秀拉没能留住自己的情人，她又拒绝与他一道去印度，她的世界瞬间被虚空所支配。她不停地发出"I love you——I love the thought of you"。当她意识到这一切已经远离真实时，即当欲望的对象或意识中的他者变得模糊不清时，她也无法再看见那个她熟悉的外部世界——"肮脏的人们，冒烟的低矮的房屋，水雾中的群山"同她一起消失了，她陷入了一个无名的深渊之中。两个星期后她重新回到了世界，回到了自我意识之中，或者说是她在世界之中找回了自我意识。此刻，她喜欢斯克里本斯基，那是因为她喜欢一段记忆，一个逝去的自我，是因为他代表某种有限的过去，他代表了一种生命之中的已知。天边的那道彩虹意味着她再次回到了世界，那不仅是一道象征希望满满的彩虹，也是一道意识的能指在有限之中的无限复归和迁移，而它的底色是此在的存在。

著名心理学家拉康曾经认为人是意识与无意识的统一，无意识包括语言与表达（指号），语言既是主体从中产生的本能冲动或无意识，同时也是人最后用来确定自己的地位和作用的那个象征领域。他提出了"无意识就是非我的话语"或"无意识具有语言的结构"这一口号[①]。拉康讲道："只要我们不抛弃能指的功能就在于所指的那种错觉，或者说，能指必须根据无论任何意义以证明它的存在的合理性这种错觉，那么我们就不能继续这种探索。""据此我们可以说，意义只坚持在能指链中，但能指链中的任何成分都不存在于它在那一刻所能提供的意义中。"[②]

换言之，拉康这是要告诉我们，一旦诉诸语言，我也就成为一个他者而接受反观，或成为一个被阐释的他者。事实上，人也必须同时成为一个他者才能获得关于自我的认识。"使用语言的情

---

　　① 　Jacques Lacan. Ecrits. Paris：Seuil，1966：814-815.

　　② 　Jacques Lacan. Ecrits：A Selection，trans. Bruce Fink，New York：W. W. Norton and Company，2002：142，145. 所引译文参照马元龙. 雅克•拉康——语言维度中的精神分析. 北京：东方出版社，2006：117.

况不仅包含了先于非我的全部经验的他性这一抽象范畴，不仅还要有一个实际存在的具体的人，而且除了这两者以外，还包含了一个第三者，即本人自己的另一个自我，或者自我的形象。"① 这一个自我的形象，总是在语言行为之中，或在世界的物象之中，或在想象的内容和想象的对象之中，我们的无意识在他者（山川林木）那里空出了一个重要的位置。意识与无意识或具体存在物的接触是人的存在人类学基础（这就是为什么一些远古族群愿意把自己的命运寄托在一些图腾上）。人向世界敞开，就是向无意识敞开。

　　如果说语言从来就不是自足的东西，它的结构决定了它永远是一个有意构成的不完整的东西，总是等待非我的介入，就如阴道总是等待阳物的插入一样。那么，意识或承载意识的自我也同样从来不是自足的，爱的意识只能是对一种具体对象介入的爱，没有爱的空无，没有一种零度的意识状态，没有一种零度的精神现象。能指只能是所指的能指，所指也一定与能指一道涌出。思维与语言、意识与存在、能指与所指、指号与表达之间，彼此靠近，彼此成全，彼此引出。对此，在谈到意识观念与无意识观念的区别时，弗洛伊德如是说："意识观念是由具体的观念加上词语观念组成的，而无意识观念则仅仅只有事物的观念而已。"② 这句话看是与拉康的"无意识就是非我的话语"这个谜团似的句子相矛盾，但却与"无意识具有语言的结构"这句话取得了一致，因为语言总是使意识走向他者，或意识总是在他者那里获得生意或活力，在与意识一同涌现的对象物那里获得生意或活力，它自然也在词语那里获得并被词语所表达。海德格尔在《林中路》中认为意识之在场是"在出于被表象状态的带入中在场"：

---

　　① Frederic Jameson. The Prison-house of Language. Princeton：Princeton University Press，1972：171.

　　② 引自马元龙. 雅克·拉康——语言维度中的精神分析. 北京：东方出版社，2006：113.

表象在意识的所有方式中起支配作用。它既不仅仅是一种感觉直观，也不只是概念判断意义上的思维。表象自始围绕着一种"已经看见"而聚集。在这种聚集中在场被看见。意识乃是聚集通过表象在场而获得在场。作为看见某物的方式，表象把景象、图像带入在场之中。表象乃是把在被看见的知识中起支配作用的图像之带入：即是想象。意识，或拥有意识，就是在出于被表象状态的带入中在场。以这种方式存在并且作为共属一体的东西而存在的，是直接被表象的东西、表象者及其表象①。

在海德格尔那里，意识是"象"的意识，意识之在场即"象"之在场。意识是一种构成，是"在显现中并且通过显现本身而被构成的"。② 主体以自我显现着或敞开着的方式在场；客体与主体相互伴随，并且在其与主体的关系中在场。一般意义上的意识之主体或主体之主体性乃是"此在"的关系性存在，而主体之主体性乃是与被看得见的某物或已经存在于意识中的某物联系在一起的。意识的"象性"或"景象"显现类似于拉康说"无意识就是非我的话语"或"无意识具有语言的结构"这一表述。海德格尔把拥有意识[to be conscious]的存在视为一种"带入"，而被带入者被他当作意识为之敞开的"象"或"景象"。即是说，意识是通过"无意识具有语言的结构"而敞开并进入语言之中或进入"景象"之中。一个清晰的意识瞬间总是某物的意识——意识总是以"他性"的方式显现着，或者说以在"能指"之中的方式显现着。D. H. 劳伦斯在《虹》这部小说中对男主人公汤姆·布朗文这位已经达到性成熟却没有实现欲望对象化的状态进行了描写：

① Martin Heidegger. Off the Beaten Track. edited and translated by Julian Yong and Kenneth Haynes. Cambridge：Cambridge University Press，2002：109. 译文参考海德格尔. 林中路. 孙周兴译. 上海：上海译文出版社，2004：153-154.
② 海德格尔. 林中路. 孙周兴译. 上海：上海译文出版社，2004：154.

他就这样挣扎着过了一段时间，后来，这种紧张情绪让他实在受不了了。一种日积月累的热辣辣的自我意识在他胸中涌现，他觉得两个手腕胀得生疼，颤抖不止，满脑子是各种肉欲的形象，他的双眼似乎也充血了。他拼命地克制着自己，想使自己保持正常。他没有去找任何女人，整天把自己装成无事人似的生活着。直到后来，他感到自己要么采取某种行动，要么拿自己的头往墙上撞①。

我们非常有意思地发现，D. H. 劳伦斯把布兰文一家人的生活置于一个犹如世外桃源的沼泽农庄中，他们与土地为伴，与自然和谐共存，又血脉相连。他们知道人在天地间的阴阳交合。他们能感到春之活力的涌动，知晓沸腾的浪涛永不止息。他们触摸着大地的脉搏和身躯，会感到它们在向手中的犁铧敞开胸襟。他们知道自己体内奔涌的血液和大地、蓝天、牲畜以及绿色植物都是温暖而有生命的，它们能感知痛苦，洞悉死亡，它们之间在进行着永不止息的交流②。D. H. 劳伦斯要告诉我们，这些生活在沼泽农庄中的人们，他们的人性是完整的、纯粹的，是与自我的完美统一。

但是，我们很快就看到，这个农庄中的人们"感到自我满足，却丧失了自己的个性"。二十八岁的汤姆·布兰文直到遇到莉迪亚·伦斯基，他的欲望才落到实处，他这才真正找到了生存之所在。在这之前，他的意识强热地燃烧着，可一切又是那样地空虚、贫乏，若有若无。现在他只是时时刻刻觉得她就在不远处存在着，植根于他的意识之中。饶有趣味的是，"he is conscious of her"，更因为她来自波兰，她是一个外来者，"她是一个外国人，她属于

---

① D. H. Lawrence. The Rainbow, 1915. edited by Mark Kinkead-Weekes. Cambridge: Cambridge University Press, 1989: 1.

② D. H. Lawrence. The Rainbow 1915, edited by Mark Kinkead-Weekes. Cambridge: Cambridge University Press, 1989: ch. 1.

别的地方"，"她从远方来，现在却距他心灵这样近"。在汤姆·布兰文的意识中，她"浑身上下透出一股强烈的异国情调。仿佛灵魂早已出窍，飞向了别处"。布兰文曾经觉得"他不再虚无缥缈，一旦和她在一起，他变得实实在在"，他的意志融进了她的体内，深深地掘入她身体深处去做无尽的探索，为她身上蕴藏的无尽宝藏而欣喜若狂。莉迪亚·伦斯基与众不同的异乡人气质及其她对汤姆·布兰文的吸引，十分具有隐喻和象征意义：莉迪亚·伦斯基和汤姆布兰文彼此都是对方的他者或外在者，都成为了对方灵魂的异乡，是他们彼此的意识之"象"和欲望之"象"，彼此构成了对方的"无意识"的他者之能指。

　　海德格尔《在通向语言的途中》指出：灵魂是在向异乡漫游时返回故乡的。他借了特拉克尔《灵魂之春》[Springtime of the Soul] 这首诗中的一行诗句"灵魂，是大地上的异乡者"[Something strange is the soul on the earth]并解释道：

　　　　但何谓"异乡的"？人们通常把异乡理解为不熟悉的东西，让人不感兴趣的东西，更多地让人烦恼和不安的东西。不过，所谓"异乡的"[fremd]，即古高地德语中的"fram"，根本上却意味着：前往别处，在去往……的途中，与土生土长的东西背道而驰。异乡者先行漫游。但它并不是毫无目的地、漫无边际地乱走一气。异乡者在寻找之际走向一个它能够在其中保持为漫游者的位置。"异乡者"几乎自己都不知道，它已经听从召唤，走在通向其本己家园的道路上了①。

人类踏上离乡之路才开始进入家乡；人类远离童年才开始领悟更加宁静的童年的温柔；意识着的身体遇到有身体的意识才开始在漫游中回归。灵魂"前往别处，在去往……的途中，与土生土长的东西背道而驰"。灵魂向异乡的漫游，不是离开故土，而是让故乡从遮蔽之中"转渡"出来，从而完成对故乡的拯救和保持。人总是在忙碌中，走"在去往……途中"，这个途中自然也包括我们的语言，正是具有"无意识结构的"语言切近地召唤着我们向异乡的漫游。他指出：

> 诗人的天职是返乡，唯通过返乡，故乡才作为达乎本源的切近国度而得到准备。守护那达乎极乐的有所隐匿的切近之神秘，并且在守护之际把这个神秘展开出来，这乃是返乡的忧心②。
> ……
> 他知道，对规律的认识仅仅在于服从规律，首先无畏地遗忘家乡，漫游到异乡：因为精神在家/并非在开端中，并非依于源泉。为什么精神开始时并不在源泉旁呢？而按通常的看法，在那里实际上隐蔽和产生着一切丰富性。③

---

① Heidegger, Martin, 1889-1976. On the way to language. trans. by Peter D. Hertz, First Harper and Row paperback edition published in 1982：162-163. The original cited reads like "But what does "strange" mean? By strange we usually understand something that is not familiar, docs not appeal to us—something that is rather a burden and an unease. But the word we are using—the German "fremd," the Old High German "/fremd," — really means：forward to somewhere else, underway toward..., onward to the encounter with what is kept in store for it. The strange goes forth, ahead. But it does not roam aimlessly, without any kind of determination. The strange element goes in its search toward the site when：it may stay in its wandering. Almost unknown to itself, the "strange" is already following the call that calls it on the way into its own."

② 海德格尔. 荷尔德林诗的阐释. 孙周兴译. 北京：商务印书馆，2000：31.

③ 海德格尔. 荷尔德林诗的阐释. 孙周兴译. 北京：商务印书馆，2000：159.

　　人的存在是一次一次的出走，不是走向江河的入海口，就是走在通往丛林的路上。人的意识总是身体的意识，身体行走在大地之上。身体是世界的记忆[body is the memory of the world]，语言是意识的记忆[language is the memory of consciousness]。意识在无意识那里把自己敞开或者根本上就是在无意识（这也包括拉康的"具有语言结构的""无意识"与"非我的话语"）中发现自己。海德格尔认为人对家乡的记忆不是在家完成的，而是在远离家乡之后的途中完成的，只有"异乡者"才会听从召唤，并"走在通向其本己家园的道路上"。因此，人走向远方脱离家乡的视野，漫游到异乡，从而产生"返乡的忧心"，这难道不正是人类的认知规律吗？

　　梅洛-庞蒂曾经如是说："我说过经验趋向被言说之事物的运动是不可避免的。但是，这意味着某种意义上哲学是在自我构成之中否定自己。"① "事物拥有我们，我们并不拥有事物。如其所是的存在绝不会终止其所是，它们是世界的记忆。语言拥有我们，不是我们拥有语言。是存在于我们之中[within us]言说，不是我们在诉说存在。"② 我们可以想象一个被抹除了记忆的人，即患有失忆症的人：他或她不是失去记忆本身，而是抹除了记忆之中那些曾经经历过的事件和人。这意味着记忆总是与曾经发生的具体事项和人事联系在一起的。梅洛-庞蒂认为，"只有在记忆不仅构成了过去的意识，而且还须在蕴含于现在的启发之下重新开启时间的时候，并且只有身体作为我们'采取态度'以及作为虚假在场的持久性手段并构成我们与时间和空间进行交流的媒介的时候，

---

　　① Mauro Carbone. The Thinking of the Sensible：Merleau-Ponty's A-Philosophy. Evanston：Northwestern University Press，2004：25.

　　② Mauro Carbone. The Thinking of the Sensible：Merleau-Ponty's A-Philosophy. Evanston：Northwestern University Press，2004：12.

身体在记忆之中所担任的角色才是可理解的"①。梅洛-庞蒂尽管谈论的是身体的涉身性，但他也同时告诉我们：我们的记忆是筑建于身体嵌入其中的世界的巨大记忆库之中，就如我们如其所是地栖居于确定的房屋之中，并确切地知道它在那个时刻的存在一样。

在《荷尔德林诗的阐释》、《在通向语言的途中》和《林中路》等作品中，海德格尔所努力揭示的正是被诗的语言所诱惑、所迷惑的诗学观。他认为诗的语言或诗的物性化语言能将"物质"与"精神"世界融合，诗的语言体现了人与"存在"[being]之间的有机关系，为人的意识提供了一种有机的模式[organic model]，使人能够重新发现被历史或习惯湮没了的 being，发现 being 的天然原始状态。我们知道，认为西方历史是遗忘失落 being 的一种过程，人类原始的"存有"经验被抽象概念所歪曲。人的命运或任务应该是在追求恢复原来的 being。海德格尔认为荷尔德林正是一个克服了对 being 的遗忘、在诗中呈现出 being 的一位诗人。他的诗表达了"存有"的绝对在场[the absolute presence of Being]。② 我们记得诗人叶芝[Yeats]曾自己感叹，他的灵魂"被束缚在一个垂死的动物身体里"③。但是，人的灵魂，乃至意识不仅保留在能感知的身体之中，也一样保留在非意识的语言之中，尤其是诗的语言之中。

从某种程度上讲，语言是对意义的拯救，拯救的完成落实于语言或符号的表达之中，而诗的语言则能敞开物之物性和人之自由，能使人回到万物之"亲密性"之中。语言是一种拯救，这种

---

① Merleau-Ponty. Phenomenology of Perception. trans. Colin Smith. London: Routledge and Kegan Paul, 1962. revised, 1981：211, 181.

② 海德格尔的存在论哲学将技术视为一种对人的自然存在状态的解蔽过程，使人丧失了本真性的存在意义，对技术持一种悲观的观点。我们在真实情境下的做、看、体验、互动交流都依赖于主体之间的氛围、动作和表情等等，这些在虚拟世界中都不存在。德雷福斯一再援引海德格尔"情绪是人相处的基本方式"，人与人之间的交互性必须落实到身体的世界和物理的空间中来，如此，我们才能够真实地承担起自己的生命责任。——作者注。

③ 叶芝. 驶向拜占庭. 出自诗集《塔堡》，1928 年。

拯救是通过挽留实现的。李白的《静夜思》："床前明月光，疑是地上霜。举头望明月，低头思故乡。"我们与其说这是一首"思乡"的诗，毋宁说它是"思"或"思"的意识的及物性刻写。诗中诗人的涉身之地（时空）显然不是在诗人的故乡，是诗人漫游在异乡作为他者或游子对返乡的一种情怀。正如前面，诗的语言体现了人与"存在"［being］之间的有机关系，为人的意识提供了一种有机的模式［organic model］，诗人的思念之意识与诗中的"静夜"、"床前"、"大地"、"霜"、"明月"等几个如磁石般的语词，聚集了许多不可表达之物、暗示之物和联想之物，把全部意义向着漫游中的"异乡人"与那个在距离之中凸显的"故乡"汇集：失眠、悲伤、寒冷、陌生、孤独、遥远、寂寞、凉凉秋夜的难挨、苍白而阴冷的月光或自然等。所有这一切都把力量压在了诗末"低头思故乡"这一句上：向诗人开始敞开的故乡及其曾经隐匿着的全部丰富性。循此，我们开始理解海德格尔如此的发问："诗人能够在何处逗留呢？诗意的灵魂如何以及在何处寻获它的故乡呢？"对此，他给出的回答是：

　　由于灵魂的自我开放意味着开始时在得以起源的家乡因素中直接把握故乡，所以，灵魂恰恰不能找到故乡，因为故乡逃避这种把握意愿。关注家乡因素并且在其中意求着故乡，灵魂在开始时就被故乡所摈斥，并且被推入一种愈来愈徒劳无益的寻求之中。这样，灵魂由于自己的想直接在本己之物中居家的意志，就很快消耗了他的本质力量[①]。

———————

　　[①]　海德格尔. 荷尔德林诗的阐释. 孙周兴译. 北京：商务印书馆，2000：110.
注：引语中着重号为作者所加。

七

在"I am I"这种出发点与终点的合一之中，灵魂看似留在了故乡，留在了源泉的切近之地，其实，故乡的无限丰富性却无法向"I"敞开。故乡的无限丰富性唯有向远方漫游的"异乡人"开启和聚集，对"家乡的记忆"刻写在对家乡的努力遗忘之中，发生在漫游之途的挣扎里。故乡只有出走后才成为故乡，异乡唯有出现在对故乡的期待之中。异乡是故乡以暗物质的方式为故乡所有。"I am I"犹如一个封闭的手提箱，它既不表达也不走出，灵魂或精神在开端处死亡，是一种孤独中的独白，而作为表语之"I"则成为非表达。这正如德立达谈到独白时所言："一个存在的符号促使我们对被表达的存在产生期待或是肯定。若没有经验的范畴涉入，我们就不能思考指号。就是说，指号是或然的，产生干扰的是存在，这也将是胡塞尔对世俗存在所下的定义，这个定义与'我思'［ego cogito］的存在是对立的。向着独白的还原就是把经验世俗的存在置于括号之中。"① 在独白中，表达是完满的，也是非表达的，因为"语言的物质性似乎从内在独白之中缺席。"②

"I am I"是一种独白，即使是在话语主体大声说出时，它也是一种孤独的独白。话语主体试图阻断自我向外部的拓展和漫延，从而抹除了能指与所指之间的流动与延异，也因此抹除了表达本身。"I am I"也同时不需要对指号的要求，因为第一个"I"力图逃脱第二个"I"的追逐，乃至第二个"I"本身是多余的。如果

---

① Derrida, Jacques. Voice and phenomenon: introduction to the problem of the sign in Husserl's phenomenology. translated from the French by Leonard Lawlor. Evastion: Northwestern University Press, 2011: 36.

② Derrida, Jacques. Voice and phenomenon: introduction to the problem of the sign in Husserl's phenomenology. translated from the French by Leonard Lawlor. Evastion: Northwestern University Press, 2011: 35.

我们根据胡塞尔那句"符号的，就是指号的……"话加以改写，那么"I am I"就变成了"I" am what is indicated by the "I" in itself rather than the other。这是一种圆满的表达——对此，德立达指出："圆满的表达……以某种方式躲避开符号概念。"[①]他把这种"圆满的表达"视之为一种融合了肯定与否定的统一，所指与能指的无间隙的合一，一种不接纳并排除了他者（存在者）的自我直接在场。从某种意义上讲，一种圆满的表达，也就意味着一种无指号的表达，一种无象之表达，无对象之表达。

　　换言之，"I am I"是一种理想性的同一性，就如"Word[X] is word[X]"属于语词的理想性同一性一样，因为无论是个别的人还是个别的事物，一旦落入语言的言筌，就会失落其本质属性，要维持物之本己或语词之本己唯有任其停留于自身——"在词的统一——就是作为词来接受的词，即同一个词，也就是声音和一种意义的集合体——既不能与它运用中的可感知的事件混为一谈，也不能依附于它们的时候，词语的同一性就是理想的，它是重复的理想可能性，而且它对于任何还原即任何被它的显现标志着的经验事件都一无所失。"[②]但这是一种不表达的同一性。在下面一段引文之中，德立达显然是出于质疑胡塞尔而引用了他的话：

　　　　当我们思考表达与意义之间的关系时，当我们最后把词[word]和意义（sense）这两个因素分离开同时又分解复杂的然而又是充满意义[sense]的表达紧密统一的体验的时候，词本身就向我们显现为自在中的不同的东西，而意义则向我们显现为人们由此与词一起看到的东西，就如同通过这个符号被注视的东

　　① Derrida, Jacques. Voice and phenomenon: introduction to the problem of the sign in Husserl's phenomenology. translated from the French by Leonard Lawlor. Evastion: Northwestern University Press，2011：36.

　　② Derrida, Jacques. Voice and phenomenon: introduction to the problem of the sign in Husserl's phenomenology. translated from the French by Leonard Lawlor. Evastion Northwestern University Press，2011：35.

西一样。表达因此似乎偏离自我的兴趣而走向意义［sense］，它似乎退回到意义上去。但这种回溯在我们辩论的意义上讲并不是显示。符号的此在［dasein］并不导致存在，或更确切地说，并不导致我们对意义的存在的确信。被我们当作指号使用的（区别的符号）东西应该被我们感知为存在者。这也同样是在交流话语中的情况，但却不是在孤独话语中表达的情况①。

我们注意到，在这段文字中，胡塞尔是把语词［word］与意义［sense］一起使用的，而不是"意图"［meaning］。或者说，德里达注意到了胡塞尔是从现象学意义上去认识语词的，即语词是"充满意义的"［words are merged with the multiplicity of the sensible events］。"意义"或"sense"是一种没有具体化的意义［meaning］，不是一个先验地被给予的意义或"被动理性"所言之意图意义，它是我们涉身于世界之中的身体所获取的各种感知或知觉。"意义"就是人们通过眼、耳、鼻、舌、身从世界处境之中获取的"信息"，这是一种"五味杂陈"的意义，类似于佛教中的"六根"，即"眼根、耳根、鼻根、舌根、身根、意根。"章炳麟在《国故论衡·辨性上》讲："意根之动，谓之意识。"意之动必接

---

① 中文引文取自杜小真的翻译，见雅克·德立达著：《声音与现象》，杜小真译，北京：商务印书馆，2002：54. 鉴于中文译文与手中的两个英译本均有一定程度上的差别，现将 Leonard Lawlor 英译本的对应译文摘引如下，以供阅读和比对："But if we reflect on the relation of expression and Bedeutung, and to this end break up our complex, intimately unified lived-experience of the expression fulfilled with sense, into the two factors of word and sense, the word comes before us intrinsically indifferent, whereas the sense seems the thing aimed at by the verbal sign, and meant by its means; the expression seems to direct interest away from itself towards its sense (von sich ab und auden Sinn hinzulenken), and to refer (hinzuzeigen) to the latter. But this reference (Hinzeigen) is not an indication (das Anzei-gen) in the sense previously discussed. The existence (Dasein) of the sign neither 'motivates' the existence of the meaning, nor, properly expressed, our conviction in the existence of the Bedeutung. What we are to use as an indication (the distinctive sign) must be perceived by us as existent (als daseiend). This holds also of expressions used in communicative discourse, but not for expressions used in solitary discourse." Derrida, Jacques. Voice and phenomenon: introduction to the problem of the sign in Husserl's phenomenology; translated from the French by Leonard Lawlor. Evastion: Northwestern University Press, 2011: 39.

物，因此他接着说道：物至而知接，谓之眼、耳、鼻、舌、身、识。彼六识者，或施或受，复归于阿罗耶。藏万有者，谓之初种。六识之所归者，谓之受熏之种。诸言性者，或以阿罗耶当之，或以受熏之种当之，或以意根当之。夫生之所以然者谓之性，是意根也。"① 意根者，不能圆成实性，据他起性也。知觉现象学家梅洛-庞蒂更是习惯性地使用"意义"［sense］一词，来表示人具身于世界之中的感知。他认为我们不是意义［meaning］的绝对源泉。我们通过响应业已存在于我们经验之中的吁请去发现意义。我们并不是从外部世界站在一种超验的立场之上把一种既成的意义［meaning］赋予我们的经验，相反，我们是从世界内部的体验之中获得意义［sense］的。② 他把意义称之为我—存在—于—世界之中与世界之间的一种"共显"［co-presence］。从某种意义上讲，海德格尔基于"此在缘起"出发对"理解"和"意义"的理解，就是建立在"我"与"世界"的"共显"关系之中的。他在《理解与解释》一文中如是说道：

> 如果当世内在者随着此在之在一起被揭示，也就是说，随着此在之在一起得到理解，我们就说：它具有意义。不过严格地说，我们理解的不是意义，而是在者和存在。意义是某某东西的可理解性的栖身之所。……意义是此在的一种生存论性质，而不是一种依附于在者、躲在在者"后面"或作为中间领域飘游在什么地方的属性。③

海德格尔所说之"意义"是一种存在论意义或现象学意义，即存在—于—世界—之中的意义，是与存在相照面并彼此点亮了

---

① 章太炎. 国故论衡・辨性上. 北京：商务印书馆，2010：134，136.

② Merleau-Ponty. Sense and Non-Sense. trans. Hubert L. Dreyfus. Patricia Allen Dreyfus. Evanston：Northwestern University Press，1964：x.

③ 马丁・海德格尔. 理解和解释. 1927，陈嘉映等译. 引自洪汉鼎主编. 理解与解释——诠释学经典文选. 东方出版社，2001：121.

的意义。意义不是一种依附于在者、躲在在者"后面"或作为中间领域飘游在什么地方的属性，而是我们认识所通达之处，如"人面桃花相映红"这句诗中"人面"与"桃花"的关系那样。"桃花"成为"人面"的栖息之所，而作为"在者"则通过与其所视见之"桃花"将一种"娇美"的意蕴在世界本身之中展开并敞亮起来。"桃花"与"人面"之间的共显，既是它们各自本己的遮蔽/隐匿和敞开的并存，也是它们各自否定和肯定的并存。① "桃花"瞬间与"人面"联系起来，这意味着桃花作为"虚无"的一面（另一则是作为植物并结出果实共食用的一面），因其成为"人面"的切近者，作为"桃花"原本隐匿的一面获得"敞开"，而"敞开"就是人对处于遮蔽状态的虚无的认识和揭露。这就犹如阳光照射到林中，洒下光亮的同时也把暗影留在了林中，亦可以说，光亮是在暗影之中获得其本质的。海德格尔在《林中路》中指出：

　　　　存在作为存在本身穿越它自己的区域，此区域之被标划[tenpus]，乃由于存在是在词语中成其本质的。语言是存在之区域——存在之圣殿[templum]，也就是说，语言是存在之家[Haus des Seins]。语言的本质既非意谓所能穷尽，语言也绝不是某种符号和密码。因为语言是存在之家，所以，我们是通过不断地穿行于这个家中而通达存在者的。当我们走向一口井，当我们穿行于森林中，我们总是已经穿过"井"这个词语，穿过"森林"这个词语，哪怕我们并没有说出这些词语，并没有想到语言方面的因素。……一切存在者，无论是意识的对象还是心灵之物，无论是自身贯彻的人，还是冒险更甚的人，或者所有的生物，都以各自的方式作为存在者存在于语言之区域中。因此之故，无论何处，唯有在这一区域中，从对象及其表象的领域到心灵空间之最内在领域的

---

① Martin Heidegger. Being and time. trans. Joan Stambaugh. New York：University of New York Press，1996：134.

回归才是可完成的①。

　　海德格尔讲"语言是存在之家"，而"所有的生物，都以各自的方式作为存在者存在于语言之区域中"，这从某种程度上说，语言就是存在的"切近者"：当我们走向尚未现身于面前的林中之"泉"时，作为语词的"泉"已首先向我们敞开自己。可以说，我们是伴随着语言这一虚无走向认知上的林中之"泉"。从整体而言，林子是一片虚无或意识上的虚无，但却因为林中有"泉"而使林子向我们敞开，又因为语词之"泉"，我们已经进入关于林子的真理之中。从某种程度上将，海德格尔显然认为那些被敞开的虚无就是真理，如语词之"泉"让林中之"泉"敞开，"桃花"让"人面"敞开或"人面"让"桃花"敞开。拉康讲"无意识就是非我的话语"，那么，意识难道不是因为"非我的话语"而聚集吗（意识不正是通过语词才走向具体化。）？这也与海德格尔所言"意识乃是聚集通过表象在场而获得在场"以及弗洛伊德所说的"意识观念是由具体的观念加上词语观念组成的，而无意识观念则仅仅只有事物的观念而已"具有相同的意思。同样，尼采言："我们具有感官只是为了一种知觉选择——为了保存自己我们不得不关切这种知觉。意识仅仅是在有用的意义上是在场的。无疑，所有的感性知觉都渗透了价值判断。②"

---

　　①　Martin Heidegger. Off the Beaten Track. edited and translated by Julian Yong and Kenneth Haynes，Cambridge：Cambridge University Press，2002：232，233. 译文参考海德格尔著：《林中路》，孙周兴译，上海译文出版社，2004：280-281. 英语译文摘录如下：They risk the precinct of being. They risk language. All beings，the objects of consciousness and the things of the heart，the self-asserting men and the men who risk more，all creatures，each in its own way，are [as beings] in the precinct of language. That is why only in this precinct，if anywhere，can the reversal from the region of objects and their representation into the innermost of the heart's space be realized. —— Martin Heidegger，*Being and time*，trans. by Joan Stambaugh. New York：University of New York Press，1996：143.

　　②　Friedrich Nietzsche，The Will to Power. 余虹. 艺术与归家——尼采·海德格尔·福柯. 北京：中国人民大学出版社，2005：31.

因此，可以说，我们的意识因某种价值而"生成"——"生成"，对尼采来说，就是"强力意志"。"强力意志"因而就是"生命"的基本特征。中国道家主张"虚无"，意思是"有而若无，实而若虚，道家用来指'道'（真理）的本体无所不在，但无形象可见"①。尽管我不接受该解释之中"无形象可见"这个说法，但"有而若无"、"实而若虚"则说明了任何事物存在之两面，即"虚"依附于"实"，"虚"黏着于"实"而超越"实"，就如"桃花"之于"人面"，并因此赋予表达"人面"之美这一价值。

美国汉学家沙哈·艾兰[Sarah Ellan]在她的一本探讨中国哲学体系与"水"之关系的《水之道与德之端》[The Way of Water and Sprouts of Virtue]这本书中认为老子关于以水喻道的意象渗透于中国后来的哲学与美学作品之中，充当了抽象概念系统化的模型。她指出，因为自然现象在抽象哲学原则系统化时充当了模型，与现象相连的意象仍蕴含在哲学陈述的语汇中。而且，意象是内在于语汇与概念中的，所以，本喻继续给予词与观念间的联系提供了寓意结构[implied structure]，而且，语言不可避免地以具体意象为基础②。莱克弗与约翰逊所谓"一种文化的最基本概念的隐喻结构"，即是我们所说的"本喻"。本文中"隐喻"的使用，也许使人有点困惑。这里，我关切的不是比喻性语言的通常的意义，或者以具体意象再造抽象观念的用法，而是观念最初抽象化时的具体根基。在他们看来，"本喻"是具体的模式，它内在于"抽象"观念的概念化之中。抽象观念来源于类比推理的过程中，而不是用比喻类推来说明已经形成的观念③。可见，人的意

---

① 现代汉语词典. 北京：商务印书馆，2012：6.

② Sarah Allan. The Way of Water and Sprouts of Virtue. New York：University Of New York Press，1997：14，25，26.

③ George Lakoff and Mark Johnson，Metaphors We Live By Chicago：University of Chicago Press，1980：3，18，22. See also George Lakoff，Women，Fire，and Dangerous Things：What Categories Reveal about the Mind Chicago，University of Chicago Press，1987，for discussion of the relationship of metaphor and the imaginative capacity of thought.

识从一开始就是通过物象而获得在场的，而意识是在有用的时刻
获得在场的，所有的感性知觉不仅渗透了价值判断，而且价值判
断也渗透了感性知觉。

　　海德格尔在《理解和解释》一文中也正是通过"有而若无，
实而若虚"之"此在"的"可能性"，来理解"理解"或"意义"
如何发生的。海德格尔认为事物本身有实与虚之两面，而不是事
物本身之有与虚之间的对立。这明显有些老子所谓的"道之为道，
惟恍惟惚"的意思，强调了道与物之间密不可分的一体关系。根
据海德格尔的"此在原是可能之在"的意思，我们也可以将"理
解"解释为"事件性"。他把"理解"理解为一种结构性关系，即
由人之境缘性[attunement]之"此在"活动之中诸要素合力而产
生的。而语言则是"此在"之事件性的语言。他指出："基本生存
本体论是此之在，是在—世界—中—存在的展开状态，是此在之
现身与领会[understanding]。领会本身包含有理解的可能性。解
释是对已领会的东西的占有。只要现身与领会是同样原始的，现
身就活动在某种领会之中。同样有某种解释性来自现身。我们通
过命题这一现象看到了解释的一种极端的衍变物。……语言的这
一现象在此在的展开状态这一生存论建构中有其根源。语言的生

存论存在论是话语。"① 海德格尔所言之"在"是"此"之"在","领会"是对"此在"之领会，而语言具有生存论的根源，语言是现象学的语言，黏着境遇之内的现象学根须，是存在者状态上的语言。语言之中的事件性是一种开放的可能性，是一种超越了对象的对对象的理解与占有，或曰是存在（实）与意义（虚）的统一。同样，我们对语言的理解就是对一种事件性或境遇性的理解，也就是说，我们通过语言之"泉"走向实在之"泉"，我们对"泉"的意义把握是符号与事实性的统一。海德格尔在《存在与时间》之中谈到意义时，如同梅洛-庞蒂一样，他喜欢使用"涌现"一词，如他认为意义"从一条存在—于—世界—中的通道中涌现"。② 伴随着每一次理解的意义之发生都是与邻近者之现身而涌现的。如同海德格尔的"走向林中之泉"，即使森林是黑暗的，也因为

---

① Attunement is one of the existential structures in which the being of the "there" dwells. Equiprimordially with it, understanding constitutes this being. Attunement always has its understanding, even if only by suppressing it. Understanding is always attuned. If we interpret understanding as a fundamental existential, we see that this phenomenon is conceived as a fundamental mode of the being of Da-sein. In contrast, "understanding" in the sense of one possible kind of cognition among others, let us say distinguished from "explanation," must be interpreted along with that as an existential derivative of the primary understanding which constitutes the being of the there in general. ——Martin Heidegger, *Being and time*, trans. by Joan Stambaugh, State University of New York Press, 1996: 134. The fundamental existentials which constitute the being of the there, the disclosedness of being-in-the-world, are attunement and understanding. Understanding harbors in itself the possibility of interpretation, that is, the appropriation of what is understood. To the extent that attunement is equiprimordial with understanding, it maintains itself in a certain understanding. A certain possibility of interpretation also belongs to it. An extreme derivative of interpretation was made visible with the state ment. The clarification of the third meaning of statement as communi cation (speaking forth) led us to the concept of saying and speaking, to which we purposely paid no attention up to now. The fact that language only now becomes thematic should indicate that this phenomenon has its roots in the existential constitution of the disclosedness of *Da-sein*: 150.

② Martin Heidegger. Being and time. trans. Joan Stambaugh. New York: University of New York Press, 1996: 195, 242.

"泉"之逼近而照亮或变得生动，"桃花"因"人面"或"人面"因"桃花"而彼此生动起来。

我们的意识总是在某物之中来往。意识一旦聚集于某物或聚集于引向某物的语言，某物就会从遮蔽之中涌现而进入敞开。而这种由某物或由语言所敞开的，是一个世界之和，它蕴含了物理的、生理/心理的和历史的诸要素。我们记得有一个据说与中国三国时期魏武帝曹操有关的著名典故，叫"望梅止渴"。南朝宋刘义庆在他的《世说新语·假谲》写道："魏武行役，失汲道，三军皆渴，乃令曰：'前有大梅林，饶子，甘酸可以解渴。'士卒闻之，口皆出水，乘此得及前源。"① 意思是说，士兵们听了曹操的话后，嘴里都流口水一时也就不渴了，个个来了精神，加快行进速度，最后到达前方有水源的地方。曹操的这个故事充分利用了人的生理属性与梅子之间的有机反应。但是，我们却很难区分驱动着饥渴的士兵向前行进的动力是来自身体机能还是许诺之中的那片并不存在的前方梅林。前方那片并不存在的梅林（尽管它存在于士兵们的经验和记忆之中），就如一种形而上的虚无，许诺着却不兑现，但它却把若干的可能性交给了士兵们。认知科学认为，人的涉身处境，即人身体的位置——在海德格尔那里称之为"境缘性"，影响着我们思维和言说的方式。正是人的具身性提供了人们解释他们的生活和周围世界的基础。具身认知学者雷蒙德·W.吉布斯[Raymond W. Gibbs]指出：

　　人们的身体在行为中的主观的感觉经验为语言和思想提供了部分核心基础。一旦身体与物理的和文化的世界发生接触，认知便随之发生，因此必须从人与环境之间的动态交互之中来研究认知。人类语言和思维从持续发生的、且约束不间断的智性行为的涉身活动之中涌现。我们不应该理所当然地假设认知是纯粹内在的、象征的、可计算的和形而上的，

① 南朝宋刘义庆. 世说新语·假谲.

　　而应该探索涉身行为所构成的语言和思想之总体而详细之
方式①。

　　人的涉身性认知意味着"意义"这一现象是摄入了具体的整
体，进入了整体之中的具体之统一，亦可以说，是虚与实、道与
物的统一。我们具身于世界之中思考和使用语言，我们也使用眼
中所见到的、触觉所感知的事物来使事物之另一面为我们所敞开。
我们在日常生活中与那些单个的具体物象朝夕相处，和本体或本
喻之道保持切近的距离，它们随时成为我们意识和思绪的栖居之
所。我们思乡时，与明月相对；我们孤独时，与明月相对。我们
快乐时，大自然也与我们一起快乐：我陶醉于风，陶醉于风的虚
实、劲静，陶醉于风的疾缓、刚柔。晋代的陶潜归依田园，面对
周遭世界那美丽的自然物象——菊花与南山、还家的飞鸟与夕阳
下的山色，陡然生出"此中有真意，欲辨已忘言"的感慨。中国
古代用"以物观物"、"观物取象"、"立象以尽意"，再到"得意忘
象"四个层次来归纳"人"、"物"、"象"、"意"之间融合与统一
的关系。中国人在《易·系辞》中首先提出了"观物取象"这一
原发性命题，认为"仰者观象于天，俯者观法于地，观鸟兽之文
与地之宜，近取诸身，远取诸物，于是始作八卦，以通神明之德，
以类万物之情。圣人有以见天下之赜，而拟诸其形容，象其物宜，
是故谓之象"。"象"是从"物"中剥离出来的"物性"，是人与物
之间的感性关系，但尚未走向人与物之间的自由属性的体验，即
"立象取意"的阶段。此种体验有如庄周之梦蝶："昔者庄周梦为
蝴蝶，栩栩然蝴蝶也。自喻适志与！不知周也。俄然觉，则蘧蘧
然周也。不知周之梦为蝴蝶与？蝴蝶之梦为周与？周与蝴蝶则必
有分矣。此之谓物化。"（《庄子·齐物论》）"自喻适志与！不知周
也"可以理解为一种前语言或前逻辑阶段，是人与物之间的互为

---

　　① Raymond W, Gibbs Jr. Embodiment and Cognitive Science. Cambridge：
Cambridge University Press，2005：2，9.

表达、互为你我的阶段。人向物象开放并在物象那里发现自我觉醒。而最终走向语言表达，实现"意"的具体化。魏晋玄学家王弼在《周易略例·明象》中言道：

> 夫象者，出意者也。言者，明象者也。尽意莫若象，尽象莫若言。言生于象，故可寻言以观象；象生于意，故可寻象以观意。意以象尽，象以言著。故言者所以明象，得象而忘言；象者，所以存意，得意而忘象。犹蹄者所以在兔，得兔而忘蹄；荃者所以在鱼，得鱼而忘荃也。然则，言者，象之蹄也；象者，意之荃也。是故，存言者，非得象者也；存象者，非得意者也。象生于意而存象焉，则所存者乃非其象也；言生于象而存言焉，则所存者乃非其言也。然则，忘象者，乃得意者也；忘言者，乃得象者也。得意在忘象，得象在忘言，故立象以尽意，而象可忘也；重画以尽情，而画可忘也[1]。

王弼在这段话中指出，"意"要靠"象"来显现，人们寻"象"以观意，"意"在"象"之中。"象"之中有"物"与"虚"，"象"乃虚实之和合。"象"不是具体之对象，但"象"之中一定有事实性[factuality]或物象之微观分布[micro-effect of factuality]。即使"得意而忘象，"得到的"意"也蕴含了"象"之意。海德格尔则认为，人存在—于—世界—之中，而"意义"则是人在世界之中的"依寓"和"逗留"：人依寓世界而存在，并消散在世界之中。而人"依寓"世界是一种根基于"在之中"的存在论环节[2]。谈到语言时，海德格尔认为语言拥有存在论的根源，语言是"此之在"的现身和对"此之在"的领会。领会之中有"物意"和"心意"。语言的"存在是此在式的存在。此在首先并且在某种限度内不断交托给这种解

---

① 王弼. 周易略例·明象.

② 海德格尔. 存在与时间. 陈嘉映，王庆节合译. 北京：生活·读书·新知三联书店，1999：64.

释方式；它控制着、分配着平均领会的可能性以及和平均领会连在一起的现身情态的可能性。"① 而且，海德格尔认为语言是人携带他的"此"走向"澄明的存在"，仅此而言，他与王弼的"言者，明象者也"具有一致性。他指出："在存在者层次上用形象的语言说到在人之中的 lumen naturale(人性之光)，指的无非是这种存在者的生存论存在论结构，它以是它的此的方式存在。它是'已经澄明的'，这等于说，它作为在世的存在就其本身而言就是敞亮的——不是由其他存在者来照亮，而是：它本身就是明敞[lichtung]。"② 洪堡[W. V. Humboldt]曾经指出有些语言用"这儿"表达"我"，用"此"表达"你"，用"那儿"表达"他"，因此这些语言——用文法术语来表达——就是用地点副词来表现人称代词。对此，海德格尔指出："'这儿'、'那儿'与'此'原本都不是对在世内占据空间地点的现成存在者所作的纯粹地点规定，而是此在的源始空间性的性质。人们揣测这些词是地点副词，它们其实都是此在的规定；它们主要具有生存论的含义，而没有范畴的含义。"③ 这让我们想起梅洛-庞蒂在《知觉现象学》中的话："一旦人们把意识定义为感觉，意识的一切方式就必须从感觉中取得其明晰性。如词语'圆'、词语'顺序'，在我回想起的以前体验中只能表示我们的感觉在我们面前分布的具体方式，某种实际的排列，某种感知的方式。"④根据他的观点，凡意识必是肉身的意识，而肉身必然存在—于—世界—之中，因此任何意识都是对世界的意识。他认为，语言与世界或"意"与"象"或"意"与"声音"之间互相渗透的关系是一种前逻辑或前语法的

---

① 海德格尔. 存在与时间. 陈嘉映，王庆节合译. 北京：生活·读书·新知三联书店，1999：195.

② 海德格尔. 存在与时间. 陈嘉映，王庆节合译. 北京：生活·读书·新知三联书店，1999：154—155.

③ Martin Heidegger, Being and time, trans. Joan Stambaugh, New York：University of New York Press, 1996：112.海德格尔. 存在与时间. 陈嘉映，王庆节合译，北京：生活·读书·新知三联书店，1999：139.

④ Merleau-Ponty. Phenomenology of Perception. trans. Colin Smith. Routledge and Kegan Paul Ltd：12，13.

融合。我们往往所说的"体验"就是寓于此在之中和大于"在"之"此"。他指出:"我们总有一种直接的手段来理解词语所指称的东西,我们有我们自己的体验,有我们之所是的这种意识的体验,正是基于这种体验,语言的所有意义才得以获取,正是这种体验才使语言能恰如其分地为我们表示某种东西。'问题在于把无声的体验带到它自己的意义的表达中。'"①

毫不奇怪,思维是通过具身的方式,如人们日常生活中的运动、知觉、上手物件和饮食等在各种文化现象之中获得概念化的。这些现象在作为"明象者"语言那里是沉默的,但它们却向着语言情境或虚构情境开放,它们成为语言的存在要素,如"思路"[thinking route]、"晕头转向"[dizzy-head, losing direction]、"追溯"[chase-trace]、"看法"[see-method]、"看穿"[see through something]、"看低"[look down on, belittle]、"看清"[see-light]、"抛在脑后"[gnore idea]、"挖空心思"[dig-empty thoughts/ideas, or rack one's brain]、"思想疙瘩"[thought knot, a hang-up on one's mind]、"如饥似渴"[acquiring ideas with great eagerness]、"搜肠刮肚"[search intently for an idea]。在谈到文学艺术这类事情时,梅洛-庞蒂认为,一部小说,一首诗,一幅绘画,一支乐曲,都是一个个体,也就是说,人们不能区分其中的表达者和被表达者,它们的意义只有通过直接联系才能被理解,意义在向四周传播时不离开其时间和空间境域的存在。诚如海德格尔所言:"美妙的世界此在就是有待道说的东西。在道说中,这种有待道说的东西自身朝向了人。"② 梅洛-庞蒂反复指出,语言的明晰建立在黑暗的背景上,在他那里,黑暗可指无限沉默的深渊,也可指那些伴随语言之声音被唤醒的体验或物象。语言的意义和语言是不可分离的,意义和语言之间不存在表达与

---

① Merleau-Ponty. Phenomenology of Perception. trans. Colin Smith. London: Routledge and Kegan Paul. Ltd: xix.

② 海德格尔. 林中路. 孙周兴译. 上海:上海译文出版社,2004:286.

被表达之间的关系。语言之中蕴藏人与世界之间的"共在",而"世界"意味着我们的"精神的"或文化的生活要从自然的生活中获得其结构,意味着我们这些有思维能力的主体必须建立在具体化的主体之上①。这也就是海德格尔所说的"上手事物",就如"人面"书写在"桃花"之中,爱情书写在"玫瑰花"之中,对淑女之渴慕书写在"关关雎鸠"之和鸣里。同样,建筑作品存在于石头里,木刻作品存在于木头里,油画在色彩里存在,语言作品在话音里存在,音乐作品在音响里存在。

意义寓于物体中,就像灵魂寓于身体中。人们只有在适当时候、在适当地方用其目光寻找它时才能充分理解它们的意义。理解或意义伴随着我们的各种感觉,或是从我们的感觉之中涌现,或者从我们与自然的关系中涌现。《诗经》中的比兴,既是人与自然的关系,也是人生的价值与具身安放之间的关系。"窥情风景之上,钻貌草木之中"(《文心雕龙·物色》)。人的感情需要对象化,或曰感情的自然化,诗歌由"感"的艺术,同时成为"见"的艺术。诗中感情向自然的深入,即是人生向自然的深入,即是人在—世界—中—存在或安身于自然之中。由此而可以把抑郁在生命内部的感情,扩展到纯洁的自然中去。梅洛-庞蒂指出:"原始人在相当清晰的知觉背景中体验神话,以至日常的生活活动、捕鱼、狩猎、与文明人的联系成为可能。不管神话多么散乱,在原始人看来,它始终有一种可辨认出的意义,因为神话构成了一个世界,也就是每一个成分都与其他成分有着意义关系的整体。"②人们从世界之中找到的东西总是多余他们所放入其中的东西。同时,他还认为,语词自身不向我们提供任何信息,但词语却把我们引向通往世界之中的方向:

---

① Merleau-Ponty. Phenomenology of Perception. trans. Colin Smith. London: Routledge and Kegan Paul Ltd. P. 176.

② 梅洛-庞蒂. 知觉现象学. 姜志辉译. 北京:商务印书馆,2001:370.

　　人们不是把仅仅在物质世界才有完整意义的一种关系推广到精神世界，我们在利用"一种意义的方向，可以说，它穿过各种不同的区域性范围，在每一个区域性范围接受一种特殊的(空间的、听觉的、精神的、心理的等)意义"。……梦中的幻景，神话中的幻景，每个人特别喜欢的意象或诗歌的意象，不是通过一种如同电话号码和电话用户姓名之间的关系那样的符号和意义之间的关系和它们的意义联系在一起；它们确实含有它们的意义，但不是概念的意义，而是一种我们的存在的方向①。

　　至此，我们可以较好地理解德里达在《声音与现象》一书中反复陈述的观点：(1)任何传统的形而上学都是排除了感性的堕落形式[deformed form]，它是对世界的一种失明，而这种堕落的形而上学是对一切可给予理想性还原的保证；(2)文本之中"词"的意义，从不表述除了其本身外的任何意义，但它却"在其他词的旁边"持续性地在场。同时，词只有在我们的注意力朝向可感物，或当我们生活在对词的领会中的时候，词不管是否导向他人，它都在表达；(3)现象的体验不属于实在，就如将"人面"比喻为"桃花"，尽管"人面"和"桃花"都是现象，却并不表示实体。因此，想象的内容不等于想象的对象。

---

　　①　Merleau-Ponty. Phenomenology of Perception. trans. Colin Smith，London：Routledge and Kegan Paul Ltd，1962：256.

第八章 梅洛-庞蒂的具身化-语言观与具身-去身的翻译观

梅洛-庞蒂不但认为身体器官在"身体图式"[body schema]中表现出的是一种协调性和相互性,而且把身体作为枢纽重新植入了人与世界自然的联系之中,这种联系是人(躯体)的一种"与世界共在"的,不断生成的,并在时间中持续展开的"身体场",它直接地参与了历史意义的构建和不断地生成着意义。梅洛-庞蒂由现象学入手把身体与表达一并纳入意义之中来考察,认为身体、姿势、语言、意义都是在同一视角场域被提供,彼此永恒地混合在一起。语言的活的使用蕴含着人的生存方式,它尤其体现为一种与他人共在的方式。也就是说,人于语言之中与自己的过去、现在、未来,与他人、与人类的历史联系在一起,借助于语言来实现生存的沟通。

第一节 从体验的身体到感性化的语言

梅洛-庞蒂基于知觉的身体意识,创造性地发挥了关于言语的现象学。在《论语言现象学》(1951年)的报告中,梅洛-庞蒂批判了胡塞尔在《逻辑研究》中把日常经验语言看做是"混乱的现实"的观点:

> 胡塞尔提出了一种语言本质和一种普遍语法的概念,它

们能决定每一种可以算作语言的语言所必不可少的意义形式，能使人明确地把经验语言当作基本语言的"含糊"实现[①]。

即时发生的、活生生的、具体的言语[parole]先于"一个净化了身体"的普遍语言或理性语言。梅洛-庞蒂不认为语词或符号之间是一种"赋灵"关系，或语词是意义意图的具体化负载，他"把语言现象学定义为重返会说话的主体，重返我与我说的语言的联系"[②]。他借助于索绪尔的语言观指出："在语言中，存在的只有无肯定要素的差异。不管拿能指还是所指来说，语言都不包含先于语言系统而存在的观念或者声音，而只包含由这一系统产生的概念差异和声音差异。"[③] 正是这些差异以不容置疑的方式为我们提供了一个意义世界的状况和轮廓。

需要说明的是，梅洛-庞蒂从索绪尔那里借来的，不是对语言内部之关系的描述，而是语言与语言之外部的关系，或者说，是语言与世界之间的存在论关系。梅洛-庞蒂由语言意义的后台走近了言语意义的前台——即先于语言系统论之前的语言并对其进行放大其疆域。他将意义置入了言语的在场与不在场、言说与沉默、偶然与必然、直接与间接、隙缝与运动、静止与振动的间性场域之中，并由此走进了含混而"谜一般"的"主体间性"。如他在《哲学赞词》所言：

> 言语的现象学处在所有的容易为我们揭示这一秩序的东西之中。当我说话或当我理解时，我体会到他人在我身上的在场或我在他人身上的在场这种主体间性理论的绊脚石，体会到了被表达者的在场这一时间理论的绊脚石，而且我最终明白了胡塞尔谜一般的命题所想说的东西：先验主体性就是

---

① 梅洛-庞蒂. 符号. 姜志辉译. 北京：商务印书馆，2003：103.
② 梅洛-庞蒂. 符号. 姜志辉译. 北京：商务印书馆，2003：104.
③ 梅洛-庞蒂. 世界的散文. 杨大春译. 北京：商务印书馆，2005：32-24.

主体间性①。

　　一切言语或言语使用者都处在我（身体）—知觉—表达的世界结构之整体中，彼此含混地存在着，并因此成为各自的"绊脚石"，这是一种"主体间性"，又是一种"身体间性"。言语就是一种身体行为，知觉表达。知觉着、表达着的就是身体—主体自身。言语交流意味着知觉着的身体间际表达。"身体"蕴含"主体"，意味知觉的身体即身体-主体，而知觉的身体即表达着，这就将语言从超验、逻辑、语法、理性之维度推进到了肉身知觉的"存在"之维度。

　　由此一来，梅洛-庞蒂对语言的思考，也就走进了关注语言与生存的原初关系之中。近代哲学的理性主义和客体主义，即观念归于观念的观念论、理性归于理性的逻辑分析和工具主义语言观视语言与事物间为一种非存在论关系，也就必然地受到他的质疑②。在他看来，"一旦人使用语言来建立他本人和他的同类的一种活生生的关系，语言就不再是一种工具，不再是一种手段，而是内在的存在以及把我们和世界，我们和我们的同类连接在一起的精神联系的一种表现，一种体现"③。我们对言语的关注，就意味着对我们的存在的关注和寓于言语中的人和他的存在的关注。

　　梅洛-庞蒂在言语中发现了一种存在意义。这种存在意义不仅由言语表达，而且也寓于言语中，与言语不可分离④。它告诉我们，我们不是从语言的观念中获取存在的信息，不是从关于世界的观念中获取世界的意义，也不是从淡出了我的知觉的所谓理念

----

　　① 梅洛-庞蒂. 哲学赞词. 杨大春译. 北京：商务印书馆，2000：61.

　　② 梅洛-庞蒂对这种客体主义的意义观或语言观曾作过这样的说明："思想是自知和自足的，它借助于一种并不携带思想、只是把它毫无歧义地指示给别的思想的信息来宣告自己。别的思想能够阅读这一信息，因为它能够借助于习惯、人们的约定或者神意的机制把同一含义与相同的那些符号联系在一起"。—— 梅洛-庞蒂. 世界散文. 6.

　　③ 梅洛-庞蒂. 知觉现象学. 姜志辉译. 北京：商务印书馆，2001：254.

　　④ 梅洛-庞蒂著. 知觉现象学. 姜志辉译. 北京：商务印书馆，2001：238.

和形而上学中获取我之根据，不是首先与表象或一种思想建立联系——它告诉我们，寓于言语中的人总是首先生活在一个已经由言语建立的世界中，我们在我们自己的心中拥有已经形成的意义。我通过身体理解历史，理解他人①。以这种方式所获得的或理解了的意义，不是在对象或文本的后面。我所获得的意义和我业已接受的世界结构早已融合在一起。意义并不是一种先验实体或外在的观念，它源于我们的在世活动，源于我们的身体处境。

　　从知觉着、表达着、体验着的身体出发，我们在语言与思维的关系上就会得出这样的结论：语言更不是思维的工具或外壳，而是说语言是身体的一种立场，语言"表达主体在其含义世界中采取的立场，或毋宁说，语言就是采取立场本身"②。主体不能把自己理解为凌驾于语言之上的思维，而是要把自己理解为言语事件。词语也不是物体和意义的单纯符号，词语寓于物体中并与物体一起传递意义。因此，"说话人的言语不去表达一种既成的思想，而是实现这种思想"③。词语和活生生的意义的关系不是内部和外部之间的关系，不是智力过剩的外部伴随物，语言的内部世界也"不是自我封闭和自我意识的思维"④。

　　人是一种语言的存在，我们表达，故我们存在。我"以我的身体的行为为我和为他人把某种意义赋予在我周围的物体上。"⑤我与世界和他人彼此构成着、彼此表达着。在《可见的与不可见的》一文中，梅洛-庞蒂直接用"肉"来隐喻语言：语言扎根于存在之"肉"中，又利用"肉"的感性—含混性—可逆性来揭示语言："言语和可见者之肉都属于含义的总体部分，像肉一样，透过一个存在与存在联系起来，而且像肉一样自我陶醉、色情化并且与某一自然魔力联系在一起；它在它的网络内吸引其他的含义，

　　① 梅洛-庞蒂. 知觉现象学. 姜志辉译. 北京：商务印书馆，2001：239.

　　② 引自杨大春. 语言 身体 他者. 64.

　　③ 梅洛-庞蒂. 知觉现象学. 姜志辉译. 北京：商务印书馆，2001：233.

　　④ 梅洛-庞蒂. 知觉现象学. 姜志辉译. 北京：商务印书馆，2001：252.

　　⑤ 梅洛-庞蒂. 知觉现象学. 姜志辉译. 北京：商务印书馆，2001：251.

就像身体在自我感受中感受到世界一样。这里有着的实际上不是平行或类比，而是一致与交错：如果言语（它不过是其一个区域）可能也是可知世界的避难所，这是因为它延伸到了不可见者之中，延伸到了语义活动中。"①

第二节　现象的身体与感知的身体

　　庞蒂的语言观是一种基于肉身现象场的存在论语言观。梅洛-庞蒂认为人之所以说话，是源于人与世界、人与他人、或者说话人与听话人间的结构性呼请。只要我们处于这种结构性的呼请之中，谁发出声音都是一样的。"语言本身就是一个世界，就是一个存在"，一个未被客观化的世界②。语言隶属于一种"在世存在"的结构，也因此与身体、与肉身化主体不可分割。哈贝马斯在《后形而上学思想》中评价美国理查德·罗蒂的话同样适合梅洛-庞蒂：罗蒂"代表的是一种语境主义"③。按照哈贝马斯所解释的"语境主义"［perspectivism］，即是"不应该让自己受到（理性、理想、先入为主）的引诱，而放弃参与者的视角"。"不仅'他们'有必要尽量从'我们的'视角来理解事物，'我们'同样也必须尽量从'他们的'视角来把握事物。""每一种言语情景中的对话角色都被迫使参与者的视角之间形成一种对称关系。它们同时也使自我和他者有可能接受对方的视角，也促使参与者和观察者相互交换视角。"④　任何看者的视角总是身体所处位置的视角，是一种

---

　　① 李菁. 维特根斯坦与梅洛-庞蒂"语言观"的一种尝试比较. 自然辩证法研究. 2006：6.

　　② Merleau-Ponty. Visible and the Invisible. Evanston：Northwestern University Press，1968：96.

　　③ 于尔根·哈贝马斯. 后形而上学思想. 曹卫东，付德根译. 南京：译林出版社，2001：158.

　　④ 于尔根·哈贝马斯. 后形而上学思想. 曹卫东，付德根译. 南京：译林出版社，2001：159—162.

高度处境化了[highly situated]的视角。庄子在《秋水》中讲述自己与惠子游于濠梁之上的一番对话，除去其诡辩的一面不说，其对话本身直观地揭示了对答者之间的位置与视域。庄子曰："鲦鱼出游从容，是鱼之乐也。"惠子曰："子非鱼，安知鱼之乐?"庄子曰："子非我，安知我不知鱼之乐?"惠子曰："我非子，固不知子矣；子固非鱼也，子之不知鱼之乐，全矣!"庄子曰："请循其本。子曰'汝安知鱼乐'云者，既已知吾知之而问我。我知之濠上也。"(庄子《秋水》)庄子给惠子的答复是"请循其本"。

所循之"本"不妨解释为此桥之上他与鱼之间的视域构成[structure of embodiment]。庄子之所以"知鱼之乐"，就在于他身体的处境和鱼之间形成了互动。他的身体成为与鱼或鱼之世界交通的依据性视角。或者说，庄子的身体主体成为其感知事物的一个视点。他的观鱼方式向我们揭示出"知"总是与一定聚焦下的情境相联系，是参与和解释、能知和所知的合一。同时，庄子与惠施之辩固然由观鱼时的体验落实到了语言的表述上，我们作为阐释者固然不能把自己还原为境域中的庄子，而只能在语言"镜式"方式中推论庄子所言，但是庄子的"请循其本"无疑是在观物方式上提醒我们注意自我存在的境遇性、身体性和场域性①。庄子思想中所展示的这种境域性认识维度无疑最集中地体现在他的《齐物论》中。譬如"物无非彼，物无非是。自彼则不不见，自是则知之。故曰彼出于是，是亦因彼。"(庄子《齐物论》)首先是以此之"是"为观物视角，同时亦将"彼"纳入"是"之中，从而构成了互为彼我、心物、情景共存的相融关系。庄子请惠施"循其本"，就是请他回到辩论发生的"身体区域"之中，请他注意自我存在的"为你之故"、"为他之故"、"为此之故"和互为结构、互为彰显、互为涵摄的境域关系②。庄子对认识的身体视域性强调，也为我们接受梅洛-庞蒂有关"现象的身体"准备了直观的

---

① 冯文坤. 自然思维与诗学再识. 成都：四川大学出版社，2003：238-240.
② 冯文坤. 自然思维与诗学再识. 成都：四川大学出版社，2003：243.

思维资源。

　　梅洛-庞蒂认为,一个"现象的身体"总是处在感知者的场域之中。身体主体与客体的关系不是认识关系,而是存在关系,并彼此转换。他甚至指出,"主体荒谬地就是其身体、其世界和其处境,而且在方式上,彼此转换"。按照梅洛-庞蒂的观点,"如果说主体处于情境之中,如果说主体是情境的可能性而非别的什么,这是因为事实上只有作为身体,只有借助于这一身体进入世界之中,才能够实现其自我性"①。

　　同样,梅洛-庞蒂的意义观是一种基于身体处境的视域主义意义观。意义是在身体的场域结构中生成的,从而辩证地指出了身体的现象场域与意义之间的关系。"意识或我思不是在与客观的时间、空间和世界打交道,它扎根的乃是一个'现象世界',一个行为环境,一个与它互动关系的'周遭世界'。"② 梅洛-庞蒂认为,没有被独自设想的意义,任何意义都不可能摆脱"呈现场"——"我对世界所知道的一切,甚至借助于科学所知道的一切,也是从我自己的某种视点或关于世界的某种经验出发的,没有这一视点或经验,科学的符号不会说出任何东西"③。就如"学习使用一根树枝来达到目标的黑猩猩,通常只有在两个对象能够同时一眼看到的情况下,只有在它们处于'视觉接触'的范围内时,才能做到。除非树枝在目标也于其中出现的同一视角场中被提供"④。不仅我们的感知如此,梅洛-庞蒂认为,就是整个科学世界也是建立在实际经验世界的基础上。要正确评价和严肃地思考科学本身的意义与影响,我们就应该首先唤醒世界的经验。我的意识、意义以及缘发于我的处境以及先行占据着我的历史和文化,莫不基于

---

① 杨大春. 语言　身体　他者—— 当代法国哲学的三大主题. 北京:生活·读书·新知三联书店出版社,2007:151.

② 杨大春. 语言　身体　他者—— 当代法国哲学的三大主题. 北京:生活·读书·新知三联书店出版社,2007:153.

③ 梅洛-庞蒂. 知觉现象学. 姜志辉译. 北京:商务印书馆,2001:111.

④ 梅洛-庞蒂. 世界的散文. 杨大春译. 北京:商务印书馆,2005:119.

我们的场域结构，而场域就是意义的互构。

　　因为我们是在世的，所以我们注定处于意义之中，我们
不能够做到说任何不在历史中获得一个名称的事情①。

　　我们也同样是在自我处境之中走进"他者"或在超越"他者"
时领会自身。我在场域之中，也同时成为场域的构成者，我从场
域中获得的意义只是源于我在其中——"我是绝对的起源，我的
存在不少来自我的既往史、我的物理的和社会的周围事物和人物，
我的存在走向它们和支撑它们"②。我通过视觉场通向和进入一个
存在系统。我的视域场始终是有限的场域。在视域中，我们"得
到被时间过程解体和重组的我"、"一种在体验界域中推定的统一
体"③。也就是，"我之所是"乃至我的意识、意义和自我都在我们
的人为性界域之内。之内，先验是不可能的，之外，体验是不可
能的。内外合一方能成就一种统一体，此即"彼出于是，是亦因
彼"的结构性区分和彼此完成。在场域之中，任何存在（包括意
义、意识乃至体验本身）都不是一种无我或无我之躯体的存在：

　　现象学的世界不应该被单独放在一边，不应该变成绝对
精神或变成实在论意义上的世界。现象学的世界不属于纯粹
的存在，而是通过我的体验的相互作用，通过我的体验和他
人的体验的相互作用，通过体验对体验的相互作用现的意义，
因此，主体性和主体间性是不可分离的，它们通过我过去的
体验在我现在的体验中的再现，他人的体验在我的体验中的
再现形成它们的统一性④。

　　①　杨大春. 感性的诗学：梅洛-庞蒂与法国哲学主流. 北京：人民出版社，2005：
306.
　　②　梅洛-庞蒂. 知觉现象学. 姜志辉译. 北京：商务印书馆，2001：3.
　　③　梅洛-庞蒂. 知觉现象学. 姜志辉译. 北京：商务印书馆，2001：278−281.
　　④　梅洛-庞蒂. 知觉现象学. 姜志辉. 北京：商务印书馆，2001：17.

　　由此，我们从梅洛-庞蒂那里得到关于一切主体性都是主体间性以及实现主体间性的大致轮廓，即要进入世界，我们必须首先"置身于世界，我们不能脱离世界"。"一切意识都是关于某物的意识。""我的身体始终为我呈现，并通过许多客观关系处在物体中间，使物体与之共存，使它的时间波动在所有的物体中跳动。"①一切意识寓于物质之中。我们在万物中起舞。我们的命运寓于晨星之中。我们视域中的花草、林木、鸟禽、山水、沟谷、平原皆是我的意识的表达。表达永远寓于它所表达的事物之中。就如爱已经寓于玫瑰花中，舞者寓于舞中。我们无法决然分清什么是语言的意义、什么是负载着意义的语言，我们也就不会说语言是透明的媒介，而意义是客观存在的实体这类东西了。如此，我们就不得不承认理查德·罗蒂如下说法了："唯一可以用来批评一个人的东西，是另一个人；唯一可以用来批评一个文化的东西，是另一个文化，因为对我们而言，人和文化乃是语汇的道成肉身，具体实现。"②

　　在《世界的散文》一书中，梅洛-庞蒂将表达自身也置入世界，在他那里，"世界的散文"，即世界自身的道说，人原本在世界之中，构成世界道说的视角或立场，世界的道说即我的道说。世界之所以对我们有意义，只是因为我们在其中。"我们在别人的话里寻找的从来都不过是我们自己置身于其中的东西，交流是一种表面现象，它不会给我们带来任何真正新的东西。如果我们自己不拥有交流向我们展现的那些符号的含义，那些符号就不会向我们说出任何东西。"③一切符号的表达，都不是充分完成了的表达，一切能指都不可能涵盖其全部的所指。语言只是为我们提供一种姿态，为我们进入场域的对话呼唤出一种召唤。因此，梅洛-

---

　　①　梅洛-庞蒂. 知觉现象学. 姜志辉译. 北京：商务印书馆，2001：25-192.
　　②　理查德·罗蒂. 偶然、反讽与团结. 徐文瑞译：北京：商务印书馆，2003：115.
　　③　梅洛-庞蒂. 世界的散文. 杨大春译. 北京：商务印书馆，2005：6.

庞蒂指出："语词的语言价值只能够由它边上的那些其他的语词的
在场或不在场获得界定。"①

　　因此，表达从来都不绝对地是表达，被表达者也从来都不会以
先于表达的意义出现。语言的本质就在于其构造自身的逻辑从来不
是来自内在自我，也不是来自外在于它的逻各斯。只有罢黜狭隘的
理性中心地位，才能为拯救非同一性、边缘性和偶然性开辟出一条
世俗化的有效途径。赞同梅洛-庞蒂观点的哈贝马斯曾经指出："由
于主体间的语言沟通从本质上讲存在着许多漏洞，由于语言共识并
没有彻底消除说话者视角的差异性，而是把这种差异性作为必不可
少的前提，所以，以交往行为为趋向的行为也适合于用来充当使社
会和个体融合一体的教化过程的媒介。"哈贝马斯同时建议，这一过
程的实现还必须首先"放弃理论对实践的经典优先地位"②。因为真
理的本质在于，它从来都不会被内在性占有，或符合于自身，它唯
有透过某一表达系统——这一表达系统带着另一过去的印迹和另一
未来的胚芽，让自己在一种境域场所被把握才是透明的。这显然与
梅洛-庞蒂对理性的先行否定取得了一致。

第三节　翻译："既传播又被抹除，不传播又等于零"

　　梅洛-庞蒂在《作为表达和言语的身体》一文中指出：语言不
是"表达同一种思想的各种随意约定，而是表示人类团体歌颂世
界的方式，归根结底，体验世界的方式，由此得出结论，一种语
言的完整意义不可能用另一种语言来表达。"一个人"为了全面掌
握一种语言，必须接受该语言表达的世界，我们不能同时属于两

---

①　梅洛-庞蒂. 世界的散文. 曹卫东，传德根译. 南京：译林出版社，2001：34.
②　于尔根•哈贝马斯. 后形而上学思想. 47.

个世界"①。显然这与他所主张的身体的场域性、身体意向性和被知觉世界(客体和自然世界,他人和文化世界)之间的统一关系有关,而在这种统一的关系之中,场域中的身体便成为某种依据视角与事物、与世界打交道的东西——此纯粹之肉欲的和充满活力的世界和身体一起进入语言之共存中②。

对这种关系的言说,在梅洛-庞蒂那里,就是一种内涵了由身体处境所指向的视角的言说,即一种庄子式的"请循其本"的意义境遇生成观。梅洛-庞蒂排除了可以由一种语言对另一种语言所传达的意义进行等值翻译的可能性。语言不是表达同一种思想的随意约定,它在隔断"给定"的意义之出场时,也把躯体体验直观地植入了意义生成的场域之中。同时,我们也注意到,梅洛-庞蒂说"语言代表人类团体歌颂世界的方式",其中"人类团体"不应该指普适性的人类,也不是指人类整体,这种推断的可靠性应该在他所说的人的"体验世界的方式"中得到佐证。因为若与人体验世界的方式联系起来,体验总是一种在时空界域之中的有限的体验,体验之效果总是与人在具体场域体验着的世界一同给予他的,那么,对体验世界的表达也就带有体验者与其所体验世界的特殊性和差异性。到此,我们可以看出梅洛-庞蒂似乎持有一种不可译观。

梅洛-庞蒂否定有一种普遍的语言。若有,那就是自然,一种没有人在其中栖居的自然[nature]。没有人栖居其中的自然,因此它也挣脱人的视域阀限,也因此具有普遍性,以此可以被称为"世界的散文"。尽管如此,我们在《知觉现象学》《符号》和《世界的散文》等梅洛-庞蒂关于语言的几部辉煌著作里所发现的,是他对语言和意义间彼此隔离的传统认识的澄清与批判。他反复说道:语言间没有符号间的随意约定,没有纯粹的和自明的思想,

---

① 梅洛-庞蒂. 世界的散文. 杨大春译. 北京:商务印书馆, 2005:244.

② Merleau-Ponty. The Prose of The World. trans. John O'Neill. Evaston: Northwestern University Press, 1973:20.

没有一种单纯的符合系统，有的只是偶然性的言语，确定语言意义的全部历史条件不可能给出，以及"一种语言整个历史就包含在言语中"，"语言的明晰建立在黑暗的背景上"，"语言的意义和语言是不可分离的"，"应该在情绪动作中寻找语言的最初形态，人就是通过情绪动作把符合人的世界重叠在给出的世界上"，在人那里没有自然符号，没有客观主义的语言①。他反复对语言加以主张的，是言语的可爱而厚重的含混性，间接性，以及沉默性。

　　梅洛-庞蒂这些关于语言与意义的思考，折射到翻译上（语言间，文化间，两个主体间以及作者和译者间），似乎会让我们对翻译之可能性的认识得出非常不乐观的结论。可是，这种"似乎"绝不是梅洛-庞蒂给我们留下的模棱两可的暗示。他对视域中躯体性主体的强调和对由此所引出其出场的视觉的强调，恰恰是人类共性的东西——即体验着或涉身的存在[embodied existence]。这一点恰恰是在译学研究中长期缺席的现象，即译者躯体或译者的主体缺失。道格拉斯·罗宾逊把这种缺失和缺场归咎于内含躯体的意识形态的无意识沉淀，即翻译时译者躯体的体验存在着，但却受到道德化或意识形态化之"忠实观"的压抑。罗宾逊以此给我们的建议是：

　　　　努力把我们的体验场域从僵化思想和制度化的理论中解放出。……把我们想象性地置入一个真实的翻译境域之中，一种翻译的对话之中，并追问着于其中的我们将欲何为，于其整体的话语境域之中成功的翻译将欲何为②。

　　梅洛-庞蒂认为，语言与经验（世界、身体）相互包容，但经验是沉默的，是沉默的声音③。经验只有在引起言语行为或者为语言

---

　　①　梅洛-庞蒂. 世界的散文. 杨大春译. 北京：商务印书馆，2005：245.

　　②　Douglas Robinson. The Translator's Turn. Baltimore：Baltimore Johns Hopkins University Press，1991：119，112.

　　③　鹫田清一. 梅洛-庞蒂：认识论的割断. 石家庄：河北教育出版社，2001：65.

所唤醒时，才能作为经验而存在，从而颠覆了理性主义的语言与表象之间的关系。他如此说道："说和写确实是翻译一个经验，但是这个经验仅仅因它所引起的言语行为才成为原文。"① 经验是沉默的。"语言通过打破沉默而获得沉默期待获得而未能如愿的东西。沉默一直包围着语言。"②语言的出声即是经验的出声。"经验"因语言行为而变成语词化的经验，那么，语言也同样因经验的参与而成为存在或事件性的语言[existential and eventful language]。

可以说，语言是一种经验性的存在，一切经验的为我性或人为性都要经过语词的提升，才能得以完成。不是先有经验或思想或意识或意义，然后才能有语言。语词原本存在于经验之中，经验的沉默是对语言表达的期待。梅洛-庞蒂因此与那种把言词看做思想、感情或印象的传播工具或翻译的媒介的观点一刀而断。以此而论，传统译论所赋予原文的同一性、整体性和先在性受到了颠覆。他理直气壮地指出：

　　词岂止是对象与意义的单纯标志，它还必须存在于事物之中，传输意义。因此，对于讲话人来说，言词并不是翻译已经形成的思想，而是完成思想③。

就两种语言间的转换来说，先于译文之原文，对于译者或目标语读者来说，也绝不可能是一种先行完成了的思想、甚至不是一种经验，而是一种沉默。译者只有打破这种"沉默"，他才能获得"未能如愿"的东西。此种"未能如愿"的东西，是相对于原

---

① 注意该句话中的"经验"、"翻译"、"原文"等词。言语行为参与了经验的构型。原文即经验，其含义与经验主义的"经验"不同。

② 鹫田清一. 梅洛-庞蒂：认识论的割断. 石家庄：河北教育出版社，2001：154.

③ 鹫田清一. 梅洛-庞蒂：认识论的割断. 石家庄：河北教育出版社，2001：155.

文和译者两者而言的，是彼此的"绊脚石"，而非仅仅归于一方。如梅洛-庞蒂在《哲学赞词》里所言："在我所说的东西具有意义的范围内，当我说话时，我对于我本身而言是别人的'别人'，在我进行理解的范围内，我不再知道谁在说话和谁在听。"① 以此推论，对于原文/作者而言，文本/作者也是"别人的别人"。原文/作者作为"别人的别人"，毕竟是译者基于其经验处境所唤醒的。那么，原文/作者抵达译者之处境，就会因自身沉默的打破（走向表达）而把因表达而变形的东西引进到某种新的组成之中而使意义改变。这种变形不是源于单一的原文/作者，而是译者面对原文之时，并与之照面后所构成的"这个"经验视域中的变形。

梅洛-庞蒂主张身体具有永远在场性，是先于原文/作者的"已经完成了的原初性表现"，那么，充当媒介的倒不是翻译，而是作为事态化了的原文/作者充当了引入译者或产生译文的手段，译者变成了原发性的能动者。如此，我们对原文/作者之意义或意图的追问，就变成了对译者处身世界经验之"所是"的追问。原文或原文世界因变成有"意义"而超越自己。超越的同时就是意义的移位。"移位"不是意义在语言间的"无损失翻译"，因为这里没有悬空的意义——任何意义都是具体的。此时，原文之意，倒更像一物。它可以随意地被置入译者的表达的视野之中，进入译者的视角场域之中。

利科在《活的隐喻》中讲到翻译时指出："诗人想到的东西与他写下的东西之间存在差距，意义与文字之间存在差距"，而译文自然与原文之间存在差距。在利科看来，诗人创作时出现的意义与文字之间的偏差倒可以由翻译来给予拯救——即拯救原文的不可译性。因此，"诗歌语言的不可译性不仅是浪漫主义的要求，而且是诗歌的本质特征"②。意义自身变成了表达凭附的媒介。梅洛-庞蒂在《知觉现象学》中指出："表达的操作，使意义在文本深处

---

① 梅洛-庞蒂. 哲学赞词. 杨大春译. 北京：商务印书馆，2000：61.
② 保罗·利科. 活的隐喻. 王堂家译. 上海译文出版社，2004：190-191.

之中作为一个物而存在，使这个意义在词所形成的一个有机体中生存，使这个意义作为一个新的感觉器官置于作家或读者之中，给我们的经验开辟一个新的领域或层面。"①

　　这样，意义不仅不具有那种逻各斯的稳定性，而且具有发生学的动态性——"一种处于发生中的意义"②，并永远地处在"发生"之中——处在"变化"、"变换"、"变异"、"变形"、"迁移"、"生成"、"创新"和"重新把握"的过程之中。纯粹自然的经验是不存在的，纯粹文本的经验亦是不存在的，纯粹原文的经验世界更是不存在的，"表达从来都是一种（意义）实现了的存在"③。

　　那么，作为翻译的言词在重新把握原文之时，翻译就将是一种"没有原文的翻译"——"翻译在'原文本'的无言经验的范围内，寻求重新把握原文根本性的存在，已经不是根本性的了"④。没有绝对性的表达，一切表达都是间接的，也因此没有绝对性的翻译。如果原文的意义，如梅洛-庞蒂说的那样，是建立在模糊和黑暗之上，那么，意义就处在不能不被翻译、又不能不被遮蔽的悖论之中。这是因为"每一个表达活动只有作为一种一般表达系统的变化才是有意义的。""变化"本身是完成和摧毁⑤。亦如日本学者鹫田清一在评论梅洛-庞蒂时所指出的，一切表达都是"以自我破坏为目标的一种作用"，"这种作用既随着传播而被抹杀，但如不传播又等于零"⑥。

　　翻译面临的这种悖论——"既传播又被抹出"，而"不传播又等于零"，较为真实地反映了翻译行为，以及原文与译文之间的关

---

①　鹫田清一. 梅洛-庞蒂：认识论的割断. 石家庄：河北教育出版社，2001：132.

②　梅洛-庞蒂. 世界的散文. 杨大春译. 北京：商务印书馆，2005：93.

③　梅洛-庞蒂. 符号. 姜志辉译. 北京：商务印书馆，2003：96.

④　鹫田清一. 梅洛-庞蒂：认识论的割断. 石家庄：河北教育出版社，2001：165.

⑤　梅洛-庞蒂. 符号. 姜志辉译. 北京：商务印书馆，2003：98.

⑥　鹫田清一. 梅洛-庞蒂：认识论的割断. 石家庄：河北教育出版社，2001：159.

系。梅洛-庞蒂接受了索绪尔的一切意义都是边缘间或单词之间触碰出来的意义的观点：

> 每当我们谈论索绪尔的概念的时候，我们仍然没有注意到言语活动。这个事实表明，局部的表达活动和语言的整体共同活动一样，不局限于运用在语言中积累起来的一种表达能力，而是重建表达能力和重建语言，要求我们在给出的和接受的意义的明证中证实会说话的主体超越符号走向意义的能力。符号不仅仅为我们唤起其他符号，这种唤起是无止境的，语言完全不是如同束缚我们的桎梏，也不是如同应该盲目跟随的向导，因为在所有这些语言活动的相交中最终出现了它们所表达的东西，语言活动能使我们完全地理解它们所表达的东西，我们似乎不再需要语言活动进行引证①。

符号不独立地表示任何意义。它们的任何一个与其说表现某种意义，倒不如说表示这个符号本身与其他符号之间的关系意义，即是说，意义是来自词与词之间的沉默，来自各个词之间的交汇点上。以此而言，直接把单词视为精神的符号或密码或翻译的等值的观念，就是毫无意义的。把原文、作者意图、精神视为从符号中解放出来的观念则更是错误的。语言与沉默交叉。一切意义或语言所针对的对象都处在侧面，是从侧面形成的。一切字比句当的翻译、一切解码式的、自以为是的穷尽字意词意句意的意图都将是徒劳的。显而易见，我们希望实现原文和译文之间一对一的对应等值意义，就是异想天开的幻想。没有所谓淡出时间之外的理解，也没有淡出时间之外的翻译，译者之于原文犹如种子之于土壤。因此，梅洛-庞蒂断然地指出：

> 可以肯定，语言是一种整体积累的推断，目前的言语向

---

① 梅洛-庞蒂. 符号. 姜志辉译. 北京：商务印书馆，2003：99.

哲学家提出了暂时自我拥有的问题，这种自我拥有是暂时的，但不是无。不过，只有当语言不再处于时间和处境中时，语言才给出事物本身①。

在《世界的散文》这部着眼于从"文化与知觉"的关系角度探讨真理与真实的作品中，梅洛-庞蒂遵循了一条从文化回归自然（当然是灵化了的自然，是世界之肉，也因此融合了文化和意识）的探索路径②。与此同时，梅洛-庞蒂在此基础上提出了"被讲的言词"[spoken words]和"讲话中的言词"[speaking words or an operant or speaking language]两个概念。"被讲的言词"是制度化了或词典中的言词，它们与对象具有一一对应的关系。对于这类言词，他是这样来表述的："对于已经规定的表现来说，在制度化了的措辞或形态、词语等中有着一对一地对应的直接的意义。由于这种表现是规定的，空隙与沉默的要素从中被抹杀，但是，正在形成的表现的意义，在原理上不可能属于此类。这是从词语本身的交换形成的侧面的或倾斜的意义。"③ 相反，"讲话中的言词"则指"正在形成的表现的意义"。"正在形成"意味着意义不断生长、变化、发展，涌现，它不断地把来自"横向"和"侧面"的意义要素吸入自身，而不是把自己固定在它与对象或客体的线性垂直关系之中，更不是"原子式的、静态的、个人心理的和抽象的或理想化的独白"④。

这类"讲话中的言词"总是在一种环境中诸因素彼此角逐的关系中生成着、变化着，它们具有一种无言的生命力，就如蛰伏于海洋深处的动物，它们根据各自的变音或间接的意旨而聚集和

---

① 梅洛-庞蒂. 符号. 姜志辉译. 北京：商务印书馆，2003：99.

② 梅洛-庞蒂. 世界的散文. 杨大春译. 北京：商务印书馆，2005：2.

③ 鹫田清一. 梅洛-庞蒂：认识论的割断. 石家庄：河北教育出版社，2001：161.

④ Mark Garner. Language: An Ecological View. Peter Lang AG. Bern: Eruopean Academic Publishers，2004：34.

分离。^① 生态语言学家赫克[Haeckel]在描述一种有机的整体关系时指出："(我们)应该关心有机物与一般的外部世界之间的整体关系，关心存在与有机环境之间的关系，关心我们处身其间的自然环境与各种有机物之间的构成关系，以及关心这些诸关系与周遭环境间的协调和在这种协调过程中所产生的各种变异。"^② 同样，译者与原文间的对话是携带处身环境诸要素的译者与原文间的对话，绝不是独善其身的"零度译者"对原文原本之意在空间上的"搬移"。我们可以说，对于理解者/译者而言，只要一个意义不是提前被告知，而是在视域场中(包括文本文脉)提供给一个(意义的)体验者，那么一切来自这个视域场的意义以及对这个意义的"发现"，都是处在正在形成的过程之中，也因此都是从各个侧面而来的。

梅洛-庞蒂也非常肯定地认为，抹除了沉默的语言是不存在的，就如同"纯粹的自然经验是不存在的"^③。语言总是与沉默联袂而生。按照他的说法，"被讲的言词"面对面地与世界粘连在一起，似乎唯有"讲话的言词"才在与其他言词的侧面关系中包孕着种种空隙与沉默，并以"侧面的"或"倾斜的"形式去改组意义发生场这一事件，从而将创造性的意义带入其中。语言不是"普遍的、无时间性的构成意识的对象"，^④ 而是在与他人"躯体间性"的关系中接触既有的语言并在其中讲话的主体，即讲话着并知觉着的主体。换言之，就是"被讲的言词"须进入"讲话中的言词"的主体边缘才能产生意义。"讲话中的言词"为一切积淀为"被讲的言词"提供复苏的活力并不断地补充它们。

---

① Merleau-Ponty. The Prose of The World, trans. by John O'Neill. Evaston: Northwestern University Press, 1973: 87.

② Mark Garner. Language: An Ecological View. Peter Lang AG. Bern: Eruopean Academic Publishers, 2004: 35.

③ 鹫田清一. 梅洛-庞蒂：认识论的割断. 石家庄：河北教育出版社，2001: 165.

④ 鹫田清一. 梅洛-庞蒂：认识论的割断. 石家庄：河北教育出版社，2001: 165.

　　梅洛-庞蒂因此断言："言词不断更新自身与其他事物的媒介，因此，意义之当前只能凭借超出所有意义的暴力性运动而存在。"①对于我们的理解而言，意义具有当前性的时间维度，而当前又具有历史的瞬间性，同时意义还要受到符号与符号的侧面关系的影响，这些都应该是属于意义的暴力性运动，而当前时间维度中的意义则是这些属于暴力性运动之结果。在梅洛-庞蒂那里，与其说是去发现意义，毋宁说是去观察意义如何运动，即"意义的暴力运动"。他在《世界的散文》《知觉现象学》和《符号》等书中谈及语言时缕缕使用"暗示"、"间接"、"沉默"、"侧面"、"沉淀"、"暴力"、"运动"、"深渊"、"纠缠"、"振荡"等词，并反复地向我们表明语言与意义之间，不是一种线性逻辑关系，或用生态语言学家马克·夏纳[Mark Garner]的话来讲，也不是"一种完全自足的、非关系的存在，若有，那它将不属于一种人类学的意义，除非仅仅局限于纯粹的基因学意义"②。意义的发生不仅通过符号的侧面组织，还通过其沉淀状态，以一种不透明的多元的方式发生。

　　就此而论，所谓发现文本的"纯粹的意义"，或以此作为需要我们寻找的意义，以及关于对象的纯粹表达和完全翻译，不仅是不可能的，而且是一个天真的幻想。译者意欲实现原文和译文之间的等值也同样是一个天真的幻想。梅洛-庞蒂把读者直接放入到了文本创造者行列之中，其观点与读者接受论十分相同，譬如他讲道："被言说的语言，是读者和书本一起提供的语言，是既定的符号与可自由处置的含义的各种关系之全体。"③其实，"被讲的言词"或"讲话中的言词"之间是互相转换的。因为"讲话中的言词"往往不断地沉淀为"被讲的言词"，而且"讲话中的言词"由于内涵了"被讲的言词"，它也就引入了他者或差异，因此不可能

————————

　　① 鹫田清一. 梅洛-庞蒂：认识论的割断. 石家庄：河北教育出版社，2001：162.

　　② Mark Garner. Language：An Ecological View. Peter Lang AG. Bern：Eruopean Academic Publishers，2004：33.

　　③ 梅洛-庞蒂. 世界的散文. 杨大春译. 北京：商务印书馆，2005：12—13.

存在对"已经存在着的含义的单纯邀请"。

译者和原文/作者之间存在着一种"共谋"的关系，或者是一种属于表达着的语言的"耦合"关系。这是一种身体处境的耦合或遭遇。诚如梅洛-庞蒂所言："阅读是我的言语的自命不凡的、不可触知的躯体和作者言语的自命不凡的、不可触知的躯体之间的一种遭遇。"① 在译者拥有原文之前即拥有自己的语言，译者在"书写"或翻译原文之时，即将自己（的语言或躯体）摄入书写中。原语与译语之间，原作者和译者之间，既是语言间性的遭遇，又是两个主体间的遭遇，更是原文与译者处境中涵摄诸多暴力运动的遭遇。

如果可以说译语是对原语的表现或再现，那么我们也可以说，原语表现或再现了译语。本雅明就曾说："原作和译文通过可译性紧密相连。"② 原语和译语彼此在翻译中成为印证对方的对象。这就是梅洛-庞蒂所说的语言"使自己被书写。""因为我们自己身上配置了一种奇特的表达器官，它不仅能够根据已经接受的用法解释词语，依据已经熟悉的程序解释书的技巧，而且可以使自己被改写，使自己通过书面获得新的器官。"③

若其所然，认为翻译中译者是在纯粹地书写或翻译原文，就不仅不符合翻译的实际情况，而且也不符合译者作为人类存在的实际情况，因为只有机器可以非常纯粹地翻译原文。美国译论家道格拉斯·罗宾逊针对传统译论中的译者观指出："译者不是一个纯粹的'人'，而应该是具有个人体验、个人欲望以及个人偏爱的人。"④ 事实上，我们对原文的翻译不仅是对原文的书写，也是译者对自己的翻译。译者把自己投射给他人（原文/作者），再将他人引入自我中，原文与译语之间的对话就如同两个拔河的运动员之

---

① 梅洛-庞蒂. 世界的散文. 杨大春译. 北京：商务印书馆，2005：13.

② 本雅明. 翻译者的任务. 中国比较文学，1999：1.

③ 梅洛-庞蒂. 世界的散文. 杨大春译. 北京：商务印书馆，2005：14.

④ Douglas Robinson, The Translator's Turn. Baltimore：Johns Hopkins University Press，1991：203.

间的竞争。总之，"作家只能通过语言的运用而不是在语言之外才觉得到达事物本身"①。译者何尝不如此。他只能通过运用自己的目标语言而不是在目标语之外去达到原文本身。因此，可以说，翻译首先是译者自我的翻译。

至此，我们可以说，译者如果绝对地忠实于无遗漏地说出一切的愿望，那么，他就完不成任何东西的翻译。只有当他放弃"无损失翻译"的幻想，他才能成就翻译的任务。梅洛-庞蒂在《符号》中说过这样的话："一件完成的作品不一定是完美的，一件完美的作品不一定已经完成。因此，完成的作品不是如同一个物体那样自为存在的作品，而是到达它的观众，使观众再现创作它的动作的作品。"② 这一说法也重复地出现在他喜欢的作家马拉美的口里："如果他始终坚定地忠实于他说出一切的愿望，那么就不会有任何东西出自他的笔下；他只有放弃大书才能够写出他的那些小书，或毋宁说大书只能以复数的形式被写成。"③

如果沉默和表达是语言之两面，那么，翻译不仅是非常必要的，而且也是非常不可能的（就忠实观而言），这就是翻译存在的悖论。我们常常把语言与解放联系在一起。梅洛-庞蒂就有一句说明语言力量的比喻：言语"最终使隐藏在花束中的女人显现和释放禁锢在事物中的意义"④。其实"解放者"或"释放者"等用语都存在着"遮蔽"与"压抑"的一端。本雅明在论述翻译的作用时就把它称为"火"：

　　　　意义一直隐藏在语言之中。这些语言就以这样的方式继续发展着直到其生命的最后关头，正是翻译点燃了原作永恒生命和语言不断更新之火。翻译将语言的神圣发展置于这样

---

① 梅洛-庞蒂. 世界的散文. 杨大春译. 北京：商务印书馆，2005：14.
② 梅洛-庞蒂. 符号. 姜志辉译. 北京：商务印书馆，2003：61.
③ 梅洛-庞蒂. 世界的散文. 杨大春译. 北京：商务印书馆，2005：126.
④ 梅洛-庞蒂. 符号. 姜志辉译. 北京：商务印书馆，2003：53.

的考验中：它们隐藏的意义离揭示之时有多远，对这遥远距离的了解又能将揭示意义之时缩短多少？[①]

可见，翻译之火不仅能点燃原作之生命，还能在读者与原文之间架起一条便捷的桥梁，缩短读者与原文之间遥远的距离。梅洛-庞蒂根据他有关语言和沉默彼此交错的主张，提出了一切理解的深度都是"在其现在的深度中"、一切现在的表达或翻译都是现在时的综合、绝不是过去时的自在自为的综合的主张。他认为，这种综合是"同一时间并且在同一种关系下存在和认识，是其所认识，认识其所是，保持与克服，实现与摧毁"[②]。任何原文翻译，尤其是文学作品的翻译，对于译者而言，或多或少要在译者的认知水平或认知场域限制下，与译者保持在同一时间内。尽管译者可以超越自身的存在限制，譬如履行他的忠实承诺，但他却无法使那些构成自己存在的诸要素保持沉默，他必须使原文与自己处在同一种关系下，而这种关系就是梅洛-庞蒂所言："是其所认识，认识其所是"，同时也是光与影、敞亮与遮蔽、显现与遁失的统一，或者说是实现与破坏的辩证统一。再用梅洛-庞蒂的话，这种统一"乃是它不再是的东西的深度，这乃是过去的深度，而真实的思想并不产生深度，它不过是通过过去这一事实或者通过时间的过度来进入到深度中"[③]。这种深度既属于过去，又属于现在，或者它既不属于过去，又不属于现在。它是对沉默的言说，或者是对语言的言说，或者语言通过言说来思考。就如我们与其说是在思考莎士比亚，倒不如说是莎士比亚通过我们在思考，通过我们思考的莎士比亚是一种过去和现在的统一，彼此达到的都是一种现在的深度。任何语言都具有表达和沉默的两重性。语言通过它说出的东西，也通过它没有说出的东西表达意思。语言由光来

---

① 本雅明. 翻译者的任务. 中国比较文学，1999：1.
② 梅洛-庞蒂. 世界的散文. 杨大春译. 北京：商务印书馆，2005：125.
③ 梅洛-庞蒂. 世界的散文. 杨大春译. 北京：商务印书馆，2005：125.

表达，同时也让暗影俯伏于其侧。语言如此，一切文化现象都是如此。这就是有些时候，两个类似的透明的文化体系反而无法彼此识别对方的缘故。在此，我们需要记住梅洛-庞蒂如下的话：

> 文化不给予我们绝对透明的意义，意义的发生没有完成。我们只是在确定我们的知识之时间的符号背景中，沉思我们有充分理由称之为我们的真理的东西。我们仅仅与符号的结构打交道，而符号的意义不能单独地被确定，并且只不过是符号相互包含，相互区分的方式——除非我们从一种含糊的相对主义中得到忧郁的安慰，因为这些方法中的任何一个方法确实是一个真理，将在未来更广义的真理中得救①。

在翻译中，译者要敢于承认那些未被翻译或无法翻译的部分，敢于承认我们无法做到忠实的事实。梅洛-庞蒂的语言现象学要我们增强对于身体、沉默、偶然、处境的意识，同时，承认译者主体性，就必须承认译者的躯体性。就如同爱一个人，不仅仅是单纯的精神在爱，也同时是躯体在爱。躯体和精神是同时在场的。承认语言的沉默和表达以及沉默在表达中生成的必要性，抑或可以说，原文与译文之间既不是原初的，也不是派生的，而是沉默与表达的间性生成。任何译者都属于一个"被预先构成"的世界，属于一个"被讲的言词"的世界。但是，这一切唯有在译者的现在时间维度中才能得以综合或保持。在翻译研究中，我们往往忽略译者的现在时间维度，其根本原因就在于：首先，我们把译者视为超时间性的存在，不承认译者"必须说出来的不过是他们体验到的东西对于已经被说出来的东西的超出"②。其次，我们把译者视为径达原文这个目标的手段，其本身连同构成他的诸要素，要么成为为原文有用的工具，要么成为原文的障碍而被扬弃。把

---

① 梅洛-庞蒂. 符号. 姜志辉译. 北京：商务印书馆，2003：49.
② 梅洛-庞蒂. 世界的散文. 杨大春译. 北京：商务印书馆，2005：129.

现在时间维度引入译者翻译时的处境中，无疑承认了躯体感受或情感反应在翻译中的作用，因为人的躯体总是处于现时的时空场域之中的。其中，译者与原文的关系是一种"共谋"，译文意义是其结果，这就如梅洛-庞蒂所言：

> 　　就像被知觉的事物一样，它们只能借助于背景的共谋才能被界定和划定范围，它们同等地预设了阴影和光明。我们甚至不应该说目的在此种情形下规定了手段，这些目的只是手段的共同形式而非其他，目的是每日手段的整体意义，而手段是这一意义的暂时的形象。甚至那些最纯粹的真理也以边缘性的视点为前提，也不完全处于清晰视觉的中心，它们的意义也要归功于沉淀和语言在它们周围设置的视域①。

　　阅读、理解或阐释永远不是单一的、透明的。被我们思考的或被我们视为有意味的一切，总是切肤于或具身于我们的存在领域。因此，我们不能因为被思考的对象是否为我们所有，就把它确定为外在于我自己或把它确定为内在于我自己的东西。若以此为条件来定界对象，我们就必然地再次把对象假定为是纯粹客观的和纯粹主观的两级。梅洛-庞蒂对此现象的分析，仍然有效地使用了他的光和阴影这两个可区分性概念。

> 　　被知觉的世界只为事物间的各种反映、各种阴影、各种层次和各种视域所维系，这些维系者既非事物，也绝非什么都不是，相反地，它们只是限定了同一事物和同一世界中可能的变化的范围。同样，一个哲学家的作品和思想也是由被讲述的各种东西间的一些关联构成的。从这些关联的角度看，不存在客观解释和任意解释的两难，因为它们不是思想的对象；因为作为阴影和反映，人们在把它们提供给分析性评介

---

① 梅洛-庞蒂. 世界的散文. 杨大春译. 北京：商务印书馆，2005：130.

和孤立的思想时瓦解了它们；人们只能通过重新思考它们，才能忠实于它们，才能重新发现它们①。

在撤除对象性思维的对立之后，梅洛-庞蒂给视域场提供了更加灵活的运动空间。依据梅洛-庞蒂的思路，一个译者的应有作用抑或是：不是去追逐先前的那些表达活动，不是去简单地延续之或取消之，而是，因为它们包含了某种真理，于是去拯救之，保留之，重新把握之。译者的表达活动是一种延长了刚刚到期的条约。意义的运动总是一种位置的运动，在它的运动过程中，只要被感觉到的东西来自同一事物，和这一事物所处的同一世界中，那么处于同一世界中的译者就总是在个人生活中为其做好了充分的准备。梅洛-庞蒂在他的《哲学赞词》指出：

> 与其说是中断，毋宁说是延续与永恒：即翻译的运动所中断的是"原初的统一性"，然而延续着的却是世界以及世界的历史得以产生。
> ……
> 正是在我的现在的核心中我找到了已经先行的东西的意义，我发觉了从什么着手来理解在同一世界中的他人的在场，而且，正是在言语实践本身中我学会了去理解②。

---

① 梅洛-庞蒂. 哲学赞词. 杨大春译. 北京：商务印书馆，2000：142.
② 梅洛-庞蒂. 哲学赞词. 杨大春译. 北京：商务印书馆，2000：61-17.

第九章　解构 ——一种非确定性的确定性及对翻译的思考[①]

　　解构是一种策略，也是一种认识论。作为一种策略，它将怀疑与建构一同带入了原文之中。作为一种认识论，它把意义之生成变成一种涵纳他者的共现观与无限延迟的运动观。就翻译而言，翻译既然总是包含转换、运动、移译，那么不确定性就是它的一个合乎逻辑的后果，解构主义的使命使我们意识到这点。

　　梅洛-庞蒂认为"言语具有一种开放的和不确定的含义能力，即同时领会和传递一种意义的能力"[②]。我们就是依靠这种能力，向着新的行为、新的意义和他人超越的。就翻译而言，我们正是通过翻译使语言或意义发生自为—为我的改变来实现操纵语言文本。每一次翻译都是新意义的创造，它改变了原文作者或原文读者意图中单一而固定的意义。译者是创造者，翻译文本是一种意义创造活动。因此，文本的定义是由译文决定的，也是由译文或译者赋予其意义的。

　　我们可以把这些话可以纳入"解构"的一般意义中去理解，从中引出的许多观点无疑是与法国哲学家德里达的解构主义相一致的。德里达在《巴别塔》中讨论了雅各布森在《论翻译》中提

---

　　① 该章主体内容以"解构：一种非确定性的确定性及对翻译的思考"为题名，署名冯文坤，发表于《当代文坛》，2014：5 期。
　　② 杨大春. 感性的诗学：梅洛·庞蒂与法国哲学主流. 北京：人民出版社，2005：313.

出的翻译三分法，尤其对他的"正确翻译"这一术语提出了批判。[①] 他认为，如果有"正确翻译"，就一定有未经巴别塔污染过的清澈透明之状态，也就不可能有一种语言对另一种语言的翻译。可恰恰又是翻译使巴别塔故事之传播有了可能，因此，翻译是必然的又是不可能的，是分崩离析又是建构。在德里达看来，该术语的意指稳定地存在于某个唯一确定的地方，译者之目的就是发现它，并还原原文作者的意图。然而，凭文字实现的传达，意味作者从"在场"中隐匿，因此无法准确地解释其"意图"。"正确"一词往往与"等值"、"忠实"同义。"正确翻译"预设了文字之内部拥有真正的意义与意图。解构主义就是要打破人们执着于任何稳定意义的幻觉，否认语言是说话人思想的透明符号。

因此，在批判本质主义的所有形式时，解构主义自然把翻译视为一种变异形式看待，不是将它视为意义的迁移形式。德立达坚持寻找主流话语中的"剩余物"，寻找翻译过程中被压抑的潜在意义。他既采取一切"说"是对"听"的"说"的向后看的立场，同时主张让"此在"之"说"向无限的未来敞开，从而为存在打开大门。同样，我们的翻译总是依赖于对存在的理解，只能在对存在的理解中推动意义向前。我们所理解的符号是为"此在"而"在"的符号，而"此在"是认知主体的场域，没有认知主体的确立，认知是无法展开的。

德里达认为任何表达的传统观念都有一种形而上学的理想性，但这种理想性是一种堕落或世俗化的形式。"这种理想性因为不是从天而降的在者，那根源就永远是在者的创造性活动的重复的可能性。为了使这种重复的可能性能够理想化地向无限开放，就必须有一种理想的形式来保证这种不确定性和理想化的统一。"[②] 德里达把这种"保证"给予了"现在"，正是"现在"或"活生生的

---

① Jacques Derrida. "Des Tours de Babel" in J. F. Graham, ed. Difference in Translation. Ithaca NY: Cornell University Press. 1985: 165- 207.

② 雅克·德里达. 声音与现象. 杜小真译. 北京: 商务印书馆, 2002: 5.

现在的在场"保证了"重复的可能性"向无限开放。符号是既重复的，又是在场的，"在场性"决定了对符号的创造性理解。譬如，"demise"这个英语单词可以表示"死亡"、"禅让"、"转让"、"遗赠"、"终止"等意。这些意思都蕴含了"死亡"这个基本含义，但我们却不能把它直接译成死亡。同时，这个词将"生"/"死"，"开始"/"终结"乃至"因"/"果"涵摄在一起，它们看似彼此矛盾，却又彼此关联。冯文坤在《翻译与翻译之存在》一书中曾用这个词来揭示翻译之本质：

> 原文与译文之间的关系以及源语世界与译语世界之间的关系涵摄了"demise"的语义效果。翻译的过程内涵了"转移"的运动性和"（再）生产性"。这个过程也就是作者与译者、原文世界与译文世界彼此让与、授予和遗赠的过程。这个过程中，没有原文的局部死亡，就不会有它在译语世界中的新生[①]。

我们还可以借此得出"Translation is drawn upon demise that incurs upon death or partial death"这个结论。换言之，原文被译成目标语文本必然导致原文的死亡或变异，即"source text is drawn upon demise that incurs upon the death or partial death of target text"。目标语文本类似于遗赠接受者，原文类似于遗赠者。遗赠者首先让自己本身在空间和意图上成为"缺席者"，并淡出自己的本质主义而迈向建构主义。这是"不在场"与"在场"的关系，是遗赠者与译者的活生生的现实的在场之间的关系。前者在重复中实现对在场的控制，后者保证了前者被不断"重复的可能性"，从而把后者变成缺席的在场。

德里达认为任何表达之形而上学都是一种堕落或世俗化的形式。这意味着表达中的形而上学或意义是一种本地化形式，这是

---

① 冯文坤. 翻译与翻译之存在. 成都：四川人民出版社，2009：12.

一种对理想或纯粹的睿智否定。当理想化的运动得到保证时，无限地开始重复的东西或在重复中开始的东西就是某种"存在者"对于死亡的某种关系。如同"demise"所涵摄的"遗赠者"和"受赠者"的关系那样。意义的源泉总是被规定为一种生命的活动，它尽管堕落但却充满生意，因为这种被规定的在场通过"在者"把自己的活力的火源衍射到不在场之中。一切被赋意的存在都是世俗生命与先验生命的统一。而这种统一的中项就是"在场与不在场这个游戏间的语言"。

在探讨普通语言和现象学语言之间的关系时，德里达对本质主义向建构主义下滑表现出自信："在普通语言（或传统形而上学语言）和现象学语言之间，尽管加以防范、加注解和引号、语句翻新、改造，它们的联系还是没有中断。把一种传统的观念改造成为表述的或隐喻的关系，这并没有消除两者间的承继关系。"① 任何语言，包括形而上学语言，都不可能自由地在真理中发挥作用而不被实在的境况所改变。这在用异乡人的语言完成对他者文化的表达中是经常发生的事情。比如人在自我文化中获得语言以及使用语言的方式，他亦同时获得语言所赋予的关于自我和世界的知识和阈限，并且必然将把它们带入对他者文化的理解之中。因此可说，外来作品的意义就是它在目标语中的使用。就汉语而言，它的生命、精神与风格必定是由中国文化的在场性给予的。胡塞尔告诉我们："符号的身体是由意指内容赋予生命的，恰如一个身体只有在为精神所占据时才是真正的身体。"② 我们在翻译中首先见到的是源语文本的身体，继而用目标语实现对身体的赋意，让身体为新的精神所占据。"符号的身体"引出符号与对象的可能关系，但这种可能关系却在运动之中遭遇弱化或被掩饰，从而让身体被"现在"的精神所填满。可见，词的意义是在表达中实现的，

---

① 雅克·德里达. 声音与现象. 杜小真译. 北京：商务印书馆，2002：10.

② Jacques Derrida. Margins of Philosophy. trans. Chicago：The University of Chicago Press，1982：3-4.

是在表达的立场中"生成"的。这也是德里达的现象学语言符号观的"踪迹"问题，即"在打算还原或恢复意义之前，应当提出意义及其在差异中的本原问题。这便是踪迹问题的地位"①。至此，我们不难理解德里达对胡塞尔等人主张的以意义的在场为前提、符号的任务就是恢复意义的在场的工具符号观的拒绝。他质疑道：

> 人们宣称：要在一种本体论中给意义以地位，基本或局部的地位。这是传统步骤所在。人们要把符号强加给真理，把语言强加给存在，把言语强加给思维，把书写强加给言语。说可能有一般符号的真理，难道不是在假设符号不是真理的可能性，符号并不构成真理，而只是赋予真理所标记或回溯到真理吗？因为，如果符号是以某种方式先于人们称作真理或本质的东西的话，那谈论真理或符号的本质就没有任何意义②。

在德里达那里，符号既不是本体论，亦不是工具。意义之落实是痕迹在差别中的运动。意义恰如女人的迷你裙。在德里达眼里，意义永远处于完成的期待之中。它解构他者，也解构自身，恰如"A"[La differance]进入差异[La difference]之中而成为"延异"。但若问"延异"是什么？延异动摇的正是"是什么"之"是"，即存在的统治。德里达的延异观质问的正是存在者整体的存在之"是"。

任何翻译都回避不了对差异性的理解，因为任何差异都混入了"A"。"A"就是这种相对于主动性和被动性来说的不确定性，但它又不能被这两个对立的立场所支配，因为任何翻译都必然是这二者的有机结合。在德里达关于翻译的解构追踪运动中，每一

---

① 雅克·德里达. 论文字学. 汪堂家译. 上海：上海译文出版社，1999：78.
② 雅克·德里达. 论文字学. 汪堂家译. 上海：上海译文出版社，1999：78，30.

个翻译符号之内就存有其他符号的痕迹。假如在汉语内部我们问"意义"这个词是作为什么的能指符号，若回答"意义"这个单词的"意义"是"意义"或意义的意义，如此一来，我们则认为"意义"这个语符是毫无意义的，因为它没有指向自身之外，它把能指与所指变成自身的合一，因此无法看到它背后所指的确定性在场。用德里达的话，就是没有获得"形而上学的堕落形式"。意义本身不在场，符号意义的终极阐释始终是缺席的。正是这种缺席的在场，使得意义必须不断地延异。

对意义延异的不断追问，在德里达看来，就是解构，就是翻译，它也必然可以被另一种语言所替代。意义要找到自己的居所，要成为有别于自身的那个叫做意义的东西，就得等着被说出。翻译无法将一个预设的意义完全表达。一篇译文便是一种约定俗成的追踪运动。在这个追踪运动中，每一个语言符号之内就存有其他符号的踪迹。我们在德立达早年对柏拉图作品翻译的分析中已经看到这一点。德里达指出，希腊词"pharmakon"在法语中可译为"remede"（治疗），也可译为"poison"（毒药），但不能同时译为"治疗"和"毒药"。医学术语的模棱性以及对身体具有治愈与毒害的矛盾二重性可见一斑。这不仅说明由希腊词语译成法语词是一个问题，由希腊日常语译成希腊哲学话语依然是一个问题。德里达的解构所关注的问题正是语言的多样性。语言的多样性是思想的资源，也是思想的限制，更是对翻译发出的呼唤和挑战。翻译使语言的多样性特征丧失，因为任何翻译都只能把它翻成一种语言。进而言之，我们无法在一种语言的内部去完成语言的多样性翻译，因此对翻译的呼唤就更加迫切。德立达对翻译的关注，其用意在于更有效地探索如何释放语言中的多义性、异质性以及语义上的丰瞻性。他表达语言的这种多义性并经常被人引用的法语短语是"plus d'une langue"，可译为"一种语言以上"：

如果要我给"解构"下个定义的话，我可能会说"一种语言以上"。哪里有"一种语言以上"的体验，哪里就存在着解构。世界上存在着一种以上的语言，而一种语言内部也存在着一种以上的语言。这种语言多样性正是解构所专注与关切的东西①。

　　哪里有"一种语言以上"，哪里就有"解构"。从一种语言到另一种语言"从不存在纯粹的差异，翻译也是如此。在一种语言与另一种之间或之内，我们将不会，事实上也从不传递过纯粹的所指，所指的手段只留下未触摸的处女地"②。翻译不仅要推翻能指与所指之间的对应，而是要建立一种被忽略了的链接。在"中心"、"印迹"、"播撒"之间，拓展所指的范围，从而推翻传统的翻译等值观。

　　德里达认为，西方哲学几千年的努力就在于寻找"唯一语言"，就在于建构"通天塔"，就在于用"在场"、"逻各斯"、"本质"来照亮人类的思想世界。"解构"就是要和"唯一语言"抗争。德里达通过"延异"、"播撒"、"解放"的书写方式，意味着他与一切体现为形而上学的理想形式和传统的透明翻译观进行决裂，从而让语言的异质解放出来。就如克拉底鲁让"aletheia"这一语词从单义中解放出来，同时意指"真理"和"神圣的漫游"这两个意思。以及，汉语中的"月亮"不仅代表一个天体的变化现象，在国人意念中还与"中秋"、"嫦娥"、"故乡"融为一体，甚至一个民族的浪漫、和谐、心曲、悲欢离合的情怀都书写在月亮上。世界中的人们"看"月亮，是一样的看，但人们"看到"的月亮，却不是一样的。"看"是知觉的"看"，而"看到"的月亮，却是个性化的"看"。前者是看者与月亮之间的一种对象性存在，后者是人与月亮由分离再经过彼此赋义而重新统一在一起的"看"。人活在世界上觉得有意义，在于他能发现若干我可以为之赋义的事物。这使我们想起梅洛-庞蒂在《间接的语言和沉默的声音》的话：

---

　　①　雅克·德里达. 论文字学. 汪堂家译. 上海译文出版社，1999：22.
　　②　Jacques Derrida. Positions. trans. Alan bass. Chicago：University of Chicago Press，1981：4.

如果我们把一个原文——我们的语言也许是它的译本或编码本——的概念逐出我们的灵魂，那么我们将看到，完整表达的概念是无意义的，任何语言都是间接的或暗示的，也可以说是沉默。意义与言语的关系不再可能是我们始终看到的这种逐点对应①。

德里达的"延异"概念将意义拟定在运动之中。意义是一个居间的事件，总是充溢"在……之间"。"一种语言以上"不仅是世界与另一个自我之间的转化，更是意义与表达、表达与再表达之间含意的交融和相互转变。德里达从"一种语言以上"的本体论中道出了翻译不等于某种透明的交流。德里达在谈到《书写与差异》一书的汉语翻译时说道：

> 我确信，作为一本书的汉语译本，以我的这本书为例，将不仅仅是首先在法语中获得了形体的某种内容向汉语形体的转移。它也将会是汉语形体的一种转型，从某种角度上说，它会变成了一本书。即便最忠实原作的翻译也是无限地远离原著、无限地区别于原著的②。

"一种语言以上"注定了文本的命运，注定了原作抑或是同一，更是另一个我本人无法追随其命运的他者。德里达把一种更大的合法性赋予了翻译：翻译应当是去写具有另一种命运的其他文本。原文必须遭遇从囚禁的沉默到发声的自由的历程，而对沉默地说出总是"在一种使一切客观化的语言中进行的"，只要被说出，语言自身就参与了客观化的显形。

按照德里达的看法，恰恰是词语意义的多样性和语言的局限

---

① 梅洛-庞蒂. 符号. 姜志辉译. 北京：商务印书馆，2003：51.
② 德里达. 书写与差异. 张宁译. 北京：生活·读书·新知三联书店，2001：25.

性成就了翻译的必然性以及创造性翻译的必要性。譬如，汉语语境中"月亮"一词如何漫游到英语语境之中，从而保留或释放它的意义多样性或如何让"他者"的体验在译文中"出场"。唐代女诗人薛涛写有《月》一诗，有"魄依钩样小，/扇逐汉机团。/细影将园质，/人间几处看"几句诗行。明代钟惺在《名媛诗归》中评论该诗说："细语幽响，故故向人，而含吐不欲自尽。"对该诗的翻译，对中外译者都是一个巨大的挑战。美国当代诗人托尼·巴恩斯通的译文是：

——Moon——
Its spirit leans like a thin hook
or opens round like a Han-loom fan,
slender shadow whose nature is to be full,
seen everywhere in the human world. [Tony Barnstone and Zhou Ping]①

原诗是一首咏月伤怀之作，但诗中没有出现"月亮"一词。它的意义含而不露，但又弥漫在字里行间。译文中一样没有出现"Moon"一词。译者用两个"like"将原诗的隐喻变成明喻，力求做到形意结合，以形写意的诗学效果，凸显月亮所代表的"人生的圆满"、"渴盼"以及"思亲"等含意。但译者把"人间几处看"译为"seen everywhere in the human world"，将诗人表达"人间几处幽情存，又有几缕情常在"的幽怨情愫处理为"万千江水月明中"的人间大同情怀。原诗"含吐不欲自尽"的疑惑和徘徊在译诗中变成一种跨越时空的"江花共月只相同"的肯定性情怀。译诗的忠实依然是一个"to be or not to be"的问题，同时又是一个"那又如何"的问题。可以说，译者站在"一种语言以上"的

---

① Tony Barnstone，chou Ping. The Anchor Book of Chinese Poetry. New York：Knopf Doubleday Publishing Group，2010：247.

边际立场上，又同时释放了自我单语主体内的文化价值观。正如德里达所言："首先是因为翻译就是那在多种文化、多种民族之间，因此也是在边界处所发生的东西。"① 既然我们的语言内部存在着一些内部翻译的问题，也存在着一些意义无法确定的词，我们就会更加有理由去接受德里达的翻译观——即"翻译应当是去写具有另一种命运的其他文本"。

就此而言，原文与译文之间总是相遇和相离，相似又相异。要在翻译中寻求"中心"，只能是通过"一种语言以上"的多次命名进入存在，却又因命名而丧失存在。语言是存在之家，但这个家会变成游子们怀旧思远的故土。语言之家总是保持着它远在他方的那个距离。庄子《齐物论》中讲："其分也，成也；其成也，毁也。凡物无成与毁，复通为一。""分"意味着"在场"的"缺席"，"毁"意味着"缺席"的"在场"。文字一旦写下，总在背景上留下语言之幽暗和间歇。被寻找的足迹如幽灵一般在空间上来无影去无踪，在场又不在场。正所谓北宋大书法家黄庭坚《清平乐·晚春》诗曰："春归何处，寂寞无行路。若有人知春去处，唤取归来同住。春无踪迹谁知？除非问起黄鹂。百啭无人能解，因风吹过蔷薇。""春无踪迹"，但闻百啭莺啼的黄鹂歌声，那是"晚春"留下的印痕，更是对春的挽留、吁请和替代。诗人明写春之将去，虚写春之无处不在。徐忠杰先生将此诗译为：

Spring has somehow gone! /But where? It has left no track behind. /It is neither here nor there. /Loneliness is what we find. /If someone knows the right way. /Call spring back with us to stay. /Without a trace, Spring has left. /In nightingales, the clue lies. /But who understands their

---

① 德里达. 书写与差异. 张宁译. 北京：生活·读书·新知三联书店，2001：25.

trills? /Past the rose beds，there it flies!①

　　译者刻意寻找诗中的确定意义，如用"Loneliness is what we find"确定译诗的调子，以及使用了"gone"，"no"，"neither"，"nor"，"without"，"off"等否定性词语，使原诗识春、惜春、挽留和寻觅春天的内隐主题在译诗中消失。

　　梅洛-庞蒂谈到人的知觉的意义时，认为知觉的某物总是在其他物体中间，它始终是"场"的一个部分，"是"总是从"彼"中见出，事物的意义总是显现在环境之中。他更是敏锐地把事物的意义交给了语言的"表达价值"：

> 　　我们应该把未确定的东西当作一种肯定的现象。性质就显现在这个环境里。性质所包含的意义是一种模棱两可的意义，与其说问题涉及一种逻辑意义，还不如说涉及一种表达价值。……与其说性质揭示了主体，还不如说掩盖了主体性②。

　　梅洛-庞蒂把意义交给远离原初（在场）的"表达价值"，与德里达把意义赋予延异的持续运动且留下意义之印痕的"一种语言以上"是惊人的一致。他们都肯定了中心的非在场性和单一性的虚妄。与梅洛-庞蒂对意义构成的共现观相比，德里达则将原文之意义无限地推迟或用"印痕"取代原文之意义。他的"一种语言以上"的语言多元观，不仅动摇了翻译的确定性基础，而且赋予翻译的独立创造性在认识论上的合法性；不仅向我们指出了原文在抗拒翻译的地方召唤翻译的悖论，而且也向我们指出翻译的巨大困惑与独特魅力：

---

　　① 徐忠杰选译. 词百首英译. 北京：北京语言学院出版社，1986：63-64.
　　② 德里达. 书写与差异. 张宁译. 北京：生活·读书·新知三联书店，2001：27.

　　但悖论的是，正是那种抗拒翻译的东西在召唤翻译。也就是说译者正是在他发现了某种限制的地方，在他发现了翻译之困难的地方，才会产生翻译的欲望，就好像是"文本""欲求"被翻译一样，同时他必须为了翻译而对他自己的语言进行转化。翻译可以说是一种对接受语言的转化①。

　　"翻译是一种对接受语言的转化"，暗示出翻译也是一种自我语言的翻译与转化。在他看来，意义不能封闭在符号里，因为意义被封闭在符号里就无法下定义。下定义就是翻译。要下定义的话，就必须打开符号封闭体，以未封闭的东西作为参照物，这就是符号的可复制性或可译性。而"可译性"特征正是一切伟大的源语作品所具有的，是确保伟大的源语文本的经典化、生产性的充分性条件。这种可译性借助于"一种语言以上"的翻译获得。

　　因此可以认为，德里达的"一种语言以上"的意义观，肯定了许多文本的解读方法都是一种"前文本的解读"。文本内部的"可译性"、"文本的再生产性"以及"意义的幽灵"给翻译带来的变异元项意味着一个文本永远都不可能得到一个令人满意的结果，亦永远不可能有一个确定性的唯一翻译与诠释。诚如法国文艺理论家和批评家茨维坦·托多罗夫所言："作者带去词语，而由读者带去意义。"② 也许解构主义要人们记住的是：翻译既然总是包含了转换、运动、移译，那么不确定性就是它的一个合乎逻辑的后果，解构主义的使命就是使译者意识到这点。

---

　　① 德里达. 书写与差异. 张宁译. 北京：生活·读书·新知三联书店，2001：24.

　　② 安贝托·艾柯. 诠释与过度诠释. 王宇根译. 北京：生活·读书·新知三联书店，2005：109.

第十章　直接处理与含混的诗学观
——论埃兹拉·庞德的诗学观

　　1913 年 3 月，庞德和弗林特在当月《诗刊》上合发的《意象主义》和独立撰写的《意象主义者的几个"不"》这两篇文章里，正式提出了意象主义运动的诗学纲要并将其公之于世：（1）直接处理"事物"，无论是主观的还是客观的。（2）绝对不使用任何无益于呈现的抽象之词。（3）至于节奏，用音乐性短句的反复演奏，而不是用节拍器反复演奏来进行①。这三条原则构成了庞德所谓"意象"的基本含义。其中"直接处理事物"的原则更是居于原则之首，最集中体现了作者关于诗人/诗歌与世界、语言的关系。1914 年 9 月，庞德在《漩涡主义》一文中指出："意象并非一个意念。它是一个能量辐射的中心或者集束—— 我只能称之为漩涡。意念不断地涌进、涌过、涌出这个漩涡。"② 1915 年 1 月，庞德在《关于意象主义》一文中再次对"意象"作了描述："意象不仅仅是一个意念。意象是一个熔合在一起的意念的漩涡或者集合，充满着能量。"庞德在该文中还指出：意象既可以是客观的，也可以是主观的，是一个"展现了顷刻间理智与情感交融的一个情结"③。这

---

① 弗林特. 意象主义. 裘小龙译. 桂林：漓江出版社，1990：150.

② Pound. "Vorticism". Gaudier - Brzeska：A Memoir. New York：New Directions，1970：92.

③ Pound. "A Retrospect". Reprinted in Kolocotroni et al. 1918：372-374.

些基本用语构成了庞德本人对意象的理解和基本描述。

　　庞德的意象主义诗学声明给 20 世纪初期死气沉沉的诗坛带来了一股春雨般的活力，但也引起了批评界的强热反应。有些批评家抓住他"直接处理'事物'"这一点，抨击意象主义所声言的客观性，认为"意象主义者对于意象的选择和并置本身就包含了诗人的主观因素"①，因为任何客观意象必然经过观者主观的筛选，当然不是绝对客观的了，而是被知觉的"物"或知觉之中的"物"。其实，透过庞德对意象的描述，我们发现他提出了一种模糊认知方式的诗学主张：那就是主客的含混性存在。这可以从庞德关于意象的描述语词中看出：语词不能遮蔽呈现，直接处理"事物"；意象不是意念的简单载体，而是一个"展现了顷刻间理智与情感交融的一个综合情结"；意象不是主观的，也不是客观的；意象是一种"集合"或"漩涡"而且"充满着能量"。庞德这些关于意象主义诗学效果的描述可以用一句话予以表述：情感的物化和物（自然）的灵化或情感化，它们在意象中实现统一和互相涵摄。庞德被称为意象客观主义者，是对他的一种误读，是在欧洲主体思维中对他作出的非此即彼的定位，他的"客观"绝非批评家们所说的"绝对客观"。在庞德那里，客观物参与了主体的形成，是灵化了的客观物，是主体的"他者"，主观已经是物化了的主体。他的"直接处理'事物'"显示了主体意识祛中心化的诗学观，是对语言表现论、语言表征主义的扬弃，对意义、理念、本质等这些以否定具体事物为鹄的的否定思维模式的扬弃，它意在揭示世界中的每一个片段或被我们注视的每一个事物都展示了存在的无穷形象。

　　同时，庞德认识到了任何关于现象（人亦在现象中）的定义都是以否定或扬弃感性的具体存在为前提的，因此他给出的意象的定义，与其说是一个定义，毋宁说是一个存在的描述——基于他

---

　　① Korg, Jacob. "Imagism". A Companion to Twentieth-Century Poetry. Malden: Blackwell Publishing Ltd., 2001: 136.

的感受和知觉的在场的描述。他对意象的描述如同意象自身一样具有模糊性、含混性。因此有人指出："'意象'概念……在诗学理论之中被运用得最为广泛，其意义也最为模糊不清。'意象'概念被运用在太多不同的语境之中，似乎不太可能系统地、理性地将它们的用法总结出来。"① 为了进一步阐释庞德意象诗学观的意义，本文将结合现象学家梅洛-庞蒂的思想从五个方面予以揭示，它们依次为：①意义在境域之中生成；②非主题化的世界与非主体化的诗学；③意义、语言和物的统一；④理性与世界交织在一起；⑤一种存在-历史-世界的诗学。

一、庞德诗学观之一：意义在境域之中生成

意义是一个结构性概念，是在人与世界（物）的相互对照所构成的结构中生成的。现象学哲学家梅洛-庞蒂对于哲学的最大贡献就是把意义、本质、意念这些"虚无"的东西归于世界之中，置于世界之中的存在里。它们既不是先于世界或后于世界而存在，更不是躲藏在语言的背后，而是我（世界之中的我）—世界（我身体在其中的世界）—语言之间的结构性共舞，譬如知觉主体和被知觉客体之间，前言语和言说者之间，既往和现在之间。梅洛-庞蒂认为，"心灵只能通过区域和世界才能感受到心灵的到场，心灵只能通过与可见的（存在与之密切相连）的交往才能获得心灵的存在"②。"……我通过自己的身体而处于实在的世界之中，处于其他那些通过自己的身体而处于世界之中的人们中间，我相信看到他们正在知觉我所知觉的同一个世界，我相信我是那些正在看自己的世界

① Preminger，Alex.，T. V. F. Brogan. The New Princeton Encyclopedia of Poetry and Poetics. Princeton：Princeton University Press，1993：556.
② 梅洛-庞蒂. 可见的与不可见的. 罗国祥译. 北京：商务印书馆，2008：186.

的人们之中的一个。"① 换言之，意义不是黄油涂在面包上，可以由任何人将它们彼此分割开来。意义不在别处，而是在我与被注视者的可逆性交织与触碰之中，意义出现在"实践的景观之中"［"the landscape of praxis"］。② 梅洛-庞蒂在其《行为的结构》《知觉现象学》等作品中提出"具体的逻辑"［incarnated logic］、"具体的思维"［incarnated mind］、"置身于具体的境遇中"［my incarnated situation］、"以具体之方式属于这个被知觉的世界中"。"理性唯有将自身具身化从而通过诸感觉把人引向理性"。③ 在境遇之中，人与世界是一种共谋的存在："在我所看见的东西和正在看的我之间，关系不再是当下的或直面的对应，事物吸引了我的目光，我的目光触摸事物，它与事物的周遭和轮廓相贴合，在目光与事物之间，我们瞥见了一种共谋。"④

庞德在《意象主义》一文中将"直接处理'事物'"置于其诗学声明之首，并非简单地主张诗歌创作要用客观对应物来表征意念或思想观念，而是他对观念先于表征、表征是观念载体观的否定。直接被处理的"事物"，必然是被诗人知觉到的"事物"，否者便不是直接的"事物"。这不只是庞德要求一个诗人所应具有的审美直觉，而且他预知了后来被存在主义现象学家们所提出的"一切意识只能是对象物的意识"的主张。"直接处理事物"，意味着诗人要自我处身于世界之中并直接面对事物。直接面对事物，就需要对观念所具有的超越从而遮蔽客观事物自显的否定性力量予以悬置。事物被诗人注视或知觉到，意味着事物和诗人同时在场，从来不存在诗人不在场而能直接面对的事物。庞蒂在《可见

---

① 梅洛-庞蒂. 可见的与不可见的. 罗国祥译. 北京：商务印书馆，2008：66.

② Donald A. lands. The Merleau-Ponty Dictionary. British Library Cataloguing-in-Publication Data，2013：17.

③ raite de morale，1，II，xiiinO. C，t. XI：35：cited in Spinoza et ses contermporains：336.（Treatise on Ethics：57.）

④ Maurice Merleau-Ponty. The Visible and the Invisible. trans. Alphonso Lingis. Evastion：Northwestern University Press，1995：76.

的与不可见的》一书中指出："（意义）不在任何客观的地方，不过它必须被赋予一个地点，这个地点是它通过其周围与其相连的一个点，是它自己划定的一个地点。"① 与此相同，"直接处理事物"首先是指把事物还原在一个交错的时空关系当中捕捉事物的诗美，既"不要摆弄观点"，也"不要描绘"观点，而是让事物自主地"呈现"②。对此，意象派的首席理论家休姆说得更加明白："我们必须从动物的地位上来评价这个世界，抛开'真理'等玩意儿……动物与人在发明象征语言之前的状态是一样的。"③ 同样，梅洛-庞蒂在谈到动物与其空间的关系时给出具体的表述："这一空间作为动物肉体的一部分与动物自己的身体连接在一起。当动物在它所适应的这一空间中活动时，某种空间特征的旋律以连续的方式展开并且在不同的感觉器官区域中起作用。"④ 众所周知，而用动物眼睛观察世界的方法，暗示诗人应该极力排斥创作的个人化，把自己置于与物彼此观照的境域之中。

　　当然，抛开个人的主体性，不是放弃个人对意义的追求，而是让那些对我们富有意义的东西在我们处身的境域中发生，就如动物总是在其视域范围内来满足其需要一样，从而让心灵通过区域和世界的境域得到澄明，也同时让区域和世界通过心灵而得到彰显。我们不是在语言内部思考，也不是在心灵内部思考，而是在语言与心灵、心灵与世界的具体链接点（物）上进行思考的。休姆所说的"象征语言之前的状态"其实是指人和物彼此涵摄的共情状态，这是一个人与存在直接交往的状态。对此，梅洛-庞蒂在讨论勒·鲁瓦的《物质与记忆》一书时说得更清楚些：

　　　　直觉是我思的"生动的环节"，……它不仅在严格的意义

---

① 梅洛-庞蒂. 可见的与不可见的. 罗国祥译. 北京：商务印书馆，2008：281.

② 彼得·琼斯. 意象派诗选. 裘小龙译. 桂林：漓江出版社，1990：154.

③ 彼得·琼斯. 意象派诗选. 裘小龙译. 桂林：漓江出版社，1990：29.

④ 梅洛-庞蒂. 行为的结构. 杨大春，等译. 北京：商务印书馆，2005：52.

上向我提供一些我的思想，而且还提供一些在每一事物的独特方面相应思想的东西。这是对昏睡在事物中的思想的经验，只有当我的思想靠近它时才苏醒过来。《物质与记忆》的第一章中的种种著名"形象"，对于勒·鲁瓦先生来说（并且用他专有的用词来说），变成为"生存的澄明"，变成为实在的事物由于我而"闪光"并获得揭示的所在。直接经验是这样一种经验，它在我身上唤醒了这一根本现象，它将"它的对象的完整"转化为"一组生动的运作"。当已知的存在与存在符合时，这并不是它与它融合：存在对于直觉来说是真实意义上的极限，也就是说，按照勒·鲁瓦先生，是"某种内在于各阶段之连续本身中的进展状态"，是"某种可由内在比较而辨识出的渐进性质"，是系列的"一种聚合特征"①。

　　人们只有在面对一个个生动的形象时，才会使自己的存在变得澄明起来，使实在的事物因我而闪现并获得被揭示的存在。同时，"直接处理'事物'"意味着把物我、他人与自我之间都视为一种结构关系。关系中的各项只有在一方被置于当下与之相遇的正在"构成"的对象中时才能获得其意义和价值。由于这种"构成"关系重视人与物之间意义的自显性，使大地和物象能"各其性"、"自陈其意"，从而避免以主客二元对立的方式来观物应物感物。因此，梅洛-庞蒂指出："不存在任何可以摆脱呈现场，可以摆脱某种处境和某种结构的界限而被独自设想的真理。"②

---

① 梅洛-庞蒂. 哲学赞词. 杨大春译. 北京：商务印书馆，2000：13-14.
② 梅洛-庞蒂. 世界的散文. 杨大春译. 北京：商务印书馆，2005：123.

二、庞德诗学观之二：非主题化的世界 与非主体化的诗学

　　庞德主张"直接处理'事物'，而直接处理"事物"之途径是"绝对不使用任何无益于呈现的词。"这就是说，语词的使用者不能用先于物的主观意志去支配物和物之呈现，不能让陈述先于生活世界。陈述已经包含在生活世界之中，生活世界大于陈述本身，生活世界正是以它的沉默构成了表达的阴影和背景。梅洛-庞蒂对此指出：任何"被生活世界'重述的'陈述将被包括在生活世界之中，由于这种陈述意味着整个的自我理解，它们就已经被包括在生活世界中了"①。这就意味着诗人必然以一个"与物俱往"的澄明之心或眼睛面对着他的生活世界，避免把生活世界变成他的观念或主题的颜色涂料，要让生活世界在他的注视下以其自然而然的方式呈现出来。如此则生活世界和注视者之间均撤出了阻隔对方进入的墙，并向对方绽放。换言之，生活世界不被主题化则呈现出整个世界，诗人放弃自己的主体性则赢得整个生活世界。一种"被生活世界重述的陈述"是人与世界、词与物的完美统一，是我与我的视界的完美融合，同时也是主观与客观、感性经验与潜意识的融合。我们知道，由于受到伯格森、休姆等人的非理性主义哲学的影响，庞德否认了理性在意象形成过程中的先入为主或主题先行。在他看来，理性只能尽力描绘形象，而无法呼唤出意象在本能的一瞬间达到融合时所产生的巨大的美的激情，因为"描述、历史和分析只能让我们停留在相对的事物中。唯有与人、物本身打成一片，才会使我得到绝对"②。庞德认为意象是多个

---

　　①　梅洛-庞蒂. 世界的散文. 杨大春译. 北京：商务印书馆，2005：211.
　　②　伯格森. 形而上学引论. 引自伍蠡甫主编. 现代西方文论选. 上海：上海译文出版社，1983：83.

"意念的熔合"，是"一个能量辐射的中心或者集束"，是一个"不断地涌进、涌过、涌出"的充满生命力的"漩涡"，这无疑就是对这个"打成一片"的主客体融合、我与生活世界交织的最好描述。这其实可比于中国人以"林泉之心"临观万物：人不外于物而是在万物之中。正如清初廖燕在为一组秋天诗所写的题词中说："万物在秋之中，而吾人又在万物之中。"①

　　庞德主张诗人"直接处理'事物'"，强调诗人在创作时应具有非主体化倾向，为的就是使意象派诗歌保持意义的开放性，即它敞开自己，在不断召唤精确的形象的同时，不断充实自己，同时拒绝限制读者的美学体验。反之，如果诗人用自己的主体性使"物"先行主题化，那么也就意味着意义上的开放性之结束，诗歌的涵义也就此关闭。可以说，意象是将诗歌从语言逻辑的泥潭中救赎出来的唯一出路，"意象"的精确捕捉使物的存在获得主体性，它通过"唤起"形象的功能将其精确再现。这种方式客观上要求诗人回避主观自我从而实现对客体独立于观念的体验。因此，意象主义的诗学提倡的是人与物之间的相互彰显、相互交叉，这种相互交叉既不是客体，也不是主体，而意象则是主客体的链接纽带，其所实现的是一种非主题化的世界与非主体化的诗学。这或许就是为什么庞德在诗歌创作实践中主张诗人要尽量做到使我因"事物"而言说，使"事物"因我起舞。他在描述意象时所作出的既非主观的又非客观的两个否定性限制，即意象既不是客观的，又不是主观的，而是主客观的和合为一，是物我之间的共舞，构成了对传统两分法认识论中非此即彼的单一论断的怀疑和否定。

---

①　成复旺. 神与物游. 北京：中国人民大学出版社，1989：8.

三、庞德诗学观之三：诗学语言观：
意义、语言、物的统一

庞德用"直接处理'事物'"来描述他的意象主义的诗学主张，体现了他对传统语言观的否定思维的质疑和否定。传统的语言观用意义、理念、本质、客体先于语言而否定了语言。自亚里士多德以来，西方人采用逻辑推理的方式建立了基于概念（系统语言）的宇宙秩序，这种秩序认为"口说的话象征着内心体验而书面文字象征着口说的话"①。语音成为话语符号的最初生产源泉，因而与本质、真理的接近具有近水楼台的优势，从而占据了支配地位。这种抽象取义的道路无法自如地表现人与世界之间或人在世界中存在的经验，从而将整个世界困在"语言的囚笼"当中，它重视语言内部系统性，切断语言与世界之间的关系，将分析性、演绎性、推论性的语态推崇到了极端的程度，使诗歌的表现力被排挤到尴尬的境地。

庞德的意象诗学语言观力图把意义重新放入世界的存在之中，这样做的意义不亚于马克思把西方的形而上学重新放入历史之中，而非对它进行抽象的逻辑演绎或图解。人的意识是及物的，语言是及物的，思想和言语是相互依赖的。它们互为接替物，互为刺激。"不是因为思维和语言是平行的，我们才说话，而是因为我们说话，它们才是平行的。"② 现象学美学家杜夫海纳在区分语言和言语时做过这样的描述："言语是一种个别和偶然的事件，注定要受到个体有机物的影响。它的意义也依赖于个体意识的意向性。另一方面，一个确定的语言是一个积极的对象，具有相对稳定性，并且独立于个体的环境，即我们可以在词典和文法中见到的那种

———————

① 张隆溪. 道与逻各斯. 南京：江苏教育出版社，2006：41.
② 梅洛-庞蒂. 符号. 姜志辉译. 北京：商务印书馆，2003：21.

语言。"① 庞德的意象诗学语言观属于前者，是一种容纳个别和偶然事件的有机物语言。这种有机语言涵摄了我们整体—存在—于—世界中，它不能简单地被压缩为某种依附于思想而存在的东西，是我们的存在或知觉在语言中具体化的思想。这种思想重视"词与它的活生生的意义之间的关联，不是一种意义居于词之中的外部联想关联，语言也不是思维过程的一种外部伴随物，因为言语是人与存在的一种最原始的联系——意义肉身化于世界，语言在自身内部包含了更多超过观念意义的东西。"②

　　换言之，言语赋义是以一种存在的含义为前提的，不仅仅是由语词指示的，而是寓于语词之中，不可与之割裂。人与他的世界的原初关系和他在世界之中的本质居住，即现实人的生活世界，是在日常存在中被你我所体验到的生活终极视域，因此并不存在我们可以在多种语言中发现一个普遍的、一成不变的表达模式，更不存在从一种语言到另一种语言的完美翻译。梅洛-庞蒂强调我们与语言间的联系是靠我们与世界的生动体验来实现的。要理解一种语言，我们就必须理解该语言所面对的世界："为了全面掌握一种语言，必须接受该语言表达的世界，我们不能同时属于两个世界。"③ 真正的话语不仅形成一种与世界、与他者的真正的关系，它还揭示了他作为一种公开的经验的存在，以及他同时即是意义的给予者，又是意义接收者的存在。梅洛-庞蒂的现象学通过赋予属于话语自身的存在重要性而彻底地改变了语言的观念——那就是所指和能指之间存在裂痕的观点现在必须抛弃，所指是与能指的表达行为同时发生在世界的存在之中的。我们也同时必须抛弃笛卡尔式的幻想——思想在本质上是内在的和不可接近的，通过语词的沟通是次等的和偶然现象。

① Dufrenne，Mikel. Language and Philosophy. trans. Veatch. Bloomington：Indiana University Press，1963：21.

② Merleau-Ponty. The Phenomenology of Perception. trans. Colin Smith. New York：The Humanities Press，1962，p193.

③ 梅洛-庞蒂. 知觉现象学. 姜志辉译. 北京：商务印书馆，2001：244.

　　与此相同，庞德的"直接处理'事物'"和"绝对不使用任何无益于呈现的词"，就是要把语言重新放入存在之中，放入与世界的共舞之中。这一观念也体现在他对中国古诗的翻译之中。庞德对汉字的情有独钟，是他意识到汉字所实现的就是意义与事物同时兼顾，因为"几乎每一个书面汉字……不是一个既非名词，又非动词，又非形容词的东西，而是一个同时并且永远兼为所有这三种词类的东西。"① 汉字通过用物质的形象组合来隐喻非物质的复合关系，从而更好地实现了诗歌中梦寐以求的精炼，然而却同时极大丰富了诗歌的涵义。由于这些原生态的形象感的存在，无论是在描述事物的关系，还是演绎形而上的思想，对象的整体性都如同光线一样自发地向外辐射，并且相互施加影响，相互重合，从而实现了一加一大于二的效果，并以强烈的活力散发出巨大魅力。在意象诗学当中，庞德等诗人通过借助直接描写意象捕捉事物的本来面貌，让事物自由呈现诗美，从而实现向中国古典美学靠拢的目的。

四、庞德诗学观之四：理性与世界交织共舞

　　庞德通过对意象主义诗学主张的描述，思考了意义、理性、本质与事物乃至与世界的关系。在庞德那里，意义、理性、本质不是预先被给予的，它们总是在诗人（人）面对时空中的事物时准备好的，就像沸腾是在一股水里准备好的一样。所谓本质的东西既不是语言的前存在，也不是语言的后存在，更不是语言充当载体予以表征的东西。庞德所谓的意象不是主观的，也不是客观的，它是一种"集合"或"漩涡"，它"充满着能量"，是各种意念[ideas]的"熔合"，显然是排除了意义与事物二分法给人们进入世界所制造的障碍。我们的思维总是起源于某一件事或某一对象物

---

　　① 庞德. 庞德诗选：比萨诗章. 黄运特译. 桂林：漓江出版社，1998：239.

的思维，我们所感受到的意义并不是源于我们的寻找或内在于我们，而是由我们注视事物的诱因并同时由语言的运作而产生的。"因为我们的思想是对某物或对象的思想，它们本身不是乌有，它们永远是一个存在的意义。这个意义不仅是与语词相连，属于陈述和言说之物的领域，属于世界的特定的领域和存在的某种样式的意义——而且是普遍的意义。"①

　　意念必然根据被知觉的对象去实现自身，因为任何意念都不可能与自身在一起，并由自身予以完成。庞蒂曾言："思维原则上没有深度，也可以说没有深渊；这意味着思维从来不和思维本身在一起，意味着我们根据或通过被思的东西发现思维，意味着思维是开放的"②，思维是与世界含混地存在在一起的。没有一种绝对的零度意念，一个无条件的存在。即使当我们讨论虚无的时候，虚无已经存在。无任何东西有比通过存在之墙让人体会更深刻。人们常说，文学想象或诗性活动是一种直觉体验的创造性活动，这其实意味着文学是作家与大地共舞的活动，海德格尔所谓"诗言思"即是此意。文学、艺术、生活活动是和物体本身、感性事物本身、存在本身一起产生的，没有一种不和历史和地理领域相关联的本质和观念。意义、本质、理性通过具体场域显示出来，这就注定它们不是一个肯定性的存在，它们不是自足的，而是开放地与我们的存在行为相连。就如梅洛-庞蒂所言："本质的可靠性和本质性正是由我们使具体的事物产生变化的能量来衡量的。"③

　　在庞德的《在地铁车站》［*In a Station of the Metro*］一诗中，花瓣—脸庞—树干，构成了该诗三个主要的意象，但我们看到的绝不仅仅是它们在诗中的事实性或物性。其实，我们正是由"花瓣"看到了"脸庞"的本质和意义，亦同时由"脸庞"感受到了"花瓣"美的本质。"脸庞"在一种雨水的光亮场中的某种飘动，

---

① 梅洛-庞蒂. 符号. 姜志辉译. 北京：商务印书馆，2003：134.
② 梅洛-庞蒂. 符号. 姜志辉译. 北京：商务印书馆，2003：26.
③ 梅洛-庞蒂. 可见的与不可见的. 罗国祥译. 北京：商务印书馆，2008：139.

一种视觉的触觉沿着这一束光亮的飘动传递了一种在场的美感。庞德后来解释该诗构思过程时说："突然，我找到了它—却并非文字，而是一种对等物［equation］……不是语言，而是一小片的色彩。"[①] 文字固然不是色彩，更不是绘画，但诗中的"花瓣"、"脸庞"却完成了色彩的本质或美的本质，即具有了存在或肉身化的力量。色彩的光亮在"花瓣"和"脸庞"上形成和闪耀，并因此把它们连接在一起，光亮也不可能脱离色彩，而是与作者的视觉感受联系在一起的。"花瓣"、"脸庞"、"光亮"统一在一起，美与色彩统一在一起，事实（存在）和本质是不可分辨的。因为这一"脸庞"出现在我处身的境域之中，我的四周"拥有一个重叠的、增殖的、侵越性的、杂乱的时间和空间——它们持续的孕育、持续的涌现、持续的分娩、生成性、普遍性、原初本质、原初存在。它们是同一本体论的中心和关联"[②]。因着这种"脸庞"，实现了我与世界、个体与整体、具体与普遍（虚无）的整体上的连接。

　　在庞德看来，诗人写作就是为了说出他和存在物的接触，在接触中感受到语言的运作、微妙和颠倒，这是一种生命的运动，对这种生命的表达倍增了赤裸之物。"语言是一种生命，是我们的生命，也是事物的生命。"[③] 庞德的合作者弗林特后期发表在诗集《星网之歌》中的《天鹅》是一首典型的意象诗，该诗用词简练，处处充满着意象的叠加和生命力的运动，诗句很短却使我们在一幅世界的整体画面中感受到了诗意："在百合花的荫影下，/在金雀花和紫丁香/倾泻在水面的/金色、蓝色和紫色下，鱼影颤动。"又如："天鹅游入那座褐色的拱廊，天鹅游入我忧伤的漆黑深处，衔着一朵白玫瑰般的火焰。"[④]"天鹅"在"百合花叶"丛中穿过，"慢慢地浮向黑色的桥拱门"，身边的环境也在游动过程当中光影

---

　　① Pound，Ezra. "About Imagism". trans. Zhang Wenfeng. Symbolism，Imagists. Ed. Huang Jinka，et al. Beijing：China Renmin UP，1989：89.

　　② 梅洛-庞蒂. 可见的与不可见的. 罗国祥译. 北京：商务印书馆，2008：143.

　　③ 梅洛-庞蒂. 可见的与不可见的. 罗国祥译. 北京：商务印书馆，2008：52.

　　④ 彼得·琼斯. 意象派诗选. 裘小龙译. 桂林：漓江出版社，1990：56.

变化。"天鹅"以其个体的存在让整个境域集中于自身周围，以其活力、其柔弱性将整个世界呈现在她的运动中，也同时让她的世界运动起来。

　　庞德相信完美的象征符号都是自然物体，他意欲重新建立理智与情感、语言与世界合一的整体语言观，而意象这种融通人与世界、语言与物、理性与境域的完美统一，被他称为一个发亮的"节"或一个"团"。这个"节"正是理性与世界、意义与存在的交织共舞之枢纽，我们获得的一切被感知为有意义的东西都起源于这个"枢纽"。诚如他所说："意象不是观点，而是发亮的一个节或一个团，它是我能够而且可能必须称为漩涡的东西，通过它，思想不断地涌进涌出。"① 也正是通过这个发光的"节"，庞德希望克服日常语言的局限，进而实现人与自然、理性与世界的交织共舞，实现人—自然、存在—意识、美—美感的和合为一。用著名美学家朱光潜在论中国诗歌的美学精神时的话来讲：这是一种"彻底的人道主义与彻底的自然主义的结合"②。

五、庞德诗学观之五：一种历史—存在—世界诗学

　　历来人们认为，庞德的意象诗学主张一种自然、实在、硬朗和直接呈现意象的写作方式，并要求诗人在客观世界里寻找情感或意念的客观事物，因此他被视为"意象客观主义者"，被指责把一切都置于个人经验而不是历史和时间经验的轴线上，从而切断了作者和过去以及历史意义的来源的联系，最终摈弃了历史和一个诗人的历史责任感。

　　其实，在很多方面，庞德都与十九世纪一些确信自己肩负文

---

① 黄晋凯，张秉真，等. 象征主义·意象派. 北京：中国人民大学出版社，1987：146.
② 劳承万. 朱光潜美学论纲. 合肥：安徽教育出版社，1998：99.

学和社会使命的伟大诗人有相似之处。庞德早年曾虔心学习英语古代诗歌，也明确地说过自己"醉心于盖尔特语言和风格"①。1908 年他离开美国去欧洲，因为他认为欧洲文化上可以给他的刺激是美国所没有的。在讨论美国文学和社会的文集《我的祖国》(1912)、自传体作品《并非深思熟虑的话》(1920)，一直到描写美国历史乃至世界历史的《诗章》中，庞德自始至终地表现出对古代神话、历史事件、文学传统、乃至国家身份的认同。比如他在《我的祖国》一诗中就体现出强烈的国家认同感。该诗第一部分的第一句话就是："美利坚，我的祖国。"②

　　同样，在由多种措辞、语言、历史事件和节奏织成的《诗章》中间跳跃和隐藏着的是他对人类文化和人类社会的思想和情感。譬如在《诗章》的《比萨诗章》中袒露了他与古老诗人之间的对话："我发出/模糊的低语，你对古代的鬼魂交谈，/它从久远的岁月中走来，/没有人能讲他的语言……。"③ 庞德后来更是把终生的工作献给了与古代幽灵鬼魂的对话，并把这种与古代幽灵的对话翻译介绍给全世界。翻译对于庞德来说可以积极地沟通过去和现在，我与他人，而这一过程中两者都受到影响，进而促进现代诗歌、乃至现代文化的创新，并重新体验到古代神话、古代伟大诗歌的生命力，同时让传统依然与我们同在，与诗人同在。其中，在他的《树》(1908)这首诗中一开始就是"静静地站着，我是林中的一棵树"，庞德把自己归于这个象征人类群体创造文明的"林中"，而他则虔诚地"静静站着"。这个"林子"正是由一棵一棵的树组成的，就如约翰·济慈的"林中古瓮"那样在沉默中见证和讲述历史。作者是其中的一棵树，与其他树一起共同组成人类

---

① 埃默里·埃利奥特. 哥伦比亚美国文学史. 朱通伯等译. 成都：四川辞书出版社，1994：790.

② 埃默里·埃利奥特. 哥伦比亚美国文学史. 朱通伯等译. 成都：四川辞书出版社，1994：791.

③ 埃默里·埃利奥特. 哥伦比亚美国文学史. 朱通伯等译. 成都：四川辞书出版社，1994：792.

文明的协奏曲。庞德在《诗章》中还把自己设想为历史上或传说
中的人物来进行古今之间的对话，如《诗章》第一首里他通过重
新讲述奥德修斯去阴间的故事，将拉丁文的简练笔法和盎格鲁-撒
克逊的史诗风格融为一体，而且诗中斑斓的历史色彩也使我们可
以从复杂的历史和文学角度来观察这位现代奥德修斯式的诗人①。

　　庞德对历史有其自己的独立思考，如在他的第一本批评文集
《罗曼斯精神》（1910）的序言中，他提出了"所有的时代都是同一
时代"的论点②。可见，庞德的历史观是一种共时的历史观，他把
历史的影响和意义与现代人的关系看成是一种存在的、可逆性的
结构状态。人所发现的意义处在"时代精神"之间，过去和现在
之间，共时和历时之间，制度和思想之间，自由和制约之间，个
体和集体之间。用梅洛-庞蒂的话讲，"历史是一种普遍性的交叉，
一个广阔的世界舞台，其中所有力量汇聚和纠缠在一起。即使在
每一次具体的对话中（如果它们可以被分割的话），对话也不是一
次简单的或完满对话"③。可见，历史的意义由于意外性、非对称
性、模糊性和不稳定性而使对话互相交叉的途径变得敏感起来。

　　以此而论，说庞德因为主张"意象的客观性"，而指责他把一
切都置于个人经验而不是历史和时间经验的轴线上，就是值得怀
疑的。客观而论，意象运动只是庞德 1912 年至 1915 年极为活跃
的诗歌活动的一个方面。只要浏览一下他的《光荣》（1916）这首
诗的内容，我们就会对他作品的主题与时事的密切联系，以及对
他卷入当时社会生活和思想领域的活动的程度有深刻印象。同时，
庞德的历史观、诗学观与他提倡意象主义诗学的主张，从某种意
义上，是不能完全划等号的。庞德所主张的"直接处理事物"的

---

① 埃默里·埃利奥特. 哥伦比亚美国文学史. 朱通伯等译. 成都：四川辞书出版社，1994：792.

② 埃默里·埃利奥特. 哥伦比亚美国文学史. 朱通伯等译. 成都：四川辞书出版社，1994：794.

③ Merleau-Ponty. Maurice. Adventures of the Dialectic. trans. Joseph Bien. Evanston：Northwestern University Press，1995：26.

诗歌创作技巧和他为此所进行的诗歌创作实践，更像一种关于文学主张的创新的批评，他的《在地铁站》等诗歌形式即是创新的批评。如果我们撇开仅仅从形式上去谈论庞德，我们就会发现，庞德通过意象主义的诗学运动去完成了他对一个诗人使命的认识，同时又通过具体明确的语言和"明晰的细节"的诗学方法，把诗人确立为物质世界里种种辉煌玄妙的境界的阐释者与参与者，这才是应该成为我们关注庞德诗学的真正内核所在。

　　庞德不是让言语成为历史自下而上的载体，而是让言语参与历史的生成与创造。他的诗学观是一种历史—存在—世界诗学。梅洛-庞蒂认为，意义如此牢不可破地扎根于我们的境域，扎根于"世界之肉"中，因此"历史的意义只能是自由地航行于我们的历史境域和我们存在处境之间，即它是在一种可逆的、模棱两可的交流之间诞生的。历史拥有意义，但这种意义不是思想的纯粹发展。历史的意义是伴随着偶然性而诞生的"①。"在思想中或历史中，亦如在生活中，我们所知道的唯一的超越是具体的，局部的，塞满了残余物，托载了亏损；世界绝不存在超越，它绝不可能毫无遗漏地保留前面句子所获得的一切，它绝不可能机械性地增添更多的东西。"②

　　庞德的诗学观同样是由偶然、意外、外来等诸多因素交织在一起的。譬如他从拉丁语言那里感受到了"硬朗"，从中国古诗那里感受了"明快"以及由杜丽特尔的一组精心构思的诗作对他关于意象主义诗歌主张的触发，尤其是他生活于其中的现代工业社会触发了他对语言、诗人与世界等问题的反思。因此在庞德那里，意象绝对不是一种原始的直觉或一种元哲学思维。意象与意象之间相互叠加，相互引发，个人与环境相互渗透，历史（记忆）与体验相互穿梭，意象之"节"承载了历史之节、处境之节和体验之

---

　　① Merleau-Ponty. Adventures of the Dialectic. trans. Joseph Bien. Evanston：Northwestern University Press，1995：16.

　　② 梅洛-庞蒂. 可见的与不可见的. 罗国祥译. 北京：商务印书馆，2008：91.

节。在庞德的诗歌历程当中，理智与情感、传统与个人、历史与现实、表现与再现彼此交织。在庞德用了半个多世纪的时间写成了由三百多章节组成的《诗章》中，他力图把人类的全部智慧成果都包进去，对如此宏赡的设计和世界胸怀，连庞德本人也不能不感慨道："人类智慧的总和不是蕴含在任何一种语言之中，没有任何一种语言能够表达所有形式的以及各种程度的人类理解力。"[①]可以说，正是出于这样的宏图和毅力，他的《诗章》刻意地把古代、文艺复兴、现代、东西文化、个人现实体验杂糅在一起，从而创造出了一个包容一切的混合产品，它既克服时间的局限，也不在乎空间的域限，而是在无数断裂的隙缝中寻找永恒的人类神话建构。

---

① J. 兰德. 庞德. 潘炳信译. 北京：中国社会科学出版社，1992：110.

第十一章　文学变异性研究：文化异质与文学变异

　　在跨异质文明的比较文学研究中，如果忽略文化异质性的存在，比较文学研究势必会出现简单的同中求异和异中求同的比较。同中求异也好，异中求同也好，说法虽不同，但其认识的方式、假设的前提却是一样。前者以认同"他者"或"他者"之"类似性"为前提，并在此基础上对"我方文学"作出适应"他方"观念的阐释或成为"他方"观念的注脚，而后者则以"我方"、"他方"互异为前提，并在此基础上寻求共同的"诗心"与"文心"。可见，两者都是以"认同"［identification］为归依的，即便承认差异，差异也只是作为"诱"而在目的（认同）那里被扬弃。这种思路从根本上源于比较文学研究长期以来所奉行的非同即异、非此即彼的二元对立观。在具体的比较文学研究中，虽然这种思路已经触及到一种无法明确归类于他方或我方的文学变异性事实，但由于没有把变异性视为比较文学研究中可比性的根本特征，那么，文学变异性作为一种研究范式也就迟迟未进入人们的研究视野之中。但这并不意味着不存在具有变异性质的研究视点，如译价学、形象学、接受学和文学的他国化等研究视点。这些视点强调了跨文明比较文学研究的异质性、多元性和交互补充性，在研究方法上丰富了比较文学研究的深度和广度，凸现了文学在跨越异质文化传播过程中的曲折性与复杂性，以及揭示和肯定了接受过程中接受者的主观性和选择性。它们不但构成了文学变异学的研究内容，而且也为比较文学研究和发展提供了新的动力模式。

第一节　文学变异与文化过滤

　　文学变异学研究。文学在不同文化体系中穿越，必然要面对不同文化模式的问题，所以文学文本之间的相互影响和由此产生的变异或"文本间性"［intertextuality］也将必然成为比较文学研究的范畴，这也是比较文学者的应有工作之一。基亚提出："比较文学工作者站在语言的民族的边缘，注视着两种或多种文学之间在题材、思想、书籍或感情方面的彼此渗透。因此，他的工作方面就是要与其研究的多样性相适应。"① 基亚虽然属于法国实证性研究的影响学派，但他的比较文学工作者应具有站在"边缘"双观或"中观"的视野和承认文学在不同文化传播中的"彼此渗透"的表述，则已经肯定了文学接受过程中的美学、心理和异质文化等因素随接受者介入而渗入的事实。这种彼此渗透之结果是一个"第三者"——它既不完全同于源创性作品，也不能完全归化到接受者语境之中。如果法国学派的影响研究是强调两种文学文本间具有"可见的事实的""接触点"的研究，② 那么，文学变异学则更重视两种文学文本在彼此渗透中所孕生新质或发生变异的研究。

　　（一）变异学研究的内容。第一是语言层面。文学文本的传播主要是语言文字的传播。一种文学文本在另一种语言中流传，必须首先穿越语言的界限，必须首先通过目的语实现其在新环境中的新命运。"外国读者一般是不能直接进入作品的，他们所读到的和理解的东西，有时并不是作者所要表达的东西。在读者意图和作者意图之间似乎不存在巧合或会聚，但却有可能存在一种和谐

---

　　① 马里奥斯·法朗索瓦·基亚. 比较文学. 北京：北京大学出版社，1983：4.
　　② 张汉良. 法国学派的影响研究. 引自约翰 J. 迪尼　刘介民主编. 现代中西比较文学研究. 成都：四川人民出版社，1988(2)：501.

的共存性。"① "把一首诗从一种语言转化成另一种语言，只是在其符合新读者的口味时，才能称之为确切。"② 若从文学变异学的角度看，任何一种文字流传物，尤其是文学，只要是在新的载体中出现，它就不可能是原生态的。所以，文学翻译，特别是抒情诗，叛逆问题的出现是不可避免的。以翻译为研究对象的译价学之所以能淡出具有传统实证的媒介学，以其对"创造性的叛逆"的文学文本变异性为归依而进入比较文学视野中，原因也在于此——译介学目前已经不再仅仅以纯语言学的角度或字比句当的方式去研究翻译文本，不再仅仅把由原文到译文视为"形式的重新组合"，③ 而是把文学文本在跨越不同语言/文化层面的过程中所滋生的变异现象作为其考察的对象。翻译在这种发生变异的过程所起的作用是不能忽视的。语言不仅使文学流传成为可能，而且目标语下的再思维也构成了对原文的诠释行为。读者阅读时对原文再度构思与译者笔下的最后成果，都会因语言习惯及表述模式的歧异，而与原文作者或原语读者在理解上发生变异。日本佛教学者中川元就是从语言对思维的束缚这一观点上来对印度佛学之东传入西藏、中国和日本进行研究的，并得出这三国佛教之所以存在差异，就是源自在翻译中各自语言上的先天特色和独特结构，如汉语将梵文"完美"之义以"圆满"译之，就是源于中国人将完美的观念与圆形相联想的结果。④ 此外，印度佛教里的法轮是动态的，圆形本身则是静态的。由于我们语言使用上的惯性和表述模式，汉语事实上对佛教思想的调整和另赋"新义"而导致翻译上的"变异"，往往并不为我们所察觉罢了。可见，文学文本在语言

---

① 约翰·J. 迪尼. 刘介民主编. 现代中西比较文学研究. 四川人民出版社，1988(2)：515.

② 约翰·J. 迪尼、刘介民主编. 现代中西比较文学研究. 四川人民出版社，1988(2)：515.

③ 约翰·J. 迪尼. 刘介民主编. 现代中西比较文学研究. 四川人民出版社，1988(2)：515.

④ 郑树森. 文学理论与比较文学. （台）中外文学. 1972(1)：112—113.

的移译过程中的交互影响以及彼此赋予对方以"新质"，已经超出了媒介学研究的范畴，不能用简单的实证影响关系来作为研究范式了，而应该要把研究的注意力从语词翻译或"罗列译文错误实例的层次"① 研究转向那些语词的变异本身，也就是将文学的变异现象作为首要的研究对象。

　　第二是民族国家形象的文学变异学研究。比较文学意义上的形象学，说得通俗一点，是关于一国文学中所塑造或描写的"异国"形象的学问，诸如对于"晚清文学中的西方人形象"、"战后日本文学中的美国人形象"等研究。让-马克·莫哈在《试论文学形象学的研究史及方法论》中指出：形象学着力探讨的形象，是三重意义上的："它是异国的形象，是出自一个民族（社会、文化）的形象，最后，是由一个作家特殊感受所作出的形象。"卡雷将形象学定义为"各民族间的、各种游记、想象间的相互诠释"②。在比较文学的形象学领域，形象首先是对一种异己的文化印象，这种印象混杂着情绪和观念，借助某一个形象或意象描述出来。任何一种形象，都是个人或集体通过话语或书面的途径而被制作的，有时通过口头传说，有时通过新闻媒体，有时通过文学作品。但这类描述并不忠实地代表现实中客观存在的"他者"（某一个外国，或外国人，可以是群体，也可以是个人），相反用对"他者"的误解和想象置换了缺席的原型。它所展现出的异国空间，有可能是理想化的，展现的是一个乌托邦；也可能是"妖魔化"的，描绘的是一个活地狱。实际这是形象制作者自身的种种社会的、文化的、意识形态的范式。由此，保尔·利科在《在话语和行动中的想象》一文中指出："在更偏离本义的意义上，我们将形象称为虚构，它展现的不是缺席事物，而是不存在的事物。虚构指称的范围甚广，它适用于从睡眠的产物——梦幻，到属于纯文学存

---

① 郑树森. 文学理论与比较文学. (台)中外文学. 1972(1)：113.
② 孟华. 比较文学形象学. 北京：北京大学出版社，2001：19.

在的杜撰——如戏剧和小说，这些完全不同的概念。"① 形象是对
"他者"的原型的否定，及对"他者"自我想象的否定。与此同
时，形象又是自我及其空间的延伸和补充，把自我内心隐秘的东
西加到了别人的影子上，结果暴露得更清楚的反而是自己的那一
部分。人需要镜子才能进一步看清自己，形象对自我和他者都是
一面镜子。事实上，制作者与形象的身份是经常在互换的。你在
制作别人的形象，别人也在制作你的形象。重视文学形象学的研
究是因为：文学至少是社会的表现，因为通过文学，可以破译出
一个社会在他者那里产生的幻想。因此，他国形象只是主体国家
文学的一种"社会集体想象物"②。
　　正因为它是一种想象，所以必然使得变异成为必然。比较文
学对于这个领域的研究显然是要注意这个形象在文本语词、故事
情节、社会历史文化各个层次上所产生变异的过程，并从文化/文
学的深层次模式入手，来分析其规律性所在。我们可以从词汇层
次去发现"他者"形象的反映，如在中国文学中，日本人在明代
被称为"倭寇"；清末被称为"东人"；在抗日战争时期被称为
"小日本"和"东洋鬼子"。文本中还有另一类词汇，来源于被注
视者国家，未经翻译就直接转入注视者国家文本中，如西方文学
中出现的中国词汇"阴"、"阳"、"道"和"意象"等，以及一些
用于梦幻和象征性的信息交流的"幻觉词"，如欧洲人描写阿拉伯
人的词汇"荒漠"和"闺房"等。在文本分析中，还有一种方法
是从历史角度着手分析文学作品中的形象。它侧重于历史性的诠
释，即将语词、结构分析的结果和历史资料进行对照，以此来了
解形象和意识形态、文化、文学和美学之间的关系。这在一定的
程度上又将作家相异性的个人想象同"社会总体想象物"联系在
了一起。
　　第三是文学文本变异学研究。比较文学是研究跨异质文明下

① 孟华. 比较文学形象学. 北京：北京大学出版社，2001：43.
② 孟华. 比较文学形象学. 北京：北京大学出版社，2001：29.

的文学关系，但是文学变异学研究并不是 A 文学和 B 文学现象的相加，亦不是多种文学现象的相加，而是具有可比性结构的整体。整体是由部分组成的，整体性存在于部分性质之中。从整体观点来看，比较文学的对象，并不是两种或多种文学现象本身，而是由它们构成的"第三者"，这个"第三者"不是 A 同于或异于 B 的地方，而是根底于 A 文学传统和 B 文学传统之间或文学文本之间交互影响所滋生的变异性。如果说，A 和 B 之间构成了某种结构上的可比性，那么，根底于这种结构所产生的一种整体或一种综合就成为文学变异学所关注的基点。如研究果戈里和鲁迅两位作家的《狂人日记》，既要研究果戈里对鲁迅的影响，又要把鲁迅这个接受者在本我文化的主体意识上对果戈里的有意识或无意识修正考虑进去。又如，即使我们在对华兹华斯和陶渊明这两位以自然入诗、但彼此并无影响的诗人进行研究时，我们就会发现，前者笔下的自然遮蔽于"自我的崇高感"和"神恩的莅临"，后者则是自然本身的凸现和主体的消弭。这种比较产生的立场则依赖于比较文学研究者这个"第三者"，并从中得出重建当代人的自然观这样的价值选择。由此，我们所得到的结论就是一种文学现象的发展观与价值进步观，而不是简单的异同说明或"拉郎配"。

文学文本变异学研究重视可比性结构的整体和综合研究，源于比较文学对接受概念的一种新的理解。如果过去的影响研究只研究 A 如何影响 B，很少研究 B 对于 A 如何接受，那么，文学变异学下的接受研究则更重视对接受的历史语境、现实语境、文化语境的研究。这样一来，文学就和社会连在一起，文学就与社会心理、民族审美特质和文学性连在了一起，从而使接受研究走出传统的二元结构研究的窠臼，使文学研究在跨文明的语境下真正实现其具体性、变异性和为我性。从而也才能实现维斯坦因意义上的"接受"内含："'影响'，应该用来指已经完成的文学作品之间的关系，而'接受'则可以指明更广大的研究范围，也就是说，它可以指明这些作品和它们的环境、氛围、读者、评论者、出版商及周围情况的种种关系。因此，文学'接受'的研究指向了文学的社会学和文学的心理范畴。"① 接受本身就是一种批评，就是一种选择，就是一种在既有文化框架内或"文化模子"中对被接受对象的修正、调适及文化过滤。

　　第四是文化变异学研究。在跨异质文明的语境下来探讨文学关系，其研究的视点不仅仅体现于跨越语言界限的变异上，人们所看到的外国人、物、印象及整体文化在"制作者"作品中的形象，以及接受者视野介入后对被接受对象的调适、修正乃至变异，我们更应该重视这些变异底里的深层原因和促使发生变异的内在规律。文化过滤便是这一变异和滋生变异的深层原因和内在规律。文学在不同文化体系中穿越，必然要面对不同文化模式的问题。文化模子的不同，必然引起文学表现的歧异②。一种文学文本在异于自身的文化模子中传递和交流，必然要受到该文化模子或吸收、或拒绝、或选择、或各取所需、互释互证，互为印镜，其结果要么是强化接受者的主体意识，在自我认同的基础上吸收被接受对象，要么在削弱接受者主体意识、弱化自我认同的基础上，给予自我文化增添新的文学元素。这些新的文学元素正是在跨文明互动过程中文化过滤作用的结果。它根底于文学因文化模子的不同而产生的不可避免的变异。不同的文化模子构成了接受者的知识能量，又构成了接受者的"选择性疏忽"和"淘汰性压抑"的双重屏幕③。这种双重屏幕以动态的方式活跃于接受的全过程之中——语言层面、"我"与"他者"的等级关系层面、故事情节层面、民族国家群体形象层面及文学文本整体层面。因此，我们在文学变异学的大范畴内纳入文化过滤这一范畴，并把它们的关系确立为：文化"模子"的不同造成接受屏幕的限隔，透过屏幕的接受必然是一种文化过滤，而过滤就意味着接受的过程必然要留

---

　　① 维斯坦因. 比较文学与文学理论. 刘象愚译. 沈阳：辽宁人民出版社，1987：47.
　　② 温儒敏，李细尧. 寻求跨中西文化的共同文学规律——叶维廉比较文学论文选. 北京：北京大学出版社，1987：3.
　　③ 埃德加·莫兰. 方法：思想观念. 北京：北京大学出版社，2002：18.

下什么或扬弃什么，它既不是简单的原文学文本主体的被动接受，也不是本我文化主体的简单归化接受。总之，文化过滤是跨文明语境下贯穿于文学交流和对话过程中的制约机制，也是决定对话和交流之结果和表现的前提条件，而变异性则是文化过滤的显性表现和具体体现。

（二）文化过滤。文化过滤作为一个概念范畴，因其对接受者及接受者所处的社会、历史、文化背景及凸现接受者在文学交流活动中的主体性，而打破了比较文学研究中由来已久的忽视接受研究的痼疾。在学界，曹顺庆、乐黛云、金丝燕等人均对文化过滤的界定、理论缘起、运用范围及与比较文学研究的意义有过详细的探讨。如曹顺庆先生在文学变异学的范畴内讨论文化过滤的理论基础，作用机制及在语言、翻译、文学文本等层面上的运用，并把文化过滤和由此导致的文学误读视为文学变异的内在机制。①金丝燕则运用文化过滤这一概念，具体地对 1915—1925 年中国象征派诗人对法国象征主义诗歌的接受情况，以及 1925—1932 年中国象征派诗人对法国象征主义诗歌的接受情形做了仔细的分析和甄别②。上述学者们的研究界定了文化过滤的研究对象、理论基础及内容。以降，我们将结合上述学者们的研究成果，具体探讨文化过滤的定义、理论基础、文化过滤与文学误读的关系及对比较文学的意义。

（三）文化过滤的定义。尼采指出，任何把握文本或将世界当做文本来把握的企图，"都会牵涉一种全新的阐释、一种改写，借此，任何以前的'意义'和'目的'必然被模糊甚至于被消除掉"③。同样，文化过滤是研究跨异质文明下的文学文本事实上的

---

① 曹顺庆. 比较文学. 成都：四川大学出版社，2005：270.

② 金丝燕. 文学接受与文化过滤——中国对法国象征主义诗歌的接受. 北京：中国人民大学出版社，1994：2.

③ 罗斯玛丽·阿罗尤. 写作、阐释与控制意义的权力斗争：来自卡夫卡、博尔赫斯和科兹托兰尼的景象. 陈永国. 翻译与后现代. 北京：中国人民大学出版社，2005：378.

把握与接受方式。它事实上也是促成文学文本发生变异的根底所在。落实到文化过滤的定义上，我们不妨说："文化过滤指文学交流中接受者的不同的文化背景和文化传统对交流信息的选择、改造、移植、渗透的作用。也是一种文化对另一种文化发生影响时，接受方的创造性接受而形成对影响的反作用。"① 围绕这一定义，我们将厘析出文化过滤所具有的三个方面的内含：

首先，是接受者的文化构成性。任何接受者都生长于特定的地域时空里，他与生俱来地烙上其地域时空的文化印痕、社会历史语境以及民族心理等因素。这些因素在文化交流中必将发挥着作用，正如埃德加·莫兰所说：这些因素"决定着我们的选择性疏忽和淘汰性压抑；选择性疏忽使我们忽略一切不符合我们信仰的东西，淘汰性压抑使我们拒绝一切不符合我们信仰的信息或一切被认为来源错误的反对意见。"②

第二，接受过程中的主体性与选择性。承认接受者的主体性是文化过滤的前提条件，也就意味着承认在文化文学交流过程中，接受者对交流信息存在选择、变形、伪装、渗透、叛逆和创新的可能性与必然性。文化交流过程中，影响对不同的接受者个体的影响并不是完全一致的，这取决于个体与社会文化之间或强或弱的关系。正如读者的阅读接受具有个体特性，如文类的选择、主题的选择、阅读方式、阅读内容等，同一时代的读者/译者对外来文化的接受程度、影响侧面也存在着差异。

第三，接受者对影响的反作用。在文化交流中，影响不仅要通过接受主体而发挥作用，而且有作用也就有反作用。人们常常讲文化对话或文化往来，而对话与往来的"首要条件就是观点的多元性/多样性"。文化交流意味着在这种多元化之中"允许竞赛、竞争、对抗，即允许思想、观念和世界观的冲突"③，从而形成影

---

① 曹顺庆，等. 比较文学论. 成都：四川教育出版社，2002：184.
② 埃德加·莫兰. 方法：思想观念. 北京：北京大学出版社，2002：18.
③ 埃德加·莫兰. 方法：思想观念. 北京：北京大学出版社，2002：22.

响与接受之间相互抵消、相互增长乃至彼此耗损的局面。

　　总而言之，文化过滤概念的提出以及引入比较文学研究之中，对于传统比较文学研究中的由 A 到 B 的单向影响研究，是一次根本性的矫正。"文化过滤"，就是在文化传播过程中影响与接受双方的相互作用，从而把"外在"的"他者"转化成"为我存在"、"为我所用"的具体体现，是接受者主体性、选择性和创造性的重要体现，是文学经过"传播"这个中介时，必然产生变异、走样、变形、耗损、误读和误译的原因所在，因此影响与接受的过程也就是文化过滤的过程。

　　（四）文化过滤的理论基础。文化过滤肯定了文化在传播过程发生变异、变形、转化的合理性，以及接受者对文化的误读的不可避免性。这一认识论上的转变是与 20 世纪上半叶的学术话语和学术生态联系在一起的。如接受美学的兴起，确立读者在文学交流活动中的主体地位。又如，以海德格尔、加达默尔等人的"哲学解释学"，主张"在理解中所发生的过去只是过去和现在的一种调解和转化，它们都超越了认识者的有意识控制"①。这些理论不仅给文学理论研究带来了新的气象，而且也刷新了传统的比较文学影响研究，更为文化过滤的合理性提供了理论根基。

　　首先，传统的比较文学研究是以法国奥古斯都·孔德[Augste Comte，1798—1857]所主张的以观察和实验的事实及知识为终极依据的实证主义作为其方法论。这种方法在比较文学研究中表现为：一旦"假定"一个作家受到他国文学的影响，研究者的任务就是绘制出影响者和接受者之间的接触路径，从而确定出接受者作品中那原本属于影响者的东西来。完成对接受者的"债务清偿"和确立影响者的中心地位，是衡量一个读者或批评者是否成功的重要标准。然而，这种方法对于影响者的命运与效应在多达程度上决定于接受者却采取了一种遮蔽的方式。因为"任何外来文化因子一进入本土语境，就不再是一个独立的、自足的存在，而处

---

　　①　加达默尔. 哲学解释学. 夏镇平等译. 上海：上海译文出版社，2004：020.

于与异文化的对话关系之中，在一定程度上说，影响者的命运与效应此时由接受者来决定"①。

　　德国接受美学家姚斯[Robert Jauss]在 1967 年发表名为《作为向文学理论挑战的文学史》的论文，宣告了"以接受者为中心"的接受美学的正式诞生。他在其论文《接受美学与文学交流》中指出："承认任何接受行为都以某种选择和对于传统的一种偏向为前提。一个文学的传统必然是在适应和拒绝、保守和更新这些对立态度的矛盾过程中形成。"② 这一论断肯定了接受者在文学交流活动中的主体位置。"适应"或"拒绝"都以自身文化发展、更新为前提，外来文化因子必须经过本土文化的过滤。这一过滤不仅是文学文本在异质文明语境下为接受者自身文化所需要的，也是文学或外来文本内在性所要求的，即文学文本自身所具有的"未定点"、"不确定性"所要求的——正如波兰哲学家罗曼·英伽登（1893—1970）在《对文学的艺术作品的认识》（1937）一书中认为，艺术作品存在着许多"未定点"、"不确定性"等因素，它们需要读者的"具体化"才能实现。在"具体化"过程中，"由于文学作品在个别阅读当中，与读者的经验世界，与读者的创造性的想象活动，以及与读者当时所处的状态发生了密切的联系，因此，它的明显的与直接的后果，就是出现了各种各样有意义的差别或变化"③。

　　在两种文明之间进行交流的文学文本，它所面对的读者的经验世界是一个异的"文化模子"以及在这个"文化模子"里所传递出的"历史经验"、"当下生活的成见"及作为话语表象活动的语言，都会在接受者的接受过程中发挥作用。从而使在跨越文明语境下的文学文本接受成为"裁剪"、"移植"、"变形"和"增

　　①　乐黛云，等. 比较文学原理新编. 北京：北京大学出版社，1998：92.

　　②　张廷琛. 接受理论. 成都：四川文艺出版社，1989：205.

　　③　蒋孔阳、朱立元主编. 西方美学通史（第六卷）. 上海：上海文艺出版社，1999：422.

生新质"的文化过滤过程——即"阅读文字和解释文字的工作远离这些文字的作者——远离他的心境、意图以及未曾表达出的倾向——使得对本文意义的把握在某种程度上具有一种独立创造活动的特性"①。

第二，加达默尔和海德格尔等则从人的当前视域受制于"历史有限性"和存在的"此在性"出发，为"文化过滤"的发生确定了哲学解释学基础。加达默尔认为，在历史中形成的"前见"，如传统文化，思维方式和民族心理特征等，正是理解得以可能的条件。正因为如此，加达默尔在《真理与方法》中指出："一切流传物，艺术以及一切往日的其他精神创造物，法律、宗教、哲学等等，都是异于其原始意义的。"② 接受者对被接受对象的观照与理解总是受时代氛围以及接受者的主体等诸多因素影响的，而这种影响是无法消解的。海德格尔同样认为，理解者或接受者的理解都是"此在"的，"此在"总是处于一定的历史、文化系统之中。这些东西在它一存在就已经为它所有，故称之为"前有"，而这种"前有"会影响此在的理解活动，而理解正是"奠基在一种前有之中"③。但是这种"前有"还是"隐而未彰"的东西，它包含了诸多可能性，只有当读者介入时才能彰而显之。

无论是加达默尔的"前见"，还是海德格尔"此在"的历史性，都肯定理解中"偏见"的合理性，正视并推崇读者对作品意义的参与。同样，在跨异质文明的文学阅读中，不同的文化"模子"形成不同的文学观、审美观和相应的文学意义建构方式及其美学特征。从某种意义上说，外来文学的影响，也只有依据一"文化模子"自身的文学观解释与之相应的文学经验时才算是有效的，而从自身文化模子的文学观或文化前见的立场内在地去欣赏、

---

① 加达默尔. 哲学解释学. 夏镇平等译. 上海：上海译文出版社，2004：024.

② Gardamer. Truth and Method. New York: The Crossroad Publishing Corporation. 1989: 108.

③ 海德格尔. 存在与时间. 陈嘉映，王庆节译. 北京：生活·读书·新知三联书店，1987：183.

理解作品的意义，或者是将别的"文化模子"中的文学作品放到自己的文化框架内来欣赏，必然是对原作品内容和形式的筛选、切割、歪曲，从而使得交流文学在内容和形式产生变异，有的甚至变得面目全非，简直成了重写或创作。

第三，"文化过滤"的另一个理论来源无疑是文化相对主义。文化相对主义的核心是尊重差别并要求相互尊重。它强调多种生活方式的价值，以寻求理解与和谐共处为目的，而不去评判甚至摧毁那些不与自己原有文化相吻合的东西。

在《跨文化之桥》一书中乐黛云教授从文化相对主义的立场进一步说明了文学交流、对话中文化过滤必然性。同时也肯定了过滤所起的积极作用。文化相对主义认为每一种文化都会产生自己的价值体系，也就是说，人们的信仰和行为准则来自特定的社会环境，任何一种行为，如信仰风俗等只能用它本身所从属的价值体系来评判。不可能有一个一切社会都承认的、绝对的价值标准。它赞赏文化的多元共存，反对用产生于某一文化体系的价值观念去评判另一文化体系，承认一切文化，无论多么特殊，都自有其合理性和存在价值，因而应受到尊重。文化相对主义认为，文化差异性是现阶段普遍存在的现实，正是这些差异赋予人类文化以多样性。由于文化是人的生存环境，文化决定者人们表达自我的方式、思维方式、行为范式、认识和解决问题的方式。人们总是按照自己的文化传统、思维方式和自己所熟悉的一切去解读另一种文化，一般说来，他只能按照自己的思维模式去认识这个世界。"他原有的'视域'决定了他的'不见'和'洞见'，决定了他对另一种文化如何选择，如何切割，然后又决定了他如何解释。"① 当两种文化接触时，文化过滤和误读就不可避免。

文化相对主义突破了西方中心论的模式，肯定了异质文化的多元存在，有利于比较文学在向比较文化学拓展时，正确对待不同民族的文化。当然我们也不能固守自己的文化方式，而盲目排

———————

① 乐黛云. 跨文化之桥. 北京：北京大学出版社，2002：67.

斥甚至压制其他文化。比如，赛义德在《东方学》一书中所揭示的，正是西方人囿于自我所从属的价值体系与偏见为理由来解释和评价东方人的文化、行为方式和行为的。正如赛义德所正确指出的，建构"东方主义"的理论基点或观察视角并非"东方"，而是基于"西方"自身的视野。正是从西方这个"他者"的眼中，东方才被当作一个"他者"的"他者"建构了出来，并成为西方的对立物而出现①。

最后，比较文学中引入文化过滤研究还源于其自身的危机与挑战。传统的比较文学影响研究重视对影响的研究、忽视对接受的研究，认为文学交流活动是从发送者到接受者的单向度的流程。这种"A 之存在是不借助于 B 之存在的，其意义与重要性亦不取决于 B 之存在的"研究方法日益受到学界怀疑，如开始出现的重视文化交流过程中的"变异现象"、"误读"乃至"创造性叛逆"的研究，等等②。总之，"文化过滤"的研究，就是把曾经被掩藏的主体凸现出来，既重视影响研究，也重视接受者研究。

（五）"文化过滤"的作用机制。作品的完成绝不是文学的完成，亦不是文学理论的止步之处。在跨异质文明的文学交流与对话中，文化过滤是必然的。只要有接受者，就有那些构成了接受者的一切既有因素——语言、文化传统、时代语境、民族心理、认知模式以及审美特质等——嵌入交流与对话之中。这些因素"在文化交流、碰撞、冲突过程中，面对施加影响的放送者时，不管它是强势文化的强行入侵还是平等的文化交流，必须受到接受者'接受屏幕'的制约"③。这些制约因素，具体言之，主要有：①现实语境、传统文化因素对文学影响的文化过滤；②语言差异对文学影响的"文化过滤"；③接受者文化心理结构和认知模式对

---

① 关于东方主义的多重涵义，参阅萨义德著，王宇根译. 东方学. 北京：生活·读书·新知三联书店，1999：1-28.

② 冯文坤. 自然思维与诗学再识. 成都：四川大学出版社，2003：167.

③ 曹顺庆. 比较文学. 成都：四川大学出版社，2005：277.

外来文学的"文化过滤"。

（1）现实语境、传统文化因素对文学影响的文化过滤。我们常说，有语境才有意境，意境是语境的推理产物，语境是意境赖以生成的实体环境。意境需要语境来催生，语境也同时需要意境来彰而显之。把语境推而广之或放大，它可以是人"生于斯，长于斯或死于斯"的、超越自我选择范围的地域空间，可以是社会历史发展阶段所需要或规定着的具体文化意识形态，它决定着该阶段历史舞台上活动着的个人的思想、行为和价值选择。法国学者埃德加·莫兰在论及社会文化历史的规定性时说："它们作为最初的规定性，指挥那些解释图式和模式(这些解释图式和模式强迫人们接受一种对世界和事物的认识)，它们以命令和禁止的方式管理/控制着那些话语、思想和理论的逻辑。"[①] 人们在认识外来文学时，其"认识不仅在其中被制约、规定和生产，也在其中具有制约、规定和生产作用"[②]。接受者受现实语境之制约，也同时制约着或反制约着现实语境，彼此互为生成，互为彰显。

比如，在西方现代主义诸流派的文学中，中国现代作家偏爱象征主义文学而相对冷淡未来主义文学，这一"迎"一"拒"，就在于中国现代作家个体或作家群体的"选择性疏忽"或"文化过滤"起了作用，即象征主义文学"应合"了中国古典文学中的"比兴"与"象征"。而这种"应合"表面上看是中国文学的一种创新，但是潜在的却是中国传统审美意识的一种表现[③]。这一表现不仅直接体现在象征主义旗帜下从事文学创作的李金发身上，亦体现在随李金发而崛起的一群年轻象征诗人身上，如王独清、穆木天、冯乃超，以及蓬子、石民等，甚至也可以在鲁迅、闻一多、徐志摩、沈从文、钱钟书等人的作品中看到浓厚的象征性和意象

---

① 埃德加·莫兰. 方法：思想观念. 秦海鹰译. 北京：北京大学出版社，2002：16.

② 埃德加·莫兰. 方法：思想观念. 秦海鹰译. 北京大学出版社，2002：15.

③ 殷国明. 20 世纪中西文学理论交流史论. 上海：华东师范大学出版社，1999：398.

性特征，如鲁迅《狂人日记》《野草》《白光》《风波》等作品就"具有浓厚的象征主义色彩"，充满着"象征主义意境"①。象征主义文学之所以为众多作家有意识或无意识接受，其深层原因正在中国传统文学中所主张的"大象无形"（《老子》第四十一章）、②"以类相动"（《乐记·乐象篇》），"象外之象"（唐·司空图）③的艺术观念。这些艺术观念构成中国现代作家既有的心里图式和文化审美心理，并反过来形成了对"未来主义文学"的"淘汰性压抑"④。

又如，在时代的意识形态和社会环境的影响下所形成的"时代的文化审美需求"也制约着中国现代文学对西方文学的文化过滤。浪漫主义是 20 世纪中国现代文学中的一个主要思潮和流派，"作为一种理论观念，其本身是一个舶来品，但一旦它进入一种异质的文化环境之中，就不能不与异质的本土文化及其话语系统相碰撞，相交流，并在异质中发展和丰富"⑤。西方浪漫主义作为古典主义文学观念的掘墓人，作为既定文学秩序的破坏者和叛逆者，无疑应合了中国五四新文学反抗封建礼教对人性的压抑和束缚、追求个性解放和自由的思想基调⑥。但是中国五四时期的作家在吸取西方浪漫主义精神的同时，却把"立人"与"立国"联系在一起，视"立人"为"立国"之根本。这与 19 世纪西方浪漫主义强调的以个人为本位的个人主义思想显然有着差异。中国五四作家们内心深处潜埋着对祖国与人民的忧患意识，无论如何也不会把民族置于个人的对立面，更不可能把个人置于社会之上。他们要

---

① 殷国明. 20 世纪中西文学理论交流史论. 上海：华东师范大学出版社，1999：398.

② 陈鼓应. 老子注译及评介. 北京：中华书局，1984：228.

③ 引自郭绍虞. 中国文学批评史（上卷）. 广州：百花文艺出版社，1999：265.

④ 埃德加·莫兰. 方法：思想观念. 秦海鹰译. 北京大学出版社，2002：18.

⑤ 殷国明. 20 世纪中西文学理论交流史论. 上海：华东师范大学出版社，1999：324.

⑥ 殷国明. 20 世纪中西文学理论交流史论. 上海：华东师范大学出版社，1999：328.

负起历史的重任，"内图个性之发展，外图贡献于群"①。亦如殷国明所指出："中国浪漫主义以勇猛的叛逆精神批评了旧的道德理性，在沉重的社会责任召唤下又自觉地归顺了新的现实理性。"②这种现实理性无疑就是时代历史精神对西方浪漫主义所作出的必然矫正与"过滤"处理。

通过以上的分析我们可以看出，接受者的选择性不仅能疏忽某些不能"应合"自己信仰的东西，也能对那些"应合"我们信仰的东西彰而显之，并发展之。总之，任何外来文化的影响，只有在内在需要下并通过接受者的主观选择，即文化过滤之后，才能真正整合到"自我"之中。

（2）语言差异对文学影响的"文化过滤"。"文化过滤"另一个制约机制来自语言。文学交流活动是主体之间的精神交往和信息交流，它的载体是符号，符号构成了文化传播的文本、信息和话语。"一种文化之所以得以独立，就是因为它自身的特点和本质规定，其中重要的因素之一就是语言。"③ 文学以语言为载体，文学交流首先是语言交流，所以文化过滤亦首先受制于语言。具体而言，有两个方面，即语言既是"器"，又是文化；文学翻译过程即是文化过滤的过程。

首先，语言既是载体，又是文化。在文学交流过程中，作品是以"一种文字流传物"的形式存在着。在加达默尔看来，这种形式是与其现实相脱离的，也就是说文字丧失了它的直接指涉性，但也因此获有"一种自由对待的可能性"。④ 外来文学传入"他者"的语言之中，不仅与其原初的语言指涉物相脱离，而且还要首先经过译者的理解与译语再表达的过滤处理，因此，我们所接受的"不可能是纯粹的、原汁原味的异域文化，也不可能是与本民族文

---

①　陈独秀. 新青年. 第 2 卷，第 1 期。
②　殷国明. 20 世纪中西文学理论交流史论. 华东师范大学出版社，1999：359.
③　曹顺庆，等. 比较文学论. 成都：四川教育出版社，2002：186.
④　加达默尔. 洪汉鼎译. 真理与方法（下卷）. 上海：上海译文出版社，1999：497-499.

化毫不相关的，或者对立的文化"①。一本被译成汉语的外国小说，一首被译成外语的中国诗歌，最终是通过接受语境中的过滤而成为接受语境的一部分的。过滤则意味着耗损、变形、变异与转化。所以我们认为语言的过滤是文学传播中最为初始的最为直接的文化过滤，只有首先通过语言过滤，一种外来文学才能进入本土读者的接受屏幕中。

如果说，原语文本只能借助于目标语这个工具而抵达目标语读者，而在目标语境下加以接受的"原语文本"则已经是"名不符其实"了，那么其原因正在于人的世界与语言的本质与互为涵摄的关系：海德格尔说："语言是存在之家"，"有语言的地方才有世界"。加达默尔说："谁在语言中生活，谁就被他使用的语词与他意指的事物之间不可超越的适应性所充满"②。德国语言学家维廉·洪堡[Wilhelm Von Humboldt，1767—1835]则认为语言最直接地根植于各民族的心灵之中："各个民族的语言是各个民族的心灵，他们的心灵也就是他们的语言，说这两者是等同的一点也不过分。"③ 埃德加·莫兰则认为："语言是一部把每种文化所特有的范式、范畴、图式和思维模式都调动起来、同时也被它们所调动的机器，因此它被啮合在文化机器中。"④ 可见，在两种异质文化的文学交流之中，语言既给我们提供载道之工具，也构成了我的"前识"与"前见"。加达默尔在《真理与方法》一书中不仅把翻译视为一种解释，他更是把"一切文字性的东西"都视为"是一种异化了的讲话"⑤。由于文学的文字性和语言性特征，在接受者或译者那里，要经过语言的首次转换，在读者那里是通过转换过

---

① 曹顺庆等. 比较文学论. 成都：四川教育出版社，2002：188.

② 加达默尔著，洪汉鼎译. 真理与方法(下卷). 上海：上海译文出版社，1999：512.

③ Wolfram Wilss. The Science of Translation：Problems and Methods. Shanghai：Shanghai Foreign Language Education Press，2001：34-35。

④ 埃德加·莫兰. 方法：思想观念. 北京：北京大学出版社，2002：176.

⑤ 加达默尔. 真理与方法(下卷). 洪汉鼎译. 上海：上海译文出版社，1999：502.

后的语言—即目标语—来阅读的。这个过程也正是加达默尔所说的文字被异化的过程，即"通过文字性就使意义遭遇到一种自我异化"①，而在异域文化和语言中的转换与阅读则是再度的异化。

比如，中国道家和道教的核心术语"道"是个内涵丰富的词，老子尚且言："吾不知其名，强字之曰道"，继而又反复言："强为之名曰大。大曰逝，逝曰远，远曰反。"（《老子》，第二十五章）一词多举，可见老子既担心词之不达己意，又担心词义之离散，故己先行道说出并予以消解之。老子本人尚且如此，此"道"要在西语文化中予以再现，可想其难度之大。尽管它与西方的"是"[on /etre /sein /be]和"逻各斯"[logos]在意思上有相同之处，但却不能完全对等。即使用西语"是"和"逻各斯"予以表现，其结果也只能是在西方学术生态中的一种选择与"过滤"而已。仅由此一例可见，语言文字在传播中的不对称、信息耗损、绝对对应词缺乏，其根源正在于接受者各自的文化信息所赋予词的内涵的不同。一个异域异地的词要落户在本土语境中，不仅"让自己的前概念发生作用"②，而且也同时受到"外来词"自身信息含量的制约，两者彼此耗损或互为增加。

其次，文学翻译过程即是文化过滤的过程。异质文化间的文学交流主要体现为"一种文字流传物"的形式。它要变成有意义和精神的作品，就必然通过翻译。而翻译过程本身就存在着文化过滤，同时也是对文化过滤的制约。表面上看，"翻译往往被看成两种文本之间的纯语言转换"③，其实，从本质上讲，翻译就是译者在两种语言范围内的文化对话与交流，是两种不同文化内涵的异质语言的比较，而且也通过语言进行异质文化的比较。虽然任何翻译，其结果定型于某种语言的译文，但其过程却是具有许多

---

①　加达默尔. 真理与方法（下卷）. 洪汉鼎译. 上海：上海译文出版社，1999：502.

②　加达默尔. 真理与方法（下卷）. 洪汉鼎译. 上海：上海译文出版社，1999：507.

③　曹顺庆. 比较文学. 成都：四川大学出版社，2005：279.

不定因素在内，故杨自俭教授认为"翻译是译者的一种特殊而复杂的思维活动过程"①。此定义中直接提出译者，是颇为见地的。翻译过程是正是译者介入的过程，是译者双语能力、双文化修养、时空变异和可接受语境等因素在译者大脑中的"一种彼此归属"和"一种彼此倾听"，而译者大脑即思维的熔炉则是"一种中介"。生发于这种"中介"中的活动则是"特殊而复杂"的。此种"特殊而复杂"源于翻译中的双语，更源于构成译者思维、影响译者思维与打上译者人格特质的思维方式的"综合"与"中介"。可以说，翻译过程中的语言转换是文化过滤最集中而具体的体现。

(3)接受者个体文化心理结构对外来文学接受的"文化过滤"。在跨文化文学的交流中，作为"文字流传物"的作品必须首先与特定的读者或译者遭遇，也就是说，首先起作用的是读者个体或译者个体的主观需要。比如说一个读者/译者所经历过、同时也为社会群体所经历过的生活，再一个就是译者/读者所经历过的个人生活、人生遭遇、个人志趣和思想发展经历等，这些属于个人的独特生活体验，往往会导致表面上一致的现实语境下个体人格世界的差异性，从而构成一个人独特的道德观、生活观和文化观。这时，接受者的主体性、选择性和创造性就是指主体从个体人格世界和自我惯性思维需要出发行事，而不是指主体被动地按外在需要或规律行事。接受者的"选择性"、"主体性"既可能表现为清醒的、符合主观目的的有意识行为，也可能是没有清楚意识到从事活动的目的和过程的无意识行为。这种个体和人格世界的差异也往往表现在不同的接受者对于同一种外来文化所采取的不同立场上。

比如在西方浪漫主义触发中所形成的中国现代浪漫主义作家群体，在整体上他们都把追求个性解放和自由视为其基本的思想基调。但是这种"别求新声于异邦"在不同作家身上却因个性特质的差异而有着不同的表现。鲁迅使用恶魔式的叛逆，尼采"超

---

① 杨自俭. 关于建立翻译学的思考. 中国翻译，1989：4.

人"式的激情，雪莱式的"与旧习对立，更张破坏"，以及拜伦式的"重独立而自由"等方式来打破中国社会沉闷和人民精神的愚昧，在无声的中国开出一条生路①。郭沫若同样从这种思想基调里取来了"浪漫"之火，烧毁了像孙悟空的紧箍咒一般禁锢人们头脑的旧文学观念，创造了《女神》中一系列引人入胜的浪漫主义诗歌形象，他们在"涅槃"中迎来了新世纪的曙光。

但以郁达夫为代表的作家们则更多地吸取了西方浪漫主义的一个本源性传统——感伤主义。感伤主义的普遍倾向，是反对古典主义的理性规范，以异常开放的艺术姿态追求感情的抒发。因此，表现个人彷徨于人生歧路上的孤冷、寂寞、悲凉，则成为郁达夫作品的一个普遍特征。早年作品如《银灰色的死》《沉沦》《南迁》《怀乡病者》《风铃》等，均写留日学生的生活片断，着重表现其内心的郁悒、苦闷和彷徨。在表达个人对社会的愤懑方面，郁达夫不同于鲁迅和郭沫若的强烈反抗，而是一种带点灰色、感伤的调子，——仿佛是一些不甘沉沦却又无力挣扎者发出的呼喊，或者是一些穷愁潦倒、孤独愤世者的颂诉和叹息。在坦率暴露病态心理这一点上，郁达夫显然受了卢梭、陀思妥耶夫斯基以及某些自然主义作家的影响。这种大胆暴露，一方面体现了对封建道德的叛逆精神，另一方面却也具有明显的消极作用。主人公的愤激和反抗，最终往往变成自戕，爱国心又常与个人欲望相联系，使作品如《沉沦》笼罩着一层悒郁颓丧的气氛。正如卢梭的《忏悔录》是其自传一样，郁达夫的全部作品都是其"自叙传"，几乎都隐藏着作家自传的影子②。

可见，在跨异质文明文学的交流与对话中，文化间彼此独特个性或曰特质往往会在不同的个体身上引起不同的回应，此所谓"道之所言者一也，而用之者异"③。外来文学传入首先直接地受到

---

① 殷国明. 20 世纪西方文艺理论交流史. 华东师范大学出版社，1999：105.

② 朱寿桐. 情绪：创造社的诗学宇宙. 上海：上海文艺出版社，1991：46.

③ 管子（卷一）. 牧民第一·经言一。

特定读者或译者的文化过滤，并在过滤中形成"具体化"，如译文等。因为现实语境和传统文化因素这些构成接受者无意识的文化系统，并不能脱离个体而存在。也就是说，"一个文化系统的集团无意识和人们的文化心理结构总是通过个体表现出来的"①。一般来说，以语言为中介的文学交流主要是指精神文化交流，将首先在接受者主体的心理结构中加以内化，首先作用于主体的文化心理和意识，然后才部分表现为接受者所处现实语境之下的文化行为。也就是说，外来文学必须首先接受译者的第一次过滤，其次才外显在主体文化行为之结果上——译文/读者的再次过滤。

第二节　文化过滤与文学误读

如果文化过滤存在于文化交流的始终，那么，文化误读也必然伴随着文化交流的过程中。其中，"静态的文本提供的信息与读者解读时所获取的信息之间往往不尽相同"②。这种"不尽相同"正是源于接受者或接受者文化对发送者文化的渗透，修正与筛选，亦即文化过滤，从而造成影响误差，形成误读。

"误读"概念由美国文艺理论家哈罗德·布鲁姆[Harold Bloom，1930—]在其所著《影响的焦虑》（1975）中论诗时提出。在他看来，任何影响都是一种"误读"的批评，一部文学史即本文间性的关系史，也就是前辈的压抑和后辈以"误读"逃避压抑的相互作用史。布鲁姆写道："一部成果斐然的'诗的影响'的历史——亦即文艺复兴以来的西方诗歌的主要传统——乃是一部焦虑和自我拯救之漫画的历史，是歪曲和误解的历史，是反常和随心所欲的修正的历史，而没有所有这一切，现代诗歌本身是根本

---

① 曹顺庆等. 比较文学论. 成都：四川教育出版社，2002：198.
② 屠国元，朱献珑. 译者主体性：阐释学的阐释. 中国翻译，2003：6.

不可能生存的。"①

　　其实，误读是"文化过滤"过程诸因素合力的产物。首先是接受者或阅读者的主体性因素。黎跃进指出："所谓文化误读，就是研究主体按照自身的文化传统、思维方式、自己所熟悉的一起去解读另一文化系统的文学现象，从而产生理解上的错位，按我所需地加以切割、加工，读出研究对象所没有的意义。"② 但"错位"是双向的，即不仅是输出文化的错位，也应同时是接受者文化的错位。这可以从翻译过程的译者主体与原著的关系来看。译者与原著之间的相遇，原著在译者之介入中激活自身的结构图式的同时，译者也在自身开放性图式中吸纳了对方。从原作与译作的关系看，原作进入译入语中，除在语言形态上异化为译语形式外，更因上文说的译者的文化意识和价值取向而打上了译语文化的烙印，负载着译语文化的意蕴，译作不再仅仅是原作意义上的外国文学作品，而是译语语境下的外国文学作品。

　　其次，从语言层面上来看，任何外来文学作品，译者或读者只要是在目标语中加以"再现"或"再生产"原文，他就必然要有意识或无意识地受制于目标语的规范和读者语言阅读习惯。维特根斯坦在《哲学研究》中强调："'意义'这个词可以这样来定义：一个词的意义就是它在语言中的使用。"③ 同样，我们也可以说，外来作品的意义就是它在目标语环境中的被阅读。就汉语来说，它的特点主要是由中国文化予以塑造的。一部被汉化和在汉语语境下被接受的外国文学作品，原语形式上的错位，也必然意味着原语内涵上的错位。

　　再次，从理解的历史性来看，一部作品进入另一种文化语言之中，不仅是空间地域上的差异，也同时意味着跨越历史时空的

---

　　① 哈罗德·布鲁姆. 影响的焦虑. 北京：三联书店，1989：31.
　　② 黎跃进. 外国文学研究的创新：对象、角度与误读还原. 上海：上海师范大学学报，1999：3.
　　③ 钱冠连. 汉语文化语用学. 北京：清华大学出版社，2002：25.

错位。错位所导致的偏见，必然对传入的文学发生误读性影响。加达默尔就曾明确指出："我们存在的历史性包含着从词义上所说的偏见，它为我们整个经验的能力构造了最初的方向性。偏见就是我们对世界开放的倾向性。"①理解的历史性构成了理解的前提条件，也必然导致理解的偏见，包括误读现象。加达默尔把"偏见"置于人们理解活动的前景，正如不懂外文的人必须透过译文这一前景来理解外国作品一样。这样，我们对"偏见"和"误读"的认识，就不是囿于二者自身，而是源于"前景"或"前提条件"下的必然性肯定——偏见或误读是一种积极的因素，它是在历史和传统下形成的，是解释者对处身世界意义的一种选择②。

最后，文学误读与创新。文学误读缘于文化过滤，是文学变异学最根本的存在方式。文学误读体现于跨异质文明语境中的各个层面，如语言形式、意义偏差及意图谬误等方面。就跨异质文明的文学文本交流与对话而言，其根本的变异还是滋生于两种语言之间的差异性与不对称性。因为人类的精神产品一旦脱离人的思维，便凝结为具有物质形态性的语言形式。特定的经验世界一旦为语言所把握，我们也就受到语言的束缚和制约。而解脱束缚和制约也就必然意味着某种创新，必然意味着把"世界在各种不同的语言世界中所经验到的""细微差别"③ 带入了对方。许渊冲先生在谈到翻译的变异性时说："中文是比较艺术的文字，往往说一是二，说东指西，比较模糊，译成英文的时候，很难做到高度统一，需要译者创新，而创新难免标新立异，所以说译者异也。"④

翻译就是一种创新，创新就是一种变异。肯定了创新的价值，也就肯定了误读的价值，而误读又往往是不得已而为之。如诗句"人曾为僧，人弗可以成佛。女卑是婢，女又何妨成奴。"钱歌川

---

① 加达默尔. 哲学解释学. 夏镇平等译. 上海译文出版社，2004：9.

② 张德让. 加达默尔哲学解释学与翻译研究. 中国翻译，2001，(4).

③ 加达默尔. 真理与方法(下卷). 上海：上海译文出版社，1999：572.

④ 许渊冲. 文学与翻译. 北京：北京大学出版社，2003：138.

译为：The man who has been a monk cannot become a Buddha. / The girl who is a bond maid may be called a slave。许渊冲改译为：Buddhist cannot bud into a Buddha. / A maid may be made a house maid。① 前者是意译，译诗却无法得原诗之意，后者采用了字母头韵的修辞手段，虽具有一种音韵的美感效果，却无法让人感受原诗"因人合为僧，人弗合为佛字，女卑合为婢字，女又合为奴字"的汉字双关艺术妙处。误读的必然性亦由此可见一斑。又如《长干行》中的四句诗："十六君远行，瞿塘滟滪堆。五月不可触，猿声天上哀"，庞德将其译为："At sixteen you departed，/ You went into far ku-to-yen，by the river of swirling eddies，/ And you have been gone five months，/ The monkeys make sorrowful noise overhead。"② 原诗说女方 16 岁时男方远行，庞德的译文说成是男方 16 岁时远行；原诗说五月份船容易触礁，庞德说是男方走了五个月。作为创作，原诗写触礁沉船，是一般人共同的悲哀；译诗则写生离死别，却是个别特有的悲哀，也因此更容易感动美国的读者，这或许就是该译文成了"20 世纪美国最美的诗篇"的原因所在吧。而这种"最美的诗篇"正是缘于误读，缘于译者在语言形式、意义及意图上对原诗的调整，可谓译者"依"于原诗，又保持与原诗在意象、意义和意图上偏差，从而成就了中国古代诗歌与美国现代诗歌史上的因缘际会。其实，在文学文本的翻译与交流中，真正的"不可译性"往往正是由主张"忠实"人的促成的。忠实观本身意味着肯定原文的形式、意义与意图在译语中的完全再现。而事实上，完全忠实在实践中不仅行不通，且暗示了对翻译行为的放弃，并最后以"不可译性"论之。相反，承认译文的差异性或变异性，不但肯定了文学文本在跨异质文明传播中的实际遭遇，而且更重要的是它促使人们在一种新的认识策略上把误读与创新整合在一起。

---

① 许渊冲. 文学与翻译. 北京：北京大学出版社，2003：136.
② 许渊冲. 文学与翻译. 北京：北京大学出版社，2003：143.

第十二章　中西自然观：“与物为春”与“骄奢之目”

我们将围绕“构成”这一现象学术语来看人与自然之间的关系。它体现在三个方面，即：人与自然具结构性关系，人与自然之间具非对象性关系和人与自然具同一性关系。这三方面归结起来，可以称为是人与自然的和合“构成”关系。其中的“构成”是借用现象学家胡塞尔 konstitution 一词的中文译文。胡塞尔认为：“一切问题中的最大问题乃是功能问题，或‘意识对象’的构成的问题。”①“构成”在胡塞尔那里往往指“客观世界的构造、客观空间的构造、本己身体性的构造、本己人格的构造、自然和精神世界的构造”②，即物我、他我之间的“交互主体性”。根据“交互主体性”，物我之间、他人与自我之间，都是一种结构关系，关系中的各项只有功能性，只有在被置于当下与之相遇的“构成”对象中时，关系中的各项才能获得意义和价值。“构成性”重视事物之间意义的“直观”、“自明地给出”③。而传统哲学所谓的“理念”、“本质”、“实体”只不过是一些“预设者”，是被事先赋予事物的。

海德格尔更明确地指出，人的本性并非先念主体性，而是纯

---

① 胡塞尔. 纯粹现象学通论. 李幼燕译. 北京：商务印书馆，1992：218.
② 胡塞尔. 现象学概念通释. 倪梁康译. 北京：三联书店，1999：255.
③ 胡塞尔. 现象学的观念. 倪梁康译. 上海：上海译文出版社，1986：16.

粹的存在构成。它是使事物自身显现其意义的原发性前提。人根本上就是此纯粹缘起或"以此为是"或"自然而然"的纯构成,如庄子在濠梁之上与鱼之间的构成关系。他没有自己的现成本质(比如"思想的主体"、"理性的动物"等等),而只是从"让世界显现"的方式中获得自身。人与世界的根本关系并非主体与客体、我思与非思、现象与本质的关系,而是在"请循其本"(庄子语)的"此在"原发性中的相互缘起和相互构成。"构成"关系,重视人与物之间意义的自显性,企图清除掉任何附加的和耽误事情本身显现的存在假设,以便让大地、物象"物各其性"、"自陈其意",从而避免以主客二元对立的方式,来观物、应物、感物,尤其是其强调"构成的识度",取消概念的先念预设的思维,重视以当场构成的方式来让物之意义"直接显现",这与不以概念思维为主,悬置主体的"吾丧我"、"人不忘其所忘,而忘其所不忘"(《德充符》)、"与物俱往,而无所不应"[①] 的中国思维,具有十分硬性的吻合性。在我们随后所讨论的人与自然的关系,以及此种关系所蕴涵的思想传承中,此种"构成的识度",在某种程度上,成为中国传统思维中人与自然发生关系的无意识河床。

当然我们提出胡塞尔或海德格尔的"构成"观时,并非直接将之嫁接到中国传统的人与自然的关系以及自然观念上,这只是一个临时的假设,其有效性,只有在我们对中国自身的文化和思想观念有了充分了解后,才能在理解的策略与理解的对象之间架起沟通的桥梁。其实,自然之观念,在根本上,是向人的观念形态生成的。从概念演变和文化史的角度来谈论自然,"自然"显然已经不是纯粹意义上之自然。自然一开始就成了人意识、目的、需要,即人的价值观念的外在显现。这似乎要涉及人类意识之产生和觉醒之时代。然而,这一问题并不应该成为我们探讨人与自然之间关系的障碍。同样,海德格尔论及自然与历史之关系时认

---

① 清·王先谦撰. 庄子集解. 新编诸子集成(第一辑). 北京:中华书局,1987:17.

为："在一切科学中，当我们追踪它们的最本己的意图时，我们是与存在者本身相对待。恰恰从诸科学出发来看，没有一个领域对另一个领域具有优先地位，自然并不比历史优先，反过来，历史也不比自然优先。"①

以此可见，当我们追寻自然"最本己的意图"时，就必须划破由人类自己构建的历史时空，"通过不断开放，使得起源被开放的程度恰恰是它后退的程度"②。事实上，我们从文献入手去考察人与自然之关系，所得到的，与其说是有关人与自然的浑然存在，毋宁说是人的活动或人与自然之关系的表象而已。无比沉重的学术积累史、那足以令人皓首难穷的经典文献及其注疏系统，使我们在探索人与自然之关系时，我们"再次遇到最初的有限者主题。但是这种有限者……是出现在一个更基本的层次上：这是人的存在与时间之间的不可超越的关系"③。也就是说，人与自然之间的关系，既是人的众多关系中"最本己的"关系，但同时又是在时间和空间的领域中以"历史的、线性的、以积淀的形式"内涵于人的生命活动之中。我们今天在谈论自然时，我们自身也是与自然相对待的，正如冯友兰所说"思议中底大全，则是思议的对象"。既然作为"思议的对象"，"则必不与大全相符"，亦即"自然"作为"无意识"，无言不显，但对它的言说则"必是错误底思议"。④ 尽管如此，我们依然要说，如果历史是人类活动的物态化，那么，历史也可以说是自然的观念化。自然与历史的关系，也就是自然与人之关系。只不过要明白，我们将自然作为话题来谈论时，就已经不是指涉当下的自然，而是指语词化或概念化之自然，即自然作为"思议的对象"。尽管如此，语言作为人存在之"家园"，透过它，我们确实能感受到我们曾经乃至今日是如何被安顿

---

① 海德格尔. 路标. 孙周兴译, 北京：商务印书馆, 2000：120.

② 刘北成. 福柯思想肖像. 上海：上海人民出版社, 2001：161-2.

③ 海德格尔. 路标. 孙周兴译. 北京：商务印书馆, 2000：128.

④ 冯友兰. 新原人. 三松堂全集. 第 4 卷. 郑州：河南人民出版社, 1986：635.

的。以下，我们拟从三个方面来加以讨论。

一

　　首先，自然作为"思议的对象"，我们可以离析出两种自然的存在状态：其一，自然被认为"如其所是"的那样存在着。这意味着放弃对自然何以如此的拷问，人们不需要为自然之存在寻找一种先验之根据，自然即"块然而自生耳"，"物各自生而无所出焉，此天道也"。"自然"与"天道"相提并论，或以自然释"形而上"之"道"，这样，自然就与最高的存在理念发生了联系。自然作为第一尺度便获得了一种形而上的依据。现象的、经验的与终极的、理念的，被一下子拉到了一起，和合而为一。

　　在汉语里，自然一词所指涉的对象，往往并不具有具象性的涵义，如山川、河流、草木，等等，它更多的是成为对人的召唤，向人展示一种生活图景。"我们可以说，每人见到的世界都是他自己所创造的。物的意蕴深浅与人的性分情趣深浅成正比例，深人所见于物者亦深，浅人所见于物者亦浅。"[①] 无论深浅，物与我们相对待，共同构成了人与自然互为彼我的关系。人只要认同了自然的观念，人也就实现了对自我或有限之小我的超越。这里自然的观念，并不是抽象的东西，而是充满了自然感性光辉的具象性东西。海德格尔将形而上学还原到与经验的间性域时，指出：形而上学就是一种超出存在者之外的追问，以求回过头来获得对存在者以及存在者整体的理解[②]。"此在"先走出再回头的取得对存在者的再认识，是海氏的一个基本思路。这一点可以说较为充分地体现在他的《荷尔德林诗的阐释》中，如他对《返乡——致亲人》《追忆》和《如当节日的时候》等诗的阐释中。始源性的东西

————————————————————

①　朱光潜. 朱光潜全集. 第3卷. 合肥：安徽教育出版社，1987：55.
②　海德格尔. 路标. 孙周兴译. 北京：商务印书馆，2000：137.

唯有离乡后的归去才能企及。海氏指出：

> 对源泉之为源泉的经验是这样发生的，即它通过向异乡的漫游预先成为遥远的东西，而一种返乡在它变成回家时能够接近这种遥远的东西。那近乎本源的栖居本身必定起于这种接近。这种栖居保持着接近的方式①。

据此，我们可以说，在老庄那里，对于自身的超越，正是以认同自然，以自然作为第一尺度，并对自然进行观念上的逆转，从而实现与自然和合为一，使自身获得整体的理解。我们惯常所说的"回归自然"之自然，是否一定是人之为人在存在意义上的下降呢？有人批评"天人合一"观，认为这是以人合天，是人向自然的投降，是对人主体认知能力的取消②。其实，关键的问题是：自然被赋予了什么样的价值隐喻。庄子之"忘忘"和"吾丧我"，基本前提是要有可"忘"可"丧"之东西。同样，"天人合一"观的提出，亦一样需要一个前提，那就是"天人对立"。老庄对自然而然状态之认同，同样源于其基本的观物价值选择，即用镜式的方法来看待自然，还是用灯式的方法来打量自然，不过他们选择了一种如何把我们自身原始地带到自然面前的方式。用理性之灯观照自然，则王国维之"以我观物，故物皆注我之色彩"③。

对此，庄子在《大宗师》中用"藏舟于壑，藏山于泽"与"藏天下于天下"加以回答。以下前者以小附大，以为必有所"循"（忘失）。后者则以无所附丽于对象，因而能"无所藏而都任之，则物无所不冥，无化无不一。故无内外，无生无死，体天地而合变化，索所循不得矣"④。故庄子认为前者必"犹有循"，而后

---

① 海德格尔. 荷尔德林诗的阐释. 孙周兴译. 北京：商务印书馆，2000：178.
② 成复旺. 神与物游. 北京：中国人民大学出版社，1989：134.
③ 王国维. 人间词话.
④ 郭象. 庄子注·大宗师.

者则"将游于物之所不得循而皆存"。成玄英疏："夫物不得循者，自然也。孰能逃于自然之道乎？是故圣人游心变化之途，放任日新之境，非始非我，何往不存耶！"用现代汉语来说，前者是从自我中心出发，对川流不息无际无涯之"非我"，以概念、观念来对自然全体加以分割，是人以自身尺度或"人凭自己的活动作为媒介，来调节和控制他跟自然之间的物质交换"①。马克思所说的人与自然之间的物质交换，当然是指人应用"人的本质力量对象化"来使物向人的需要、目的转化②。就自然物的审美而言，或因知性、个人喜、怒、哀、乐等情绪的入侵，而使美感经验或"与物为春"截然中止，乃至以说理或抒情或宣泄个体意识，山水、风物、鸟兽亦因"皆著我之色彩"而失去其本来面目。"皆著我之色彩"即以人的尺度以观物应物感物之结果。从审美心理学的角度卜讲，诗人以"我"观物，乃以"成心"夕、"机心"或文化积淀之心观物，在"自然山水面前，诗人自我意识受情绪或知性影响而波动、挣扎与变化"③，其所观之物性皆我性或自我之延伸。

　　用镜式的眼光打量自然，则自然澄明自在，纤尘不染，"故不知何者为我，何者为物"。宋人扬简有诗云："山禽能道心中事，烟柳藏他物外机"、"净几横琴晓寒，梅花落在弦间。我欲清吟无句，转烦门外青山。"④ 王夫之说："役心向彼探索，而不恤己情之所自发。"⑤ "山禽能道心中事"，"己情之所自发"，关键是使内心澄明，内心澄明，方能向世间万物打开。其实，内心澄明，又何必"役心"？既然内心澄明，则实现了"主体的虚位"，又何须一"烦"字和"役"字呢？古人云："看山水亦有体，以林泉之心临之则价高，以骄奢之目临之则价低。"⑥ 以"林泉之心"临万物，

---

① 朱光潜. 朱光潜全集(第5卷). 合肥：安徽教育出版社，1987：263-264.
② 朱光潜. 朱光潜全集(第10卷). 合肥：安徽教育出版社，1987：301.
③ 王国璎. 中国山水诗研究. 台北：联经出版事业公司，1986：423.
④ 宋人扬简诗句，罗大经. 鹤林玉露. 丙篇卷5.
⑤ 王夫之. 夕堂永日绪论·内篇.
⑥ 宋·郭熙. 林泉高致.

亦就是以自然本身的尺度，而非人的理性的尺度，来接近自然物象。王夫之所谓"役心"以实现向外物的开放，可以说是由艺术修养的角度讲的。宋简所谓"转烦门外青山"是从艺术表现的角度来讲的。而郭熙淳之"林泉之心"则直接以自然之心，即以同于山水之神的林泉之志投入自然之中的。人以"林泉之心"临观万物，人非自外于万物之外，而是就在万物之中。所以，清初廖燕在为一组秋天的诗所写的题词中说："万物在秋之中，而吾人又在万物之中。"① 人能处万物之中，即不是把万物作为对象或"不可为象"来把握的，亦如苏轼之"不留于一物，故其神与万物交"②、清末况周颐之"以吾身入乎其中而涵咏玩索之"、"吾生灵与相侠而俱化"③ 等所表明的境界。这即是物我同化的境界，足以见出中国诗人论诗离不开人与物之间的关系，而对此关系的把握又离不开一个"化"、"交"字，人化物，物亦化人。化的过程，虽然是以主体的弱化为其前提的，但其目的是为了克服那在人与物之间形成隔阂的"骄奢之目"。克服"骄奢之目"，故能"即物即我，即我即物"，这是主体与客体的精神契合和"相侠"，或者根本就不必在名言上有所谓主体与客体之谓。在这里，人—自然、存在—意识、美—美感是和合为一的。诚如朱光潜在论中国诗歌中的美学精神时所言：这一种"彻底的人道主义与彻底的自然主义的结合。"④ 问题是，无论理性之灯抑或镜式之认同，皆源于人。而正是人在与自然发生着交流和沟通。人的价值，或者可以说人的价值选择，正是源于人与自然之间的连接，决定了他的态度。故此，那尚未被人的观察对象化（别忘了"人"），或纯粹的存在自然，本身就是"妄言"。萨特曾指出，如果"我"[Je]成为我自身的对象，那么，"'我'[Je]也就无法参与世界的一切崎岖。"⑤

① 成复旺. 神与物游. 北京：中国人民大学出版社，1989：8.
② 成复旺. 神与物游. 北京：中国人民大学出版社，1989：9.
③ 成复旺. 神与物游. 北京：中国人民大学出版社，1989：3.
④ 劳承万. 朱光潜美学论纲. 合肥：安徽教育出版社，1998：99.
⑤ 萨特. 自我的超越性. 杜小真译. 北京：商务印书馆，2001：41-45.

二

　　假如说有尚未被对象化的自然，那如其所是、自然而然地存在着的自然，那其实意味着尚未将人置于自然的面前。庄子之“物化”以及“吾丧我”，正是因为庄子意识到了个体意识的充分觉醒。故主张以主体的弱化或以暂时隐退之策略，以实现人与万物之间的浑然一体的。庄子无疑意识到人所具有的“理性的狡黠”对实现人与物之间相拂相荡关系的妨碍，故其不仅对“形我”、“理我”、“社会角色之诸我”进行了消解，甚至对落于言筌的语言亦进行消解，如“言非吹”，从而主张一种“与道通为一”之大我①。

　　相反，西方则认为，一种脱离了人类中心主义的主体价值之思，世间万物则等同于“无”。黑格尔说：“纯粹的存在与纯粹的无是一回事。”② 费尔巴哈虽然主张“自然是人的根据，人是自然的产物”③，但是他在区分“旧哲学”和“新哲学”时却说，“旧哲学曾说：不被思想的东西，就是不存在的，新哲学则说：不被爱的，不能被爱的东西，就是不存在的。”④ 费尔巴哈用“我欲故我在”的命题，代替理想主义者所信奉的“我思故我在”。⑤ 费希特

----

　　① 陈鼓应释曰：“言论和风不同。意指言论出于成见，风吹乃发于自然。”陈鼓应. 庄子今著今译. 北京：中华书局，1983：51.

　　② 海德格尔. 路标. 北京：商务印书馆，2000：138.

　　③ 费尔巴哈. 费尔巴哈哲学著作选集（下卷）. 北京：北京三联书店，1959：554.

　　④ 费尔巴哈. 未来哲学原理. 西方哲学原著选读. 北京：商务印书馆，1981：500.

　　⑤ 《马克思恩格斯选集》（第1卷），北京：人民出版社，1972：50. 需要指出的是：“对象化”原是黑格尔用语。马克思在《手稿》提出“对象化”［objectification］，批判了黑格尔所谓主体与客体互相对立为象的观念，而是主张人与世间万物是互为对象、各自表现和确证对方的存在、对方的生命、对方的本质和力量的一种客观而必然的关系。在马克思那里，人与自然的关系，就如同阳光与植物的关系。

更是将自我君临万物之上，如他说："对我存在的东西，都是由于与我有关才存在的。"① 因此他认为，自然就是单纯对我的存在，是为我存在的，我不存在，自然也不存在了。这样在他看来，世界上的唯一真实存在，就只有一"自我"了。他们的共同之处在于：事物只有在人的观念迁移其中、并成为人的本质的对象化和外化后，才能说它们确实存在。朱光潜则认为人（主体、心）—物（客体、自然）是一个双向互逆交流图："主体客观化和客体主观化。单边自我封闭的主体和客体，不发生对逆交流的主体和客体，都是一堆僵死的拼凑杂物，是一个'无'。"②

那么，使事物如其所是地存在，在西方人眼里，无疑是使其变成"无"。这里需要指明一点，道家之"任性自然"重在一"解"字上。这可从他们所采取之策略上看出，那就是必须对人的能动性认识加以消解和还原。老子言："知者弗言，言者弗知。塞其兑，闭其门，和其光，同其尘，挫其锐，解其纷，是为玄同（《老子》第56章）。"元代道士李道纯《画前密意·工夫第十一》诗云："清心释累，绝虑忘情，少私寡欲，见素抱朴，易道之工夫也。心清累释，足以尽理。虑绝情忘，足以尽性。私欲俱泯，足以造道。素朴纯一，足以知天。"③

其实，老子谈"玄同"论"抱一"，在于他意识到了事物之间的对立。他主张事物、物我之间的同一性，他甚至不惜夸大同一性，其根本动机是本于他的还原之策略：即"为学者日益，为道者日损。损之有损，以至于无为。无为而无不为"（《老子》第48章），从而实现人与自然之间"曾经有过"的浑然一体性。同样，在人—自然交流的活动关系上，庄子则主张以"游心于物之初"（《田子方》）、"上与造物者游"（《天下》）、"独与天地精神往来"

---

① 费希特. 人的使命. 北京：商务印书馆，1982：89-90.

② 劳承万. 朱光潜美学论纲. 合肥：安徽教育出版社，1998：91.

③ 道藏(第4册). 北京：文物出版社，上海书店，天津古籍出版社联合出版，1988：486.

（《天下》）的"乘物以游心"式的"至乐"。无论由策略上讲，还是由实现策略的方式上讲，人—自然之间的同一性都是以消解或弱化人的主体性介入来获得的。当老庄以减损的方式去实现人与自然的亲和关系时，那位曾经做过胡塞尔学生的存在主义哲学家萨特却说出与老庄类似的话：存在并不是认识而增加什么，因为认识是纯粹的否定。那么，否定的是什么呢？否定的正是"是其所是的自由涌现"[①]。

三

翻开西方思想史，我们不难发现，有些主张人—自然之间具有同一性的哲学家，其同一观，则是由知觉获取的感性物质上升于概念领域并于其中取得一种形式上的同一。被恩格斯称赞为"和煦的春光撒落在范畴的种子上"[②] 的谢林所提出的人—自然、思维—存在之间的同一性，却并非基于现实的人与自然之间的同一性，而是基于"客观的主体—客体之间的同一性"。在谢林那里，"客体的主体"是指上帝的绝对存在，人与自然只有在"上帝之大全"之中才能取得同一，亦即"现实者（人、自然）与理念者（上帝）的同一"，而人与自然则只能展示"上帝的理智"。如他指出："绝对同一性只存在于主体与客体之量的无差别的形式下"[③]，而所谓"绝对同一性"、"无差别"的形式，就是指上帝本身。[④] 由此可见，谢林所主张的主体与客体的绝对同一却是空的。它只不过是由感性形式向概念发展的中介而已，并最终被黑格尔消弹感性事物差异的"绝对理念"所取代。即使以"生命哲学家"著称

---

① 萨特. 自我的超越. 北京：商务印书馆，2001：110-146.

② 马克思恩格斯全集. 第41卷. 中央编译局编译. 北京：人民出版社，1995：265.

③ 王永样. 西方同一思想史. 上海：上海社会科学院出版社，2001：192-193.

④ 谢林. 艺术哲学（上卷）. 魏庆征译. 北京：中国社会出版社，1996：1-23.

的伯格生亦是以物质与精神二分的哲学观来认识人—自然之间的
同一关系的。在他看来，世界分为两个根本相异、甚至对立的部
分，一是生命，二是物质，整个宇宙是两种反向的运动即向上攀
登的生命和往下降落的物质之间的矛盾冲突。他说："生命是运
动，物质性是运动的逆转。这两种运动中的每一种都是浑然一体
的，构成世界的物质的是不可分割之流，透过物质的生命也是不
可分割之流。……在这两股流中，第二股与第一股相对立。"① 显
然，在柏格生那里，一有意识、有自动力的生命一开始就要遇到
机械的、无自动力的物质的抵抗，必须征服物质的抵抗，生命才
能向上发展。

　　其实，无论是于绝对形式上的同一，还是将万物以人自身的
尺度来实现人与自然之间的统一，西方哲人所追求的是将人从感
性物质世界里独立出来，从而最终确立以理性思维为基础的价值
生成，即"人的本质力量对象化"。其实说白了，人要在对象中实
现自己的本质力量，他就必须要不断地把物变成自己欲望的对象，
就如拉康所言"欲望的主体构成了人的本质"②，一旦欲望构成了
人的本质，他就必然以"骄奢之目"来君临万物，从而让对象按
照人的欲望尺度来成就人自身，使自我在时间和空间上通过行动
来延展和展开。这同时也决定了西方人的自我意识既是开放的亦
是模糊的。其开放性奠定了西方文明不断超越、不断否定的一面，
其模糊性又促使他们不断地追问"我是谁?"由于"我是谁"不得
其解，而在宗教卜为自己确立一个彼岸世界，在形上逻辑中为自
己构建了一个概念世界，如柏拉图的"理式"，亚里士多德的"第
一哲学"，③ 黑格尔的"绝对知识"或"绝对精神"等，从而克服
感性物质世界多样性的迷惑。

---

① 白格生. 创造进化论. (纽约英文版)，1928：249-250.
② 李幼燕. 形上逻辑和本体虚无. 北京：商务印书馆，2000：243.
③ 亚里士多德在《形而上学·第四卷》中指出："第一哲学"是一种："研究存
在之为存在以及存在的自在自为的性质的科学"。黑格尔. 哲学讲演录. 第二卷. 北
京：商务印书馆，1995：288.

此种以人的理性尺度所确立的价值,如"认识就是吞噬"①,与中国传统诗哲们所主张的"主体的虚位",如"澄怀观道"、"真景见前,生意呈露,浑然天成"②、"虚空自然之境"(司空图《诗品》),形成了鲜明的对照。对此,叶维廉从跨文化比较的角度以"宇宙本然如此"和"宇宙应该如此"对中西文化差异作了明晰精当的阐释:

> 在"宇宙本然如此"和"宇宙应该如此"之间,道家重视前者,拒绝把人为的假定(关于宇宙的概念)视作宇宙的必然(宇宙本身),因而了解到,第一,名、义、语言、概念是偏限的了解,不但不得其全其真,而且会歪曲其本样;第二,真世界,无须人的自我去管理和解释,是完全活生生、自动自发自然自化自真的,即所谓"无言独化";第三,人只是万物之一体,没有理由由人去类分天机;我们不要把"我"放在主位去主宰外物的形义,而应任物去自由换位互存互应互照互明③。

叶氏是从道家理论出发进行比较的。同样,以理学著称的宋明儒家思想家在谈论人的伦理行为时一样不离宇宙自然自身的目的,如张载所谓的"天地之塞吾其体;天地之性吾其用"(《西铭》);一程的"仁者浑然与物同体"、"天地之用,皆物之用",历史世界不过是宇宙自然本身的展开而已,而我与天地万物都是"元无少欠"、"元来如旧"(《河南程氏遗书》卷二)。所以,"圣人之喜,以物之当喜;圣人之怒,以物之当怒"(《明道文集》卷三)。朱熹更是如此,他说:"作出那事,便是这里有那里"(《朱

---

① 萨特. 自我的超越. 北京:商务印书馆,2001:96.
② 宋·包恢. 答傅当可论诗. 蔽帚稿略卷二,据宋人丙编本,胡经. 中国古典文艺学丛编(三),北京:北京大学出版,2001:281.
③ 叶维廉. 寻求跨中西文化的共同文学规律. 北京:北京大学出版社,1986:67.

子语类》卷一〇一）、"天下无性外之物"（《朱子语类》卷四）。还
有在心学中陆九渊著名的"吾心即宇宙"论，工阳明的"目无体，
以万物之色为体；耳无体，以万物之声为体；鼻无体，以万物之
臭为体；口无体，以万物之味为体；心无体，以万物感应之是非
为体"（王阳明《传习录·下》）。众所周知，儒家过于执着于克服
人的主体欲望的张扬，其所要追求的是一种伦理人格的确立，而
并非"乘物以游心"的自由存在形式，但他却在克服人的主体欲
望的同时，客观上却成就了人按照万物本身的尺度来要求自身的
效果。

　　进而，"宇宙本然如此"落实于人与自然之间的关系上，就是
要让人与自然、自我与非我都是处于一种不分彼此、不分你我的
状态之中。要置身于此种状态之中，就需要先行动摇业已成为事
实的"观念在先，活动在后"的认知理念以及康德的"判断在先，
享受在后"的人类自我意识的先行出场，亦即《吕氏春秋·去宥
篇》言："故凡人必别宥然后知。别宥则能全知天矣。"[1]"宥"与
"囿"同，谓有所拘碍而识不广也，义亦与"蔽"同耳。此所谓
"囿"，即《庄子·秋水篇》所谓"拘于虚"，"笃于时"，"束于教"
之类；去此"宥"方能如《天下篇》所谓"不累于俗，不饰于
物"，《大宗师》所谓"浸假而化予之左臂以为鸡，予因以求时夜。
浸假而化予之右臂以为弹，予因以求鸮炙。浸假而化予之尻以为
轮，以神为马，予因而乘之，岂更驾哉"；去此"宥"，方能做到
"于物无择，与之俱往"，亦即所谓"因性任物而莫不当"之意，
亦即所谓"任自然者久"之意；去此之"宥"，凡人必能看透自己
由地域、时代、民族、政教、风俗，以及其他来源所养成之偏见，
对此，加达默尔称之为"前见"、"前识"或"效果历史"[2]，萨特
则认为"精神—蜘蛛将事物诱至其网中，用白色的粘液将事物包

---

　　① 冯友兰. 中国哲学史(卷一). 北京：商务印书馆，2001：118.
　　② 加达默尔. 真理与方法(第二版序言). 沈阳：辽宁人民出版社，1987.

裹起来，并慢慢地吞下，把它们还原为它自己的实体，"① 方能知事物之真相，才能"任自然者久"。"别看"类似于海德格尔所讲的"解蔽"（aletheia）在海氏那里，"解蔽"就是让存在者自然显露或"敞开"。他在解释"无之状态"时，以"无聊"为例，并用形象的语言来予以说明。他说："而当某人莫名的无聊时，真正的无聊便开始了。这种深刻的无聊犹如寂然无声的雾弥漫在此在的深渊中，把万物、人以及与之共存的某人本身共同移入一种奇特的冷漠状态中。这种无聊启示了存在者整体。""万物和我们本身都沦于一种冷漠状态之中。"② 海德格尔是在论"无"之如何可能时说这番话的。"只要无是完全的无区别状态的话，那么在想象的无与'真正的'无之间就不能有一种区别。"而"冷漠状态"之可能，就在于个体能意识到自身的有限性，即"别宥然后知'，实现"于物无择，与物俱往"，把自己安顿于无之全体之中。海德格尔还认为，"无或无化既不是对存在者的消铒"，而是"向我们启示出此在者之全体"，即向存在者敞开自身，从而使存在者"把自身嵌入无之中"③，实现超越自身之外而存在，即把自身安顿在无之浑然之整体中。

海德格尔使用"无"与存在者这一对概念，其旨意是要消解西方传统哲学中的二元对立，承认人自身超越之必然性和人与"无"或自然之间内在的同一性和互为间性的关系。把人纳入与物共存的"冷漠状态"，是人向"无"敞开并进入"无"之中之必然结果。这是承认人的此在的有限性和人天生的形而上学之思的天性。而在中国老庄那里，这一天性是由"以法自然"来实现的。老子言："圣人恒无心，以百姓之心为心。……百姓皆属耳目焉，圣人皆孩之"（《老子》第49章）。又说："我无为也，而民自化；

---

① 萨特. 自我的超越性. 北京：商务印书馆，2000：96.
② 海德格尔. 路标. 孙周兴译. 北京：商务印书馆，2000：127，129.
③ 萨特在其《自我的超越性》之中，把此种状态称之为"绝对无人称的意识"。见该书第 7 页.

我好静，而民自正；我无事，而民自富；我欲不欲，而民自朴"
（《老子》第 57 章）。"无心"、"无为"、"不欲"也正是要把小我敞
开，从而纳入他人之中，亦即将自我安顿在一个更大的群体之中，
以及宇宙自然之中。从而实现"在己无居。形物自著。其动若水。
其静若镜。其应若响。菊乎若清。同焉者和。得焉者失。未尝先
人而常随人"之个人处事原则①。刘小枫把这种进入人与物之"冷
漠状态"称之为"凉"心的过程②。"凉"心即阻断和中止思虑和
价值关怀，让人从社会的、历史的、世情的"樊笼"复返"自然"
和"性本"，从而让万物之真自己显现自己。"凉"心不是真正的
无心，而是将"心"放在适当的位置上。如陶渊明之"迎清风以
祛累，寄弱志于归波，……坦万虑以存诚，憩遥情于八遐"（《闲
情赋》)诗句中所说的那样，将主体弱化，即"弱志"并涤除"念
之五情热"（《影答形》)③，从而"祛累"、"存诚"、逍遥于八方遥
远之境。同样，被人指责为具有反人本主义倾向的海氏所谓之
"冷漠状态"，其旨意一样出于对主体的淡化处理，通过对主体
"凉"处理，避免"人智强而物智弱"④，从而释放出人与世界最大
之融通。海氏讲"此在"向"无"之敞开，从而进入"无"之界
域，与老子讲"至虚"、"守静"，从而实现个体的人与自然的浑然
一体性，可以说是等量齐观的意思。

四

历来，对于庄子"天地与我并生，万物与我为一"以及孟子
"万物皆备于我"，"上下与天地同流"以及成为中国哲学里特殊范

---

① 清·魏源撰. 老子本义. 上海：上海书店出版社，1987：310.
② 刘小枫. 拯救与逍遥. 上海：上海人民出版社，1988：224-225.
③ 龚斌校笺. 陶渊明集校笺. 上海：上海古籍出版社，1996 年。
④ 宋·邵雍. 皇极经世全书解·观物篇. 四部丛刊. 胡经. 中国古典文艺学丛
编. 三. 北京：北京大学出版社，2001：109.

畴的"天人合一"观，时不时被冠之以神秘主义。因为在此境界中，个人与"全"（宇宙之全）合而为一，而人我内外之分，俱不存在。对此西方人很难识其真谛，如黑格尔认为，中国精神是绝对自我认识的直接阶段，是一种"实体性精神"，并进而断言其缺乏主体与客体的分离，缺乏内在性和主观性。他还据此武断地认为中国精神缺乏对理性的兴趣①。甚至连盛赞中国哲学并认为会对哲学的未来以巨大启示的庞蒂，亦借一位中国哲学家（冯友兰）之口，同样断言中国哲学著作"不够明晰"②。还有一人甚至认为，这种主客不分，无异于与动物具有类似性，因为"精神和肉体在动物那里是高度统一的"③。这种看法似乎亦可以在马克思、恩格斯有关人与自然的关系的论述中获得证实。马克思、恩格斯在《德意志意识形态》中指出："自然界起初是作为一种完全异己的、有无限威力的和不可制服的力量与人们对立的，人们同它的关系完全像动物同它的关系一样，人们像牲畜一样服从它的权力，因而，这是对自然界的一种纯粹动物式的意识（自然宗教）。"④ 马克思又说："动物的产品直接同它的肉体相联系，而人则自由地与自己的产品相对立。"⑤ 其实，马克斯和恩格斯的论断同样是一种推论，而这种推论是以人类历史的线性进化为前提的，并以人自身的尺度为依归，所要落实的是以"人的本质"的对象化的人类中心主义的目标。并以此出发，发现一条走出主客体对立之困境的道路，即承认先于作为主体人的"自然"的道路，并把意识解释成在作为一切其他事物之终极基础的统一。

　　问题的关键是，放弃按照人的主观尺度对自然进行价值选择，从而心甘情愿地自失于自然之中而与万物实现"和光同尘"的浑然一体性，是否真能维护自然自身的自在性呢？其实，这里有必

①　黑格尔. 历史哲学. 王造时译. 北京：生活·读书·新知三联出版社，1956.

②　庞蒂. 哲学赞词. 北京：商务印书馆，2000：109-113.

③　刘士林. 先念批判. 上海：上海三联书店，2001：7.

④　马克思恩格斯全集.（第3卷）. 35.

⑤　劳承万. 朱光潜美学论纲. 合肥：安徽教育出版社，1998：100.

要指出，"自然"一词不是指具体的存在物，它不是名词。张岱年曾指出，解"自然"为一名词乃大误。"所谓自然，皆系自己如尔之意，……道之法一是其自己如此。"① 它能否具有自在性，关键在于它是否能集物与词、概念与物象、能指与所指为一体。而视作"名词"，则意味着概念与所代表之实体的分离，是人走出感性事物之实体向形式逻辑或绝对理念进发，从而进入自为阶段的标志②。这依然是值得大加怀疑的，因为言说中的自然，其不可为象的本然状态必然遭到了破坏。自然是不能自身言说的。而言说一旦发生，自然之本然自为状态就会以分化、区分乃至与人对立的自为方式显现出来。这样，言说者是否真能如其所是地言说自然吗？其实，如果承认有一种前精神状态，那无异于认为人与自然均处于"无"之不分轩轾的状态。

　　然而，如果言说是依傍于那令人皓首穷经的古代原典，那么，我们所读到的就可称之为"过来人语"。也就是说，在老庄那里，他们已经认识到了，个人之精神，与宇宙之大精神，本为一体，特以有后起的隔阂，以至人与宇宙，似乎分离。一部分佛家所说之"无明"，宋儒所说之"私欲"，皆指后起之隔阂。若去此隔阂，则个人与宇宙复合而为一，佛教所说之真如，宋儒所说"人欲尽处，天理流行"，皆指此境界也。为达此境界，在道家那里所用之方法，是以纯粹经验之忘我；儒家所用方法，乃是以"爱之事业"（叔本华用语）去私。无我无私，而个人乃与宇宙合一。当孟子说："万物皆备于我"时，接着又说"反身而诚，乐莫大焉"（《孟子·尽心》），显然，孟子已经意识到我与万物本应一体，但事实上却已分离。若"反身而诚"，回归与万物为一体之境界，则"乐莫大焉"。如欲回复与万物为一体之境界，则用"爱之事业"之方法，所谓"强恕而行，求莫大焉"（《孟子·尽心》）。以恕求仁，以仁求诚。所以恕与仁皆注重取消人我之界限；人我之界限消，则我

---

① 张岱年. 中国哲学大纲. 北京：中国社会科学出版社，1982：18.

② 米歇尔·福柯. 词与物. 莫伟民译. 上海：上海三联书店，2001：420-428.

与万物为一体。不管庄子之"忘我"，抑或是孟子之"反身而诚"，以及孔子之四绝："毋意，毋必，毋固，毋我"（《论语·子罕》），其理想形态上的表现就是要将自我融入"无"之整体中，抑或自然山水，抑或群体之"爱之事业"中，即"在世界之中"安顿自我。

第十三章　绝对权力与肉身化
——论莎士比亚《李尔王》中李尔王对绝对性的幻想

本章以德里达解构绝对性、绝对权力的相关论述为基础，主要探讨莎士比亚《李尔王》剧中人物李尔王[King Lear]的非依赖性本质主义的虚妄性。他索取同一，拒绝差异。他不但在感觉上避开具身性，而且在认识上避开对象或认识对象。李尔王的悲剧正是源于其非依赖性处境——即王权的绝对性与本质主义。这是一种非肉身化的权威[disembodied authority]。本章最后指出，李尔王只有在认识到世间万事万物都是有缺陷的、有限的肉身存在之时，他才开始在重新获得的对肉身的知觉中踏上了自我的拯救之路。

一

绝对权力能否自身建构自身，能否与自身取得完全的同一性呢？如果这种设问是可能的，绝对性/绝对权利存在的前提性条件，就是无前提条件。无前提条件的绝对性，包括绝对精神、第一哲学、绝对理念、绝对主权以及霸权主义，是可能的吗？同样，如果绝对性是有前提条件的，那么，绝对性的绝对也是靠不住的。可见，绝对性的提出一开始就是一个预设而已。

　　事实上，绝对性在宣示自身时或在宣示与他人[otherness]的关系时，必然会将自己置放到世界之中，放置在与他人的关系中之去，即置入到一种以对象之存在为自身存在的条件之中。关系的依赖性以及对关系之陈述的语言指涉性，其本身就构成了一种颠覆或削弱绝对性的暴力性力量。我们知道，绝对性把"自我同一性"视为其存在的依据，可是自我同一性一开始就是不稳定的。它唯一可能的表述就是"I am I"。① "I"在未被角色化之前，或成为碎片之前，它永远是个虚构，是非历史的、非认识性的和封闭性的，也是无关逻辑的[a-logique]，②而"I"在变成"角色"时就意味着"I"的解体。这就是德里达所说的："绝对主权是那个总是逃避的对象，没有人曾经捉住过它，也没有人将会捉住它"③；又，他认为"绝对主权时刻不能在谈及时而不变质，不能作为真正的绝对主权被谈及而不变质"④。绝对性要维护的是其整体性与不可化解性，它拒绝定义，拒绝陈述，拒绝属性，疏离于关系与结构之外。"只要绝对主权要某人或某物服从自己，它就会让自己被捕捉，就会服从奴隶，服从物和劳动。它恐怕就会因想要获胜并试图保持优势而受挫。"⑤ 存在本身需要在者来显现，而显现需要发声与现身，就不能蛰居于永久的沉默无音状态，就需要进入历史过程中，就需要在"他者"或语言（差异）中现身。可见，绝对的权力、完整无隙缝的自我之同一性，以及"无损失翻译"永远属于纯粹的虚构，它也同时属于地狱，属于放进棺椁之中的"尸体"，它是对"一种深渊"的追求⑥。

　　德立达认为，形而上学所设定的排除他者的绝对权力只是一

---

① 相关论述，可参考本书第七章. 想象的内容与想象的对象。

② 德里达. 书写与差异(下). 北京：生活・读书・新知三联书店，2001：374.

③ 德里达. 书写与差异(下). 北京：生活・读书・新知三联书店，2001：477.

④ 德里达. 书写与差异(下). 北京：生活・读书・新知三联书店，2001：81.

⑤ 德里达. 书写与差异(下). 北京：生活・读书・新知三联书店，2001：477.

⑥ 德里达：德立达关于现象学的谈话——1999 年 7 月 6 日法兰西文化广播节目，http：//www.cnphenomenology.com/0210244.htm.

种死寂的孤独。"我"的绝对自我同一出场，不仅是不可能的，而且认为"把优越地位赋予同一性、整体性、各种有机的整体以及同一化的社会，对于独立责任、自由选择、伦理和政治，都是威胁"①。所以，德立达把"阻止同一性成为封闭的彻底的同一性的那些因素"作为其使命来担待。"只要同一性存在，意味着死亡。"② 他认为任何自我的出场都将接受空间、时间、身体、语言的暴力性参与。任何单一的纯粹自我的出场，不仅其出发点是模糊不清的，而且在消解外在于自身的他者时，也同时对自己实施了否定的暴力。为了防止这种暴力的实施，那种为自己的身份而战的人们，就必须毫无选择地以他人或同情他人的处境为出发点，在自我身份认同中维护着差异的空间。

因此，德里达认为，"不管是文化、个人，还是民族、语言，同一性都是自我相异的同一性，与自身存在差异，内部存在缺口和鸿沟的同一性"。承认这点，就承认了我对他人/大众所应担待的责任，包括我对他人的命运、生命、生存环境以及危险与遭遇的关切等。德立达因此进一步指出："差异"参与了"我"的构成，他者因我而成就自我，我亦因他者而成就了我。差异是社会、个体性或者任何统一体形成的前提。反之，一切将世界置于自己控制之下的欲望，以"我"之"一"去同化、"同一"、"统一"、"支配"乃至取代他者、大众与差异、竭力获得绝对性的企图，都将由于差异固执地存在着而走向它虚幻的梦魇。

二

现在，让我们从上述德里达关于绝对同一性的论述中所获得

---

① 德里达：德立达关于现象学的谈话——1999 年 7 月 6 日法兰西文化广播节目，http：//www.cnphenomenology.com/0210244.htm。

② 德里达：德立达关于现象学的谈话——1999 年 7 月 6 日法兰西文化广播节目，http：//www.cnphenomenology.com/0210244.htm。

的浅见走进莎士比亚的著名悲剧之一《李尔王》。该剧中的李尔王
是一个绝对地拥有一切、并认为绝对的服从是理所应当的绝对主
权者，绝对同一者。他索取同一，拒绝差异。他不但在感觉上避
开具身化，而且在认识上避开对象。正是这一种独白式的、排他
性的"暴力的哲学"[①] 永远使他踏上了一条寂寞、无音、死寂、虚
妄与灭亡之途。李尔王的悲剧缘起在何处？正是源于其非依赖性
处境——即王权的绝对性与本质主义[②]。这是一种非肉身化的权
威。这一点与西方形而上学的本质主义具有相似之处。后来，被
废黜的李尔王，经历一番血火洗礼，才认识到世间万事万物都是
有缺陷的、有限的、具身化的肉身存在，他才开始在重新获得对
肉身的感受中踏上了回归有限与自我拯救之路。

三

　　首先，我们假设，如果李尔王的绝对权力是可能的，那么，
莎士比亚在传达时所采用的语言学策略就是无效的，或者至少其
表述是无法有效地接触其绝对性。因为拒绝分享与差异的绝对性，
在根本上也是拒绝诉诸表述的，拒绝诉诸语言。满足绝对权力
同一性所要求的"非外显性"、"非依赖性"及"无损失翻译"使
它不具有可重复性、可逆性和回归性——因为他从不走出自身。
可是，莎士比亚不但书写了李尔王，把他置于到了空间与时间的
舞台中，把绝对者变成了有限者，而且让他成为了双重人质——
既将李尔王变成了语言暴力的人质，又将李尔王变成了其自身绝
对性的人质和殉葬者。
　　语言的暴力性拒绝一种"非依赖性"的存在，拒绝一种对自

---

　　① 　Derrida，Jacques. Writing and Difference. London：Routledge and Kegan Paul，1978.

　　② 　Eagleton，Terry. After Theory，Penguin Books Ltd，2003：208.

我权力完整性的"无损失翻译"。如果"无损失翻译"构成了绝对者自身，绝对者也就拒绝了翻译，拒绝了被表述。如果说，由于永远在场源于索取"无损失翻译"之不可能性而放弃翻译，一个对于绝对者的最终书写则是一种语言暴力式的颠覆与批判①。绝对性要与差异发生关系，它就必须发出声音，用声音去颠覆自己死寂般的绝对自我同一性。就此而言，莎士比亚就在陈述中行使了他颠覆绝对性的陈述和话语权力（或暴力），并以此实施了一个作家所应有的批评力——诚如福柯说：陈述"显现为所有人们制造、操作、转换、配合分解和再组合有时甚至毁灭的对象之一"②。

就李尔王成为绝对性的人质（殉葬者）而言，这也是绝对者的必然宿命。因为他拒绝差异，拒绝分享，他成为绝对者的同时，也为绝对者所掌控。绝对者只要有征服他者的欲望，他就注定成为他者的人质、他者的奴隶、他自身欲望的奴隶。"I"就会变成"N"。他就必然地会在差异中、在无数个体性中延伸。但这种状态又是李尔王这个绝对者所无法接受的。原本"正是作为人质，我才能被唤醒"③，以便在差异之中去获得自我拯救的李尔王，却不愿意以自我献祭的方式给出自身，直到自身在死亡这一有限性的逼迫之下，才真正感悟到"我与自身（包括身体）"并不是现成整体的。只有在他开始给出生命之时，他的身体恰好"才"成为"我的"，他的全部自我感觉才开始变得敏锐起来：

> 我的可怜的傻瓜给他们缢死了！不，不，没有命了！为什么一条狗、一匹马、一只耗子，都有它们的生命，你却没有一丝呼吸？你是永不回来的了，永不，永不，永不，永不，永不！请你替我解开这个钮扣；谢谢你，先生。你看见吗？瞧着她，瞧，她的嘴唇，瞧那边，瞧那边！（死。）（第五幕，

---

① 德里达. 书写与差异（下）. 北京：生活·读书·新知三联书店，2001：380-383.

② 米歇尔·福柯. 知识考古学. 北京：生活读书新知三联出版社，1998：134.

③ Levinas. Time and the Other. trans. R. A. Cohen. Duquesne Uni. Press，1987：235.

第三场）①

四

　　《李尔王》这幕戏一开场，莎士比亚就向我们展现了一个相信绝对权力、刚愎自用、妄自尊大的狂人李尔王形象。他不但高居万民之上，而且被一群谄媚阿谀的弄臣所包围。他认为他人绝对的服从与爱是理所应当的。他处在绝对的本质主义之中，处在虚无的深渊之中，处在非人格化、非肉身化的主体权感之中。他的"我"甚至不需要宾格，不需要对象化，甚至无法局限于"I am I"的陈述范围之内。他需要的是"I am I am I am I"不断的自我回归与固守，其实"I"在他这里是没有开辟出出发点的。这种绝对的同一性甚至不能容忍作为王冠之外在性延伸的疆土，因为以疆土作为绝对权力之标志，则依然将绝对权力置于了依赖性的泥土之中，就如同灵魂被置于卑下而有限的肉身之中。绝对性不能被设置在一个具体的位置上，而是寓于一切之中。

　　同时，绝对者在感性世界里、在被命名的事物里又是完全缺席的——这种缺席不是退却，而是保证被无限万物分享、逃避有限的绝对可能性。它拒绝关心，拒绝参与。李尔王对缺席的想象是全能的，也是惊人的，更是不需要参照物的，似乎类比性思维对于李尔的想象力有着某种亵渎的力量。李尔王正是本着这种绝对的同一性来索取他三个女儿高纳里尔、里根和考狄利娅对他爱的表达的。引文如下：

　　　　高纳里尔：父亲，我对您的爱，不是言语所能表达的；
　　　　我爱您胜过自己的眼睛、整个的空间和广大的自由；超越一

---

　　①　朱生豪译. 莎士比亚全集(第九卷). 北京：人民出版社，1984.

切可以估价的贵重稀有的事物；不亚于赋有淑德、健康、美貌和荣誉的生命；不曾有一个儿女这样爱过他的父亲，也不曾有一个父亲这样被他的儿女所爱；这一种爱可以使唇舌无能为力，辩才失去效用；我爱您是不可以数量计算的。（第一幕，第一场）①

里根：我跟姊姊具有同样的品质，您凭着她就可以判断我。在我的真心之中，我觉得她刚才所说的话，正是我爱您的实际的情形可是她还不能充分说明我的心理：我厌弃一切凡是敏锐的知觉所能感受到的快乐，只有爱您才是我的无上的幸福。（第一幕，第一场）②

无论是高纳里尔，还是里根，都在语言上维护了爱的绝对性——"不是言语所能表达的"、"超越一切"、"不曾有过"以及"是不可以数量计算的"。更有过之而无不及的是里根。她说："我厌弃一切凡是敏锐的知觉所能感受到的快乐，只有爱您才是我的无上的幸福。"这正是一种超知觉的、非感性、非依赖性的爱。这是一种毫无肉体感受的、毫无知觉的爱。同样，李尔王在粗暴地赶走他的亲骨肉——女儿考狄利娅之后，他向我们揭示了一个脱离肉体的幻想——他就是一切。但是因为这个"一切"的头衔没有任何参照物来反衬，所以这只是一个虚名。富有悖论的是，李尔王偏偏把绝对主权的虚无变成一个"现实的无"，而"现实的无"又以绝对的虚无为参照，因此，他所剩下的就只能是以虚无参照虚无了。因为他铲除异己，也就铲除了自我认知极为关键的参照物——他者或差异。

在《李尔王》这部悲剧中，李尔王更具讽刺意义的，那就是三女儿考狄利娅对李尔王的答复与所导致的后果：

① 朱生豪译. 莎士比亚全集(第九卷). 北京：人民出版社，1984.
② 朱生豪译. 莎士比亚全集(第九卷). 北京：人民出版社，1984.

> 李尔：你有些什么话，可以换到一份比你的两个姊姊更富庶的土地？说吧！
>
> 考狄利娅：父亲，我没有话说。
>
> 李尔：没有？
>
> 考狄利娅：没有。
>
> 李尔：没有只能换到没有；重新说过。（第一幕，第一场）①

考狄利娅连续回答三个"没有"，其表述的绝对性，或绝对的否定性，不亚于她的两位姐姐，因为绝对的爱是没有前提条件的，没有前提条件的爱也抵制着被言说。考狄利娅放弃她对他父亲土地的要求，无疑是把爱置于绝对的不可言说之中，从而避免遭遇语言的化解，避免绝对的爱遭遇现实中的语言类比性的分裂。也正是她的这三个"没有"真正地预示了李尔王后来的处境。"没有"，等于是说她对父亲的爱，是绝对没有条件的。

"没有"也可以是一种策略，是为了让整体归于整体，让沉默归于沉默，让无言归于无言，让爱归于爱的本质，让爱寓于形而上学之中，让绝对归于绝对——从而维护着对爱的真正绝对性，维护着本质主义的绝对稳定性。② 可是，绝对的权力同样是无法容忍同样的绝对，因为这等于取消了绝对权力所要求于对象对绝对者的依赖性和服从。没有了对象的依赖性，绝对权力也就失去了自我权感的表征。"没有"或"没有发话"就等于对对象实施了否定性的暴力，或者取消了对象的存在，③ 对她的父亲李尔王的权威实施了颠覆，或许这也正是李尔王所无法真正容忍考狄利娅的原因所在。这也是绝对与绝对的矛盾和冲突——一种悖论式的冲突。

然而，随着剧情的发展，具有讽刺意味的，却正是"没有"

---

①　朱生豪译. 莎士比亚全集(第九卷). 北京：人民出版社，1984.

②　Levinas. Time and the Other. trans. R. A. Cohen. Pittsburgh：Duquesne Uni. Press，1987：237.

③　高桥哲哉. 解构德立达. 石家庄：河北教育出版社. 2001：118.

拯救了李尔王，或者是一种逼近的死亡之有限性拯救了他，使他
重新意识到自己肉身的存在。考狄利娅用"没有"否定了对他的
依赖性，也否定了他对所秉持之权利的绝对性。似乎他有充分理
由气得手臂乱舞，并将考狄利娅逐出国门外。可是有些事的确是
出自"没有"，或几乎"没有"。只有当这个偏执的绝对者接受他
终有一死的现实时，他才开始感受到了自己的局限性、必死性与
肉身性。也正是在这时，他才开始怀疑那些谎话连篇的朝臣们，
他的触觉和知觉所诱发出认知才开始延伸到大地与众生身上：

> 我说一声"是"，她们就应一声"是"；我说一声"不"，
> 她们就应一声"不"！当雨点淋湿了我，风吹得我牙齿打颤，
> 当雷声不肯听我的话平静下来的时候，我才发现了她们，嗅
> 出了她们。算了，她们不是心口如一的人；她们把我恭维得
> 天花乱坠；全然是个谎，一发起烧来我就没有办法。(第四
> 幕，第六场)①

绝对权力意味着绝对的同一，也意味着"无"。对于绝对权力
的固守，也就是固守"无"。因此，可以说，"为了保存绝对主权，
从某种角度上讲，也就是为了失去它"②。借此可以用来理解，在
李尔王遭遇废黜之后的大部分时间里，他为何多次提出那个关涉
自我的问题，即"谁能告诉我我究竟是谁？"〔Who is it that can
tell me who I am？〕：

> 李尔：这儿有谁认识我吗？这不是李尔。是李尔在走路
> 吗？在说话吗？他的眼睛呢？他的知觉迷乱了吗？他的神志
> 麻木了吗？嘿！他醒着吗？没有的事。谁能够告诉我我是什
> 么人？

---

① 朱生豪译. 莎士比亚全集(第九卷). 北京：人民出版社，1984.
② 德里达. 书写与差异(下). 北京：生活读书新知三联书店，2001：472.

弄人：李尔的影子。

李尔：我要弄明白我是谁；因为我的君权、知识和理智都在哄我，要我相信我是个有女儿的人。（第一幕，第四场）①

他身边的大臣们出于胆怯和狡猾，没有告诉他他是谁或他曾经是谁或他已经变成了谁。事实上，给绝对者以理由，或在语言中给它命名，都是要冒风险的——对绝对者讲话，语言中处处是陷阱，时时横生祸端。因此，德里达所言极为深刻：

要在语言中承担这种风险，要拯救那不愿被拯救的东西，就必须求助于诡计、谋略和模拟，就必须借助于面具②。

语言会颠覆绝对者，也会给颠覆者带来风险，所谓沉默是金是也。但是，对李尔王来说，这样的提问，却是有着积极意义的。这意味着他开始走出“I am I”这个绝对封闭的存在模式。冷酷的自然法则，尤其是那场暴风雨，让李尔王成就了一个真正的个体，一个真正的肉身，一个真正的“此在”。这个法则无情地提醒他所有的绝对权力都往往会忘记的事实——人只是个肉身凡胎。这场风暴把李尔王只是个凡夫俗子的事实暴露无遗，粉碎了他狂妄的幻想。绝对的本质主义开始被肉身的感觉主义所取代。他第一次意识到他的肉体，同时也意识到他的脆弱和大限将至。他的感觉开始在个体事物中延伸，开始在苍茫大地上落户，开始与芸芸众生的生活与苦难发生关系：

衣不蔽体的不幸的人们，无论你们在什么地方，都得忍受着这样无情的暴风雨的袭击，你们的头上没有片瓦遮身，

---

① 朱生豪. 莎士比亚全集（第九卷）. 北京：人民出版社，1984.

② Derrida, Jacques. Writing and Difference. London：Routledge and Kegan Paul，1978：199.

你们的腹中饥肠雷动，你们的衣服千疮百孔，怎么抵挡得了这样的气候呢？啊！我一向太没有想到这种事情了。安享荣华的人们啊，睁开你们的眼睛来，到外面来体味一下穷人所忍受的苦，分一些你们享用不了的福泽给他们，让上天知道你们不是全无心肝的人吧！（第三幕，第四场）①

李尔王如此，他的大臣葛罗斯特也是如此。在他瞎了眼后，他反而比睁开眼睛看世界时更锐利、更清楚。在被迫"一路摸索去多佛"的路上，他发出感触道：

　　我们往往因为有所自恃而失之于大意，反不如缺陷却能对我们有益。"（第四幕，第一场）
　　在昨晚的暴风雨里，我也看见这样一个家伙，他使我想起一个人不过等于一条虫。（第四幕，第一场）

他提醒自己只有学会"用指尖看"这个世间的一切，他才能在敏感痛苦的肉体束缚下思考。指尖、缺陷、肉体等是有限的。尽管是缺陷，却是感性的。它告诉人们：当我们离开了肉体，我们也就离开了精神。一旦"I am I"的绝对循环被打破了，绝对性的稳定性也就不再稳定了。笛卡儿的"我思，故我在"自我认知主张，也就自然地为"我在，故我思"的感性个体存在的"此在"所取代了。一个以"我在"为始发性前提的"思"，是一个"由经度和纬度界定的身体的思"②。否则，一切的"思"就将陷入恒久的死寂之中了。在此，我们想到维吉尔·伍尔芙对"I am I"的绝对循环所导致的"虚无"［nothingness］所作出的深刻反思：

①　朱生豪译. 莎士比亚全集(第九卷). 北京：人民出版社，1984.
②　陈永国. 游牧思想—吉尔·德勒兹、费力克斯·瓜塔里读本. 长春：吉林人民出版社，2003：200.

Our separate drops are dissolved; we are extinct. lost in
the abysses of time, in the darkness. ①

　　个体的消解即是时间的消解，也是时间与空间的隐退，这是
一种毫无表象的"时间的深渊"，也是绝对者最理想的去处，唯有
在深渊里，他才可以保持"I am I"的绝对自我回归，并维护绝对
自我的同一性。李尔王奢望把自己留在这个"时间的深渊"里，
但毕竟他的现实有限性（肉身性）注定了他的生存模式是"I am
N"，是在他者与异中吸取养分与营养的个体存在。李尔王在他
的"大限"来临时承认这点，尽管承认这点让他害怕，也激起了
他激烈的反抗，却催生了他对同为人类的其他人的同情。这个反
抗虽然没能挽救他的毁灭，却至少将他从绝对权力的妄想症中拯
救了出来。如果权力也有肉体，他一定会被迫退位。李尔王正是
因为其超感觉的权力欲望，使他感受不到肉体的存在和他造成的
苦难。过渡的狂妄使它的肉身只是一物——无感觉的物。只有在
李尔王被迫降身于民间，在苦难中重新恢复了他的感觉，他才终
于战胜了绝对性的虚幻：

　　　　让那穷奢极欲、把你的法律当作满足他自己享受的工具、
　　因为知觉麻木而沉迷不悟的人，赶快感到你的威力吧；从享
　　用过度的人手里夺下一点来分给穷人，让每一个人都得到他
　　所应得的一份吧。（第四幕，第一场）②

----

① Woolf, Virginia. The Waves. Toronto: University of Toronto Press, 1976:
332.
② 朱生豪译. 莎士比亚全集(第九卷). 北京：人民出版社，1984.

五

　　最后，让我们引用圣·奥古斯丁在他的《忏悔录》一书中的一段话来把该文引向结束。圣·奥古斯丁写道："自我意志[to be self-willed]就是为取悦自我而以自我为中心，这不会是完全无意义，而只是更加接近虚无。"① 李尔王的意义原本在于其王冠之中，在于其子女、臣子对他的臣服之中，也即是自身的存在要在其差异中或"他者"中得以赋形。然而，对取得这一认识，他必须以移位的肉身变化来取得。只要肉体存在，人们就必须依赖于外界生活。这种依赖是获得自由的条件，而不是对自由的侵犯。德里达在全新诠释黑格尔的主奴关系时说："主人的真理在奴隶那里"，"主人只有在互相承认的运动中通过奴隶意识的中介才能与自身建立关系，他的自我意识才能得以建构。"② 在这里，我更倾向于指出两者之间的区别：那就是主人通过奴隶这一中介消费的是权力的本质性，而否定的是感性具体的肉身存在。相反，奴隶则不能享受权力的本质性，他只能直接否定它，从而将自己置身在具体的劳动、加工处理之中。同样，当李尔王不能再消费他的绝对权利时，他给予它的，就只有申斥与指责，以及对"衣不蔽体的不幸的人们"的深深同情。

---

　　① Derrida，Jacques. Writing and Difference. London：Routledge and Kegan Paul，1978：189.
　　② 德里达. 书写与差异(下). 北京：生活读书新知三联书店，2001：459.

主要参考文献

埃德加·莫兰. 2002. 方法：思想观念. 秦海鹰译. 北京：北京大学出版社.

埃米尔·施塔格尔. 1992. 诗学的基本概念. 胡其鼎译. 北京：中国社会科学出版社.

安贝托·艾柯. 1990. 符号学理论. 卢德平译. 北京：中国人民大学出版社.

安德烈·罗宾耐. 2005. 模糊暧昧的哲学——梅洛-庞蒂传. 宋刚译. 北京：北京大学
    出版社.

保罗·利科. 1988. 哲学主要趋向. 李幼燕，等译. 北京：商务印书馆.

保罗·利科. 2004. 活的隐喻. 汪堂家译. 上海：上海译文出版社.

保罗·利科. 2008. 解释的冲突——解释学文集. 莫伟民译. 北京：商务印书馆.

曹顺庆，等. 2002. 比较文学论. 成都：四川教育出版社.

成复旺. 1989. 神与物游. 北京：中国人民大学出版社.

丹治信春. 2001. 蒯因：整体论哲学. 合肥：河北教育出版社.

杜威. 2005. 经验与自然. 傅统先译. 南京：江苏教育出版社.

恩斯特·卡西尔. 2004. 人文科学的逻辑. 关子尹译. 上海：上海译文出版社.

冯文坤. 1995. 德里达的自我解构与伍尔夫自我的诗意离散. 四川外语学院学报，1.

冯文坤. 2003. 自然思维与诗学再识. 成都：四川大学出版社.

冯文坤. 2009. 翻译与翻译之存在. 成都：四川人民出版社.

冯文坤. 2011. 论蒯因"翻译的非确定性"命题的本体论承诺. 外语教学，5.

冯文坤. 2014. 翻译与意义生成本体论研究. 成都：四川人民出版社.

弗雷德里克·詹姆逊. 1995. 语言的牢笼. 钱佼汝译. 广州：百花文艺出版社.

高桥哲哉. 2001. 解构德立达. 石家庄：河北教育出版社.

广松涉. 2009. 存在与意义. 彭曦译. 南京：南京大学出版社.

海德格尔. 1991. 诗·语言·思. 北京：文化艺术出版社.

海德格尔. 1996. 海德格尔选集(上卷). 上海三联书店.

海德格尔. 2000. 荷尔德林诗的阐释. 孙周兴译. 北京：商务印书馆.

海德格尔. 2000. 路标. 孙周兴译. 北京：商务印书馆.

海德格尔. 2004. 在通向语言的途中. 孙周兴译. 北京：商务印书馆.

海德格尔. 2006. 存在与时间. 陈嘉映，王庆节译. 北京：生活·读书·新知三联
    书店.

海然热. 1999. 语言人. 张组建译. 北京：生活·读书·新知三联书店.

黑格尔. 1997. 精神现象学. 贺麟、王枚兴译. 北京：商务印书馆.

洪谦. 1982. 逻辑经验主义. 北京：商务印书馆.

胡经之. 2001. 中国古典文艺学丛书(3). 北京：北京大学出版社.

胡塞尔. 1986. 现象学的观念. 倪梁康译. 上海：上海译文出版社.

胡塞尔. 1988. 欧洲科学危机和超验现象学. 上海：上海译文出版社.

胡塞尔. 1992. 纯粹现象学通论. 李幼燕译. 北京：商务印书馆.

胡塞尔. 1999. 经验与判断. 邓晓芒，张廷国译. 北京：生活·读书·新知三联书店.

胡塞尔. 1999. 哲学作为严格的科学. 倪梁康译. 北京：商务印书馆.

怀特海. 2004. 思维方式. 刘放桐译. 北京：商务印书馆.

加达默尔. 1999. 真理与方法. 洪汉鼎译. 上海：上海译文出版社.

加达默尔. 2004. 哲学解释学. 夏镇平，等译. 上海：上海译文出版社.

蒯因. 1987. 从逻辑的起点看. 陈启伟译. 上海：上海译文出版社.

蒯因. 2005. 语词与对象. 陈启伟译. 北京：中国人民大学出版社.

马克·弗罗芒-梅里斯. 2005. 海德格尔诗学. 冯尚译. 上海：上海译文出版社.

马元龙. 2006. 雅克·拉康——语言维度中的精神分析. 北京：东方出版社.

梅洛-庞蒂. 2000. 世界的散文. 杨大春译. 北京：商务印书馆.

梅洛-庞蒂. 2000. 哲学赞词. 杨大春译. 北京：商务印书馆.

梅洛-庞蒂. 2001. 知觉现象学. 姜志辉译. 北京：商务印书馆.

梅洛-庞蒂. 2003. 符号. 姜志辉译. 北京：商务印书馆.

梅洛-庞蒂. 2005. 行为的结构. 杨大春，等译. 北京：商务印书馆.

梅洛-庞蒂. 2007. 眼与心. 刘韵涵译. 北京：商务印书馆.

梅洛-庞蒂. 2008. 可见的与不可见的. 罗国祥译. 北京：商务印书馆.

梅洛-庞蒂. 2009. 辩证法的历险. 杨大春，张尧均译. 上海：上海译文出版社.

孟华. 2001. 比较文学形象学. 北京：北京大学出版社.

米歇尔·福柯. 1998. 福柯集. 杜晓珍编选. 上海：上海远东出版社.

米歇尔·福柯. 2001. 词与物. 莫伟民译. 上海：上海三联书店.

诺斯洛普. 1998. 批判的剖析. 陈慧，袁宪军，吴伟仁译. 广州：百花文艺出版社.

苏姗·朗格. 1986. 情感与形式. 刘大基，等译. 北京：中国社会科学出版社.

王国璎. 1986. 中国山水诗研究. 台北：联经出版事业公司.

威廉·洪堡. 1997. 论人类语言结构差异及其对人类精神发展的影响. 姚小平译. 北京：商务印书馆.

维特根斯坦. 1985. 逻辑哲学论. 北京：商务印书馆.

温儒敏，李细尧. 1987. 寻求跨中西文化的共同文学规律——叶维廉比较文学论文选. 北京：北京大学出版社.

谢林. 1996. 艺术哲学(上卷). 魏庆征译. 北京：中国社会出版社.

许渊冲. 2003. 文学与翻译. 北京：北京大学出版社.

雅克·德里达. 1999. 论文字学. 汪堂家译. 上海：上海译文出版社.

雅克·德里达. 2001. 书写与差异. 北京：读书·生活·新知三联书店.

雅克·德里达. 2001. 书写与差异. 张宁译. 北京：生活·读书·新知三联书店.

雅克·德里达. 2002. 声音与现象. 杜小真译. 北京：商务印书馆.

雅克·德里达. 2002. 声音与现象：胡塞尔现象学中的符号问题导论. 北京：商务印书馆.

杨大春. 2005. 感性的诗学：梅洛·庞蒂与法国哲学主流. 北京：人民出版社.

杨大春. 2007. 语言·身体·他者——当代法国哲学的三大主题. 北京：读书·生活·新知三联书店.

叶维廉. 1986. 寻求跨中西文化的共同文学规律. 北京：北京大学出版社.

尤西林. 1996. 有别于涵义(meaning)的意义(significance)的意义. 学术月刊, 10.

余虹. 2005. 艺术与归家——尼采·海德格尔·福柯. 北京：人民出版社.

约翰·J·迪尼, 刘介民. 1988. 现代中西比较文学研究(2). 成都：四川人民出版社.

章太炎. 2010. 国故论衡·辨性上. 北京：商务印书馆.

郑树森. 1984. 现象学与文学批评. 台北：东大图书公司.

朱光潜. 1987. 朱光潜全集. 合肥：安徽教育出版社.

朱生豪译. 1984. 莎士比亚全集(第九卷). 北京：人民出版社.

A. J. 格雷马斯. 2001. 结构语义学. 蒋梓骅译. 广州：百花文艺出版社.

后　记

　　我记得是法国著名现象学哲学家梅洛-庞蒂说过："我们注定是意义的觅踪者。"婴儿诞生时的哭泣是向来到这个世界的报到。他第一次听到他人的声音，这意谓着他进入他者或世界的差异之中。他第一次对他者发出微笑，这意谓着他感受到某种认知和体认上的快感和认同。理智主义者们或启蒙主义者们认为只有摆脱了稚气和迷信、拥有自主权的成人大脑才是完美的，而他们的对手浪漫主义者们则认为完美的大脑一定是天真与经验的混合体。青少年总是想证明自己不是小孩子，可是他们越是要证明自己不是小孩子，就越是小孩子的心态。反之，成年人越是要证明自己依然还是小孩子的心态，就越是成年人的心态。

　　其实，这个世界上最说不清楚的，就是意义，活着的意义，存在的意义，人眼中狗的意义，犬眼中人的意义，飞鸟眼中世界的意义，林中漫步的意义。我们总是从对象物中去发现意义。Meaning is something within and without，或曰意义的对象化，或曰意义总是黏性的，如黄油涂在蛋糕上一样，如微笑弥漫在女人的脸上。西方有一句谚语：如果一只动物叫起来像鸭子，走起路来像鸭子，那它就是鸭子。我的意识是对象性的，那么，我就一定是对象物的意识。我的意义或我的记忆总是保留在事件之中，从来不是在我大脑中。海德格尔等人赞扬无聊。无聊看似与时间无关，但无聊一定是时空中的无聊。只有拥有自我意识的人才会去寻求意义，才会感觉无聊。世界是这么无聊，自己是这么无聊，那么我为什么存在？因此，我们必须去寻觅意义。梅洛-庞蒂在

《意义与无意义》中指出："……（黑格尔的）整个《精神现象学》描述的都是人为了自我重获自身而作出的努力。"人是物质的存在，同时也是精神的存在，或于世界中寻觅自我意义的存在。著名意义疗法主张者 V·E·弗兰科指出："人必须使存在之意义敞亮起来。"

而今，用工程的方式书写人文，在游戏中既持守规矩，又突破创新。游戏重规则，创新重变异。我常常自问，在这个依然由人栖居其中的世界里，一定有不变的东西存在，那就是价值和意义，步行和舟车，形异而实不异。杜甫写秋如"万里悲秋常作客，百年多病独登台"，刘禹锡写秋如"自古逢秋悲寂寥，我言秋日胜春朝"。同样一个"秋"，别样的赋义，别样的情怀，别样的境界，别样的心里能量。我把世界比喻成一部储藏了信息的手机，一部断电的手机便一无所用，那是因为没有能量。我们的意识就如同视之不见的能量，它总是穿越于万物之间，彼此纠缠，彼此碰撞，而我们的生命、意识、意义便永远驻守于这些纠缠之中。

最后，借此书付梓面世之际，真诚感谢电子科技大学在我学术成长道路上给予的扶持和培养，尤其是其"求真务实，追求卓越"的校训精神给予我的感染和策励。感谢夫人艳萍女士数年来对我科研、教学和管理工作的支持和理解，她不仅承揽全部家务和儿子航航的学业，还时刻关心我的生活以及对我的生活方式和工作习惯提出警醒。在此，亦一并感谢身边的朋友、同事和学长们，以及在拙著出版过程中付出了辛勤劳动的科学出版社于楠女士。

冯文坤
2016 年仲秋于蜀都八里小区成电花苑